Beck'sche Musterverträge

Jaeger: Der Anstellungsvertrag des GmbH-Geschäftsführers

Der Anstellungsvertrag des GmbH-Geschäftsführers

Von

Dr. Georg Jaeger

Rechtsanwalt u. Fachanwalt für Arbeitsrecht
in Mannheim

6., neu bearbeitete Auflage 2016

C.H.BECK

www.beck.de

ISBN 978 3 406 66579 0

© 2016 Verlag C.H. Beck oHG
Wilhelmstraße 9, 80801 München
Druck und Bindung: Nomos Verlagsgesellschaft mbH & Co. KG
In den Lissen 12, D-76547 Sinzheim

Satz: jürgen ullrich typosatz, 86720 Nördlingen
Umschlaggestaltung: Nomos Verlagsgesellschaft mbH & Co. KG

Gedruckt auf säurefreiem, alterungsbeständigem Papier
(hergestellt aus chlorfrei gebleichtem Zellstoff)

Inhaltsverzeichnis

A. Einführung und Textabdruck

I. Einführung

Die Bedeutung des im vorliegenden Band behandelten Anstellungsvertrages des GmbH-Geschäftsführers folgt unmittelbar aus der dominierenden Stellung, welche die GmbH als die weiterhin mit großem Abstand meist gewählte Unternehmensrechtsform in der Wirtschaft einnimmt.

Nach § 35 Abs. 1 GmbHG wird die GmbH durch ihre Geschäftsführer vertreten. Die Berufung in die Organstellung als Geschäftsführer der GmbH, welche durch den gesellschaftsrechtlichen Akt der **Bestellung** erfolgt, betrifft dabei das **Außenverhältnis**, in welchem der Geschäftsführer die GmbH im Rechts- und Geschäftsverkehr gegenüber Dritten vertritt. Demgegenüber betrifft der **Anstellungsvertrag** das sog. **Innenverhältnis** zwischen der GmbH und ihrem Geschäftsführer, in welchem die Regelungen getroffen werden, auf deren Grundlage der Geschäftsführer für die Gesellschaft tätig ist. Die Doppelstellung, welche der Geschäftsführer einnimmt, da er zum einen Organ der GmbH und zum anderen ihr Angestellter ist, muss vom Abschluss des Anstellungsvertrages bis zu den Regelungen seiner Beendigung beachtet werden. Dies betrifft insbesondere die Behandlung der Auswirkungen einer Beendigung der Organstellung des Geschäftsführers auf den Bestand seines Anstellungsvertrages.

In der gesellschaftsrechtlichen Stellung des Geschäftsführers ist zu unterscheiden zwischen dem als Gesellschafter an der GmbH beteiligten **Gesellschafter-Geschäftsführer** und dem an der Gesellschaft nicht beteiligten **Fremd-Geschäftsführer.** Diese Unterscheidung wirkt sich insbesondere bei der Frage aus, ob und in welchem Umfang die Arbeitnehmer – Schutzvorschriften auch für Geschäftsführer anzuwenden sind sowie für die Fragen der Sozialversicherungspflicht, der steuerlichen Behandlung der Vergütung und der Versorgungszusage eines Geschäftsführers. Hinsichtlich der Rechtsform des Unternehmens ist zwischen der **GmbH** einerseits und der in der Praxis gleichfalls häufig anzutreffenden **GmbH & Co. KG** andererseits zu unterscheiden. Soweit für den Abschluss oder Inhalt eines Anstellungsvertrages des Geschäftsführers einer GmbH & Co. KG spezifische Besonderheiten zu berücksichtigen sind, wird hierauf in den Erläuterungen zu den einzelnen Bestimmungen des Muster-Anstellungsvertrages verwiesen.

In den nachfolgenden **Vorbemerkungen** (Abschn. B = S. 29 ff.) werden zunächst die rechtliche Stellung des Geschäftsführers einer GmbH sowie die Voraussetzungen für die Bestellung und eine spätere Abberufung aus dem Amt als Geschäftsführer behandelt. Hierbei wird u.a. auch auf die Auswirkungen eingegangen, die sich aus dem Allgemeinen Gleichbehandlungsgesetz (AGG) ergeben, welches auch für Geschäftsführer gilt, soweit es um die Bedingungen für den Zugang zur Tätigkeit als Geschäftsführer sowie ihren beruflichen Aufstieg geht. Im Anschluss hieran werden die Zuständigkeiten auf Seiten der Gesellschaft für den Abschluss des Anstellungsvertrages mit dem Geschäftsführer behandelt und diejenigen Fälle aufgezeigt, in denen dem Geschäftsführer einer GmbH ausnahmsweise der gesetzliche Kündigungsschutz des KSchG zusteht. Zum Abschluss der Vorbemerkungen werden die sozialversicherungsrechtliche Stellung des Geschäftsführers erörtert und die Unterschiede hinsichtlich der Sozialversicherungspflicht zwischen Gesellschafter-Geschäftsführern und Fremd-Geschäftsführern dargelegt.

Im **Hauptteil** (Abschn. C = S. 61 ff.) werden sodann anhand des Vertragsmusters die einzelnen in den Anstellungsvertrag des Geschäftsführers aufzunehmenden Regelungen vorgestellt und ihr Inhalt in den unmittelbar folgenden Erläuterungen dargestellt. Da häufig zu den im Anstellungsvertrag eines Geschäftsführers erfolgenden Regelungen mehrere Alternativen in Betracht kommen, werden nicht nur Formulierungsbeispiele für die einzelnen Varianten vorgestellt, sondern insbesondere auch deren unterschiedliche Auswirkungen für die Praktizierung des Vertrages aufgezeigt. Beispielhaft hierfür sei an dieser Stelle auf die zur variablen Vergütung des Geschäftsführers in Betracht kommenden Modelle von Tantiemen bis zu Zielvereinbarungen verwiesen, für welche die vertraglichen Gestaltungsmöglichkeiten vorgestellt werden. Die Erläuterungen zu den einzelnen Bestimmungen des Vertragsmusters sollen den Benutzer des vorliegenden Bandes in die Lage versetzen, den „eigenen" Anstellungsvertrag so zu erstellen, dass dieser sowohl die gesetzlichen Anforderungen erfüllt als auch – soweit rechtlich zulässig – den im konkreten Einzelfall bestehenden Vorstellungen und Zielen der Parteien für die inhaltliche Ausgestaltung des Anstellungsverhältnisses entspricht. Im Hinblick hierauf wurden für die Erläuterungen zu den einzelnen Vertragsbestimmungen und den hierzu vorgestellten Varianten folgende Ziele gesetzt:

• Zunächst sollen die Erläuterungen **die für die** jeweilige **Vertragsbestimmung zu beachtenden gesetzlichen Vorschriften** sowie die hieraus folgenden Anforderungen und Grenzen für die Vertragsgestaltung aufzeigen. Auch dort, wo die gesetzlichen Vorschriften nicht zwingend, sondern disponibel sind, so dass von ihnen durch vertragliche Regelung abgewichen werden kann, ist bei der Ausgestaltung der einzelnen Klauseln jedoch Vorsicht geboten. Nach inzwischen gefestigter Auffassung[1] unterliegen nämlich die Regelungen eines von der Gesellschaft gegenüber ihren Geschäftsführern vorgegebenen Anstellungsvertrages der **AGB-Kontrolle gemäß §§ 305 ff. BGB**, soweit es um den Personenkreis der Fremd-Geschäftsführer geht. Dies wirkt sich insbesondere im Bereich der Angemessenheitsprüfung gemäß § 307 BGB aus; nach der gesetzlichen Legaldefinition des § 307 Abs. 2 Nr. 1 BGB liegt eine „unangemessene Benachteiligung" dann vor, wenn eine Vertragsklausel mit wesentlichen Grundgedanken der gesetzlichen Regelung, von der abgewichen wird, nicht zu vereinbaren ist. Da für das AGB-Recht der **Grundsatz des Verbots einer geltungserhaltenden Reduktion** gilt,[2] hat dies daher zur Konsequenz, dass eine Vertragsklausel, welche sich als „unangemessen" i.S.v. § 307 BGB erweist, damit zwingend rechtsunwirksam ist und nicht in dem Umfang aufrechterhalten werden kann, welcher im Rahmen der Angemessenheitskontrolle noch vertretbar gewesen wäre. Die Wahrnehmung der Gestaltungs- und Vertragsfreiheit im Rahmen disponibler gesetzlicher Vorschriften ist daher mit dem Risiko der vollen Klauselunwirksamkeit bei einer zu weitgehenden Abweichung von der gesetzlichen Regelung verbunden. Im Hinblick auf dieses hohe Risiko ist insoweit Vorsicht getreu dem Motto geboten, dass in der Praxis häufig „weniger im Ergebnis mehr sein kann".

Auch dort, wo keine gesetzlichen Regelung bestehen, sondern die **Grenzen der Vertragsgestaltung durch die Rechtsprechung** gezogen sind – was insbesondere für das nachvertragliche Wettbewerbsverbot des Geschäftsführers (hierzu vgl. unter § 15 Abs. (2)–(9) = S. 152 ff.) der Fall ist – müssen diese Grenzen bei der Ausgestaltung der vertraglichen Regelung beachtet werden, da in weiten Bereichen ebenfalls das Verbot einer geltungserhaltenen Reduktion gilt, so dass eine Überschreitung der durch die Rechtsprechung gezogenen Grenzen zur vollständigen Unwirksamkeit führt. Welche Konsequenzen sich hieraus ergeben können, veranschaulicht insbesondere das im Anstellungsvertrag vereinbarte nachvertragliche Wettbewerbsverbot des Geschäftsführers, dessen Schutz zugunsten der Gesellschaft vollständig entfällt, wenn die hierfür durch die Rechtsprechung gesetzten Grenzen überschritten wurden, und daher die Rechtsfolge der Unwirksamkeit eintritt, so dass der Geschäftsführer unmittelbar nach seinem Ausscheiden in Wettbewerb gegen die Gesellschaft treten kann.

- Das zweite Ziel der Erläuterungen besteht darin, die **inhaltliche Tragweite der im Vertragsmuster vorgestellten Bestimmungen sowie den hierzu vorgestellten Varianten** aufzuzeigen, um damit dem Benutzer des vorliegenden Bandes die Rechtswirkungen der in Betracht kommenden Vertragsregelungen für den Fall ihrer Übernahme in den eigenen Anstellungsvertrag aufzuzeigen. Beispielhaft hierfür sei an dieser Stelle auf die zu § 16 (S. 175 ff.) vorgestellte Variante für den Abschluss eines Anstellungsvertrages auf eine festgelegte Dauer verwiesen, worin grundsätzlich der beiderseitige Ausschluss der ordentlichen Kündigung für die vereinbarte Vertragsdauer liegt. Vor der Übernahme der jeweils vorgestellten Regelungen des Vertragsmusters sollte daher anhand der Erläuterungen sorgfältig geprüft werden, ob die hiermit eintretenden Rechtswirkungen (im o. g. Fall eine feste Vertragsbindung auf längere Dauer) angestrebt sind.

- Schließlich besteht das dritte Ziel der Erläuterungen darin, den Parteien des Geschäftsführer-Anstellungsvertrages aufzuzeigen, welche zum Teil **gegensätzliche Interessen sowohl bei Abschluss des Anstellungsvertrages als auch bei dessen Beendigung** bestehen und in welcher Form diese Interessen sich durchsetzen oder zum Ausgleich bringen lassen.

Dabei geht es in den Erläuterungen nicht darum, Partei für die eine oder andere Seite zu ergreifen; vielmehr geht es darum, die aus der Sicht beider Vertragsparteien typischerweise bestehenden Interessenlagen klar zu machen und hierfür angemessene vertragliche Lösungen vorzuschlagen.

Dem Muster für einen Anstellungsvertrag mit den hierzu erfolgenden Erläuterungen folgt ein Anhang mit zusätzlichen Sonderregelungen, welche häufig in Verbindung oder aus Anlass eines Geschäftsführer-Anstellungsvertrages erfolgen. In Anhang I wird zunächst das Muster einer Geschäftsordnung für die Geschäftsführung vorgestellt. Anhang II enthält das Muster für eine Aufhebungsvereinbarung zur Beendigung des Anstellungsvertrages und behandelt die hierzu in Betracht kommenden Gestaltungsalternativen. Schließlich wird durch Anhang III das Muster für eine sog. Change-of-Control-Regelung vorgestellt, welche in der Praxis immer häufiger anzutreffen ist und durch welche sich der Geschäftsführer gegen die Risiken schützt, welche aus einem Wechsel der Gesellschafter der GmbH folgen können.

Obwohl nachfolgend im vorliegenden Band von einem Muster-Anstellungsvertrag und auch in den Varianten sowie den Anhängen von Muster-Regelungen gesprochen wird, so bedarf es in der vorliegenden Einführung des deutlichen Hinweises an die Benutzer, dass es einheitlich für alle Fälle verwendbare Muster für Vertragsbestimmungen des Anstellungsvertrages eines GmbH-Geschäftsführers schlechterdings nicht geben kann. Die unterschiedlichen Ausgangslagen, welche sowohl auf Seiten der Gesellschaft als auch dem Geschäftsführer von Fall zu Fall bestehen, erfordern stets eine der konkreten Sach- und Interessenlage entsprechende Gestaltung des Vertrages. Von dieser Aufgabe können auch die in diesem Band vorgestellten Muster-Regelungen nicht entledigen. Das Vertragsmuster und die hierzu erfolgenden Erläuterungen verfolgen daher vornehmlich den Zweck, beiden Parteien des Anstellungsvertrages die regelungsbedürftigen Punkte aufzuzeigen und die hierfür in Betracht kommenden vertraglichen Gestaltungsmöglichkeiten vorzustellen, um damit die Grundlage für eine sachgerechte und insbesondere auch rechtswirksame Vertragsgestaltung zu schaffen.

In den unter Abschn. D (= S. 233 ff.) erfolgenden weiterführenden Hinweisen zur Rechtsprechung und Fachliteratur erfolgt eine Vertiefung sowie eine Behandlung spezieller Einzelfragen zu den durch die Erläuterungen behandelten Regelungsthemen. Insbesondere werden die Fundstellen der einschlägigen BGH- und BAG-Urteile, die einschlägigen Kommentare zum GmbHG sowie Hinweise auf weiterführende Fachliteratur zu den einzelnen Themen gegeben.

Die vorliegende 6. Auflage stellt in wesentlichen Teilen eine Neubearbeitung dar, welche dadurch erforderlich geworden ist, dass seit der 5. Auflage sowohl in den einschlägigen gesetzlichen Vorschriften als auch insbesondere der Rechtsprechung so weitgehende Änderungen eingetreten sind, dass eine Darstellung der Materie auf aktuellem Stand in vielen Bereichen eine Neubearbeitung erforderlich machte. Für etwaige Anregungen und kritische Hinweise aus dem Kreis der Benutzer sind der Autor und der Verlag jederzeit offen und dankbar.

II. Textabdruck des Muster-Anstellungsvertrages

Anstellungsvertrag

zwischen

XY-GmbH
– im Folgenden „Gesellschaft" genannt –

und

Herrn Dipl.-Kfm. ......
– im Folgenden „Geschäftsführer" genannt –

Präambel

- **Alternative 1 (Regelfall der Zuständigkeit der Gesellschafterversammlung (§ 46 Nr. 5 GmbHG)):**
Durch Beschluss der Gesellschafterversammlung vom ...... *Datum* ...... wurde Herr Dipl.-Kfm. ...... mit Wirkung ab ...... *Datum* ...... zum Geschäftsführer der Gesellschaft bestellt. Herr Dipl.-Kfm. ...... hat die Bestellung zum Geschäftsführer der Gesellschaft angenommen. Im Hinblick hierauf schließen die Parteien den nachfolgenden Anstellungsvertrag:

- **Alternative 2 (Muster, sofern die Gesellschaft unter das MitbestG fällt oder ein fakultativer Aufsichtsrat besteht, auf welchen durch die Satzung die Zuständigkeit zur Bestellung und Abberufung der Geschäftsführer übertragen worden ist):**
Der Aufsichtsrat der Gesellschaft hat mit Beschluss vom ...... *Datum* ...... Herrn Dipl.-Kfm. ...... mit Wirkung ab ...... *Datum* ...... zum Geschäftsführer der Gesellschaft bestellt. Herr Dipl.-Kfm. ...... hat die Bestellung zum Geschäftsführer der Gesellschaft angenommen. Im Hinblick hierauf schließen die Parteien den nachfolgenden Anstellungsvertrag:

§ 1
Aufgaben und Zuständigkeiten

- **Alternative 1 (Muster bei alleinigem Geschäftsführer der Gesellschaft):**
(1) Der Geschäftsführer führt die Geschäfte der Gesellschaft nach Maßgabe der Gesetze, der Satzung sowie den Bestimmungen dieses Anstellungsvertrages. Er hat Weisungen der Gesellschafterversammlung Folge zu leisten.
(2) Der Geschäftsführer vertritt die Gesellschaft gerichtlich und außergerichtlich. Er nimmt für die Gesellschaft die Rechte und Pflichten des

Arbeitgebers im Sinne der arbeits- und sozialrechtlichen Vorschriften wahr.

(3) Die Gesellschaft kann weitere Geschäftsführer bestellen. In diesem Fall ist der Geschäftsführer gemeinsam mit den weiteren Geschäftsführern zur Geschäftsführung und Vertretung der Gesellschaft berechtigt, sofern ihm nicht Einzelgeschäftsführungs- und Vertretungsbefugnis durch die Gesellschaft erteilt wird.

- **Alternative 2 (Muster bei Existenz mehrerer Geschäftsführer):**
  Variante (1) (Gesamtgeschäftsführungs- und Vertretungsbefugnis):

(1) Der Geschäftsführer führt gemeinsam mit den weiteren Geschäftsführern die Geschäfte der Gesellschaft nach Maßgabe der Gesetze, der Satzung sowie den Bestimmungen dieses Anstellungsvertrages. Er hat Weisungen der Gesellschafterversammlung Folge zu leisten.

(2) Der Geschäftsführer vertritt gemeinsam mit den weiteren Geschäftsführern die Gesellschaft gerichtlich und außergerichtlich. Er nimmt für die Gesellschaft die Rechte und Pflichten des Arbeitgebers im Sinne der arbeits- und sozialrechtlichen Vorschriften wahr.

Variante (2) (Einzelgeschäftsführungs- und Vertretungsbefugnis):

(1) Der Geschäftsführer ist alleingeschäftsführungsberechtigt. Er führt die Geschäfte der Gesellschaft nach Maßgabe der Gesetze, der Satzung und dieses Anstellungsvertrages. Er hat Weisungen der Gesellschafterversammlung Folge zu leisten.

(2) Der Geschäftsführer vertritt die Gesellschaft neben den weiteren Geschäftsführern gerichtlich und außergerichtlich. Ihm steht Einzelvertretungsbefugnis zu. Er nimmt für die Gesellschaft die Rechte und Pflichten des Arbeitgebers im Sinne der arbeits- und sozialrechtlichen Vorschriften wahr.

Variante (3) (Sog. unechte Gesamtgeschäftsführungs- und Vertretungsbefugnis):

(1) Der Geschäftsführer führt gemeinsam mit einem weiteren Geschäftsführer oder Prokuristen die Geschäfte der Gesellschaft nach Maßgabe der Gesetze, der Satzung und dieses Anstellungsvertrages. Er hat Weisungen der Gesellschafterversammlung Folge zu leisten.

(2) Der Geschäftsführer vertritt die Gesellschaft gemeinsam mit einem weiteren Geschäftsführer oder Prokuristen gerichtlich und außergerichtlich. Er nimmt für die Gesellschaft die Rechte und Pflichten des Arbeitgebers im Sinne der arbeits- und sozialrechtlichen Vorschriften wahr.

§ 2
Umfang der Geschäftsführung

(1) Die Befugnis zur Geschäftsführung umfasst die Vornahme aller Maßnahmen im Rahmen des gewöhnlichen Geschäftsbetriebes der Gesellschaft.

(2) Die Vornahme von Maßnahmen, welche über den gewöhnlichen Geschäftsbetrieb der Gesellschaft hinausgehen, bedarf der vorherigen Zustimmung durch die Gesellschafterversammlung. Dies gilt insbesondere für folgende Maßnahmen:

a) Veräußerung und Stilllegung von Betrieben oder wesentlichen Betriebsteilen.

b) Errichtung von Zweigniederlassungen.

c) Gründung, Erwerb oder Veräußerung von anderen Unternehmen oder Beteiligungen der Gesellschaft an anderen Unternehmen.

d) Erwerb, Veräußerung und Belastung von Grundstücken und grundstücksgleichen Rechten sowie die Verpflichtung zur Vornahme solcher Rechtsgeschäfte.

e) Bauliche Maßnahmen, soweit die hierfür erforderlichen Aufwendungen einen Betrag von ...... EUR (inkl. Mehrwertsteuer) übersteigen.

f) Abschluss, Änderung oder Aufhebung von Miet-, Pacht- oder Leasing-Verträgen mit einer Vertragsdauer von mehr als ...... Jahren oder einer Verpflichtung von mehr als ...... EUR (inkl. Mehrwertsteuer) für die vereinbarte Vertragslaufzeit.

g) Inanspruchnahme oder Gewährung von Krediten oder Sicherheitsleistungen jeglicher Art, welche ...... EUR übersteigen. Hiervon ausgenommen sind die laufenden Warenkredite im gewöhnlichen Geschäftsverkehr mit Kunden und Lieferanten der Gesellschaft.

h) Übernahmen von Bürgschaften jeder Art.

i) Einstellung und Entlassung von Angestellten, deren Jahresverdienst ...... EUR brutto übersteigt. Bewilligung von Gehaltserhöhungen und zusätzlichen Vergütungen, welche zu einem Übersteigen der vorgenannten Verdienstgrenze führen.

j) Erteilung von Versorgungszusagen jedweder Art, durch welche zusätzliche Verpflichtungen der Gesellschaft über die Beiträge im Rahmen der gesetzlichen Sozialversicherung begründet werden.

k) Erteilung und Widerruf von Prokuren und Handlungsvollmachten.

(3) Die Zustimmung kann auch für eine Mehrzahl oder Gruppe von Maßnahmen im Voraus erteilt werden. Die Zustimmung der Gesellschafterversammlung zu einem von den Geschäftsführern vorgelegten Business-Plan, welcher zustimmungspflichtige Maßnahmen im Sinne des vorstehenden Abs. (2) enthält, gilt zugleich als Zustimmung zu diesen Maßnahmen, sofern kein ausdrücklicher Vorbehalt gemacht wurde.

§ 3
Verantwortlichkeit und Pflichten

• **Alternative 1:**

(1) Der Geschäftsführer hat die Geschäfte der Gesellschaft mit der Sorgfalt eines ordentlichen Kaufmanns zu führen und die ihm nach Gesetz, Satzung sowie diesem Anstellungsvertrag obliegenden Pflichten gewissenhaft zu erfüllen.

- **Alternative 2 (Muster für eine vertragliche Haftungsbeschränkung des Geschäftsführers):**

(1) Der Geschäftsführer hat die Geschäfte der Gesellschaft mit der Sorgfalt eines ordentlichen Kaufmanns zu führen. Er haftet gegenüber der Gesellschaft jedoch nur für Vorsatz und grobe Fahrlässigkeit; hiervon unberührt bleibt die Haftung des Geschäftsführers nach § 43 Abs. 3 GmbHG.

(2) Der Geschäftsführer ist verpflichtet, gemeinsam mit den weiteren Geschäftsführern, innerhalb der gesetzlichen Fristen die Bilanz mit Gewinn- und Verlustrechnung für das abgelaufene Geschäftsjahr zu erstellen. Der Geschäftsführer hat darüber hinaus dafür zu sorgen, dass eine den gesetzlichen und steuerlichen Vorschriften entsprechende Buchführung angewandt wird.

(3) Mit der Übersendung von Jahresabschluss und Geschäftsbericht hat der Geschäftsführer gemeinsam mit den weiteren Geschäftsführern eine Gesellschafterversammlung einzuberufen, in der über die Feststellung des Jahresabschlusses und die Gewinnverwendung Beschluss zu fassen ist. Die Einberufung hat durch eingeschriebenen Brief zu erfolgen, zwischen dessen Aufgabe zur Post und dem Datum der Gesellschafterversammlung eine Frist von mindestens 14 Tagen liegen muss.

(4) Über die Verpflichtungen gemäß den vorstehenden Abs. (2) und (3) hinaus hat der Geschäftsführer während des laufenden Geschäftsjahres unaufgefordert die Gesellschafterversammlung über außergewöhnliche Vorgänge zu unterrichten, welche geeignet sind, sich nachhaltig auf den Bestand oder die Entwicklung der Gesellschaft auszuwirken.

(5) Die Gesellschaft schließt auf ihre Kosten zugunsten des Geschäftsführers eine Vermögensschadenshaftpflichtversicherung für Directors and Officers (D&O-Versicherung) mit einer Versicherungssumme von ...... EUR ab. Die Gesellschaft wird diese Versicherung für die Dauer dieses Anstellungsvertrages und nach dessen Beendigung für die Laufzeit der Verjährungsfrist von Organhaftungsansprüchen aufrechterhalten. Der Geltungsbereich dieser Versicherung erstreckt sich auf solche Fälle, in welchen der Geschäftsführer aus Anlass dienstlicher Tätigkeiten auf Schadensersatz in Anspruch genommen wird. Vom Versicherungsschutz ausgenommen sind solche Schäden, die auf vorsätzlichen Pflichtverletzungen des Geschäftsführers beruhen.

§ 4
Umfang der Dienstpflichten

(1) Der Geschäftsführer verpflichtet sich, seine gesamte Arbeitskraft sowie seine gesamten fachlichen Kenntnisse und beruflichen Erfahrungen in den Dienst der Gesellschaft zu stellen. Er ist an bestimmte Arbeitszeiten nicht gebunden, hat jedoch jederzeit, soweit dies die Belange der Gesellschaft erfordern, zur Dienstleistung zur Verfügung zu stehen und die Interessen der Gesellschaft wahrzunehmen.

(2) Der Geschäftsführer ist zu Mehrarbeit sowie Sonn- und Feiertagsarbeit verpflichtet, sofern dies die Belange der Gesellschaft erfordern. Die Vergütung hierfür ist durch die Bezüge gemäß § 6 dieses Anstellungsvertrages in vollem Umfang abgegolten.

(3) Der Gesellschaft bleibt vorbehalten, dem Geschäftsführer eine andere seinen Kenntnissen und Fähigkeiten entsprechende gleichwertige Aufgabe innerhalb der Geschäftsleitung zu übertragen. Die Gesellschaft ist darüber hinaus berechtigt, den Geschäftsführer zur Wahrnehmung einer Leitungsfunktion in eine zur Unternehmensgruppe gehörende Gesellschaft zu delegieren. Im Fall einer solchen Delegation des Geschäftsführers gelten die in diesem Anstellungsvertrag vereinbarten Rechte und Pflichten auch in Bezug auf die Gesellschaft, zu welcher der Geschäftsführer delegiert wird, soweit aus Anlass der Delegation keine abweichenden oder ergänzenden Vereinbarungen getroffen werden. Führt eine solche Delegation des Geschäftsführers zu einer Verlegung seines Dienstortes um mehr als 100 km, so hat der Geschäftsführer bis zum Ablauf von 3 Monaten nach erfolgter Delegation einen Zweitwohnsitz am neuen Dienstort zu nehmen. Die hierfür anfallenden Kosten (Makler-Courtage, Umzugskosten etc.) werden von der Gesellschaft gegen Vorlage der entsprechenden Belege erstattet.

(4) Der Geschäftsführer verpflichtet sich auf entsprechendes Verlangen der Gesellschaft zur Übernahme von Beirats-, Aufsichtsrats- oder vergleichbaren Mandaten sowie ehrenamtlichen Funktionen in Organisationen und Verbänden. Die Gesellschaft ist berechtigt, eine etwaige Vergütung, welche der Geschäftsführer für die Wahrnehmung eines übernommenen Amtes erhält, auf die Bezüge gemäß § 6 dieses Vertrages anzurechnen; hiervon unberührt bleibt die Aufwandserstattung für die durch Wahrnehmung der Ämter dem Geschäftsführer entstehenden Kosten. Der Geschäftsführer hat solche zusätzlichen Ämter und Funktionen jederzeit auf Verlangen der Gesellschaft, spätestens jedoch bei Beendigung des vorliegenden Anstellungsvertrages niederzulegen und – sofern rechtlich möglich – auf einen von der Gesellschaft benannten Nachfolger zu übertragen.

§ 5
Nebentätigkeiten

(1) Die Übernahme jedweder entgeltlicher oder unentgeltlicher Nebentätigkeit, insbesondere die Übernahme von Beirats- oder Aufsichtsratsmandaten bedarf der vorherigen schriftlichen Zustimmung durch die Gesellschafterversammlung. Die zur Übernahme einer solchen Nebentätigkeit erteilte Zustimmung ist jederzeit widerruflich, wobei im Fall eines Widerrufs die Nebentätigkeit umgehend einzustellen ist. Hat der Geschäftsführer aufgrund der ihm erteilten Zustimmung ein Beirats- oder Aufsichtsrats-Amt übernommen, so hat er dieses Amt zum frühestmöglichen Zeitpunkt nach den hierfür geltenden Bestimmungen niederzulegen.

(2) Veröffentlichungen und Vorträge, welche den Tätigkeitsbereich der Gesellschaft betreffen, bedürfen der vorherigen Zustimmung durch die Gesellschafterversammlung. Diese Zustimmung soll erteilt werden, sofern durch die beabsichtigte Veröffentlichung bzw. den Vortrag keine Gefährdung schutzwerter Interessen der Gesellschaft zu befürchten ist.

§ 6
Bezüge

- **Alternative 1:**
(1) Der Geschäftsführer erhält ein monatliches Gehalt in Höhe von EUR ......
brutto, welches unter Einbehalt der gesetzlichen Abzüge jeweils am Monatsende gezahlt wird. Darüber hinaus erhält der Geschäftsführer ein 13. Monatsgehalt, welches mit dem November-Gehalt gezahlt wird.

- **Alternative 2 (Muster bei Vereinbarung der Festbezüge in Form eines Jahresgehalts):**
(1) Der Geschäftsführer erhält ein festes Jahresgehalt in Höhe von EUR ......
brutto, welches in 12 gleichen Raten unter Einbehalt der gesetzlichen Abzüge zum Ende eines jeden Monats gezahlt wird.

- **Alternative 1:**
(2) Die Festbezüge gemäß vorstehendem Abs. (1) werden im Abstand von 2 Jahren durch die Gesellschafterversammlung unter Berücksichtigung der wirtschaftlichen Lage der Gesellschaft, der individuellen Leistungen des Geschäftsführers sowie der allgemeinen Geldentwertung auf ihre Angemessenheit überprüft und nach billigem Ermessen angepasst.

- **Alternative 2 (Muster bei Anpassung der Festbezüge nach einer vertraglich festgelegten Bezugsgröße):**
(2) Die Festbezüge gemäß vorstehendem Abs. (1) werden jährlich zum 1. Juli um den Prozentsatz der Gehaltssteigerung der höchsten Tarifstufe für die Angestellten der ......-*Industrie Baden-Württemberg* angehoben.

(3) Zusätzlich zu den Festbezügen gemäß vorstehendem Abs. (1) erhält der Geschäftsführer eine variable Vergütung nach Maßgabe der folgenden Bestimmungen:

- **Alternative 1 (Muster bei Regelung der variablen Vergütung in Form einer Gewinntantieme):**
Der Geschäftsführer erhält eine Tantieme in Höhe von ......% des Jahresgewinns der Gesellschaft. Maßgebend ist der Jahresüberschuss nach Steuern und vor Abzug etwaiger Rücklagen und den gewinnabhängigen Tantiemen der Geschäftsführer. Ein etwaiger Verlustvortrag aus dem Vorjahr ist bei Bildung der Bemessungsgrundlage für die Ermittlung der Tantieme zu berücksichtigen. Enthält der Jahresüberschuss außerordentliche Erträge und außerordentliche Aufwendungen, welche durch den Verkauf wesentlicher Geschäftsbereiche der Gesellschaft entstanden sind, so ist der hierauf entfallende Anteil am Jahresüberschuss aus der Berechnungs-

grundlage für die Ermittlung der Tantieme zu eliminieren, sofern für die Mitwirkung des Geschäftsführers an der Veräußerung der betreffenden Geschäftsbereiche keine hiervon abweichende Vereinbarung getroffen wurde. Die Tantieme ist fällig am Ende des Kalendermonats, welcher auf die Feststellung des Jahresabschlusses folgt.

Enthält der Jahresgewinn einen Veräußerungserlös, welcher durch den Verkauf wesentlicher Geschäftsbereiche der Gesellschaft erzielt wurde, so ist der hierauf entfallende Anteil am Jahresgewinn aus der Berechnungsgrundlage für die Tantieme zu nehmen, soweit für die Mitwirkung des Geschäftsführers an der Veräußerung des betreffenden Geschäftsbereichs keine hiervon abweichende Vereinbarung getroffen wurde.

- **Alternative 2 (Muster bei Regelung der variablen Vergütung in Form einer Umsatz-Tantieme):**
  Der Geschäftsführer erhält eine jährliche Tantieme, welche sich nach der Erreichung der Umsatzziele gemäß des vom Beirat der Gesellschaft genehmigten Business-Plans für das jeweilige Geschäftsjahr bemisst. Danach beträgt die Tantieme bei einer Erreichung von
  - 100 %: ...... EUR
  - 110 %: ...... EUR
  - 120 %: ...... EUR
  - und steigt pro vollendeten weiteren 5 % um jeweils ...... EUR, höchstens jedoch auf einen Betrag von ...... % der für das jeweilige Geschäftsjahr maßgebenden Festbezüge gemäß vorstehendem Abs. (1).
  Als tantiempflichtig im Sinne der vorstehenden Bestimmungen gelten die im Rahmen der gewöhnlichen Geschäftstätigkeit der Gesellschaft erzielten Umsätze. Die Einbeziehung von solchen Umsätzen in die Bemessungsgrundlage der Tantieme, welche im Rahmen außergewöhnlicher Geschäfte (z.B. Veräußerung von Geschäftsbereichen) erzielt wurden, bedarf einer vorherigen schriftlichen Vereinbarung. Die Tantieme ist fällig am Ende des Kalendermonats, welcher auf die Feststellung des Jahresabschlusses folgt.

- **Alternative 3 (Muster zur Ergänzung der o.g. Regelungen gemäß Alternative 1 und 2 um eine sog. Mindest-Tantieme. Es ist zunächst der Text gemäß vorstehender Alternative 1 (= Gewinntantieme) bzw. Alternative 2 (= Umsatz-Tantieme) einzusetzen. Hieran ist folgender Absatz anzuschließen):**
  Sind die Voraussetzungen für eine variable Tantieme des Geschäftsführers gemäß den vorstehenden Bestimmungen nicht erfüllt, so erhält er eine Mindest-Tantieme in Höhe von ...... monatlichen Gehältern gemäß Abs. (1). Diese Mindest-Tantieme ist fällig am Ende des Kalendermonats, welcher auf die Feststellung des Jahresabschlusses folgt.

- **Alternative 4 (Muster bei Regelung der variablen Vergütung in Form sog. Zielvereinbarungen):**
  Der Geschäftsführer erhält eine Tantieme, welche sich nach der Erreichung der für jedes Geschäftsjahr vereinbarten Ziele bestimmt. Zu die-

sem Zwecke sind zwischen dem Aufsichtsrat und dem Geschäftsführer spätestens 3 Monate vor Beginn eines Geschäftsjahres die für das folgende Geschäftsjahr maßgebenden Ziele zu vereinbaren. Hierbei sind die am Unternehmenserfolg und die an den persönlichen Leistungen des Geschäftsführers anknüpfenden Ziele sowie deren prozentuale Gewichtung festzulegen, wobei der Gesamt-Zielkatalog grundsätzlich ein Verhältnis von ....../...... zwischen unternehmensbezogenen und persönlichen Zielen ergeben soll. Kann bis 1 Monat vor Beginn des Geschäftsjahres keine Einigung über den Inhalt der Zielvereinbarung erreicht werden, so sind die Ziele durch den Vorsitzenden des Aufsichtsrats unter Beachtung der zuvor genannten Grundsätze im Rahmen billigen Ermessens festzulegen.

Die Tantieme des Geschäftsführers beträgt bei einer Erreichung von
- 100 %: ...... EUR
- 110 %: ...... EUR
- 120 %: ...... EUR
- und steigt pro vollendeten weiteren 5 % um jeweils ...... EUR, höchstens jedoch auf einen Betrag von ...... % der für das jeweilige Geschäftsjahr maßgebenden Festbezüge gemäß vorstehendem Abs. (1).

Der Aufsichtsrat hat nach Feststellung des Jahresabschlusses zu prüfen, in welchem Umfang der Geschäftsführer die für das vergangene Geschäftsjahr vereinbarten Ziele erreicht hat und welcher prozentuale Gesamt-Zielerreichungsgrad sich hieraus ergibt. Dieses Ergebnis ist dem Geschäftsführer durch den Vorsitzenden des Aufsichtsrats schriftlich mitzuteilen und auf dessen Verlangen hin zu erläutern. Die auf Basis des Gesamt-Zielerreichungsgrades ermittelte Tantieme ist am Ende des Kalendermonats zur Zahlung fällig, welcher auf die Feststellung des Jahresabschlusses folgt.

Der Vorsitzende des Beirats der Gesellschaft hat dem Geschäftsführer spätestens bis zur Gesellschafterversammlung, in welcher die Feststellung des Jahresabschlusses erfolgt, in schriftlicher Form mitzuteilen, in welchem Umfang die gesetzten Ziele für das zurückliegende Geschäftsjahr erreicht wurden und welcher prozentuale Zielerreichungsgrad sich hieraus insgesamt ergibt. Die auf Basis dieses Ergebnisses zu berechnende Tantieme ist am Ende des Kalendermonats zur Zahlung fällig, welcher auf die Feststellung des Jahresabschlusses folgt.

- **Alternative 5 (Ergänzung der o.g. Zielvereinbarung um eine sog. Mindesttantieme bei anteiliger Zielerreichung unter 100 %. Es ist zunächst der Text gemäß vorstehender Alternative 4 einzusetzen und um folgenden Absatz zu ergänzen):**
  Im Fall einer Zielerreichung von unter 100 %, mindestens jedoch 85 %, erhält der Geschäftsführer eine Mindest-Tantieme in Höhe von ...... monatlichen Gehältern gemäß Abs. (1). Diese Mindesttantieme ist am Ende des Monats zur Zahlung fällig, welche auf die Feststellung des Jahresabschlusses folgt.

- **Alternative 6 (Variable Vergütung mit Nachhaltigkeitskomponente):**
  Der Geschäftsführer erhält eine Tantieme, welche sich nach der Erreichung der für das jeweilige Geschäftsjahr vereinbarten persönlichen und unternehmensbezogenen Ziele und einer Nachhaltigkeit des Erfolgs der Gesellschaft in den beiden Folgejahren bemisst. Hierfür gilt folgende Regelung:
  - Bis zum Beginn des Geschäftsjahres sind die persönlichen und unternehmensbezogenen Ziele zu vereinbaren, wobei zugleich die prozentuale Gewichtung dieser Ziele festzulegen ist.
  - Nach Ablauf des Geschäftsjahres ist die Erreichung der vereinbarten Ziele festzustellen, wobei die Tantieme im Fall einer vollständigen Erfüllung dieser Ziele ...... EUR ...... brutto/*alternativ*/30 % der jährlichen Festbezüge gemäß § 6 Abs. (1) ...... beträgt. Im Fall einer teilweisen Erfüllung der Ziele tritt eine entsprechende Reduzierung der Tantieme ein, wobei die Gesamt-Zielerreichung mindestens ...... % betragen muss; bei Unterschreiten von ...... % entsteht kein Anspruch auf Tantieme.
  - Der Anspruch des Geschäftsführers auf den nach vorstehender Regelung ermittelten Tantieme-Betrag besteht
    - in Höhe von 50 % mit dem auf die Feststellung des Jahresabschlusses folgenden Monatsende
    - und in Höhe von jeweils 25 % in den beiden Folgejahren, ebenfalls zu dem auf die Feststellung des Jahresabschlusses folgenden Monatsende, sofern die Gesellschaft in diesen Jahren jeweils einen Gewinn in Höhe von mindestens ...... erzielt hat. Maßgebend hierfür ist der Gewinn nach Steuern und vor Abzug etwaiger Rücklagen und Tantiemen der Geschäftsführer.

(4) Scheidet der Geschäftsführer während der Dauer des Geschäftsjahres aus den Diensten der Gesellschaft aus, so erhält er die Tantieme gemäß vorstehendem Abs. (3) anteilig der innerhalb des Geschäftsjahres zurückgelegten Dienstzeit. Dies gilt jedoch nicht, wenn der Anstellungsvertrag aufgrund einer außerordentlichen Kündigung der Gesellschaft wegen eines vom Geschäftsführer zu vertretenden wichtigen Grundes vorzeitig beendet wurde.

§ 7
Vergütung bei Dienstverhinderung

(1) Im Fall der Erkrankung oder sonstigen unverschuldeten Dienstverhinderung werden dem Geschäftsführer seine vertragsgemäßen Bezüge gemäß § 6 bis zum Ablauf von 6 Monaten/Jahr, längstens jedoch bis zum Ablauf des vorliegenden Anstellungsvertrages, fortgezahlt. Mehrere Erkrankungen oder unverschuldete Dienstverhinderungen während eines Kalenderjahres werden für die 6-Monats-Frist zusammengerechnet.

(2) Für eine die 6-Monats-Frist übersteigende Erkrankung oder unverschuldete Dienstverhinderung wird dem Geschäftsführer auf die Dauer weiterer 6 Monate, längstens jedoch bis zum Ablauf des vorliegenden Anstel-

lungsvertrages, ein Zuschuss in Höhe der Differenz zwischen dem von den Trägern der gesetzlichen oder privaten Krankenversicherung gewährten Krankengeld und dem Nettobetrag seines monatlichen Festgehalts gemäß § 6 Abs. (1) gewährt.

(3) Mit Ablauf der 6-Monats-Frist gemäß vorstehendem Abs. (1) entfällt die variable Vergütung gemäß § 6 Abs. (3), welche für jeden begonnenen Kalendermonat fortbestehender Erkrankung bzw. unverschuldeter Dienstverhinderung um je $^1/_{12}$ gekürzt wird. Im Fall des ununterbrochenen Fortbestandes der Erkrankung oder unverschuldeten Dienstverhinderung des Geschäftsführers zu Beginn eines neuen Geschäftsjahres gilt die Kürzung der Tantieme gemäß § 6 Abs. (3) um je $^1/_{12}$ für jeden begonnenen Kalendermonat bis zur Wiedererlangung der Dienstfähigkeit des Geschäftsführers weiter, sofern die 6-Monats-Frist bereits im vorangegangenen Geschäftsjahr erfüllt wurde.

(4) Steht dem Geschäftsführer aufgrund des Sachverhalts, welcher zu seiner Erkrankung bzw. Dienstverhinderung geführt hat, ein Schadensersatzanspruch gegen Dritte zu, so tritt der Geschäftsführer diese Schadensersatzansprüche in Höhe des Betrages an die Gesellschaft ab, welche der Summe der an ihn gewährten Leistungen gemäß den vorstehenden Abs. (1) und (2) entspricht. Der Geschäftsführer wird der Gesellschaft alle zur Geltendmachung der auf sie übergegangenen Schadensersatzansprüche erforderlichen Auskünfte erteilen.

§ 8
Vergütung bei Tod des Geschäftsführers

(1) Verstirbt der Geschäftsführer während der Dauer dieses Anstellungsvertrages, so werden an seine Ehefrau sowie die unterhaltsberechtigten Kinder das monatliche Festgehalt gemäß § 6 Abs. (1) für die auf den Sterbemonat folgenden 3 Monate fortgezahlt. Die Tantieme wird entsprechend § 6 Abs. (4) anteilig der bis zum Todesfall zurückgelegten Dienstzeit innerhalb des Geschäftsjahres gezahlt; die Zahlung dieser anteiligen Tantieme erfolgt am Ende des Kalendermonats, welcher auf die Feststellung des Jahresabschlusses folgt.

(2) Für die Dauer der Fortzahlung des monatlichen Festgehalts gemäß vorstehendem Abs. (1) bestehen keine Ansprüche der Ehefrau sowie der unterhaltsberechtigten Kinder auf Gewährung von Hinterbliebenenversorgung.

§ 9
Sonstige Leistungen

(1) Die Gesellschaft erstattet dem Geschäftsführer die von ihm in Wahrnehmung dienstlicher Aufgaben verauslagten Kosten gegen Vorlage steuerlich anerkennungsfähiger Belege.

(2) Die Gesellschaft gewährt dem Geschäftsführer für die Dauer dieses Anstellungsvertrages einen Zuschuss zur Krankenversicherung in Höhe des Arbeitgeberanteils, wie er bei Krankenversicherungspflicht des Geschäftsführers bestünde, höchstens jedoch in Höhe der Hälfte des Betrages, welchen der Geschäftsführer für seine Krankenversicherung aufzuwenden hat. Des weiteren gewährt die Gesellschaft dem Geschäftsführer für die Dauer des Anstellungsvertrages einen Zuschuss zur Pflegeversicherung in Höhe der Hälfte des gesetzlichen Beitrages.

(3) Die Gesellschaft erstattet dem Geschäftsführer die Kosten für eine ärztliche Gesundheitsprüfung pro Jahr bei einem vom Geschäftsführer auszuwählenden Arzt bis zu einem Betrag von ...... EUR gegen Vorlage der ärztlichen Honorarrechnung.

(4) Die Gesellschaft schließt auf ihre Kosten zugunsten des Geschäftsführers eine Unfallversicherung mit folgenden Deckungssummen ab:
- ...... EUR für den Invaliditätsfall
- ...... EUR für den Todesfall.

Bezugsberechtigt aus dieser Versicherung ist im Invaliditätsfall der Geschäftsführer, im Todesfall die von ihm benannten Personen, bei Fehlen einer solchen Benennung seine Erben. Die auf die Beitragszahlung für die vorgenannten Versicherung entfallende Lohnsteuer ist vom Geschäftsführer zu tragen.

§ 10
Dienstwagen

- **Alternative 1:**
(1) Die Gesellschaft stellt dem Geschäftsführer einen Dienstwagen der Marke ...... zur Verfügung, der sowohl zu dienstlichen wie auch privaten Zwecken genutzt werden darf.

- **Alternative 2 (Muster bei Befugnis zur Inanspruchnahme eines Chauffeurs für Dienstfahrten):**
(1) Für solche Fahrten, die ausschließlich in Erfüllung dienstlicher Aufgaben erfolgen, kann der Geschäftsführer im Rahmen der personellen Kapazitäten des Fahrer-Pools der Gesellschaft einen Chauffeur in Anspruch nehmen.

(2) Für den in der Privatnutzung liegenden geldwerten Vorteil wird ein monatlicher Pauschalbetrag in der steuerlich jeweils geltenden Höhe zugrunde gelegt. Dieser geldwerte Vorteil steht dem Geschäftsführer zusätzlich zu seinen Bezügen gemäß § 6 dieses Vertrages zu; die hierauf entfallende Lohnsteuer ist vom Geschäftsführer zu tragen.

- **Alternative 1:**
(3) Eine Überlassung des Dienstwagens an Dritte im Rahmen der Privatnutzung ist grundsätzlich unzulässig. Hiervon ausgenommen ist die Überlassung des Dienstwagens an die Ehefrau des Geschäftsführers.

- **Alternative 2 (Ergänzung der Regelung zur Privatnutzung durch Übernahme des Selbstbehalts für evtl. im Rahmen der Privatnutzung verursachten Schäden am Dienstwagen):**
(3) Für etwaige im Rahmen der Privatnutzung des Dienstwagens verursachte Schäden erstattet der Geschäftsführer der Gesellschaft einen evtl. von ihr zu tragenden Selbstbehalt im Rahmen der für den Dienstwagen abgeschlossenen Vollkasko-Versicherung.

- **Alternative 1:**
(4) Die Gesellschaft trägt die Kosten für die Haltung (Steuer/Versicherung), den Betrieb (Benzin/Treibstoffkosten) sowie die Wartung und ggf. erforderliche Reparaturen des Dienstwagens.

- **Alternative 2 (Ergänzung für den Fall einer Sonderregelung der Benzinkosten-Tragung bei Urlaubsfahrten):**
(4) Abweichend von vorstehender Regelung sind die Benzinkosten für Urlaubsfahrten im Rahmen der Privatnutzung durch den Geschäftsführer zu tragen.

(5) Der Geschäftsführer verpflichtet sich, den Dienstwagen pfleglich zu behandeln und auf vorschriftsmäßige Nutzung zu achten. Er hat insbesondere dafür Sorge zu tragen, dass sich das Fahrzeug in einem betriebsbereiten und verkehrssicheren Zustand befindet. Fällige Inspektionen und Prüfungen sind unaufgefordert zu veranlassen. Während der Ausführung von Wartungs-, Inspektions- und Reparaturarbeiten steht dem Geschäftsführer ein angemessenes Ersatzfahrzeug zu.

- **Alternative 1:**
(6) Der Dienstwagen ist vom Geschäftsführer bei Beendigung des Anstellungsvertrages in ordnungsgemäßem Zustand am Sitz der Gesellschaft zurückzugeben. Ein Zurückbehaltungsrecht an dem Dienstwagen, gleich aus welchem Rechtsgrund, ist ausgeschlossen.

- **Alternative 2 (Zusatzregelung bei Verpflichtung zur vorzeitigen Rückgabe des Dienstwagens im Fall der Freistellung):**
(6) Der Dienstwagen ist bei Beendigung des Anstellungsvertrages am Sitz der Gesellschaft zurückzugeben. Abweichend von vorstehender Regelung ist der Dienstwagen bereits vor Ablauf des Anstellungsvertrages vom Geschäftsführer zurückzugeben, sofern er durch die Gesellschaft von seinen Dienstpflichten freigestellt wird. In diesem Fall ist der Dienstwagen spätestens 2 Monate nach erfolgter Freistellung an die Gesellschaft zurückzugeben. Ein finanzieller Ausgleich für die hierdurch entfallende Privatnutzung ist ausgeschlossen.

§ 11
Urlaub

(1) Dem Geschäftsführer steht ein Erholungsurlaub von 30 Arbeitstagen pro Jahr zu.

(2) Die zeitliche Lage des Urlaubs ist in Abstimmung mit den übrigen Geschäftsführern unter Berücksichtigung der geschäftlichen Belange der Gesellschaft festzulegen. Kann unter den Geschäftsführern keine Einigkeit hinsichtlich ihrer Urlaubszeiten erreicht werden, so erfolgt die zeitliche Festlegung des Urlaubs für die Geschäftsführer durch den Vorsitzenden des Beirats der Gesellschaft unter angemessener Berücksichtigung der jeweiligen persönlichen Urlaubswünsche sowie der geschäftlichen Belange der Gesellschaft.

(3) Kann der Geschäftsführer aus geschäftlichen oder in seiner Person liegenden Gründen seinen Urlaub nicht vollständig bis zum Ende des Kalenderjahres nehmen, werden die nicht in Anspruch genommenen Urlaubstage bis zum 30.6. des Folgejahres übertragen. Kann der übertragene Urlaub auch bis zu diesem Zeitpunkt vom Geschäftsführer nicht genommen werden, so verfällt der Urlaubsanspruch vorbehaltlich einer abweichenden Vereinbarung.

(4) Offenstehende Urlaubsansprüche des Geschäftsführers, die wegen Beendigung des Anstellungsvertrages ganz oder teilweise nicht in Anspruch genommen werden konnten, sind mit der letzten Gehaltsabrechnung abzugelten. Die Abgeltung erfolgt auf Basis des Durchschnitts der vertragsgemäßen Bezüge gemäß § 6 während der letzten 12 Monate des Anstellungsvertrages.

§ 12
Diensterfindungen

(1) Für etwaige Diensterfindungen, welche der Geschäftsführer in Wahrnehmung seiner Tätigkeit gemäß diesem Anstellungsvertrag macht, gelten die Bestimmungen des Gesetzes über Arbeitnehmererfindungen (ANErfG).

(2) Für die Vergütung der durch die Gesellschaft in Anspruch genommenen Diensterfindungen, welche der Geschäftsführer bei seiner Tätigkeit im Rahmen dieses Anstellungsvertrages macht, gelten das ANErfG sowie die hierzu ergangenen Vergütungsrichtlinien.

§ 13
Arbeitsmittel und Geschäftsunterlagen

(1) Die Gesellschaft stellt dem Geschäftsführer ein Mobil-Telefon sowie ein Blackberry zur Verfügung, welche vorwiegend zum Zwecke der dienstlichen Nutzung überlassen werden, in angemessenem Umfang jedoch auch zu privaten Zwecken genutzt werden dürfen. Die hierfür anfallenden Kosten werden von der Gesellschaft getragen. Das Mobil-Telefon und Blackberry sind vom Geschäftsführer im Fall einer Freistellung von den Dienstpflichten unverzüglich an die Gesellschaft zurückzugeben, ansonsten spätestens bei Beendigung des Anstellungsvertrages. Ein Zurückbehaltungsrecht – gleich aus welchem Rechtsgrund – ist ausgeschlossen.

(2) Die Gesellschaft stellt dem Geschäftsführer des weiteren einen Laptop zum Zwecke der dienstlichen Nutzung zur Verfügung. Dieser Laptop ist im Fall einer Freistellung von den Dienstpflichten unverzüglich an die Gesellschaft zurückzugeben, ansonsten spätestens bei Beendigung des Anstellungsvertrages. Ein Zurückbehaltungsrecht – gleich aus welchem Rechtsgrund – ist ausgeschlossen.

(3) Der Geschäftsführer hat auf entsprechendes Verlangen der Gesellschaft unverzüglich alle in seinem Besitz befindlichen oder seinem Zugriff unterliegenden Geschäftsunterlagen und sonstige die Gesellschaft oder mit ihr verbundene Unternehmen betreffende Unterlagen – insbesondere Rezepturen, Pläne, Modelle, Preislisten, Besprechungsprotokolle etc. – einschließlich etwaiger Abschriften oder Kopien sowie sonstige Datenträger unverzüglich an die Gesellschaft zurückzugeben. Die dienstlichen Gegenstände, Unterlagen und Datenträger sind spätestens bei Beendigung des Anstellungsvertrages vom Geschäftsführer an die Gesellschaft zurückzugeben. Ein Zurückbehaltungsrecht hieran ist – gleich aus welchem Rechtsgrund – ausgeschlossen.

§ 14
Verschwiegenheitspflicht

(1) Der Geschäftsführer ist verpflichtet, über alle Betriebs- und Geschäftsgeheimnisse der Gesellschaft sowie der mit ihr verbundenen Unternehmen gegenüber unbefugten Dritten striktes Stillschweigen zu wahren.

(2) Die Verpflichtung gemäß vorstehendem Abs. (1) besteht auch nach Beendigung des Dienstvertrages fort.

§ 15
Wettbewerbsverbot

(1) Dem Geschäftsführer ist untersagt, während der Dauer dieses Anstellungsvertrages in selbständiger, unselbständiger oder sonstiger Weise für ein Unternehmen tätig zu werden, welches mit der Gesellschaft oder einem mit ihr verbundenen Unternehmen in direktem oder indirektem Wettbewerb steht. In gleicher Weise ist es dem Geschäftsführer untersagt, während der Dauer dieses Vertrages ein solches Unternehmen zu errichten, zu erwerben oder sich hieran unmittelbar oder mittelbar zu beteiligen.

(2) Für die Dauer von 2 Jahren nach Beendigung des vorliegenden Anstellungsvertrages ist der Geschäftsführer zur Einhaltung von folgendem nachvertraglichem Wettbewerbsverbot verpflichtet:

• **Alternative 1 (Muster eines nachvertraglichen Wettbewerbsverbots in Form einer Lieferanten- und Kundenschutz-Klausel):**
Der Geschäftsführer verpflichtet sich, für die Dauer von 2 Jahren nach Beendigung des vorliegenden Anstellungsvertrages weder in selbständiger noch unselbständiger Stellung oder in sonstiger Weise geschäftliche

Beziehungen mit denjenigen Kunden und Lieferanten aufzunehmen, mit denen die Gesellschaft in den letzten 2 Jahren vor Beendigung des Anstellungsvertrages in Geschäftsbeziehungen stand. Die Gesellschaft wird zu diesem Zwecke dem Geschäftsführer bei Beendigung des Anstellungsvertrages eine Liste derjenigen Kunden und Lieferanten übergeben, mit denen sie in Geschäftsbeziehungen während der zurückliegenden 2 Jahre stand.

- **Alternative 2 (Muster eines nachvertraglichen Wettbewerbsverbots mit unternehmensbezogenem Geltungsbereich):**
  Der Geschäftsführer verpflichtet sich, für die Dauer von 2 Jahren nach Beendigung des vorliegenden Anstellungsvertrages weder in selbständiger, unselbständiger oder in sonstiger Weise für ein Unternehmen tätig zu werden, welches mit der Gesellschaft sowie den mit ihr verbundenen Unternehmen in direktem oder indirektem Wettbewerb steht. In gleicher Weise ist es dem Geschäftsführer untersagt, während der Dauer von 2 Jahren nach Beendigung des Anstellungsvertrages ein solches Konkurrenzunternehmen zu errichten, zu erwerben oder sich hieran unmittelbar oder mittelbar zu beteiligen.

- **Alternative 3 (Muster eines nachvertraglichen Wettbewerbsverbotes mit tätigkeits- bzw. produktbezogenem Geltungsbereich):**
  Der Geschäftsführer verpflichtet sich, für die Dauer von 2 Jahren nach Beendigung des vorliegenden Anstellungsvertrages weder in selbständiger, unselbständiger oder sonstiger Weise für ein Unternehmen tätig zu werden, welches sich mit der Entwicklung, Herstellung oder dem Vertrieb von …… *Produkten* …… beschäftigt. In gleicher Weise ist es dem Geschäftsführer untersagt, während dieser Dauer ein solches Konkurrenzunternehmen zu errichten, zu erwerben oder sich hieran unmittelbar oder mittelbar zu beteiligen.

(3) Das nachvertragliche Wettbewerbsverbot gemäß vorstehendem Abs. (2) gilt räumlich für das Gebiet der Bundesrepublik Deutschland.

(4) Für die Dauer des nachvertraglichen Wettbewerbsverbotes gemäß Abs. (2) verpflichtet sich die Gesellschaft, dem Geschäftsführer eine Karenzentschädigung nach Maßgabe folgender Bestimmungen zu zahlen:

- **Alternative 1 (Bemessung der Karenzentschädigung bei Beschränkung des nachvertraglichen Wettbewerbsverbotes auf eine reine Lieferanten- und Kundenschutz-Klausel (vgl. Abs. (2) Alternative 1)):**
  Die Karenzentschädigung beträgt 10 % des monatlichen Gehalts gemäß § 6 Abs. (1) in der zum Zeitpunkt der Beendigung des Anstellungsvertrages maßgebenden Höhe. Die Zahlung dieser Karenzentschädigung ist jeweils am Ende des Monats fällig.

- **Alternative 2 (Bemessung der Karenzentschädigung bei unternehmensbezogenem oder tätigkeits- bzw. produktbezogenem Wettbewerbsverbot für das Gebiet der Bundesrepublik Deutschland (vgl. Abs. (2) Alternativen 2 und 3)):**
  Die Karenzentschädigung beträgt 50 % der durchschnittlichen monatlichen Bezüge des Geschäftsführers gemäß § 6 Abs. (1) und (3) während

der letzten 36 Monate vor Beendigung des Anstellungsvertrages. Die Zahlung der Karenzentschädigung ist jeweils am Ende des Monats fällig.

- **Alternative 1:**
(5) Auf die Karenzentschädigung gemäß vorstehendem Abs. (4) sind die Einkünfte anzurechnen, welche der Geschäftsführer während der Dauer des nachvertraglichen Wettbewerbsverbotes aus selbständiger, unselbständiger oder sonstiger Erwerbstätigkeit erzielt oder zu erzielen unterlässt. Unter die anzurechnenden Einkünfte fällt auch etwaiges vom Geschäftsführer bezogenes Arbeitslosengeld. Der Geschäftsführer ist verpflichtet, auf Verlangen der Gesellschaft entsprechende Auskünfte über die Höhe seiner anderweitigen Einkünfte zu erteilen und durch geeignete Unterlagen zu belegen.

- **Alternative 2:**
(5) Die Einkünfte, welche der Geschäftsführer während der Dauer des nachvertraglichen Wettbewerbsverbotes aus selbständiger, unselbständiger oder sonstiger Erwerbstätigkeit erzielt, sind auf die Karenzentschädigung gemäß vorstehendem Abs. (4) anzurechnen, sofern diese Einkünfte unter Hinzurechnung der Karenzentschädigung die vor dem Ausscheiden des Geschäftsführers bezogene Vergütung übersteigen. Hierbei ist auf das Festgehalt und die variable Vergütung abzustellen, welche der Geschäftsführer in den letzten 12 Monaten vor seinem Ausscheiden bezogen hat. Der Geschäftsführer ist verpflichtet, der Gesellschaft die erforderlichen Auskünfte über die Höhe seiner anderweitigen Einkünfte zu erteilen und durch geeignete Unterlagen zu belegen, damit festgestellt werden kann, ob und wenn ja in welchem Umfang eine Anrechnung auf die Karenzentschädigung entsprechend der vorstehenden Regelung vorzunehmen ist.

- **Alternative 1:**
(6) Endet der vorliegende Anstellungsvertrag durch Eintritt eines Versorgungsfalles gemäß nachstehendem § 17 Abs. (1), so tritt das nachvertragliche Wettbewerbsverbot gemäß den in vorstehenden Abs. (2) bis (5) getroffenen Regelungen nicht in Kraft.

- **Alternative 2:**
(6) Das vorliegende Wettbewerbsverbot gilt auch für eine Beendigung des Anstellungsvertrages wegen Eintritts des Geschäftsführers in den Ruhestand. Die Gesellschaft ist berechtigt, für die Dauer des nachvertraglichen Wettbewerbsverbotes die von ihr erbrachten Versorgungsleistungen gemäß § 17 auf die Karenzentschädigung anzurechnen.

(7) Die Gesellschaft kann vor Ablauf des Anstellungsvertrages auf die Einhaltung des nachvertraglichen Wettbewerbsverbots gemäß Abs. (2) und (3) durch schriftliche Erklärung gegenüber dem Geschäftsführer verzichten. In diesem Fall endet mit Ablauf von 6 Monaten nach Zugang der den Verzicht enthaltenden Erklärung die Verpflichtung der Gesellschaft zur Zahlung der Karenzentschädigung gemäß Abs. (4).

(8) Im Fall einer außerordentlichen Kündigung des vorliegenden Anstellungsvertrages aus wichtigem Grund steht der kündigungsberechtigten

Partei das Recht zu, innerhalb von einem Monat nach Ausspruch der außerordentlichen Kündigung durch schriftliche Erklärung gegenüber der anderen Partei das nachvertragliche Wettbewerbsverbot aufzuheben.

(9) Der Geschäftsführer hat für jeden schuldhaften Verstoß gegen das während der Dauer dieses Anstellungsvertrages bestehende als auch das nachvertragliche Wettbewerbsverbot eine Vertragsstrafe von einem monatlichen Festgehalt gemäß § 6 Abs. (1) zu zahlen; maßgebend hierfür ist das Festgehalt in der zuletzt geltenden Höhe. Weitere Verstöße begründen jeweils eine erneute Vertragsstrafe, auch wenn sie innerhalb eines Monats begangen werden. Erfolgen die einzelnen Zuwiderhandlungen jedoch innerhalb eines Dauerverstoßes gegen das Wettbewerbsverbot, so wird die Vertragsstrafe einmalig für jeden angefangenen Monat erneut verwirkt, in welchem der Dauerverstoß fortbesteht. Ein Dauerverstoß im Sinne des vorstehenden Satzes liegt in den Fällen der Gründung oder Beteiligung an einem Konkurrenzunternehmen oder der vertraglichen Eingehung einer auf Dauer angelegten Tätigkeit (z.B. Anstellungsvertrag, Beratungsvertrag) für ein Konkurrenzunternehmen. Von den vorstehenden Regelungen unberührt bleiben weitergehende Ansprüche, welche der Gesellschaft bei einem Verstoß des Geschäftsführers gegen das Wettbewerbsverbot zustehen (insbesondere Schadensersatz u. Unterlassungsansprüchen).

§ 16
Vertragsdauer und Kündigung

* **Alternative 1 (Muster für einen Anstellungsvertrag auf unbestimmte Dauer mit dem Recht zur ordentlichen Kündigung):**

(1) Dieser Anstellungsvertrag tritt mit Wirkung zum ...... *Datum* ...... in Kraft und ist auf unbestimmte Dauer geschlossen.

(2) Beide Parteien können diesen Vertrag mit einer Frist von ...... Monaten zum Halbjahres- oder Jahresende kündigen. Eine solche ordentliche Kündigung ist jedoch erstmals mit Wirkung zum ...... *Datum* ...... zulässig.

(3) Eine Abberufung des Geschäftsführers, welche jederzeit durch Beschluss des Beirats der Gesellschaft erfolgen kann, gilt zugleich als Kündigung durch die Gesellschaft zu dem gemäß Abs. (2) nächst zulässigen Termin.

(4) Die Gesellschaft ist in jedem Fall einer Kündigung berechtigt, den Geschäftsführer unter Anrechnung auf etwaige noch offenstehende Urlaubsansprüche unter Fortzahlung der vertragsgemäßen Bezüge bis zum Ablauf der Kündigungsfrist von seinen Dienstpflichten freizustellen.

(5) Das Recht für beide Parteien zur Kündigung aus wichtigem Grund bleibt von vorstehender Regelung unberührt.

(6) Jede Kündigung bedarf der Schriftform. Empfangszuständig für eine Kündigung durch den Geschäftsführer ist der Vorsitzende des Beirats der Gesellschaft, im Verhinderungsfall dessen Stellvertreter.

(7) Dieser Anstellungsvertrag endet, ohne dass es des Ausspruchs einer Kündigung bedarf, bei Eintritt eines der in § 17 Abs. (1) geregelten Versorgungsfälle.

- **Alternative 2 (Muster für einen Anstellungsvertrag auf feste Vertragsdauer mit Verlängerungsoption):**
(1) Dieser Anstellungsvertrag tritt mit Wirkung zum ...... *Datum* ...... in Kraft und wird auf die Dauer von 3 Jahren geschlossen. Der Anstellungsvertrag verlängert sich um weitere 3 Jahre, wenn er nicht spätestens 6 Monate vor Ablauf der Vertragsdauer von einer der Parteien gekündigt wurde. Im Fall einer solchen Kündigung ist die Gesellschaft berechtigt, den Geschäftsführer unter Anrechnung auf etwaige noch offenstehende Urlaubsansprüche bis zum Ablauf der Kündigungsfrist unter Fortzahlung der vertragsgemäßen Bezüge von seinen Dienstpflichten freizustellen.
(2) Während der Vertragsdauer gemäß Abs. (1) ist eine ordentliche Kündigung dieses Anstellungsvertrages beiderseits ausgeschlossen. Hiervon unberührt bleibt das für beide Parteien bestehende Recht zur Kündigung aus wichtigem Grund.
(3) Im Fall der Abberufung des Geschäftsführers, welche jederzeit durch Beschluss der Gesellschafterversammlung erfolgen kann, endet dieser Anstellungsvertrag zu dem nach Abs. (1) nächst zulässigen Zeitpunkt, ohne dass es des Ausspruchs einer Kündigung durch die Gesellschaft bedarf.
(4) Jede Kündigung bedarf der Schriftform. Empfangszuständig für eine Kündigung durch den Geschäftsführer ist jeder weitere Geschäftsführer der Gesellschaft oder für den Fall, dass ein solcher nicht im Amt ist, derjenige Gesellschafter, der über die höchste Kapitalbeteiligung an der Gesellschaft verfügt.
(5) Dieser Anstellungsvertrag endet, ohne dass es des Ausspruchs einer Kündigung bedarf, bei Eintritt eines der in § 17 Abs. (1) geregelten Versorgungsfälle.

- **Alternative 3 (Muster für einen Anstellungsvertrag auf feste Dauer unter der auflösenden Bedingung einer vorzeitigen Beendigung bei Abberufung oder Amtsniederlegung):**
(1) Dieser Anstellungsvertrag tritt mit Wirkung zum ...... *Datum* ...... in Kraft und wird auf die Dauer von 3 Jahren geschlossen. Der Anstellungsvertrag verlängert sich um jeweils weitere 3 Jahre, wenn er nicht spätestens 9 Monate vor Ablauf der Vertragsdauer von einer der Parteien gekündigt wurde. Die Kündigung bedarf der Schriftform.
(2) Im Fall der Abberufung des Geschäftsführers oder einer Amtsniederlegung durch den Geschäftsführer endet der Anstellungsvertrag unabhängig von der in vorstehendem Abs. (1) geregelten Vertragsdauer mit Ablauf von 3 Monaten nach dem auf die Abberufung bzw. Amtsniederlegung folgenden Monatsende, ohne dass es des Ausspruchs einer Kündigung bedarf.
(3) Im Fall einer Kündigung gemäß Abs. (1) oder bei Eintritt eines vorzeitigen Beendigungstatbestandes gemäß Abs. (2) ist die Gesellschaft berechtigt, den Geschäftsführer bis zum Ablauf des Anstellungsvertrages unter Anrechnung auf etwaige noch offenstehende Urlaubsansprüche unter Fortzahlung seiner vertragsgemäßen Bezüge von der Verpflichtung zur Dienstleistung freizustellen.

(4) Dieser Anstellungsvertrag endet, ohne dass es des Ausspruchs einer Kündigung bedarf, bei Eintritt eines der in § 17 Abs. (1) geregelten Versorgungsfälle.

- **Alternative 4 (Muster für einen Anstellungsvertrag mit der Zusage einer Abfindung bei Nichtverlängerung bzw. Kündigung durch die Gesellschaft):**

(1) Dieser Anstellungsvertrag tritt mit Wirkung zum ...... *Datum* ...... in Kraft und wird auf die Dauer von 3 Jahren geschlossen. Der Anstellungsvertrag verlängert sich um jeweils weitere 3 Jahre, wenn er nicht spätestens 9 Monate vor Ablauf der Vertragsdauer von einer der Parteien gekündigt wird.

(2) Eine Abberufung des Geschäftsführers, welche jederzeit durch Beschluss der Gesellschafterversammlung erfolgen kann, gilt zugleich als Kündigung der Gesellschaft gemäß Abs. (1) zum nächst zulässigen Zeitpunkt.

(3) Von vorstehender Regelung unberührt bleibt das Recht für beide Parteien zur Kündigung aus wichtigem Grund.

(4) Jede Kündigung bedarf der Schriftform.

(5) Im Fall einer Kündigung durch die Gesellschaft gemäß Abs. (1) oder (2) erhält der Geschäftsführer eine Abfindung in Höhe von zwei durchschnittlichen Monatsbezügen pro Dienstjahr. Zu diesem Zwecke werden die vertragsgemäßen Bezüge gemäß § 6 Abs. (1) und (3) während der letzten 12 Monate vor Ausspruch der Kündigung zugrunde gelegt und der hieraus folgende durchschnittliche Monatsbezug ermittelt. Der Anspruch auf Abfindung gemäß vorstehender Regelung besteht jedoch nicht, wenn die Kündigung der Gesellschaft aufgrund erheblicher Leistungsmängel oder Pflichtverletzungen des Geschäftsführers erfolgte.

(6) Dieser Anstellungsvertrag endet, ohne dass es des Ausspruchs einer Kündigung bedarf, bei Eintritt eines der in § 17 Abs. (1) geregelten Versorgungsfälle.

- **Alternative 5 (Muster für einen Anstellungsvertrag auf feste Dauer mit Zusage eines sog. Übergangsgeldes im Fall einer Nichtverlängerung oder Kündigung durch die Gesellschaft):**

(1) Dieser Anstellungsvertrag tritt mit Wirkung zum ...... *Datum* ...... in Kraft und wird auf die Dauer von 3 Jahren geschlossen. Der Anstellungsvertrag verlängert sich jeweils um weitere 3 Jahre, wenn er nicht spätestens 12 Monate vor Ablauf der Vertragsdauer von einer der Parteien gekündigt wurde.

(2) Von vorstehender Regelung unberührt bleibt das Recht für beide Parteien zur Kündigung aus wichtigem Grund.

(3) Jede Kündigung bedarf der Schriftform.

(4) Im Fall einer Nichtverlängerung bzw. Kündigung des Anstellungsvertrages gemäß Abs. (1) durch die Gesellschaft erhält der Geschäftsführer ein Übergangsgeld von zwölf monatlichen Gehältern gemäß § 6 Abs. (1) in der zum Zeitpunkt der Beendigung des Anstellungsvertrages maßgebenden Höhe. Der Anspruch auf Übergangsgeld gemäß vorstehender Regelung besteht jedoch nicht, wenn die Nichtverlängerung bzw. Kündigung

der Gesellschaft aufgrund erheblicher Leistungsmängel oder Pflichtver-
letzungen des Geschäftsführers erfolgte. Auf das Übergangsgeld sind die
Einkünfte des Geschäftsführers aus selbständiger, unselbständiger oder
sonstiger Erwerbstätigkeit während der Dauer von 12 Monaten nach
Beendigung des Anstellungsvertrages in Höhe von ...... % anzurechnen.
Der Geschäftsführer ist verpflichtet, der Gesellschaft entsprechende Aus-
kunft über die Höhe seiner anderweitigen Einkünfte zu erteilen und diese
Auskünfte durch geeignete Unterlagen zu belegen.

(5) Dieser Anstellungsvertrag endet, ohne dass es des Ausspruchs einer Kündigung bedarf, bei Eintritt eines der in § 17 Abs. (1) geregelten Versorgungsfälle.

§ 17
Versorgungszusage

- **Alternative 1 (Muster bei Erteilung einer unmittelbaren Versorgungszusage durch die Gesellschaft):**

(1) Der Geschäftsführer hat Anspruch auf Versorgungsleistungen durch die
Gesellschaft bei
   a) Eintritt einer Berufs- oder Erwerbsunfähigkeit während der Dauer
      dieses Anstellungsvertrages;
   b) Eintritt in den Ruhestand mit Vollendung des 65. Lebensjahres.

(2) Der Anspruch auf Versorgungsleistungen gemäß Abs. (1) lit. a) ist von
Beginn des vorliegenden Anstellungsvertrages an unverfallbar. Der Anspruch auf Versorgungsleistungen gemäß Abs. (1) lit. b) ist unverfallbar,
sobald die gesetzlichen Voraussetzungen des BetrAVG für den Eintritt
der Unverfallbarkeit erfüllt sind.

- **Variante (1) (Muster für ratierlich ansteigende Versorgungsanwartschaft):**

(3) Die monatlichen Versorgungsbezüge betragen ...... % des monatlichen
Gehalts gemäß § 6 Abs. (1) zum Zeitpunkt der Beendigung des Anstellungsvertrages und erhöhen sich für jedes vollendete Dienstjahr des Geschäftsführers um ...... %, höchstens jedoch auf einen Prozentsatz von
...... % des monatlichen Gehalts.

- **Variante (2) (Muster bei Zusage fester Versorgungsbezüge):**

(3) Die monatlichen Versorgungsbezüge betragen ...... EUR. Im Fall des Ausscheidens des Geschäftsführers vor Erreichen der Altersgrenze bestimmt
sich die Höhe der Versorgungsanwartschaft gemäß § 2 Abs. 1 BetrAVG.

(4) Auf diese Versorgungsbezüge werden Versorgungsleistungen, welche der
Geschäftsführer aus Versorgungszusagen vorheriger Arbeitgeber erhält,
zu ...... % angerechnet. Darüber hinausgehende Versorgungsleistungen
privater Versicherungsträger werden angerechnet, soweit sie mindestens
zur Hälfte auf Beiträgen oder Zuschüssen der Gesellschaft beruhen.

(5) Die Zahlung der Versorgungsbezüge erfolgt jeweils zum Monatsende,
beginnend mit dem Monat, welcher auf den Eintritt des Versorgungsfalles folgt. Erzielt der Geschäftsführer nach Eintritt eines Versorgungsfalles

anderweitige Einkünfte aus selbständiger oder unselbständiger Tätigkeit, so sind diese Einkünfte auf die Versorgungsbezüge anzurechnen, soweit sie zusammen mit den Versorgungsbezügen das vor dem Ausscheiden des Geschäftsführers maßgebende Gehalt gemäß § 6 Abs. (1) übersteigen. Der Geschäftsführer ist verpflichtet, der Gesellschaft unaufgefordert Auskunft über die Höhe anderweitiger Einkünfte aus solchen Tätigkeiten zu erteilen und die Auskünfte auf entsprechendes Verlangen durch geeignete Unterlagen zu belegen.

- **Variante (1) (Muster bei Übernahme der gesetzlichen Anpassungsregelung):**
(6) Die Versorgungsbezüge werden nach Eintritt des Versorgungsfalles unter Beachtung der gesetzlichen Bestimmungen des BetrAVG angepasst.

- **Variante (2) (Muster im Fall einer Ersetzung der gesetzlichen Anpassungsregelung durch eine andere Bezugsgröße):**
(6) Die Versorgungsbezüge werden nach Eintritt des Versorgungsfalles jährlich zum 1. Juli um den Prozentsatz der Gehaltssteigerung der höchsten Tarifstufe für die ......-*Industrie Baden-Württemberg* angehoben.

(7) Der Anspruch auf die vorstehenden Versorgungsleistungen kann ganz oder teilweise widerrufen werden, wenn der Geschäftsführer in grober Weise gegen seine Pflichten verstoßen hat, so dass der Gesellschaft eine Aufrechterhaltung der Versorgungsleistungen nicht zugemutet werden kann. Dies gilt insbesondere, sofern der Gesellschaft schwere Schäden durch den Geschäftsführer zugefügt wurden.

- **Alternative 2 (Muster bei Durchführung der Versorgungszusage in Form des Abschlusses einer Direktversicherung zugunsten des Geschäftsführers):**
(1) Zur Alters-, Berufsunfähigkeits- und Hinterbliebenenversorgung des Geschäftsführers schließt die Gesellschaft auf das Leben des Geschäftsführers eine Lebensversicherung mit einem unwiderruflichen Bezugsrecht ab. Die Versicherungssumme beträgt ...... EUR. Während der Dauer dieses Anstellungsvertrages werden die Versicherungsprämien von der Gesellschaft zusätzlich zu den Bezügen gemäß § 6 dieses Vertrages gezahlt. Die Versicherungsprämien zählen zur steuerpflichtigen Vergütung des Geschäftsführers. Die Versicherungssumme wird mit Vollendung des 65. Lebensjahres oder dem Eintritt einer Berufs- oder Erwerbsunfähigkeit oder dem Tod des Geschäftsführers zur Zahlung fällig. Bezugsberechtigt aus der Versicherung sind im Erlebensfall der Geschäftsführer, im Todesfall die von ihm bestimmten Personen oder bei Fehlen einer solchen Bestimmung seine Erben.
(2) Endet der Anstellungsvertrag vor Erreichen der Altersgrenze gemäß Abs. (1), ohne dass der Versicherungsfall des Todes oder einer Berufs- oder Erwerbsunfähigkeit vorliegt, so wird die Gesellschaft die zugunsten des Geschäftsführers abgeschlossene Direktversicherung auf ihn übertragen, sofern zum Zeitpunkt der Beendigung des Anstellungsvertrages die Frist für den Eintritt der gesetzlichen Unverfallbarkeit gemäß dem BetrAVG erfüllt ist.

§ 18
Witwen- und Waisenversorgung

(1) Verstirbt der Geschäftsführer, so erhält seine Ehefrau eine Witwenrente in Höhe von 60 % der Versorgungsbezüge, welche dem Geschäftsführer zum Todeszeitpunkt zustanden bzw. im Fall einer zum Todeszeitpunkt eingetretenen Berufs- oder Erwerbsunfähigkeit nach § 17 zugestanden hätten.

(2) Der Anspruch auf Witwenrente steht unter der Voraussetzung, dass die Ehe des Geschäftsführers zum Zeitpunkt seines Todes mindestens 5 Jahre bestand und im Todesfall noch besteht. Der Anspruch erlischt mit Ablauf des Monats, in welchem die Witwe stirbt oder wieder heiratet.

(3) Die unterhaltsberechtigten Kinder des Geschäftsführers erhalten bis zur Vollendung des 27. Lebensjahres eine Waisenrente in Höhe von 10 % der Versorgungsbezüge, welche dem Geschäftsführer zum Todeszeitpunkt zustanden bzw. im Fall einer zum Todeszeitpunkt eingetretenen Berufs- oder Erwerbsunfähigkeit gemäß § 17 zugestanden hätten. Werden die Kinder durch den Tod des Geschäftsführers zu Vollwaisen oder werden sie zu solchen durch späteren Tod der Ehefrau des Geschäftsführers, so erhalten sie das Doppelte der Waisenrente bis zur Vollendung des 27. Lebensjahres.

(4) Witwen- und Waisenrenten dürfen zusammen den Betrag der Versorgungsbezüge nicht übersteigen, welcher dem Geschäftsführer gemäß § 17 zustünde. Übersteigt die Summe der Witwen- und Waisenrente diesen Betrag, so werden die Renten anteilig gekürzt. Erlischt für einen der versorgungsberechtigten Hinterbliebenen der Anspruch, so werden die Renten der verbliebenen versorgungsberechtigten Hinterbliebenen im Rahmen der vorstehenden Gesamtversorgung anteilig angepasst.

(5) Die Zahlung der Witwen- und Waisenrenten beginnt mit Ablauf der Frist gemäß § 8 Abs. (1) und erfolgt jeweils zum Monatsende.

§ 19
Ausschlussfristen

(1) Alle beiderseitigen Ansprüche aus dem Anstellungsverhältnis und solche, die mit dem Anstellungsverhältnis in Verbindung stehen, verfallen, wenn sie nicht innerhalb von drei Monaten nach Fälligkeit gegenüber der anderen Partei in Textform geltend gemacht wurden. Von dieser Ausschlussfrist nicht erfasst sind solche Ansprüche, die auf vorsätzlich begangenen Pflichtverletzungen beruhen.

(2) Lehnt die Partei den geltend gemachten Anspruch ab oder erklärt sie sich nicht innerhalb von zwei Wochen nach der Geltendmachung des Anspruchs, so verfällt dieser, wenn er nicht innerhalb weiterer drei Monate nach der Ablehnung bzw. dem Fristablauf gerichtlich geltend gemacht wird.

§ 20
Schlussbestimmungen

(1) Der vorliegende Anstellungsvertrag unterliegt dem Recht der Bundesrepublik Deutschland.
(2) Sämtliche Änderungen und/oder Ergänzungen dieses Anstellungsvertrages bedürfen zu ihrer Rechtswirksamkeit der Schriftform.
(3) Sollte eine Bestimmung dieses Anstellungsvertrages ganz oder teilweise rechtsunwirksam oder undurchführbar sein oder werden, so wird hierdurch die Wirksamkeit der übrigen Bestimmungen dieses Anstellungsvertrages nicht berührt. Die Parteien sind in einem solchen Fall verpflichtet, die rechtsunwirksame oder undurchführbare Bestimmung durch eine rechtlich zulässige bzw. durchführbare Bestimmung zu ersetzen, welche dem wirtschaftlich verfolgten Zweck der unwirksamen bzw. undurchführbaren Bestimmung am nächsten kommt.

Mannheim, den ...... Juni 2016

....
XY-GmbH, vertr. durch die   Dipl.-Kfm. ......
Gesellschafterversammlung
Alternative:
XY-GmbH, vertr.
durch den Aufsichtsrat, dieser
vertr. durch seinen Vorsitzenden,
Herrn ......

B. Vorbemerkungen

Bevor die einzelnen Bestimmungen des Geschäftsführer-Anstellungsvertrages sowie ergänzender Zusatz- und Sonderregelungen vorgestellt und inhaltlich erläutert werden, sind zunächst die rechtlichen Grundlagen und Voraussetzungen zu behandeln, welche für den Geschäftsführer einer GmbH zu beachten sind; dies betrifft:
- die rechtliche Stellung des Geschäftsführers einer GmbH (hierzu I.),
- die Voraussetzungen für die Bestellung und eine spätere Abberufung aus dem Amt als Geschäftsführer (hierzu II.),
- den Abschluss des Anstellungsvertrages sowie der hieraus folgende arbeitsrechtliche Status des Geschäftsführers (hierzu III.),
- sowie die Frage der Sozialversicherungspflicht des Geschäftsführers (hierzu IV.).

I. Rechtliche Stellung des Geschäftsführers

Der Geschäftsführer der GmbH steht in einer **Doppelstellung:**
- Er ist zum einen **Organ der Gesellschaft**, nämlich **deren gesetzlicher Vertreter gemäß § 35 Abs. 1 GmbHG.** Diese gesellschaftsrechtliche Organstellung, aufgrund derer der Geschäftsführer die Gesellschaft **im Außenverhältnis** gegenüber Dritten im gesamten Rechts- und Geschäftsverkehr vertritt, wird dem Geschäftsführer durch die **Bestellung** gemäß § 46 Nr. 5 GmbHG übertragen.
- Der Geschäftsführer ist zum anderen auch **Angestellter der Gesellschaft.** Die für dieses **Innenverhältnis zwischen Gesellschaft und Geschäftsführer** erforderlichen Regelungen, auf deren Grundlage der Geschäftsführer für die Gesellschaft tätig wird (u.a. Aufgaben- und Zuständigkeitsbereich; Vergütung; Wettbewerbsverbot; Versorgungszusage) werden im **Anstellungsvertrag** getroffen.

Für das **Verhältnis zwischen der Organstellung und dem Anstellungsverhältnis** gilt nach gefestigter Rechtsprechung[3] das **Prinzip der Trennungstheorie**, wonach in der gesellschaftsrechtlichen Bestellung des Geschäftsführers grundsätzlich nicht zugleich der Abschluss eines Anstellungsvertrages liegt. Dieses Prinzip der Trennungstheorie gilt in gleicher Weise bei der Beendigung der Organstellung, was unmittelbar durch § 38 Abs. 1 GmbHG zum Ausdruck kommt, wonach die Abberufung des Geschäftsführers seine Ansprüche aus dem Anstellungsvertrag unberührt lässt. Diese **gesetzliche Ausgangslage** im Sinne der Trennung zwischen Organstellung und Anstellungsvertrag kann – wovon in der Praxis häufig Gebrauch gemacht wird – durch eine **vertragliche Koppelung** von Organstellung und Anstellungsvertrag im Sinne einer Vereinheitlichung der Rechtsfolgen harmonisiert werden (worauf in den

Erläuterungen = S. 184 ff. zu § 14 des Vertragsmusters im Einzelnen eingegangen wird).

II. Bestellung und Abberufung des Geschäftsführers

1. Bestellung

a) Die gesellschaftsrechtliche Bestellung des Geschäftsführers unterliegt gemäß § 46 Nr. 5 GmbHG der **Zuständigkeit der Gesellschafterversammlung.**
Da § 46 Nr. 5 GmbHG nicht dem zwingenden, sondern dem dispositiven
Recht zugehört, **kann** die gesetzlich der Gesellschafterversammlung zugewie-
sene **Zuständigkeit für die Bestellung** von Geschäftsführern **durch die Satzung
auf ein anderes Gesellschaftsorgan verlagert werden** (z. B. einen fakultativen
Aufsichtsrat oder einen Beirat der Gesellschaft oder einen Gesellschafterausschuss).[4] Dagegen ist es rechtlich nicht zulässig, die Zuständigkeit für die Bestellung des Geschäftsführers auf die anderen Geschäftsführer zu übertragen,
da hierdurch die vom Gesetzgeber vorgegebene zweigliedrige Organisations-
struktur (Gesellschafter ./. Geschäftsführer) aufgehoben würde und eine
Selbstentmachtung der Gesellschafter in der elementaren Frage der personellen Besetzung der Geschäftsführung einträte.[5]

b) Die **Bestellung** des Geschäftsführers erfolgt **durch Beschluss der Gesellschafterversammlung,** für den gemäß § 47 Abs. 1 GmbHG die einfache Mehrheit der abgegebenen Stimmen genügt, sofern die Satzung der Gesellschaft
kein höheres Mehrheitserfordernis bestimmt. Ist der für die Bestellung zum
Geschäftsführer vorgesehene Kandidat zugleich Gesellschafter der GmbH, so
bleibt nach der Rechtsprechung des BGH[6] sein Stimmrecht hiervon grundsätzlich unberührt, mit der Folge, dass er bei dem Beschluss über seine eigene
Bestellung zum Geschäftsführer mitstimmen kann. Auch wenn der vorgesehene Kandidat die gesetzlichen Anforderungen an die Person des Geschäftsführers erfüllt (hierzu nachfolgend d.), jedoch objektiv schwerwiegende
Umstände vorliegen, aus welchen die begründete Gefahr folgt, dass er die Geschäfte nicht ordnungsgemäß und im Interesse der Gesellschaft wahrnehmen
werde, kann ausnahmsweise die – allen Gesellschaftern obliegende – gesellschaftsrechtliche Treuepflicht verbieten, einen solchen Kandidaten zum Geschäftsführer zu bestellen.[7] Dies gilt auch dann, wenn der betreffende Kandidat zugleich Gesellschafter ist und über die Mehrheit der Stimmen der
Gesellschafterversammlung verfügt, da Stimmabgaben, welche gegen dieses
Verbot verstoßen, rechtsmissbräuchlich sind und daher bei der Feststellung
des Beschlusses der Gesellschafterversammlung nicht mitzuzählen sind; werden sie gleichwohl mitgezählt, so ist der hierauf basierende Beschluss der Gesellschafterversammlung anfechtbar.[8]

c) Unterfällt die GmbH dem Geltungsbereich des **MitbestG,** was dann der
Fall ist, wenn in der Regel mehr als 2.000 Arbeitnehmer beschäftigt werden,
so tritt eine **Verlagerung der gesetzlichen Zuständigkeit** von der Gesellschafterversammlung **auf den Aufsichtsrat** ein, der gemäß § 31 Abs. 1 MitbestG

für die Bestellung der Geschäftsführer zuständig ist. In einer GmbH, für welche ein Aufsichtsrat nach § 1 Abs. 1 Nr. 3 DrittelbG zu bilden ist (bei in der Regel mehr als 500 Arbeitnehmern) verbleibt die gesetzliche Zuständigkeit für die Bestellung von Geschäftsführern dagegen bei der Gesellschafterversammlung, da das DrittelbG keine den § 31 Abs. 1 MitbestG entsprechende Zuweisung der Bestellungskompetenz an den Aufsichtsrat enthält. Hiervon unberührt bleibt eine – durch die Satzung regelbare – Übertragung der Zuständigkeit an den Aufsichtsrat.

d) Hinsichtlich der gesetzlichen Anforderungen, welche an die Person eines Geschäftsführers gestellt werden, sind folgende Punkte zu beachten:

- Nach § 6 Abs. 2 S. 1 GmbHG kann Geschäftsführer nur eine **natürliche Person** sein, die unbeschränkt geschäftsfähig ist, wohingegen eine juristische Person oder Personengesamtheit nicht zu Geschäftsführern bestellt werden können. Gemäß § 6 Abs. 3 S. 1 GmbHG können Geschäftsführer sowohl Gesellschafter der GmbH als auch andere Personen sein, die nicht als Gesellschafter an der GmbH beteiligt sind. Man unterscheidet daher zwischen dem **Gesellschafter-Geschäftsführer** und dem **Fremd-Geschäftsführer,** wobei die aus dieser Unterscheidung resultierenden Folgen in arbeitsrechtlicher, steuerlicher und sozialversicherungsrechtlicher Hinsicht im Rahmen der jeweiligen Regelungen zu dem nachfolgenden Muster-Anstellungsvertrag näher erläutert werden.
- Ein **gesetzlicher Ausschluss** von der Bestellung zum Geschäftsführer besteht
  - gemäß § 6 Abs. 2 Nr. 1 GmbHG für solche Personen, die gemäß § 1903 BGB unter Betreuung bei der Besorgung ihrer Vermögensangelegenheiten gestellt sind,
  - gemäß § 6 Abs. 2 Nr. 2 GmbHG für solche Personen, denen gegenüber durch gerichtliches Urteil oder vollziehbaren Bescheid einer Verwaltungsbehörde ein **Berufs- oder Gewerbeverbot** verhängt wurde, sofern der Unternehmensgegenstand der Gesellschaft ganz oder teilweise mit dem Gegenstand des Verbots übereinstimmt.
  - gemäß § 6 Abs. 2 Nr. 3 GmbHG für Personen, die wegen der dort genannten Straftaten verurteilt sind, worunter insbesondere die **Insolvenzstraftaten** (vgl. § 6 Abs. 2 Nr. 3 lit. a) und b)) sowie die Verurteilung zu einer **Freiheitsstrafe von mindestens einem Jahr wegen Betrug oder Untreue** fällt (vgl. § 6 Abs. 2 Nr. 3 lit. e)). Durch § 6 Abs. 2 Satz 3 ist zugleich klargestellt, dass der Verurteilung im Inland ein im Ausland ergangenes Urteil gleichsteht, dem ein vergleichbarer Straftatbestand zugrunde lag.

Bei ihrer Anmeldung zur Eintragung ins Handelsregister haben die Geschäftsführer gemäß § 8 Abs. 3 GmbHG zu versichern, dass keiner der gesetzlichen Ausschlusstatbestände vorliegt. Durch den im Rahmen des MoMiG zusätzlich aufgenommenen Abs. 5 in § 6 GmbHG wurde eine **gesamtschuldnerische Haftung der Gesellschafter** für den Fall aufgenommen, dass sie vorsätzlich oder grob fahrlässig einer solchen Person „die Führung der Geschäfte überlassen", die aufgrund eines der gesetzlichen

Verbote des § 6 Abs. 2 GmbHG von der Bestellung zum Geschäftsführer ausgeschlossen ist. Dieser Haftungstatbestand greift somit bei faktischer Leitung der Gesellschaft durch eine gesetzlich von der Bestellung zum Geschäftsführer ausgeschlossenen Person ein.

- Im Fall des **Bestehens eines Aufsichtsrats** bei der GmbH, sind **die Mitglieder des Aufsichtsrats von der Bestellung zum Geschäftsführer ausgeschlossen.** Für den Fall eines gesetzlichen Pflicht-Aufsichtsrats nach dem MitbestG folgt dies aus § 6 Abs. 2 MitbestG i.V.m. § 105 Abs. 1 AktG. In den Fällen eines sog. fakultativen Aufsichtsrats, welcher durch die Satzung der Gesellschaft bestimmt ist, folgt der Ausschluss der Aufsichtsratsmitglieder für die Bestellung zum Geschäftsführer aus § 52 Abs. 1 GmbHG i.V.m. § 105 AktG. Der Grund für diesen Ausschluss der Aufsichtsratsmitglieder liegt darin, dass die dem Aufsichtsrat obliegende Überwachung der Geschäftsführung hinfällig wäre, wenn zwischen Geschäftsführern und Aufsichtsratsmitgliedern eine Personenidentität bestünde.

e) Die Gesellschafterversammlung bzw. im Fall der Geltung des MitbestG der nach § 31 Abs. 1 MitbestG zuständige Aufsichtsrat sind in ihrer Entscheidung bei der Auswahl der zur Bestellung als Geschäftsführer vorgeschlagenen Kandidaten grundsätzlich frei. Bei Ausübung dieser Entscheidungsfreiheit sind jedoch die Grenzen zu beachten, welche durch das **Allgemeine Gleichbehandlungsgesetz (AGG)** gesetzt wurden. Nach § 6 Abs. 3 AGG gelten nämlich die Vorschriften des 2. Abschnitt dieses Gesetzes entsprechend für Organmitglieder, insbesondere Geschäftsführer und Geschäftsführerinnen, soweit es um die Bedingungen für den Zugang zur Erwerbstätigkeit sowie den beruflichen Aufstieg geht. Dabei gilt dieser aus der AGG-Geltung folgende Schutz für alle Geschäftsführer/innen, d.h. nicht nur die Fremd-Geschäftsführer, sondern auch die Gesellschafter-Geschäftsführer.[9] Der Inhalt und die Reichweite der Geltung des AGG für Geschäftsführer/innen wurde vom BGH in seinem Urteil v. 23.4.2012[10] weitgehend abgesteckt; hieraus ergeben sich für die Praxis folgende Konsequenzen:

- Bis zum Urteil des BGH war heftig umstritten, ob der Diskriminierungsschutz des § 6 Abs. 3 AGG nur für den Abschluss des Anstellungsvertrages gilt oder auch die Beschlussfassung über die organschaftliche Bestellung umfasst. Da **§ 6 Abs. 3 AGG** allgemein formuliert wurde und den diskriminierungsfreien „Zugang zur Erwerbstätigkeit" sichern soll, hat der BGH in seinem Urteil v. 23.4.2012 zutreffend entschieden, dass der Diskriminierungsschutz **sowohl für die organschaftliche Bestellung als auch den Abschluss des Anstellungsvertrages** gilt.[11] Erst wenn diese beiden Voraussetzungen erfüllt sind, ist nämlich der Zugang zur Tätigkeit als Geschäftsführer eröffnet.
- Für die Praxis von besonderer Bedeutung ist die Frage, ob der gesetzliche Diskriminierungsschutz auch bei Abberufung des Geschäftsführers und der hiermit verbundenen Beendigung seines Anstellungsvertrages greift. Nach dem Wortlaut von § 6 Abs. 3 AGG ist dies nicht der Fall, da die Vorschrift nur den „Zugang" zur Tätigkeit als Geschäftsführer schützt, nicht jedoch gegenüber einer späteren Beendigung. Zutreffend hat deshalb

der BGH in seinem Urteil v. 23.4.2012 hervorgehoben, dass die gesetzliche Beschränkung auf den „Zugang" zur Folge hat, dass die Gesellschaft den Geschäftsführer abberufen und seinen Anstellungsvertrag beenden kann, ohne hierbei die Diskriminierungsverbote des AGG beachten zu müssen. Dieses Ergebnis ist jedoch für den Fall hinfällig, dass sich der Geschäftsführer nach erfolgter Abberufung bzw. Beendigung seines Anstellungsvertrages erneut auf „seine" bisherige Geschäftsführer-Position wieder bewirbt. Für diesen Fall verweist der BGH darauf, dass **dem ausscheidenden Geschäftsführer bei Wiederbewerbung der Schutz des AGG** wie jedem anderen (Erst-)Bewerber **erneut zusteht**. Durch diese vom BGH vertretene perpetuierende Geltung von § 6 Abs. 3 AGG im Sinne des „Schutzes eines fortgesetzten Zugangs" zur Geschäftsführer-Tätigkeit tritt im Ergebnis eine erhebliche Erweiterung des Anwendungsbereichs dieser Vorschrift ein, wonach sie auch im Fall der Beendigung gilt, sofern sich der abberufene Geschäftsführer erneut bewirbt. Auch wenn gegen diese Rechtsprechung des BGH erhebliche Kritik,[12] insbesondere in methodischer Hinsicht, erhoben wurde, so ist ihre Beachtung für die Praxis dringend zu empfehlen. Letztlich entstehen hierdurch auch keine unlösbaren Probleme für die Gesellschaft, welche sich für solche Kandidaten entscheiden will, die ihre Erwartungen besser erfüllen, als dies für den bisherigen Geschäftsführer zutraf. In einem solchen Fall kann nämlich das persönliche und fachliche Anforderungsprofil für die zur Wiederbesetzung anstehende Geschäftsführer-Position entsprechend gesteigert bzw. erweitert werden und damit eine durch § 8 Abs. 1 AGG gerechtfertigte Auswahl-Entscheidung zugunsten eines/r neuen Kandidaten/in und der damit verbundenen Ablehnung der Wiederbewerbung des bisherigen Geschäftsführers begründet werden.[13]

- Für den Fall, dass ein/e abgelehnte/r Kandidat/in die Verletzung eines der gesetzlichen Diskriminierungsverbote des AGG im Hinblick auf die von der Gesellschaft getroffenen Auswahl-Entscheidung geltend machen will, stellt sich die – für die Erfolgsaussichten eines solchen Vorgehens bedeutsame – Frage, ob hierfür die **gesetzliche Beweislastumkehr des § 22 AGG** eingreift. Nach dieser Vorschrift trifft die Gesellschaft die volle Beweislast dafür, dass kein Verstoß gegen ein gesetzliches Diskriminierungsverbot vorgelegen hat, wenn durch den/die abgelehnte/n Kandidat/in Indizien dargelegt werden, die eine Benachteiligung wegen eines der in § 1 AGG genannten Gründe vermuten lassen.[14] Nach dem bloßen Gesetzeswortlaut käme die gesetzliche Beweiserleichterung des § 22 AGG für abgelehnte Bewerber/innen nicht zur Anwendung, da durch § 6 Abs. 3 AGG bestimmt ist, dass die Vorschriften des 2. Abschnitts für Geschäftsführer/innen entsprechend geltend, wohingegen § 22 AGG im vierten Abschnitt des Gesetzes enthalten ist. Dennoch hat der BGH in seinem Urteil v. 23.4.2012[15] zutreffend die Geltung der Beweiserleichterung des § 22 AGG auch zugunsten von Bewerber/innen anerkannt, deren Berufung zu Geschäftsführer/innen abgelehnt wurde. Dies folgt aus dem Normzweck von § 22 AGG, welcher darin liegt, eine verfahrensrechtliche Flankierung zur wirksamen Durchsetzung des Diskriminierungsschutzes im Prozessweg zu schaffen. Dieser Normzweck gilt in gleicher Weise für Arbeitnehmer wie auch Geschäftsführer, da andernfalls die Erweiterung des arbeitsrechtlichen Diskriminierungsschutzes durch § 6 Abs. 3 für den Zugang zu Geschäftsführungspositionen in der Praxis weitgehend entwertet wäre, wenn das zur Durchsetzung vorgesehene verfahrensrechtliche Instrument des § 22 AGG ausgeschlossen wäre.

Für die Vorbereitung und Durchführung des Auswahlverfahrens bei der Berufung von Geschäftsführer/innen ist dringend eine sorgfältige Dokumentation zu empfehlen, die von der Erstellung des Anforderungsprofils für die zu besetzende Geschäftsführungs-Position über den Ablauf des Auswahlverfahrens bis zu der letztlich getroffenen Auswahlentscheidung reicht. Zu den beiden für die Praxis bedeutendsten Diskriminierungsverboten des AGG ist auf folgende in der Praxis wesentliche Punkte zu verweisen:

- Eine **geschlechtsbezogene Diskriminierung** kann bereits aus der Formulierung der Stellenanzeige folgen, wenn die zur Besetzung anstehende Geschäftsführungsposition nur für männliche Kandidaten ausgeschrieben ist.[16] Im Bereich dieses Diskriminierungsverbots wird häufig versucht, in den Geltungsbereich der Beweiserleichterung gemäß § 22 AGG zu gelangen, indem unter Hinweis auf Statistiken über die – ausschließlich oder weit überwiegende – Zusammensetzung der Geschäftsführung aus männlichen Geschäftsführern eine mittelbare Benachteiligung durch eine abgelehnte Bewerberin abgeleitet wird und zwar insbesondere dann, wenn das Verhältnis zwischen männlichen und weiblichen Mitgliedern in der Geschäftsführung in auffälligem Missverhältnis gegenüber der Geschlechterquote auf den weiteren Hierarchie-Ebenen der Gesellschaft steht. Nach der Rechtsprechung[17] vermag allein die Berufung auf bestimmte Statistik-Quoten noch nicht die erforderliche Indizwirkung zur Eröffnung des Anwendungsbereichs von § 22 AGG begründen, wobei jedoch bei Hinzukommen weiterer Umstände die Vermutungswirkung begründet sein kann, was dann zum Eingreifen der Beweislastumkehr führt.
Aus dem zum 1.5.2015 in Kraft getretenen **Gesetz für die gleichberechtigte Teilhabe von Frauen und Männern in Führungspositionen**[18] könnten sich für die Zukunft erhebliche Auswirkungen im Sinne einer stärkeren Berücksichtigung von Frauen bei der Berufung in Geschäftsführungspositionen ergeben. Sofern nach § 52 Abs. 2 GmbHG nämlich Zielgrößen für den Frauenanteil unter den Geschäftsführern festgelegt werden, so stellt die Berufung einer fachlich geeigneten Bewerberin eine sog. positive Maßnahme i.S.v. § 5 AGG dar, mit welcher zugleich die nach § 52 Abs. 2 GmbHG festgelegte Zielgröße des Frauenanteils in der Geschäftsführung erreicht werden darf. Nach § 5 AGG ist eine unterschiedliche Behandlung zulässig, wenn hierdurch bestehende Nachteile im Hinblick auf eines der in § 1 AGG genannten Merkmale ausgeglichen werden sollen. Für die Prüfung der Wirksamkeit einer solchen Entscheidung sind – im Hinblick auf die abgelehnten männlichen Bewerber – die Grundsätze zu beachten, welche zu Quotenregelungen im Rahmen von Auswahlverfahren durch die Rechtsprechung des EuGH[19] aufgestellt wurden.

- Das **Verbot der Altersdiskriminierung** hat für den Personenkreis der Geschäftsführer in den Fällen eine praxisrelevante Bedeutung, bei denen in

der Satzung der Gesellschaft Mindestalters- oder Höchstalters-Grenzen für Geschäftsführer bestimmt sind. Hier ist wie folgt zu differenzieren:
Soweit es um die **Festlegung eines Mindestalters** von Geschäftsführern geht, so ist dies grundsätzlich zulässig, da aufgrund der Anforderungen, welche im Hinblick auf die Leitungsaufgaben und die hiermit verbundene Verantwortung an einen Geschäftsführer gestellt werden, die Festlegung eines Mindestalters nach § 10 S. 3 Nr. 2 AGG gerechtfertigt ist.[20] Soweit es um die **Festlegung eines Höchstalters** für Geschäftsführer geht, so ist die Frage der rechtlichen Zulässigkeit schwerer zu beantworten. Nach der hierfür einschlägigen gesetzlichen Regelung des § 10 S. 3 Nr. 5 AGG ist die Festlegung einer Höchstaltersgrenze bezogen auf den Zeitpunkt zulässig, zu welchem ein Anspruch auf gesetzliche Altersrente besteht. Eine unmittelbare Anwendung dieser Vorschrift auf Geschäftsführer bereitet jedoch in mehrfacher Hinsicht erhebliche Probleme: Zum einen geht die Vorschrift bei den mehrheitlich beteiligten Gesellschafter-Geschäftsführern ins Leere, da sie nicht der Sozialversicherungspflicht unterliegen (vgl. hierzu nachfolgend unter IV. 1.) und daher auch nicht der Rentenversicherung unterfallen, so dass das Erreichen des Renteneintrittsalters als Anknüpfungspunkt notwendigerweise ausscheidet. Zum anderen ist auch für den – weit überwiegenden – Kreis der unter die Sozialversicherungspflicht fallenden Geschäftsführer festzustellen, dass eine Anknüpfung am gesetzlichen Renteneintrittsalter zu keiner Lösung führt, da die in der Praxis üblichen Höchstaltersgrenzen deutlich unter den Altersgrenzen liegen, welche für den Bezug einer Altersrente aus der gesetzlichen Rentenversicherung gelten. Eine sachgerechte Lösung, welche auf der einen Seite die Besonderheiten von Geschäftsführer-Anstellungsverhältnissen berücksichtigt, auf der anderen Seite jedoch zugleich der aus § 10 S. 3 Nr. 5 AGG folgenden Wertung des Gesetzgebers folgt, liegt darin, auf die Altersgrenze abzustellen, welche nach der für die Geschäftsführer maßgebenden Versorgungszusage gilt. Die aus § 10 S. 3 Nr. 5 AGG folgende Aussage des Gesetzgebers besteht darin, eine Höchstaltersgrenze dann zuzulassen, wenn der Übergang in die Rente gesichert ist. Da für den Personenkreis der Geschäftsführer die gesetzliche Rente jedoch in aller Regel eine eher untergeordnete Bedeutung hat, da ihre Ruhestandsbezüge maßgebend auf der durch die Gesellschaft erteilten bzw. finanzierten Versorgungszusage beruhen, folgt somit aus der durch § 6 Abs. 3 AGG angeordneten „entsprechenden Geltung" im Hinblick auf Altersgrenzen, dass diese rechtlich zulässig sind, wenn dem Geschäftsführer bei Erreichen des Höchstalters ein Anspruch auf Ruhegeld nach Maßgabe der geltenden Versorgungsregelung zusteht.[21]
Hinsichtlich der **Rechtsfolgen im Fall einer Benachteiligung** gemäß § 7 Abs. 1 i.V.m. § 1 AGG des/r abgelehnten Bewerber/in ist hinsichtlich der hieraus resultierenden Rechtsfolgen zu differenzieren:
Gemäß § 15 Abs. (6) AGG hat der/die abgelehnte Bewerber/in **keinen Anspruch auf Bestellung als Geschäftsführer/in sowie Abschluss eines Anstellungsvertrages.** Vielmehr bestehen in diesem Fall Ansprüche auf Schadensersatz gemäß § 15 Abs. (1) AGG und auf Entschädigung gemäß § 15 Abs. 2 AGG. Für diese Ansprüche sind folgende Punkte zu beachten:

- Der **Schadensersatzanspruch nach § 15 Abs. 1 AGG** betrifft diejenigen Fälle, in denen ein/e Bewerber/in geltend macht, bei diskriminierungsfreier Entscheidung wäre es zur Bestellung i. V. m. Abschluss eines Anstellungsvertrages mit ihm/ihr gekommen. Die hierfür erforderliche Kausalität wird sich in aller Regel im Hinblick auf die anderen bei diskriminierungsfreier Entscheidung ebenfalls in Betracht kommenden Bewerber/innen kaum nachweisen lassen. Ist ein solcher Fall jedoch ausnahmsweise gegeben, so ist der „hierdurch entstandene Schaden" nach § 15 Abs. 1 AGG zu ersetzen. Auch wenn der Gesetzeswortlaut keine ausdrückliche Begrenzung des Schadensersatzanspruchs enthält, so ist anerkannt,[22] dass der Schadensersatz in seiner Höhe auf die Vergütungsleistungen begrenzt ist, welche bis zur frühestmöglichen Kündigung des Anstellungsvertrages angefallen wären.
  Dies kann insbesondere dann ein erhebliches Haftungsrisiko auslösen, wenn auch in den Fällen der Erst-Bestellung von Geschäftsführern die Anstellungsverträge in der Gesellschaft üblicherweise auf längere Dauer unter Ausschluss der ordentlichen Kündigung abgeschlossen werden. Auf die Ansprüche nach § 15 Abs. 1 AGG sind jedoch diejenigen Vergütungen anzurechnen, die von dem/der abgelehnten Bewerber/in durch anderweitige berufliche Tätigkeit erzielt werden oder durch Annahme einer zumutbaren Position in einem anderen Unternehmen erzielt werden könnten.
- Der **Anspruch auf Entschädigung gemäß § 15 Abs. 2 AGG** unterscheidet sich in folgenden zwei Punkten von dem Schadensersatzanspruch nach § 15 Abs. 1 AGG: zunächst darin, dass der Entschädigungsanspruch verschuldensunabhängig besteht, wohingegen der Anspruch auf Schadensersatz ein Verschulden der Gesellschaft voraussetzt (für welches die – allerdings widerlegbare – gesetzliche Vermutungswirkung des § 15 Abs. 1 S. 2 AGG gilt). Der zweite wesentliche Unterschied besteht darin, dass der Anspruch auf Entschädigung allein das Vorliegen einer Diskriminierung wegen eines der in § 1 AGG genannten Gründe voraussetzt, nicht jedoch die für den Schadensersatzanspruch nach § 15 Abs. 1 AGG bestehende weitere Voraussetzung, dass bei diskriminierungsfreier Auswahl der/die abgelehnte Bewerber/in bestellt bzw. eingestellt worden wäre. Da somit an § 15 Abs. 2 AGG erheblich geringere Anforderungen gestellt werden, hat daher in der Praxis die Geltendmachung von Entschädigungsansprüchen eine größere Bedeutung als dies für Schadensersatzansprüche der Fall ist. Nach § 15 Abs. 2 S. 2 AGG ist der **Entschädigungsanspruch auf 3 Monatsgehälter limitiert,** was im Hinblick auf die in der Praxis anzutreffenden Geschäftsführer-Vergütungen durchaus zu erheblichen Beträgen führen kann.[23]
- Abschließend ist darauf zu verweisen, dass sowohl der Schadensersatzanspruch nach § 15 Abs. 1 AGG als auch der Anspruch auf Entschädigung gemäß § 15 Abs. 2 AGG innerhalb einer **materiell-rechtlichen Ausschlussfrist von 2 Monaten** gemäß § 15 Abs. 4 AGG schriftlich geltend gemacht werden muss. Für die Geltendmachung von Entschädigungsansprüchen nach § 15 Abs. 2 AGG schließt sich eine **prozessuale Ausschlussfrist** nach § 61b Abs. 1 ArbGG an, wonach die Klage auf Entschädigung innerhalb

von 3 Monaten nach der schriftlichen Geltendmachung erhoben werden muss. Da der Personenkreis der Geschäftsführer nach § 5 Abs. 1 S. 3 ArbGG vom persönlichen Geltungsbereich des ArbGG ausgeschlossen ist (vgl. hierzu nachfolgend unter III. 1.), dürfte die prozessuale Ausschlussfrist für Geschäftsführer jedoch nicht gelten. Um etwaige fristbezogene Prozessrisiken von vornherein auszuschließen, sollte man jedoch vorsorglich auch für Geschäftsführer die Klage auf Entschädigung innerhalb der Frist des § 61b ArbGG erheben.

f) Allein durch den Bestellungsbeschluss der Gesellschafterversammlung bzw. des Aufsichtsrats tritt die Rechtswirkung einer Bestellung des Geschäftsführers noch nicht ein. Vielmehr bedarf es nach einhelliger Auffassung[24] einer Mitwirkung des zum Geschäftsführer berufenen Kandidaten durch **Annahme der Bestellung**. Diese Regelung der Annahme des Geschäftsführer-Amtes bedarf dabei jedoch keiner besonderen Form.

2. Abberufung

a) Die vorstehend unter 1. für die Bestellung des Geschäftsführers festgestellten Zuständigkeiten auf Seiten der GmbH gelten in gleicher Weise für den actus contrarius, nämlich die Abberufung des Geschäftsführers, durch welche die ihm von der Gesellschaft eingeräumte Organstellung wieder entzogen wird. Danach ist gemäß § 46 Nr. 5 GmbHG die **Gesellschafterversammlung für die Abberufung zuständig**, sofern die Satzung der Gesellschaft keine Verlagerung der Zuständigkeit auf ein anderes Organ (Beirat, Gesellschafterausschuss o. ä.) vorsieht. In der **unter das MitbestG fallenden GmbH** ist nach § 31 Abs. 1 MitbestG der **Aufsichtsrat für die Abberufung zuständig**.

Nach der BGH-Rechtsprechung vom 20.10.2008[25] kann ein Alleingesellschafter der GmbH eine Generalhandlungsvollmacht nach § 54 HGB erteilen, durch welche der Bevollmächtigte zur Durchführung von Gesellschafterversammlungen und der Fassung von Beschlüssen in den der Gesellschafterversammlung obliegenden Angelegenheiten ermächtigt wird. In diesem Fall kann der Bevollmächtigte eine Gesellschafterversammlung abhalten, in welcher er die Abberufung des Geschäftsführers beschließt und ihm diese anschließend im Namen der Gesellschafterversammlung erklärt.

b) Die Abberufung des Geschäftsführers ist gemäß § 38 Abs. 1 GmbHG jederzeit und frei, d. h. ohne das Erfordernis besonderer Gründe zulässig. Dieser **Grundsatz der jederzeitigen und freien Abberufung des Geschäftsführers** kann jedoch gemäß § 38 Abs. 2 S. 1 GmbHG durch die Satzung der GmbH aufgehoben und die Abberufung des Geschäftsführers an das Vorliegen eines „wichtigen Grundes" gebunden werden. Hierbei werden als „wichtige Gründe" durch § 38 Abs. 2 Satz 2 GmbHG insbesondere eine grobe Pflichtverletzung oder die Unfähigkeit zur ordnungsgemäßen Geschäftsführung genannt.[26] Ein solches Recht zur Abberufung aus „wichtigem Grund" kann jedoch durch Verwirkung erlöschen, wenn die Gesellschaft diejenigen Umstände, auf welche der „wichtige Grund" gestützt ist, über längere Zeit nicht zum Anlass einer Abberufung nimmt und der Geschäftsführer dies nach Treu und Glauben dahingehend verstehen durfte, die Gesellschaft werde diese Umstände nicht mehr zur Begründung einer Abberufung heranziehen; dies gilt insbesondere dann, wenn die Umstände bereits bei der Bestellung des Geschäftsführers bekannt waren oder in Kenntnis dieser Umstände die Verlängerung einer zunächst befristeten Bestellung des Geschäftsführers durch die Gesellschaft beschlossen wurde.[27]

c) Ist die Zuständigkeit der Gesellschafterversammlung gegeben, so **erfolgt die Abberufung durch Beschluss** der Gesellschafter **mit einfacher Mehrheit**, sofern die Satzung keine qualifizierte, d. h. höhere Mehrheit für die Abberufung vorsieht. Steht die Abberufung eines solchen Geschäftsführers zur Beschlussfassung an, der zugleich Gesellschafter ist, so ist dieser nicht vom Stimmrecht bei der Abstimmung über seine Abberufung ausgeschlossen.[28] Geht es jedoch um eine Abberufung aus „wichtigem Grund", so ist der betroffene Gesellschafter vom Stimmrecht ausgeschlossen.[29] Da in der Praxis häufig streitig sein wird, ob ein „wichtiger Grund" für eine Abberufung (und für die in der Regel zugleich erfolgende außerordentliche Kündigung des Anstellungsvertrages) vorliegt, stellt sich daher die Frage, welche inhaltlichen Anforderungen an den Stimmrechtsausschluss des betroffenen Gesellschafters zu stellen sind. Nach zutreffender Auffassung[30] führt ein sorgfältig dargelegter und substantiierter Sachvortrag, welcher für einen „wichtigen Grund" geeignet ist, zum Stimmrechtsausschluss des betroffenen Gesellschafters. Dieser wird hierdurch auch nicht schutzlos gestellt, da er den Beschluss der Gesellschafterversammlung anfechten kann, sofern er die Vorwürfe in tatsächlicher Hinsicht für unbegründet oder für nicht so schwerwiegend hält, dass sie in rechtlicher Hinsicht einen „wichtigen Grund" darstellen.

d) Für ein **gerichtliches Vorgehen** im Anschluss an die Gesellschafterversammlung, in welcher die **Abberufung eines Geschäftsführers** streitig behandelt wurde, ist wie folgt zu differenzieren:
- Wurde durch den Leiter der Gesellschaftersammlung ein Beschluss im Sinne der Abberufung des Geschäftsführers festgestellt, so kann hiergegen eine **Anfechtungsklage** erhoben werden, für welche jedoch nach der Rechtsprechung[31] die 1-monatige Klagfrist analog § 246 AktG zu beachten ist. Anfechtungsberechtigt sind hierbei die bei der Beschlussfassung überstimmten Gesellschafter und der von der Abberufung betroffene Gesellschafter, der von der Ausübung seines Stimmrechts ausgeschlossen wurde. Dagegen kann der Fremd-Geschäftsführer, der nicht als Gesellschafter beteiligt ist, keine Anfechtungsklage erheben.[32]
- Hat der Leiter der Gesellschafterversammlung kein förmliches Beschlussergebnis festgestellt, das mit einer Anfechtungsklage angegriffen werden könnte, so kann nach der Rechtsprechung[33] eine **Feststellungsklage** mit dem Antrag erhoben werden, gerichtlich festzustellen, dass der in der Gesellschafterversammlung beantragte Beschluss mit der hierfür erforderlichen Stimmenmehrheit gefasst wurde. Eine solche Feststellungsklage unterliegt nicht der 1-Monats-Frist, sondern nur der Verwirkung.[34]

Von der Anfechtung eines in der Gesellschafterversammlung gefassten Abberufungsbeschlusses zu unterscheiden sind die **Fälle der Geltendmachung einer Nichtigkeit des Beschlusses.** Von einer Nichtigkeit ist – in Anlehnung an die Nichtigkeitsgründe des § 241 AktG – bei schweren Beschlussmängeln, wie z.B. einer Nichteinladung von teilnahmeberechtigten Gesellschaftern oder der Einberufung der Gesellschafterversammlung durch einen Unbefugten auszugehen.[35] Eine solche Nichtigkeit des Abberufungsbeschlusses kann auch durch den Fremd-Geschäftsführer geltend gemacht werden.[36]

e) Da für die Gesellschafterversammlung, in welcher über die Abberufung des Geschäftsführers Beschluss gefasst werden soll, die satzungsgemäße Ladungsfrist einzuhalten ist, kann für die Gesellschaft die Gefahr eintreten, dass der zur Abberufung vorgesehene Geschäftsführer innerhalb dieser Ladungsfrist noch umfangreiche Rechtsgeschäfte zu Lasten der Gesellschaft trifft. Bestehen hinreichende Anhaltspunkte für die Befürchtung eines geschäftsschädigenden Verhaltens, so kann die Gesellschaft zur Abwendung dieser Gefahr ein Geschäftsführungs- und Vertretungsverbot ggf. verbunden mit einem Zutrittsverbot zu den Geschäftsräumen der Gesellschaft im Wege der einstweiligen Verfügung gegen den Geschäftsführer erwirken.[37]

f) Im Gegensatz zur Bestellung, welche der Annahme durch den zum Geschäftsführer Berufenen bedarf, handelt es sich bei der Abberufung um eine einseitige Willenserklärung der Gesellschaft, welche mit Ausspruch bzw. Zugang gegenüber dem abberufenen Geschäftsführer wirksam wird.

3. Amtsniederlegung

a) Die Organstellung des Geschäftsführers kann nicht nur von Seiten der Gesellschaft durch Abberufung, sondern auch durch eine Amtsniederlegung des Geschäftsführers beendet werden. Im Gegensatz zur Abberufung, welche nach § 38 Abs. 1 GmbHG jederzeit und frei zulässig ist, sofern die Satzung der Gesellschaft keine Einschränkungen enthält, muss der Geschäftsführer bei einer Amtsniederlegung – welche im GmbHG nicht ausdrücklich geregelt ist – nach der Rechtsprechung[38] auch die Belange der Gesellschaft berücksichtigen, die durch den Wegfall des für ihr rechtsgeschäftliches Handeln erforderlichen Vertretungsorgans erheblich tangiert sein können. Allerdings ist nach der Rechtsprechung[39] eine vom **Geschäftsführer erklärte Niederlegung** seines Geschäftsführer-Amtes **grundsätzlich sofort wirksam**, unabhängig davon, ob sich der Geschäftsführer auf wichtige Gründe für die sofortige Niederlegung beruft und unabhängig von der Frage, ob tatsächlich solche Gründe objektiv vorliegen, welche eine sofortige Niederlegung rechtfertigen. Zur Begründung für diese Anerkennung der sofortigen Wirksamkeit einer vom Geschäftsführer erklärten Niederlegung wird auf das Gebot der Rechtssicherheit verwiesen, da es sowohl für die Beteiligten wie auch den allgemeinen Rechtsverkehr unzumutbar wäre, im Anschluss an eine Amtsniederlegung möglicherweise bis zu einer rechtskräftigen Klärung über Jahre hinweg in Ungewissheit darüber zu bleiben, ob die Niederlegungserklärung wirksam

war und durch wen die Gesellschaft in der Zwischenzeit vertreten wird. Die
Gesellschaft wird hierdurch nicht schutzlos gestellt, da im Fall einer zur Un-
zeit ausgesprochenen Niederlegung der Geschäftsführung eine Verletzung
des Anstellungsvertrages durch den Geschäftsführer vorliegt, welche ihn zum
Ersatz des hierdurch der Gesellschaft entstehenden Schadens verpflichtet.[40]
Dieser Schadensersatzanspruch bleibt unberührt vom Grundsatz der soforti-
gen Wirksamkeit der Niederlegung des Geschäftsführer-Amtes, da dieser
Grundsatz allein für das Außenverhältnis der Gesellschaft im allgemeinen
Rechtsverkehr gilt, wohingegen es beim Schadensersatzanspruch der Gesell-
schaft um das Innenverhältnis gegenüber ihrem Geschäftsführer geht.

b) Eine **Ausnahme von dem** vorstehenden **Grundsatz der sofortigen Wirksamkeit einer Amtsniederlegung** gilt jedoch **für die Fälle des Rechtsmissbrauchs.** Von einem solchen Rechtsmissbrauch ist regelmäßig auszugehen,
wenn es sich bei dem niederlegenden Geschäftsführer um den Einzigen handelt, der zugleich alleiniger oder mehrheitlicher Gesellschafter ist und davon
absieht, einen neuen Geschäftsführer für die Gesellschaft zu bestellen.[41] Auch
für diese Ausnahme wird zur Begründung auf den Schutz des Rechtsverkehrs
verwiesen, welcher nachhaltig beeinträchtigt wäre, wenn es der Gesellschafter-Geschäftsführer in der Hand hätte, nach freiem Belieben das Vermögen
der Gesellschaft dem Zugriff der Gläubiger zu entziehen, indem er die Gesellschaft durch Amtsniederlegung handlungsunfähig macht. Durch den im
Rahmen des MoMiG in § 35 Abs. 1 GmbHG zusätzlich aufgenommenen
Satz 2 ist der Fall einer Vertretungs- bzw. Führungslosigkeit der GmbH
durch den Gesetzgeber in der Weise geregelt worden, dass die Gesellschaft,
welche keinen Geschäftsführer mehr hat, durch ihre Gesellschafter vertreten
wird, so dass in dem vorstehend genannten Fall, ein Geschäftsführer, der
zugleich Allein-Gesellschafter der GmbH ist, durch Niederlegung des Geschäftsführeramtes keine Vertretungslosigkeit der Gesellschaft herbeiführen
kann. Im Hinblick auf diese ergänzende Regelung in § 35 Abs. 1 GmbHG
wurde vielfach die Auffassung vertreten, dass es der bisherigen Rechtsprechung zur Unwirksamkeit der Amtsniederlegung bei Rechtsmissbrauch nicht
mehr bedarf; in der seit Inkrafttreten des MoMiG ergangenen Rechtsprechung[42] ist jedoch weiterhin an der Unwirksamkeit einer Amtsniederlegung
bei Rechtsmissbrauch festgehalten worden.

4. Eintragung in das Handelsregister

Sowohl die Bestellung als auch die durch Abberufung oder Amtsniederlegung eingetretene Beendigung des Geschäftsführeramtes bedürfen gemäß
§§ 10, 39 GmbHG der Eintragung in das Handelsregister. Die **Eintragung in
das Handelsregister** hat jedoch nur **deklaratorische Bedeutung** und ist daher
keine Voraussetzung für die Rechtswirksamkeit der Bestellung oder Abberufung des Geschäftsführers.[43] Die Bedeutung der Eintragung in das Handelsregister liegt vielmehr in dem aus § 15 Abs. 1 HGB folgenden öffentlichen
Glauben des Handelsregisters für den allgemeinen Rechtsverkehr. Ist z.B. die

Abberufung des Geschäftsführers nicht gemäß § 39 Abs. 1 GmbHG zur Eintragung in das Handelsregister angemeldet worden, so kann einem gutgläubigen Dritten, mit dem der abberufene Geschäftsführer ein Rechtsgeschäft im Namen der Gesellschaft abgeschlossen hat, von Seiten der Gesellschaft nicht der durch die Abberufung eingetretene Wegfall der Vertretungsbefugnis des Geschäftsführers entgegengehalten werden.

III. Der Anstellungsvertrag des Geschäftsführers

Wie bereits unter I. dargelegt, ist **zu unterscheiden zwischen der Organstellung und dem Anstellungsvertrag des Geschäftsführers.** Während es bei der Bestellung des Geschäftsführers um einen Rechtsakt geht, durch welchen ihm die Organstellung als gesetzlicher Vertreter der Gesellschaft für das Außenverhältnis übertragen wird, geht es beim **Anstellungsvertrag** um die für das **Innenverhältnis zwischen Geschäftsführer und Gesellschaft** erfolgenden Regelungen, auf deren Grundlage der Geschäftsführer für die Gesellschaft tätig wird.

1. Arbeitsrechtliche Einordnung des Anstellungsvertrages

a) Für die rechtliche Einordnung des Anstellungsvertrages des Geschäftsführers, von welcher wiederum die Frage abhängt, ob und wenn ja in welchem Umfang die für Arbeitnehmer geltenden Schutzvorschriften anzuwenden sind, ist nicht nur die **Rechtsprechung von BGH und BAG,** sondern in zunehmendem Maße **auch die Rechtsprechung des EuGH zu beachten,** welche für die Auslegung und Anwendung all derjenigen nationalen Vorschriften maßgebend ist, die auf EU-Richtlinien beruhen. Die wesentlichen Grundsätze hierzu sind wie folgt zusammenzufassen:
- **Rechtsprechung des BGH**
  Der BGH geht in gefestigter Rechtsprechung[44] davon aus, dass der Geschäftsführer in keinem Arbeitsverhältnis, sondern vielmehr einem Dienstverhältnis mit der Gesellschaft steht, so dass für den Geschäftsführer mangels Arbeitnehmer-Status eine Geltendmachung der arbeitsrechtlichen Schutzgesetze ausgeschlossen ist. Zur Begründung hierfür verweist der BGH insbesondere darauf, dass der Geschäftsführer aufgrund der ihm übertragenen Organstellung für die Gesellschaft die Arbeitgeber-Funktionen gegenüber deren Arbeitnehmern wahrnimmt (z.B. Einstellung von Arbeitnehmern, Ausübung des AG-Weisungsrechts, Ausspruch von Kündigungen), so dass der Geschäftsführer nicht in seiner Organstellung Arbeitgeber und zugleich in seinem Dienstverhältnis Arbeitnehmer sein könne.
- Auch das **BAG**[45] vertritt in seiner Rechtsprechung den **Grundsatz,** wonach **Geschäftsführer keine Arbeitnehmer** sind da es sowohl hinsichtlich ihrer Stellung als auch ihrer Tätigkeitsmerkmale an den statusbegründenden Voraussetzungen eines Arbeitnehmers fehlt. Nach Auffassung des BAG soll jedoch **in Ausnahmefällen kein Dienstverhältnis, sondern ein Arbeitsver-**

hältnis gegeben sein. An einen solchen Ausnahmefall stellt das BAG jedoch sehr hohe Anforderungen, wonach der Geschäftsführer in einem deutlich über den Rahmen des § 37 GmbHG hinausgehenden Umfang bei der Ausübung seiner Tätigkeit umfassenden Weisungen durch die Gesellschaft unterliegt. Nach § 37 Abs. 1 GmbHG unterliegt jeder Geschäftsführer den Weisungen der Gesellschaft (vgl. hierzu Erl. 2 zu § 2 = S. 72). Die Bindung des Geschäftsführers an solche Weisungen, zu deren Erteilung die Gesellschaft kraft Gesetzes befugt ist, kann daher nicht seinen Arbeitnehmer-Status begründen. Dies soll nach Auffassung des BAG[46] jedoch dann der Fall sein, wenn die Gesellschaft in außerordentlichem Umfang sog. arbeitsbegleitende Weisungen an den Geschäftsführer erteilt, so dass dieser bei der Ausübung seiner Tätigkeit praktisch vollständig gebunden ist.

- Der **EuGH** hatte in seinem Urteil v. 9.7.2015[47] darüber zu entscheiden, ob unter den Massenentlassungsschutz des § 17 KSchG auch Geschäftsführer fallen, da für diese nationale Regelung die EU-Richtlinie 98/59/EG zur Angleichung der Rechtsvorschriften über Massenentlassungen in den EU-Staaten maßgebend ist. Der EuGH hat in diesem Urteil den **Geschäftsführer** einer Gesellschaft **als Arbeitnehmer i. S. dieser EU-Richtlinie** qualifiziert und daher die Anwendung von § 17 KSchG auf die Geschäftsführer bejaht; hierfür hat der EuGH auf **folgende Kriterien** abgestellt: (i) Das Mitglied der Unternehmensleitung erbringt Leistungen gegen Entgelt für die Gesellschaft bei welcher er bestellt wurde. (ii) Die Tätigkeit erfolgt nach der Weisung oder unter der Aufsicht eines Organs dieser Gesellschaft. (iii) Das Mitglied der Unternehmensleitung kann jederzeit ohne Einschränkung von seinem Amt abberufen werden. Wendet man diese Kriterien aus dem EuGH-Urteil v. 9.7.2015 auf den Fall des Fremd-Geschäftsführers an, so ist festzustellen, dass dieser unionsrechtlich als „Arbeitnehmer" zu qualifizieren ist (was in der Regel auch für minderheitlich beteiligte Gesellschafter-Geschäftsführer zutreffen dürfte). Soweit im Hinblick hierauf eine generalisierende Auffassung[48] vertreten wird, wonach Geschäftsführer in allen nationalen arbeitsrechtlichen Schutzgeschäften, welche unter den Geltungsbereich von EU-Richtlinien fallen, generell als Arbeitnehmer zu behandeln seien, so ist dies jedoch deshalb unzutreffend, da kein einheitlicher „Arbeitnehmer"-Begriff i.S. des europäischen Unionsrechts besteht.[49] Aufgrund dieser unterschiedlichen Ausgangslagen ist daher für solche nationalen arbeitsrechtlichen Schutzgesetze, die unter den Geltungsbereich von EU-Richtlinien fallen, danach zu differenzieren, von welchem „Arbeitnehmer"-Begriff die jeweils zugrundeliegende EU-Richtlinie ausgeht und danach zu beantworten, ob ggf. auch Geschäftsführer unter den hierfür maßgebenden „Arbeitnehmer"-Begriff fallen.

Auch wenn es sicherlich im Interesse einer klaren und einheitlichen Rechtsanwendung zu befürworten wäre, wenn die Frage der Behandlung von Geschäftsführern als Arbeitnehmer bzw. der Anwendung arbeitsrechtlicher Schutzvorschriften für das Anstellungsverhältnis eines Geschäftsführers einheitlich beantwortet werden könnte, so ist **sowohl für die auf EU-Richtlinien basierenden arbeitsrechtlichen Vorschriften als auch für die nicht auf**

EU-Recht basierenden nationalen arbeitsrechtlichen Schutzgesetze festzustellen, dass eine generalisierende Beantwortung der Frage ihrer Anwendbarkeit auf Geschäftsführer ausgeschlossen ist. Vielmehr muss jeweils eine differenzierende Prüfung nach dem jeweiligen Schutzzweck der Vorschrift vorgenommen und danach festgestellt werden, ob und in welchem Umfang sie für das Anstellungsverhältnis des Geschäftsführers anzuwenden ist. Es muss daher an dieser Stelle auf die einschlägigen Kommentare zum GmbHG[50] verwiesen werden, in denen eine detaillierte Aufstellung der arbeitsrechtlichen Schutzgesetze sowie eine Erläuterung enthalten ist, welche diese Gesetze (und wenn ja in welchem Umfang) für Geschäftsführer zur Anwendung kommen. Soweit arbeitsrechtliche Schutzgesetze für die nachfolgend vorgestellten Bestimmungen eines Geschäftsführer-Anstellungsvertrages zu beachten sind, wurde dies in den Erläuterungen zu den einzelnen Klausel-Vorschlägen selbstverständlich berücksichtigt.

2. Kündigungsschutz für Geschäftsführer in Sonderfällen

Wegen der besonderen Bedeutung, welche die Frage der Geltung des gesetzlichen Kündigungsschutzes gemäß dem KSchG in den Fällen einer Beendigung des Anstellungsvertrages hat, werden im folgenden diejenigen Fälle behandelt, in denen der gesetzliche Kündigungsschutz zugunsten von Geschäftsführern eingreift. Dabei ist bereits an dieser Stelle hervorzuheben, dass es sich hierbei um die absolute Ausnahme handelt, wohingegen **in aller Regel kein Kündigungsschutz für Geschäftsführer besteht.** Dies hat seinen Grund darin, dass das Anstellungsverhältnis des Geschäftsführers nach der unter III. 1. vorgestellten Rechtsprechung des BGH durchgehend als Dienstverhältnis zu qualifizieren ist und auch nach der vorgestellten Rechtsprechung des BAG nur in besonderen Ausnahmefällen ein Arbeitsverhältnis angenommen werden kann. Für den Bereich des individuellen Kündigungsschutzes kommt es schließlich auch nicht zur Frage, ob Geschäftsführer nach der EuGH-Rechtsprechung unionsrechtlich als Arbeitnehmer einzustufen sind, da die §§ 1 ff. KSchG nicht auf EU-Richtlinien beruhen. Für den Personenkreis der Geschäftsführer gilt daher der Grundsatz, dass sie nicht den gesetzlichen Kündigungsschutz bei einer ihnen ausgesprochenen Kündigung des Anstellungsvertrages durch die Gesellschaft geltend machen können. Nachfolgend werden die Fälle behandelt, in denen die Rechtsprechung eine Ausnahme im Sinne der Anwendung des KSchG bejaht hat:

a) Nach dem Urteil des BGH v. 10.5.2010[51] ist eine **vertragliche Vereinbarung** zwischen Gesellschaft und Geschäftsführer **über die Geltung des gesetzlichen Kündigungsschutzes** im Rahmen des Anstellungsvertrages **rechtlich zulässig.** Zur Begründung hierfür verweist der BGH zutreffend darauf, dass durch eine solche Vereinbarung das Recht der Gesellschaft zur jederzeitigen Abberufung des Geschäftsführers (vgl. hierzu II. 2. b) = S. 37) nicht in unzulässiger Weise eingeschränkt wird, da ohnehin aus dem Gesetzeswortlaut des § 38 Abs. 1 GmbHG folgt, dass die Freiheit zur jederzeitigen Abberufung des Geschäftsführers unter dem Vorbehalt steht, dass dessen Ansprüche aus dem

Anstellungsvertrag hiervon unbeschadet bleiben. Des weiteren verweist der BGH darauf, dass für die Gesellschaft erhebliche Einschränkungen ihrer Freiheit zur jederzeitigen Abberufung des Geschäftsführers auch aus der Vereinbarung einer langen Bindungsdauer des Anstellungsvertrages folgen können, welche anerkanntermaßen zulässig ist. Sofern die Vereinbarung der Geltung des Kündigungsschutzes für das Anstellungsverhältnis des Geschäftsführers erfolgt, kann von Seiten der Gesellschaft eine rechtswirksame Kündigung nur bei Vorliegen einer der drei gesetzlichen Kündigungsgründe des § 1 Abs. 2 KSchG ausgesprochen werden.[52] Dies wirkt sich insbesondere in den Fällen einer verhaltens- bzw. leistungsbedingten Kündigung aus, welche nach der für diese Fallgruppe von Kündigungen maßgebenden Rechtsprechung des BAG[53] dem Erfordernis vorangegangener Abmahnungen unterliegt, bevor zur ultima ratio der Kündigung gegriffen werden kann. Sofern in der Vereinbarung über die Geltung des Kündigungsschutzes keine ausdrücklich abweichende Regelung erfolgt, ist der Geschäftsführer als „leitender Angestellter" i.S.v. § 14 Abs. 2 KSchG zu behandeln, so dass die Gesellschaft in einem Kündigungsschutzprozess einen Auflösungsantrag stellen kann, welcher – trotz Fehlens eines Kündigungsgrundes – zur Beendigung des Anstellungsvertrages gegen Festsetzung einer Abfindung im Rahmen von § 10 KSchG durch arbeitsgerichtliches Auflösungsurteil führt.[54]

b) Außerhalb der Fälle einer vereinbarten Anwendung des Kündigungsschutzes kann es in der Praxis zur **Geltung des KSchG** in dem Fall kommen, **wenn ein vor der Bestellung des Geschäftsführers bestehendes Arbeitsverhältnis nicht aufgehoben wurde.** In diesen sog. „Aufstiegsfällen" war der Geschäftsführer vor seiner Bestellung zunächst als Angestellter (z.B. in der Position eines Bereichs- oder Abteilungsleiters) tätig, so dass für dieses ursprüngliche Arbeitsverhältnis der gesetzliche Kündigungsschutz gemäß dem KSchG galt. Es stellt sich daher die Frage, ob dieser Kündigungsschutz durch die Bestellung zum Geschäftsführer entfallen ist. In der Praxis tritt diese Frage regelmäßig erst dann auf, wenn der Geschäftsführer später abberufen sowie gekündigt wird und hiergegen den Fortbestand des Kündigungsschutzes aus seinem vorangegangenen Arbeitsverhältnis geltend macht. Zur Beantwortung der Frage, ob noch ein fortwirkender Kündigungsschutz aus dem früheren Arbeitsverhältnis besteht, sind folgende Fallgruppen zu differenzieren:

- Wurde aus Anlass der Bestellung zum Geschäftsführer **weder eine schriftliche Aufhebungsvereinbarung des bisherigen Arbeitsverhältnisses noch ein schriftlicher Anstellungsvertrag für die Geschäftsführer-Tätigkeit** abgeschlossen, so ist keine Beendigung des vorangegangenen Arbeitsverhältnisses eingetreten, da es an der hierfür gesetzlich zwingend erforderlichen Schriftform gemäß § 623 BGB fehlt. Diese Vorschrift gilt für alle Fälle einer Beendigung von Arbeitsverhältnissen und daher auch für den Fall, dass ein bisheriges Arbeitsverhältnis dadurch enden soll, dass an seine Stelle künftig ein freies Dienstverhältnis tritt.[55] Die Geltung von § 623 BGB für diesen Fall ist insbesondere auch im Hinblick auf dessen Normzweck geboten: dieser besteht darin, dem Arbeitnehmer die Bedeutung der Beendigung eines Arbeitsverhältnisses im Hinblick auf den hierdurch entfallenden Kündigungs- bzw. Bestandsschutz deutlich vor Augen zu führen. Dieser Normzweck ist auch im Fall einer Umwandlung eines bisherigen Arbeitsverhältnisses in ein freies Dienstverhältnis betroffen, da – wie vorstehend (S. 43) bereits aufgezeigt – für das Anstellungsverhältnis eines Geschäftsführers der gesetzliche Kündigungsschutz des KSchG grundsätzlich nicht gilt. Wurde somit anlässlich der Bestellung zum Geschäftsführer weder eine schriftliche Aufhebungsvereinbarung zum bisherigen Arbeitsverhältnis noch ein neuer Anstellungsvertrag in schriftlicher Form abgeschlossen, so besteht das ursprüngliche Arbeitsverhältnis mangels einer „form"-wirksamen Beendigung weiterhin fort. Dies hat zur Folge, dass der zum Geschäftsführer beförderte Angestellte im Fall seiner späteren Abberufung und Kündigung sich wieder auf dieses – während seiner Geschäftsführer-Tätigkeit ruhende – Arbeitsverhältnis berufen und den hierfür fortbestehenden Kündigungsschutz geltend machen kann.[56] Hierbei ist allerdings zu beachten, dass der abberufene Geschäftsführer mit einer solchen Klage nicht die Fortsetzung seiner Tätigkeit als Geschäftsführer, sondern lediglich den Fortbestand seines ursprünglichen Arbeitsverhältnisses geltend machen und daher nur auf Weiterbeschäftigung gemäß den bis zu seiner Berufung in die Geschäftsführung geltenden Anstellungsbedingungen (z.B. Abteilungsleiter) klagen kann. Aufgrund des hiermit notwendigerweise verbundenen Abstiegs innerhalb des Unternehmens haben solche Kündigungsschutzklagen in der Praxis daher eher taktische bzw. finanzielle Bedeutung im Hinblick auf die Verhandlung einer Abfindung.

• Wurde demgegenüber zwischen dem zum Geschäftsführer aufgestiegenen Angestellten und der Gesellschaft **aus Anlass der Bestellung zum Geschäftsführer ein neuer Anstellungsvertrag in schriftlicher Form abgeschlossen,** so stellt sich die Frage, ob **hierin zugleich die Aufhebung des bisherigen Arbeitsverhältnisses** liegt. Dies bejaht das Bundesarbeitsgericht[57] in seiner inzwischen gefestigten Rechtsprechung und verweist zur Begründung hierfür im Wesentlichen auf folgende Punkte:

(1) Der Einwand einer mangelnden Schriftform der Aufhebung des Arbeitsverhältnisses greife in diesen Fällen deshalb nicht, da zunächst zu prüfen sei, ob aus dem in schriftlicher Form abgeschlossenen neuen Anstellungsvertrag im Wege der Auslegung der Vertragswillen der Parteien folge, das vorherige Arbeitsverhältnis aufzulösen.

(2) Im Rahmen dieser Auslegung sei in aller Regel davon auszugehen, dass durch den Abschluss des neuen Geschäftsführer-Anstellungsvertrages das bisherige Arbeitsverhältnis aufgelöst wurde. Durch den Abschluss des Anstellungsvertrages aus Anlass der Bestellung zum Geschäftsführer werde nämlich die Vertragsbeziehung der Parteien auf eine neue Grundlage gestellt, welche notwendigerweise voraussetze, dass die bisherige Grundlage entfalle. Dies gelte insbesondere dann, wenn ein vollständiger neuer Anstellungsvertrag abgeschlossen werde, welcher eine Fortgeltung der bisherigen arbeitsvertraglichen Regelungen (z.B. zur Vergütung, Versorgungszusage, Vertragsdauer) notwendigerweise ausschließe. In einem solchen Fall müsse dem zum Geschäftsführer aufsteigenden Angestellten klar sein, dass mit dem Abschluss des neuen

Geschäftführer-Anstellungsvertrages sein bisheriges Arbeitsverhältnis endet.

(3) Das BAG weist in seiner Rechtsprechung allerdings ausdrücklich darauf hin, dass die vorstehend dargelegten Auslegungsgrundsätze eine **Vermutungsregel** begründen, **wonach in dem Abschluss eines neuen** – in Schriftform erfolgenden – **Anstellungsvertrages aus Anlass der Bestellung zum Geschäftsführer zugleich die Beendigung des bisherigen Arbeitsverhältnisses liege.** Diese Vermutungsregel gilt nach der BAG-Rechtsprechung[58] allerdings **nur bei Identität der Parteien** des ursprünglichen Arbeitsverhältnisses und des anschließenden Geschäftsführer-Anstellungsvertrages. Dies hat in der Praxis erhebliche Bedeutung für die Fälle, in denen ein leitender Angestellter zum Geschäftsführer einer Tochtergesellschaft bestellt wird. Erfolgt der Geschäftsführer-Anstellungsvertrag mit der Tochtergesellschaft, so kann in diesem Vertrag schon deshalb nicht die Aufhebung des bisherigen Arbeitsverhältnisses mit der Muttergesellschaft liegen, da es an der hierfür erforderlichen Identität der Vertragsparteien liegt.

Neben der vom BAG vertretenen Auslegung, wonach in dem Abschluss eines neuen Geschäftsführer-Anstellungsvertrages in der Regel zugleich eine – in Schriftform erfolgende – Beendigung des bisherigen Arbeitsverhältnisses liege, ergibt sich ein weiteres Problem daraus, dass **unterschiedliche Zuständigkeiten auf Seiten der Gesellschaft für den Abschluss des Geschäftsführer-Anstellungsvertrages und die Beendigung eines Arbeitsverhältnisses** bestehen. Während nämlich für den Abschluss des Anstellungsvertrages mit dem Geschäftsführer grundsätzlich die Gesellschafterversammlung zuständig ist (vgl. hierzu nachfolgend 3. a.)), sind für die Beendigung eines Arbeitsverhältnisses auf Seiten der Gesellschaft die Geschäftsführer zuständig (vgl. § 35 GmbHG). Aufgrund dieser unterschiedlichen Zuständigkeiten stellt sich daher die Frage, ob durch den von der Gesellschafterversammlung für die Gesellschaft abgeschlossenen Anstellungsvertrag des Geschäftsführers dessen vorangegangenes Arbeitsverhältnis rechtswirksam aufgelöst werden kann, da der Gesellschafterversammlung nach der rechtlichen Kompetenzverteilung innerhalb der Gesellschaft hierfür die Zuständigkeit fehlt. Das BAG hat diese Frage ausdrücklich offen gelassen,[59] da es in dem dort zu entscheidenden Fall nicht darauf ankam, zumal der Anstellungsvertrag auf Seiten der Gesellschaft durch einen alleinvertretungsberechtigten Gesellschafter-Geschäftsführer unterzeichnet wurde, der somit in einer Doppel-Funktion rechtlich handeln konnte. Für die – in der Praxis weit überwiegenden – Fälle der unterschiedlichen personellen Besetzung von Gesellschafterversammlung und Geschäftsführung ist in der überwiegenden Komm.-Lit.[60] anerkannt, dass der Gesellschafterversammlung im Wege der sog. Annex-Kompetenz auch die Zuständigkeit zur Aufhebung des bisherigen Arbeitsverhältnisses des von ihr in die Geschäftsführung berufenen Angestellten zusteht. Dies folgt aus den gleichen Gründen, welche die Annex-Kompetenz zum Abschluss des Anstellungsvertrages für die Gesellschaft begründen (vgl. hierzu nachfolgend II. 3. a) = S. 52/53): da die Gesellschafterversammlung nämlich in der Lage sein muss, die Konditionen des Anstellungsvertrages für den zum Geschäftsführer vorgesehenen Kandidaten festzulegen, muss sie auch rechtlich dazu in der Lage sein, verbindlich sicherzustellen, dass ein vorhergehendes Arbeitsverhältnis mit Abschluss des neuen Geschäftsführer-Anstellungsvertrages endet.

- Im Hinblick auf die vorstehend behandelten Problemkreise sind für die **Praxis** im Interesse der Klarheit und Rechtssicherheit folgende **Empfehlungen beim Aufstieg eines Angestellten zum Geschäftsführer** zu geben:

(1) Es sollte unbedingt darauf geachtet werden, dass ein neuer Anstellungsvertrag in schriftlicher Form abgeschlossen wird, welcher die in solchen Fällen in der Regel erweiterten Aufgaben- und Zuständigkeitsbereiche sowie die materiell verbesserten Vergütungsbedingungen für die zukünftige Geschäftsführer-Tätigkeit des bisherigen Angestellten regelt.

(2) Zugleich sollte eine Vereinbarung über die Aufhebung des bisherigen Arbeitsverhältnisses in der hierfür nach § 623 BGB gebotenen Schriftform erfolgen. Hierdurch werden spätere Streitigkeiten vermieden, welche bei Fehlen einer ausdrücklichen Vereinbarung im Rahmen der – dann erforderlichen – Auslegung des Geschäftsführer-Anstellungsvertrages vorprogrammiert sind. Insbesondere wird durch eine solche ausdrückliche Vereinbarung jegliche Rechtsunsicherheit vermieden; diese besteht für die Gesellschaft darin, dass die vom BAG vertretene Auslegung im Sinne einer Aufhebung des Arbeitsverhältnisses lediglich auf einer Vermutungsregel beruht, welche im jeweiligen Einzelfall durch einen konkreten und substantiierte Sachvortrag widerlegt werden kann. Auch für den zum Geschäftsführer aufsteigenden Angestellten ist eine Klärung des rechtlichen Schicksals seines bisherigen Arbeitsverhältnisses geboten: will er dieses im Hinblick auf den hierfür bestehenden gesetzlichen Kündigungsschutz aufrechterhalten, so bedarf es nach der Rechtsprechung des BAG einer konkreten – und im Streitfall belegbaren – Regelung, dass sein bisheriges Arbeitsverhältnis während der Dauer seiner Bestellung zum Geschäftsführer als ruhendes Arbeitsverhältnis fortbestehen sollte. Lehnt die Gesellschaft ein solches Verlangen jedoch ab, so wird für den zum Geschäftsführer aufsteigenden Angestellten erst recht Veranlassung bestehen, in den Verhandlungen über seinen Geschäftsführer-Anstellungsvertrag darauf zu achten, dass der durch die Beendigung des bisherigen Arbeitsverhältnisses entfallende gesetzliche Kündigungsschutz durch einen angemessenen vertraglichen Bestandsschutz ersetzt wird (zu den hierfür in Betracht kommenden Gestaltungsmöglichkeiten vgl. nachfolgend S. 49). Es entspricht somit der Interessenlage beider Seiten, die Frage der Behandlung des bisherigen Arbeitsverhältnisses offen anzusprechen und eine klare Regelung zu treffen, welche nicht erst später durch unwägbare Auslegungsbemühungen ermittelt werden muss.

(3) Entschließen sich die Parteien zur Aufhebung des bisherigen Arbeitsverhältnisses aus Anlass der Bestellung zum Geschäftsführer, so ist bis zu einer höchstrichterlichen Klärung der vorstehend behandelten Zuständigkeits- bzw. Vertretungsproblematik dringend zu empfehlen, die Aufhebung des Arbeitsverhältnisses auf Seiten der Gesellschaft durch

einen hierfür vertretungsberechtigten Geschäftsführer vornehmen zu lassen und im unmittelbaren Anschluss sodann durch Gesellschafterversammlung/Aufsichtsrat den Anstellungsvertrag mit dem zum Geschäftsführer aufgestiegenen Angestellten abzuschließen.

Entsprechend den beiden für die Behandlung des bisherigen Arbeitsverhältnisses in Betracht kommenden Alternativen wurde in nachfolgenden

- Muster 1 der Entwurf für eine Aufhebung des bisherigen Arbeitsverhältnisses
- und in Muster 2 die Vereinbarung über einen Fortbestand des Arbeitsverhältnisses während der Bestellung zum Geschäftsführer als sog. ruhendes Arbeitsverhältnis vorgesehen.

Muster 1: Aufhebung des bisherigen Arbeitsverhältnisses

Vereinbarung

zwischen

...... GmbH, vertr. durch ihren Geschäftsführer, Herrn ......
– nachfolgend „Gesellschaft" genannt –

und

Herrn ......

1. Herr ...... soll in der für ...... einberufenen Gesellschafterversammlung mit Wirkung zum 1.7.2016 zum Geschäftsführer der Gesellschaft bestellt werden. Für den Fall dieser Bestellung zum Geschäftsführer besteht zwischen der Gesellschaft und Herrn ...... Einigkeit darin, dass das bisher bestehende Arbeitsverhältnis einvernehmlich mit Ablauf des 30.6.2016 endet.
Mit Wirkung zum 1.7.2016 ist für die Vertragsbeziehung der Parteien ausschließlich der Dienstvertrag maßgebend, dessen Abschluss zwischen der Gesellschafterversammlung und Herrn ...... aus Anlass seiner Bestellung zum Geschäftsführer vorgesehen ist.
2. Die Gesellschaft wird über alle Herrn ...... aus dem Arbeitsverhältnis zustehenden finanziellen Ansprüche eine ordnungsgemäße Abrechnung zum 30.6.2016 erstellen und die sich hieraus ergebenden Vergütungen an Herrn ...... leisten.
3. Die Gesellschaft wird des weiteren an Herrn ...... eine schriftliche Auskunft gemäß § 4a BetrAVG über den von ihm bis zum 30.6.2016 erreichten Stand der Versorgungsanwartschaft erteilen. Die hieraus folgenden Versorgungsansprüche sind unverfallbar und bleiben daher von der Beendigung des Arbeitsverhältnisses unberührt.

Mannheim, den ......

....
...... GmbH,   Herr ......
vertr. durch den Geschäftsführer

Muster 2: Vereinbarung des Ruhens des Arbeitsverhältnisses

Vereinbarung

zwischen

...... GmbH, vertr. durch ihren Geschäftsführer, Herrn ......
– nachfolgend „Gesellschaft" genannt –

und

Herrn ......

1. *Herr ...... soll in der für ...... einberufenen Gesellschafterversammlung mit Wirkung zum 1.7.2016 zum Geschäftsführer der Gesellschaft bestellt werden. Für diesen Fall besteht zwischen der Gesellschaft und Herrn ...... Einigkeit darin, dass das bisher bestehende Arbeitsverhältnis für die Dauer der Bestellung von Herrn ...... zum Geschäftsführer als ruhendes Arbeitsverhältnis fortbesteht.*
2. *Mit Beendigung der Organstellung von Herrn ...... als Geschäftsführer tritt das ruhende Arbeitsverhältnis wieder in Kraft. Herrn ...... wird ab diesem Zeitpunkt seine zuletzt wahrgenommene Position als Leiter der Abteilung ...... oder eine andere vergleichbare Position als leitender Angestellter innerhalb der Gesellschaft übertragen.*
   Während des Ruhens des Arbeitsverhältnisses wird das Gehalt, welches Herr ...... zuletzt bezogen hat, nach Maßgabe der Tarifsteigerungen gemäß der höchsten Vergütungsgruppe des Entgelt-Tarifvertrages für die ......-Industrie Baden-Württemberg angepasst. Tritt das Arbeitsverhältnis wieder in Kraft, so ist das um diese Tarifsteigerungen angepasste Gehalt für die weitere Tätigkeit von Herrn ...... maßgebend. Hinsichtlich der übrigen Anstellungsbedingungen treten ebenfalls die Anstellungsbedingungen gemäß dem Arbeitsvertrag in der zum 30.6.2016 geltenden Fassung wieder in Kraft.
3. *Sofern im Zusammenhang mit der Abberufung von Herrn ...... vom Amt als Geschäftsführer eine außerordentliche Kündigung des Dienstvertrages durch die Gesellschaft aus einem von Herrn ...... zu vertretenden „wichtigen Grund" i.S.v. § 626 Abs. 1 BGB erfolgt, ist die Gesellschaft berechtigt, auch das ruhende Arbeitsverhältnis aus diesem Grund zu kündigen.*

Mannheim, den ......

....
...... GmbH,   Herr ......
vertr. durch den Geschäftsführer

c) In der Praxis kommt es – wenn auch eher selten – zu einem **Unterbleiben der Bestellung zum Geschäftsführer,** so dass sich bei einer anschließenden Kündigung durch die Gesellschaft die Frage stellt, ob der gesetzliche Kündigungsschutz für ein solches Anstellungsverhältnis besteht; hierfür ist wie folgt zu differenzieren:[61]

- War der Anstellungsvertrag auf die Tätigkeit und Bestellung zum Geschäftsführer gerichtet, ist es hierzu jedoch nicht gekommen, so tritt allein durch das Unterbleiben der Bestellung keine Umwandlung des Vertrages in ein Arbeitsverhältnis ein. Vielmehr bleibt der Geschäftsführer in diesem Fall darauf verwiesen, seine Ansprüche auf Vertragserfüllung oder auf Schadensersatz wegen Nichterfüllung gegenüber der Gesellschaft geltend zu machen.
- Haben die Parteien jedoch aus Anlass der unterbliebenen Bestellung zum Geschäftsführer eine – ausdrückliche oder konkludente – Änderung des Anstellungsvertrages vereinbart, wonach der ursprünglich vorgesehene Geschäftsführer eine Tätigkeit unterhalb der Geschäftsführungsebene aufnimmt (z.B. als Abteilungsleiter), so tritt hierdurch eine Umwandlung des Vertrages in ein Arbeitsverhältnis ein, für welches der gesetzliche Kündigungsschutz gilt.

d) Die gleichen Grundsätze gelten für den quasi umgekehrten **Fall einer Abberufung des Geschäftsführers, ohne dass zugleich eine Kündigung des Anstellungsvertrages erfolgt.** Auch hier ist wie folgt zu differenzieren:

- Sowohl nach der Rechtsprechung des BGH[62] als auch dem Urteil des BAG[63] folgt allein aus dem durch die Abberufung eintretenden Verlust der Organstellung keine Umwandlung des bisherigen Dienstverhältnisses in ein Arbeitsverhältnis. Dies gilt insbesondere für den – in der Praxis recht häufigen – Fall, dass es nach der Abberufung des Geschäftsführers zunächst zu einer Freistellung von seinen Dienstpflichten kommt und erst später (insbesondere nach Scheitern der zunächst geführten Verhandlungen über eine einvernehmliche Vertragsbeendigung) die Kündigung des Anstellungsvertrages erfolgt.
- Anders stellt sich dagegen die Rechtslage dar, wenn aus Anlass der Abberufung eine Vereinbarung des Inhalts erfolgt, wonach der ehemalige Geschäftsführer eine Tätigkeit unterhalb der Geschäftsführungsebene übernimmt. Für diesen Fall tritt eine Umwandlung des bisherigen Dienstverhältnisses in ein Arbeitsverhältnis ein, für welches der gesetzliche Kündigungsschutz gilt.[64]
- Die vorstehend dargelegte Differenzierung für die Behandlung des Anstellungsverhältnisses im Fall einer Abberufung des Geschäftsführers gilt auch nach der durch das BAG-Urteil v. 8.9.2015[65] vollzogenen Änderung der Rechtsprechung zur Frage der Rechtswegzuständigkeit der Arbeitsgerichte. In diesem Urteil hat das BAG entschieden, dass im Fall der Abberufung des Geschäftsführers die Vorschrift des § 5 Abs. 1 S. 3 ArbGG nicht mehr greift; nach dieser Vorschrift sind Geschäftsführer aufgrund ihrer Organstellung vom Zugang zur Arbeitsgerichtsbarkeit ausgeschlossen.[66] Diese „Zugangssperre" entfällt nach der neuen BAG-Rechtsprechung notwendi-

gerweise mit Beendigung der Organstellung des Geschäftsführers durch Niederlegung oder – in der Praxis weit häufiger – durch Abberufung. Diese Änderung der BAG-Rechtsprechung ist in der Praxis zum Teil dahingehend (miss-)verstanden worden, dass Geschäftsführer nach ihrer Abberufung als „Arbeitnehmer" zu behandeln seien und daher vor den Arbeitsgerichten klagen können. Hierbei wird jedoch übersehen, dass das BAG[67] durch seine geänderte Rechtsprechung lediglich die absolute Zugangssperre des § 5 Abs. 1 S. 3 ArbGG für den Fall einer Abberufung des Geschäftsführers aufgehoben hat, woraus jedoch nicht gefolgert werden darf, dass damit quasi automatisch von einem „Arbeitsverhältnis" auszugehen ist. Für die Zuständigkeit des Arbeitsgerichts bedarf es nämlich nach der hierfür einschlägigen Vorschrift des § 2 Abs. 1 Nr. 3 ArbG des Vorliegens einer Streitigkeit aus einem „Arbeitsverhältnis" – dies entsteht jedoch nicht allein durch die Abberufung des Geschäftsführers, vielmehr gelten für die materiell-rechtliche Frage, ob ein „Arbeitsverhältnis" gegeben ist, die vorstehend dargelegten Grundsätze, wonach allein durch die Abberufung des Geschäftsführers keine Umwandlung seines Dienstverhältnisses in ein Arbeitsverhältnis eintritt, sondern dies nur für den (Ausnahme-)Fall gilt, dass der Geschäftsführer nach seiner Abberufung eine Tätigkeit unterhalb der Organebene in abhängiger Stellung übernimmt und dadurch ein Arbeitsverhältnis entsteht.

e) Für den **Geschäftsführer einer GmbH & Co. KG** bestehen alternativ folgende zwei Möglichkeiten für den Abschluss des Anstellungsvertrages:
- Der **Anstellungsvertrag** kann **mit der Komplementär-GmbH** der GmbH & Co. KG abgeschlossen werden. Für diesen Fall treten keine rechtlichen Unterschiede gegenüber dem Geschäftsführer einer GmbH ein, da sowohl die Organstellung als auch der Anstellungsvertrag des Geschäftsführers bei der Komplementär-GmbH bestehen.
- Alternativ hierzu kann der **Anstellungsvertrag** statt der Komplementär-GmbH jedoch auch **von der KG** mit dem Geschäftsführer **abgeschlossen** werden. In diesem Fall ist der Geschäftsführer bei rein formaler Betrachtung nicht durch § 5 Abs. 1 S. 3 ArbGG vom Zugang zur Arbeitsgerichtsbarkeit und insbesondere durch § 14 Abs. 1 Nr. 1 KSchG vom persönlichen Geltungsbereich des gesetzlichen Kündigungsschutzes ausgeschlossen, da er bei derjenigen Gesellschaft (KG), mit der sein Anstellungsverhältnis begründet wurde, in keiner Organstellung steht. Im Hinblick hierauf war in der früheren Rechtsprechung das Vorliegen eines Arbeitsverhältnisses mit der Rechtsfolge der Geltendmachung des Kündigungsschutzes durch den Geschäftsführer im Fall der Kündigung durch die KG für möglich gehalten worden. In seiner neueren Rechtsprechung[68] hat das BAG jedoch diese Auffassung aufgegeben und den Anwendungsbereich sowohl von § 5 Abs. 1 S. 3 ArbGG als auch § 14 Abs. 1 Nr. 1 KSchG auch auf den bei der KG angestellten Geschäftsführer erweitert, so dass dieser sowohl vom Zugang zur Arbeitsgerichtsbarkeit als auch dem gesetzlichen Kündigungsschutz des KSchG ausgeschlossen bleibt. Zur Begründung hierfür verweist das BAG darauf, dass die Trennung zwischen der Komplementär-GmbH und

der KG bei einer GmbH & Co. KG eine juristische Konstruktion zur Haftungsbegrenzung beinhalte, aus welcher jedoch keine Folgen für den arbeitsrechtlichen Status des Geschäftsführers folgen, der aus Sicht der Arbeitnehmer in seiner Stellung sich nicht vom Geschäftsführer einer GmbH unterscheide.[69]

f) Besonderheiten können sich schließlich für den **Status des Geschäftsführers einer konzernzugehörigen GmbH** ergeben. Auch hier ist danach zu differenzieren, wer den Anstellungsvertrag mit dem Geschäftsführer abgeschlossen hat:

- War dies unmittelbar die **konzernzugehörige** GmbH, vertreten durch ihr satzungsgemäß zuständiges Organ, so ergeben sich keine rechtlichen Besonderheiten, da in diesem Fall der Anstellungsvertrag mit derjenigen Gesellschaft abgeschlossen wurde, bei welcher der Geschäftsführer zugleich auch in die Organstellung berufen wurde. In diesem Fall stehen somit Organstellung und Anstellungsvertrag bei der gleichen Gesellschaft, so dass der Geschäftsführer von seinem arbeitsrechtlichen Status gleich steht wie der Geschäftsführer einer nicht konzernzugehörigen GmbH.
- In der Praxis ist demgegenüber relativ häufig die Fallgestaltung anzutreffen, dass der **Anstellungsvertrag von der Konzern-Holding abgeschlossen** wurde und im Rahmen dieses Anstellungsverhältnisses eine Delegation zu einer konzernzugehörigen GmbH erfolgt, bei welcher der Konzern-Angestellte zum Geschäftsführer bestellt wird. Die rechtliche Zulässigkeit einer solchen **Aufspaltung von Organstellung und Anstellungsvertrag** ist in der Rechtsprechung[70] anerkannt, da der Anstellungsvertrag des Geschäftsführers nicht mit derjenigen Gesellschaft abgeschlossen werden muss, zu deren Organvertreter er bestellt wurde (Zulässigkeit einer sog. Drittanstellung). Wird der Angestellte einer Konzernobergesellschaft zum Geschäftsführer einer konzernabhängigen GmbH bestellt, so kann nach der Rechtsprechung[71] dieser mit der Konzernobergesellschaft abgeschlossene Anstellungsvertrag daher ein Arbeitsverhältnis begründen, so dass sich der Angestellte im Fall einer späteren Abberufung verbunden mit der Kündigung seines Anstellungsvertrages gegenüber der Konzernobergesellschaft auf die Geltung des gesetzlichen Kündigungsschutzes berufen kann.

3. Zuständigkeit für den Abschluss des Anstellungsvertrages

Im Gegensatz zur organschaftlichen Bestellung des Geschäftsführers, für welche eine gesetzliche Zuständigkeitsregelung vorliegt, fehlt eine entsprechende Gesetzesregelung, wer auf Seiten der Gesellschaft die Zuständigkeit für den Abschluss des Anstellungsvertrages mit dem Geschäftsführer hat. Hierzu sind folgende Grundsätze zu beachten:

a) Bei einer **GmbH**, die nicht unter den Geltungsbereich des MitbestG fällt, **folgt die Zuständigkeit zum Abschluss des Anstellungsvertrages der Kompetenz zur Bestellung** des Geschäftsführers. Damit ist im Regelfall die Zuständigkeit der Gesellschafterversammlung zum Abschluss des Anstellungsvertrages gegeben, sofern die Satzung der Gesellschaft keine Verlagerung dieser Zuständigkeit auf ein anderes Organ (fakultativer Aufsichtsrat, Beirat, Gesellschafter-Ausschuss o.ä.) vorsieht. Zwar ist nach dem Wortlaut des § 46 Nr. 5 GmbHG nur die Zuständigkeit der Gesellschafterversammlung für die Bestellung von Geschäftsführern geregelt, nach gefestigter Rechtsprechung[72] folgt hieraus jedoch eine sog. **Annexkompetenz** zum Abschluss des Anstellungsvertrages, da das zur Bestellung des Geschäftsführers berufene Organ der Gesellschaft nur dann eine verantwortliche und sachgerechte Entscheidung treffen kann, wenn es zugleich auch rechtlich in der Lage ist, die Anstellungsbedingungen mit dem in Aussicht genommenen Geschäftsführer in seine Entscheidung miteinzubeziehen und hierüber eine verbindliche Regelung durch Abschuss des Anstellungsvertrages herbeizuführen.

Für den Fall, dass der **Anstellungsvertrag durch ein hierfür unzuständiges Organ** (z.B. einem Geschäftsführer-Kollegen) auf Seiten der Gesellschaft abgeschlossen wurde, gelten die **Grundsätze des sog. faktischen Dienstverhältnisses**: danach ist der Anstellungsvertrag für die Vergangenheit so zu behandeln, als wäre er wirksam zustande gekommen – für die Zukunft kann sich die Gesellschaft jedoch von einem solchen faktischen Dienstverhältnis mit sofortiger Wirkung lösen, ohne dass es hierfür des Vorliegens eines „wichtigen Grundes" bedarf, wie er ansonsten gemäß § 626 Abs. 1 BGB für eine fristlose Beendigung eines rechtswirksam, d.h. vom zuständigen Organ der Gesellschaft abgeschlossenen Anstellungsvertrages erforderlich wäre.[73]

b) Für eine **dem MitbestG unterfallende GmbH** erfasst die gemäß § 31 Abs. 1 MitbestG für die Bestellung bestehende Zuständigkeit des Aufsichtsrats aus den gleichen Gründen des Sachzusammenhangs zwischen der Entscheidung über die Bestellung und der Festlegung der Anstellungsbedingungen im Wege der sog. Annexkompetenz zugleich die **Zuständigkeit des Aufsichtsrats** zum Abschluss des Anstellungsvertrages.

Fällt die GmbH dagegen nicht unter das MitbestG, sondern lediglich unter das DrittelbG, so verbleibt es bei der Zuständigkeit der Gesellschafterversammlung bzw. des für die Bestellung satzungsgemäß bestimmten Organs, da das DrittelbG keine dem § 31 MitbestG vergleichbare gesetzliche Zuständigkeitsverlagerung auf den Aufsichtsrat enthält.

c) Bei der **GmbH & Co. KG** liegt nach der Rechtsprechung des BGH[74] die **Zuständigkeit für den Abschluss des Anstellungsvertrages** nicht bei der Gesellschafterversammlung der KG, sondern der **Gesellschafterversammlung der Komplementär-GmbH**. Zur Begründung hierfür wird ebenfalls darauf verwiesen, dass die Zuständigkeit zum Abschluss des Anstellungsvertrages als Annexkompetenz der Zuständigkeit für die Bestellung des Geschäftsführers der Komplementär-GmbH einer GmbH & Co. KG folgt.

4. Änderung und Aufhebung des Anstellungsvertrages

Die vorstehend festgestellten Zuständigkeiten auf Seiten der Gesellschaft für den Abschluss des Anstellungsvertrages mit dem Geschäftsführer gelten in

gleicher Weise im Fall von Änderungen oder der Aufhebung des Anstellungsvertrages. Danach gilt Folgendes:

- Bei einer **GmbH,** die nicht unter den Geltungsbereich des MitbestG fällt,
  ist die **Gesellschafterversammlung** bzw. das satzungsgemäß zuständige Organ **sowohl für eine Änderung als auch die Aufhebung des Anstellungsvertrages zuständig.** In der älteren Rechtsprechung war noch die Auffassung
  vertreten worden, dass ein Mit-Geschäftsführer die Gesellschaft gegenüber
  seinem Geschäftsführer-Kollegen bei einer Änderung oder Aufhebung des
  Anstellungsvertrages vertreten könne. Diese Rechtsprechung wurde durch
  den BGH[75] jedoch mit der Begründung aufgegeben, dass dies zur Folge
  gehabt hätte, dass sich die Geschäftsführer gegenseitig die Anstellungsbedingungen anpassen (z. B. Erhöhung der Bezüge und Aufbesserung der
  Pension), ohne dass hierzu die Zustimmung der Gesellschafterversammlung hätte eingeholt werden müssen. Um die hierin liegende Gefahr einer
  Aushöhlung der Kompetenzen der Gesellschafterversammlung zu vermeiden, die für den Abschluss des Anstellungsvertrages zuständig ist, wurde
  daher folgerichtig der Gesellschafterversammlung auch die Kompetenz für
  etwaige Änderungen und die Aufhebung des Anstellungsvertrages zuge-
  wiesen.
- Für die dem **MitbestG** unterfallende GmbH ist aus den vorstehend genannten Gründen ebenfalls von einer einheitlichen und umfassenden **Zuständigkeit des** nach § 31 Abs. 1 MitbestG berufenen **Aufsichtsrats** auszugehen, welcher sowohl für Änderungen als auch die Beendigung des
  Anstellungsvertrages zuständig ist.
- Bei der **GmbH & Co. KG** ist die **Gesellschafterversammlung der Komplementär-GmbH** aus den vorstehend unter 3. c) dargelegten Gründen in
  gleicher Weise für Änderungen und eine Beendigung des Anstellungsvertrages zuständig.

5. Form des Anstellungsvertrages

Sowohl für die Begründung als auch die Aufhebung des Anstellungsvertrages
besteht **kein gesetzliches Formerfordernis.** Dies gilt auch für die Aufhebung
des Anstellungsvertrages, da das gesetzliche Schriftform-Erfordernis des § 623
BGB nur für die Beendigung von Arbeitsverhältnissen gilt.[76] Auch wenn somit kein gesetzliches Schriftform-Erfordernis besteht, so ist in der Praxis
sowohl für die Gesellschaft als auch den Geschäftsführer dringend zu empfehlen, den Abschluss, etwaige Änderungen sowie die Beendigung des Anstellungsvertrages in schriftlicher Form vorzunehmen, um etwaige Unklarheiten
oder Beweisschwierigkeiten zum Inhalt des Anstellungsvertrages oder den
Konditionen seiner Beendigung von vornherein auszuschließen. Es entspricht
aus diesem Grund auch der weit überwiegenden Praxis, dass entsprechende
Schriftform-Klauseln in den Anstellungsvertrag aufgenommen werden (vgl.
hierzu § 20 Abs. 2 des Vertragsmusters), so dass in diesem Fall für beide Seiten im Hinblick auf das vertragliche Schriftform-Erfordernis die Notwendigkeit zur Wahrung dieser Form besteht.

Ist der **Geschäftsführer zugleich Gesellschafter der GmbH,** so ist der **Abschluss des Anstellungsvertrages in schriftlicher Form** über die vorstehend genannten Punkte hinaus auch **aus steuerlichen Gründen** angezeigt, um gegenüber der Finanzverwaltung den Nachweis für die Geltendmachung der Geschäftsführervergütung als Betriebsausgabe der Gesellschaft führen zu können. Der Abzug der Geschäftsführervergütung als Betriebsausgabe setzt das Vorliegen eines Anstellungsvertrages voraus. Die Zulässigkeit eines Anstellungsvertrages zwischen der GmbH und einem zugleich als Geschäftsführer tätigen Gesellschafter ist zwar steuerlich anerkannt; im Hinblick darauf, dass anstelle eines Anstellungsvertrages jedoch auch andere rechtliche Grundlagen bestehen können, auf deren Basis ein Gesellschafter für die GmbH tätig werden kann (z.B. auf rein gesellschaftsrechtlicher Grundlage in seiner Eigenschaft als Gesellschafter der GmbH), besteht nach der Rechtsprechung des BFH[77] grundsätzlich keine Vermutung für das Bestehen eines Anstellungsverhältnisses bei einem zugleich als Geschäftsführer tätigen Gesellschafter der GmbH. Um den gegenüber der Finanzverwaltung erforderlichen Nachweis führen zu können, dass die Geschäftsführer-Tätigkeit des Gesellschafters im Rahmen eines Anstellungsverhältnisses erfolgt, sollte der Anstellungsvertrag daher schriftlich geschlossen werden.

Für den Personenkreis der **beherrschenden Gesellschafter, die zugleich als Geschäftsführer der GmbH tätig sind,** ist der Abschluss eines schriftlichen Anstellungsvertrages auch aus folgendem weiteren steuerrechtlichen Grund geboten: nach der Rechtsprechung des BFH[78] **muss die Vergütung,** welche der als Geschäftsführer tätige beherrschende Gesellschafter erhält, **im Voraus und eindeutig bestimmt sein,** damit die an ihn erfolgenden Zahlungen steuerlich als Vergütung für geleistete Dienste als Geschäftsführer anerkannt werden. Fehlt eine solche im Voraus und eindeutig bestimmte Vereinbarung, so werden die geleisteten Vergütungen steuerlich als verdeckte Gewinnausschüttungen behandelt (vgl. hierzu auch Erläuterung 5 = S. 118 zu § 4 des Vertragsmusters).

IV. Sozialversicherungsrechtliche Stellung des Geschäftsführers[79]

Für die Frage, ob der Geschäftsführer einer GmbH der Sozialversicherungspflicht unterliegt, besteht keine ausdrückliche gesetzliche Regelung. Hieraus folgt, dass für die Prüfung, ob in der Tätigkeit des Geschäftsführers eine sozialversicherungspflichtige Beschäftigung liegt, auf die Legaldefinition des § 7 Abs. 1 SGB IV abzustellen ist, der für sämtliche Bereiche der gesetzlichen Sozialversicherung gilt. Danach liegt eine sozialversicherungspflichtige Beschäftigung bei Ausübung einer nicht selbständigen Arbeit, insbesondere in einem Arbeitsverhältnis vor. Durch § 7 Abs. 1 S. 2 SGB IV werden als gesetzliche Anhaltspunkte für eine sozialversicherungspflichtige Beschäftigung die Ausübung einer Tätigkeit nach Weisungen und die Eingliederung in die Arbeitsorganisation der Gesellschaft definiert. Das entscheidende Kriterium für die Abgrenzung der sozialversicherungsfreien gegenüber der sozialversicherungspflichtigen Beschäftigung ist somit der **Umfang der persönlichen Ab-**

hängigkeit des Geschäftsführers gegenüber der Gesellschaft bei Ausübung seiner Tätigkeit. Dass der GmbH-Geschäftsführer in der Regel kein Arbeitnehmer im Sinne der arbeitsrechtlichen Vorschriften ist (vgl. hierzu vorstehend unter III. 1.) steht dem Vorliegen einer abhängigen Beschäftigung im Sinne des Sozialversicherungsrechts jedoch nicht entgegen. Während nämlich der Geschäftsführer nach den einschlägigen arbeitsrechtlichen Vorschriften (vgl. insbesondere § 5 Abs. 1 S. 3 ArbGG; § 14 Abs. 1 Nr. 1 KSchG) allein schon aufgrund seiner Organstellung nicht als Arbeitnehmer gilt (sog. negative gesetzliche Fiktion), ist nach der gefestigten Rechtsprechung des Bundessozialgerichts[80] das Vorliegen eines sozialversicherungspflichtigen Beschäftigungsverhältnisses allein durch die Organstellung des Geschäftsführers nicht ausgeschlossen. Ob eine persönliche Abhängigkeit des Geschäftsführers in der Ausübung seiner Tätigkeit und damit ein sozialversicherungspflichtiges Beschäftigungsverhältnis vorliegt, bestimmt sich nach der zu § 7 Abs. 1 SGB IV ergangenen Rechtsprechung[81] vielmehr danach, ob der Geschäftsführer einen bestimmenden Einfluss auf die Entscheidungen der Gesellschaft ausüben kann. Da somit für die Prüfung einer persönlichen Abhängigkeit des Geschäftsführers auf die Frage seiner Einflussmöglichkeiten auf die Entscheidungen der Gesellschaft abzustellen ist, wird sowohl in der Rechtsprechung als auch der Praxis der Sozialversicherungsträger eine **Differenzierung in der sozialversicherungsrechtlichen Behandlung zwischen** der Gruppe der **Gesellschafter-Geschäftsführer** einerseits und der **Fremd-Geschäftsführer** andererseits vorgenommen.

1. Gesellschafter-Geschäftsführer

Für den Personenkreis der Gesellschafter-Geschäftsführer wird eine Abhängigkeit verneint mit der Folge, dass **keine sozialversicherungspflichtige Beschäftigung** vorliegt, **sofern der Gesellschafter-Geschäftsführer aufgrund seiner Beteiligung am Stammkapital einen beherrschenden Einfluss** auf die Entscheidungen der Gesellschaft hat, so dass er jeden Beschluss der Gesellschafterversammlung, insbesondere eine ihm nicht genehme Weisung (§ 37 Abs. 1 GmbHG) verhindern kann, welche seine dienstliche Tätigkeit als Geschäftsführer betreffen würde. Eine solche beherrschende Stellung nimmt der Gesellschafter-Geschäftsführer regelmäßig dann ein, wenn er eine 50 %-ige oder höhere Beteiligung am Stammkapital der Gesellschaft hält. In diesem Fall wird aufgrund seines beherrschenden Einflusses als Gesellschafter auf eine unternehmerische und damit selbständige Tätigkeit als Geschäftsführer dieser Gesellschaft geschlossen.[82]

Für diejenigen **Gesellschafter-Geschäftsführer, deren Beteiligung am Stammkapital unter 50 %** liegt, darf jedoch nicht im Wege des Umkehrschlusses ohne weiteres auf das Vorliegen einer Abhängigkeit und der hieraus folgenden Sozialversicherungspflicht geschlossen werden. Vielmehr ist unter **Berücksichtigung der konkreten Umstände des Einzelfalls** zu prüfen, ob der Gesellschafter-Geschäftsführer trotz seiner Minderheitsbeteiligung am Stammkapital der Gesellschaft gleichwohl in der Lage ist, ihm nicht genehme Entscheidungen und Weisungen der Gesellschaft zu verhindern. Für diese Prüfung hat das

Bundessozialgericht in seinem Urteil v. 11.11.2015[83] einschränkend darauf verwiesen, dass die gesellschaftsrechtlichen Regelungen das Ergebnis für die Frage der Sozialversicherungspflicht eines Gesellschafter-Geschäftsführers nicht unmittelbar präjudizieren, da keine „strikte Parallelwertung" zwischen Gesellschafts- und Sozialversicherungsrecht bestehe. Für die Feststellung des sozialversicherungsrechtlichen Status eines minderheitlich beteiligten Gesell- schafter-Geschäftsführers komme es daher nicht nur auf die zur Stimmrechts- ausübung zwischen den Gesellschaftern getroffenen Regelungen, sondern auch die weiteren Kriterien zur Abgrenzung zwischen selbständiger und ab- hängiger Tätigkeit an. Ausgehend hiervon kommt der gesellschaftsvertragli- chen Stellung eines minderheitlich beteiligten Gesellschafter-Geschäftsführers eine Indizfunktion zu, welche im Rahmen der sozialversicherungsrechtlichen Gesamtabwägung zu berücksichtigen ist. Eine Indikation dafür, dass keine die Sozialversicherungspflicht begründende abhängige Stellung des Gesellschaf- ter-Geschäftsführers vorliegt, gilt insbesondere für den Fall, dass die Sat- zung der Gesellschaft eine Sperrminorität vorsieht und der Gesellschafter-Ge- schäftsführer über eine solche für die Sperrminorität ausreichende Beteiligung verfügt.[84] In diesem Zusammenhang sind jedoch nicht nur die rechtlichen Be- sonderheiten des jeweiligen Einzelfalls zu berücksichtigen, vielmehr ist eine Abhängigkeit des Gesellschafter-Geschäftsführers nach der Rechtsprechung[85] auch dann nicht gegeben, wenn er aufgrund tatsächlicher Gegebenheiten trotz seiner Minderheitsbeteiligung die übrigen Gesellschafter dominiert (z.B. weil diese von ihm wirtschaftlich abhängig sind), so dass er nach dem Gesamtbild seiner Tätigkeit in der Leitung der Gesellschaft frei schalten und walten kann. Sind jedoch weder in rechtlicher noch tatsächlicher Hinsicht besondere Um- stände gegeben, welche einen solchen Ausnahmetatbestand begründen, wo- nach der Minderheitsgesellschafter in der Lage ist, ihm nicht genehme Entscheidungen der Gesellschaft zu verhindern, so bleibt es bei dem Grund- satz, dass minderheitlich beteiligte Gesellschafter-Geschäftsführer, die ledig- lich über eine Minderheitsbeteiligung verfügen in persönliche Abhängigkeit zur Gesellschaft und damit in einer sozialversicherungspflichtigen Beschäfti- gung stehen, da es ihnen an einem bestimmten Einfluss auf die Beschlüsse der Gesellschaft fehlt, innerhalb derer sie sich bei Ausübung ihrer Geschäftsfüh- rer-Tätigkeiten zu halten haben. Für diejenigen **Gesellschafter-Geschäftsfüh- rer, die lediglich über eine Minderheitsbeteiligung verfügen** ist somit von ei- nem **Regel-Ausnahme-Verhältnis** auszugehen, **wonach sie grundsätzlich der Sozialversicherungspflicht unterliegen,** sofern nicht eine der vorstehend ge- nannten Ausnahme-Fallkonstellationen gegeben ist.

2. Fremd-Geschäftsführer

Für den Fremd-Geschäftsführer ist **in der Regel** vom Vorliegen einer persön- lichen Abhängigkeit gegenüber der Gesellschaft in der Tätigkeitserbringung und damit dem **Bestehen eines sozialversicherungspflichtigen Beschäfti- gungsverhältnisses**[86] auszugehen, da er an die Beschlüsse und Weisungen der Gesellschafterversammlung gebunden ist und nur in diesem Rahmen han- deln darf, ohne dass er – mangels Beteiligung an der GmbH als Gesellschafter – auf diese von ihm zu vollziehenden Beschlüsse der Gesellschaft einen unternehmerischen Einfluss hat. Dieses Prinzip erfährt nach der Rechtsprechung[87] lediglich dann eine Ausnahme, wenn der Geschäftsführer in der Wahrnehmung seiner Tätigkeit völlig frei ist, da es an jeglicher Ausübung der Entscheidungsbefugnisse durch die Gesellschafterversammlung fehlt und im übrigen die Erteilung von Weisungen an den Geschäftsführer aus Gründen familiärer Rücksichtnahme praktisch ausgeschlossen ist. Da es sich bei dem Sachverhalt, welcher dem Urteil des Bundessozialgerichts zugrunde lag, jedoch um einen außergewöhnlich gelagerten Ausnahmefall handelte, verbleibt es in aller Regel bei dem vorstehenden Grundsatz, wonach der Fremd-Geschäftsführer in seinem Anstellungsverhältnis der gesetzlichen Sozialversicherungspflicht unterliegt.

3. Bereiche der gesetzlichen Sozialversicherung

Wird auf der Grundlage der vorstehend dargelegten Prüfungskriterien das Vorliegen einer Sozialversicherungspflicht des Geschäftsführers festgestellt, so gilt dies für sämtliche Bereiche der Sozialversicherung, nämlich
– Arbeitslosenversicherung (SGB III),
– Krankenversicherung (SGB V),
– Rentenversicherung (SGB VI),
– Unfallversicherung (SGB VII) und
– Pflegeversicherung (SGB XI).
Die Beiträge zur **Arbeitslosenversicherung** sind in Höhe des gesetzlichen Beitragssatzes gemäß § 341 Abs. 2 SGB III zu entrichten, wobei die Bezüge des Geschäftsführers nicht in unbegrenzter Höhe der Beitragspflicht unterliegen, sondern nur bis zum Erreichen der Beitragsbemessungsgrenze; diese bestimmt sich gemäß § 341 Abs. 4 SGB III nach der Beitragsbemessungsgrenze der gesetzlichen Rentenversicherung. Für das Jahr 2015 liegt diese Beitragsbemessungsgrenze bei 74.400,– EUR/Jahr für die alten Bundesländer und 64.800,– EUR/Jahr für die neuen Bundesländer.
Für den **Bereich der Krankenversicherung** ist durch das zum 1.1.2003 in Kraft getretene Beitragssatzsicherungsgesetz eine Abkoppelung von der Beitragsbemessungsgrenze der Rentenversicherung vorgenommen worden. Danach ist für die Krankenversicherung in § 6 Abs. 6 SGB V eine bundeseinheitliche Jahresarbeitsentgeltgrenze festgelegt worden. Für das Jahr 2016 liegt diese allgemeine Jahresarbeitsentgeltgrenze bei 56.250,– EUR. Ist der Geschäftsführer wegen Überschreiten der Jahresarbeitsentgeltgrenze von der gesetzlichen Krankenversicherungspflicht befreit, jedoch freiwilliges Mitglied in der gesetzlichen Krankenversicherung, so hat er gegen die Gesellschaft gemäß § 257 Abs. 1 S. 1 SGB V einen Anspruch auf einen Zuschuss zur Krankenversicherung in Höhe der Hälfte des Betrages, der für einen versicherungspflichtigen Beschäftigten bei der Krankenkasse, zu welcher die Mitgliedschaft besteht, zu zahlen wäre, höchstens jedoch auf die Hälfte des Betrages, den er tatsächlich zu zahlen hat. Für diejenigen Geschäftsführer, die wegen Überschreiten der Jahresarbeitsentgeltgrenze von der gesetzlichen Krankenversicherungspflicht befreit sind und sich privat krankenversichert

haben, besteht gemäß § 257 Abs. 2 S. 2 SGB V ein Anspruch auf Zuschuss in Höhe der Hälfte des durchschnittlichen allgemeinen Beitragssatzes der Krankenkassen, höchstens jedoch auf die Hälfte des Betrages, welchen der Geschäftsführer für seine private Krankenversicherung zu zahlen hat (vgl. hierzu auch die in § 9 Abs. 2 des Vertragsmusters vorgeschlagene Formulierung für die Regelung zur Gewährung des Zuschusses für die Krankenversicherung).

Für den Bereich der **Rentenversicherung** wird gemäß § 160 i. V. m. § 159 SGB VI die Beitragsbemessungsgrenze zum 1. Januar eines jeden Jahres festgesetzt. Für das Jahr 2016 liegt die Beitragsbemessungsgrenze in der Rentenversicherung bei 74.400,– EUR/Jahr in den alten Bundesländern und 64.800,– EUR/Jahr in den neuen Bundesländern.

Für den Bereich der **Pflegeversicherung** ist zu beachten, dass hiervon auch diejenigen Gesellschafter-Geschäftsführer erfasst sind, die in keinem sozialversicherungspflichtigen Beschäftigungsverhältnis stehen. § 23 Abs. 1 SGB XI verpflichtet nämlich alle Personen, die bei einem privaten Krankenversicherungsunternehmen gegen das Risiko der Krankheit versichert sind, zum Abschluss einer Versicherung gegen das Risiko der Pflegebedürftigkeit. Hinsichtlich des Beitragszuschusses durch die Gesellschaft gilt § 58 SGB XI für den krankenversicherungspflichtigen Geschäftsführer und § 61 SGB XI für diejenigen Geschäftsführer, welche von der gesetzlichen Krankenversicherungspflicht befreit sind (vgl. hierzu auch die in § 9 Abs. 2 des Vertragsmusters vorgeschlagene Regelung für die Zuschuss-Gewährung für die Beiträge zur Pflegeversicherung).

C. Vertragsmuster mit Erläuterungen

Anstellungsvertrag

zwischen

XY-GmbH
– im Folgenden „Gesellschaft" genannt –

und

Herrn Dipl.-Kfm. ......
– im folgenden „Geschäftsführer" genannt –

Präambel

- Alternative 1 (Regelfall der Zuständigkeit der Gesellschafterversammlung (§ 46 Nr. 5 GmbHG):

Durch Beschluss der Gesellschafterversammlung vom ...... Datum ...... wurde Herr Dipl.-Kfm. ...... mit Wirkung ab ...... Datum ...... zum Geschäftsführer der Gesellschaft bestellt. Herr Dipl.-Kfm. ...... hat die Bestellung zum Geschäftsführer der Gesellschaft angenommen. Im Hinblick hierauf schließen die Parteien den nachfolgenden Anstellungsvertrag:

- Alternative 2 (Muster, sofern die Gesellschaft unter das MitbestG fällt oder ein fakultativer Aufsichtsrat besteht, auf welchen durch die Satzung die Zuständigkeit zur Bestellung und Abberufung der Geschäftsführer übertragen worden ist):

Der Aufsichtsrat der Gesellschaft hat mit Beschluss vom ...... *Datum* ...... Herrn Dipl.-Kfm. ...... mit Wirkung ab ...... *Datum* ...... zum Geschäftsführer der Gesellschaft bestellt. Herr Dipl.-Kfm. ...... hat die Bestellung zum Geschäftsführer der Gesellschaft angenommen. Im Hinblick hierauf schließen die Parteien den nachfolgenden Anstellungsvertrag:

Erläuterungen

Hinsichtlich der Zuständigkeit auf Seiten der Gesellschaft für den Abschluss des Anstellungsvertrages ist auf die Darlegungen unter III. 3. = S. 52/53 der Vorbemerkungen (B) zu verweisen. Der Abschluss durch das auf Seiten der Gesellschaft zuständige Organ ist unbedingt zu beachten, da der Anstellungsvertrag andernfalls keine rechtliche Bindungswirkung entfaltet und die Gesellschaft sich nach den Grundsätzen des sog. faktischen Dienstverhältnisses gegenüber dem Geschäftsführer hiervon lösen kann (vgl. S. 53).

In der Praxis ist es durchaus üblich, dass der Inhalt des Anstellungsvertrages (insbesondere Laufzeit und Vergütungskonditionen) mit dem für das Amt des Geschäftsführers vorgesehenen Kandidaten bereits im Vorfeld der Sitzung des zuständigen Organs der Gesellschaft durch dessen Vorsitzenden (z.B. Vorsitzender des Gesellschafter-Ausschusses o.ä.) verhandelt und in eine abschlussreife Fassung gebracht wird. Wenn bis zur ordnungsgemäßen Einberufung des zuständigen Organs und der dort vorgesehenen Beschlussfassung noch ein längerer Zeitraum vergeht, kann im Interesse der Bindung eines begehrten Kandidaten das Interesse auf Seiten der Gesellschaft bestehen, den Anstellungsvertrag ausnahmsweise bereits vor der Beschlussfassung des zuständigen Organs durch seinen Vorsitzenden abzuschließen. Da der Vorsitzende eines Aufsichtsrats oder Gesellschafter-Ausschusses diesen lediglich in Vollzug der vom Gremium gefassten Beschlüsse vertritt, nicht jedoch anstelle des Gremiums rechtsgeschäftlich handeln kann, muss in diesen Fällen darauf geachtet werden, dass die Wirksamkeit des Anstellungsvertrages unter den Vorbehalt einer entsprechenden Beschlussfassung durch das zuständige Organ gestellt wird (sog. Gremienvorbehalt). Dies kann vertragstechnisch in der Weise realisiert werden, dass bereits in der Präambel zum Anstellungsvertrag bestimmt wird, dass das Inkrafttreten des Anstellungsvertrages unter der aufschiebenden Bedingung steht, dass der vorgesehene Kandidat durch das zuständige Organ (Aufsichtsrat/Gesellschafter-Ausschuss o.ä.) zum Geschäftsführer bestellt wird und dieses Organ auch den abgeschlossenen Anstellungsvertrag genehmigt.

§ 1
Aufgaben und Zuständigkeiten

- **Alternative 1** (Muster bei alleinigem Geschäftsführer der Gesellschaft):
(1) Der Geschäftsführer führt die Geschäfte der Gesellschaft nach Maßgabe der Gesetze, der Satzung sowie den Bestimmungen dieses Anstellungsvertrages. Er hat Weisungen der Gesellschafterversammlung Folge zu leisten.
(2) Der Geschäftsführer vertritt die Gesellschaft gerichtlich und außergerichtlich. Er nimmt für die Gesellschaft die Rechte und Pflichten des Arbeitgebers im Sinne der arbeits- und sozialrechtlichen Vorschriften wahr.
(3) Die Gesellschaft kann weitere Geschäftsführer bestellen. In diesem Fall ist der Geschäftsführer gemeinsam mit den weiteren Geschäftsführern zur Geschäftsführung und Vertretung der Gesellschaft berechtigt, sofern ihm nicht Einzelgeschäftsführungs- und Vertretungsbefugnis durch die Gesellschaft erteilt wird.

- **Alternative 2** (Muster bei Existenz mehrerer Geschäftsführer):
Variante (1) (Gesamtgeschäftsführungs- und Vertretungsbefugnis):
(1) Der Geschäftsführer führt gemeinsam mit den weiteren Geschäftsführern die Geschäfte der Gesellschaft nach Maßgabe der Gesetze, der Satzung sowie den Bestimmungen dieses Anstellungsvertrages. Er hat Weisungen der Gesellschafterversammlung Folge zu leisten.

(2) Der Geschäftsführer vertritt gemeinsam mit den weiteren Geschäftsführern die Gesellschaft gerichtlich und außergerichtlich. Er nimmt für die Gesellschaft die Rechte und Pflichten des Arbeitgebers im Sinne der arbeits- und sozialrechtlichen Vorschriften wahr.

Variante (2) (Einzelgeschäftsführungs- und Vertretungsbefugnis):
(1) Der Geschäftsführer ist alleingeschäftsführungsberechtigt. Er führt die Geschäfte der Gesellschaft nach Maßgabe der Gesetze, der Satzung und dieses Anstellungsvertrages. Er hat Weisungen der Gesellschafterversammlung Folge zu leisten.
(2) Der Geschäftsführer vertritt die Gesellschaft neben den weiteren Geschäftsführern gerichtlich und außergerichtlich. Ihm steht Einzelvertretungsbefugnis zu. Er nimmt für die Gesellschaft die Rechte und Pflichten des Arbeitgebers im Sinne der arbeits- und sozialrechtlichen Vorschriften wahr.

Variante (3) (Sog. unechte Gesamtgeschäftsführungs- und Vertretungsbefugnis):
(1) Der Geschäftsführer führt gemeinsam mit einem weiteren Geschäftsführer oder Prokuristen die Geschäfte der Gesellschaft nach Maßgabe der Gesetze, der Satzung und dieses Anstellungsvertrages. Er hat Weisungen der Gesellschafterversammlung Folge zu leisten.
(2) Der Geschäftsführer vertritt die Gesellschaft gemeinsam mit einem weiteren Geschäftsführer oder Prokuristen gerichtlich und außergerichtlich. Er nimmt für die Gesellschaft die Rechte und Pflichten des Arbeitgebers im Sinne der arbeits- und sozialrechtlichen Vorschriften wahr.

Erläuterungen

1. Geschäftsführung und Vertretung
2. Umfang der Vertretungsbefugnis
3. Umfang der Geschäftsführungsbefugnis
4. Einschränkung der Geschäftsführungsbefugnis durch Satzung
5. Einschränkung der Geschäftsführungsbefugnis durch Anstellungsvertrag
6. Einschränkung durch Beschlüsse der Gesellschafterversammlung
7. Bestellung weiterer Geschäftsführer
8. Gesamt- und Einzelvertretung
9. Einzelvertretung
10. Einzelgeschäftsführung
11. Unechte Gesamtvertretung

1. Geschäftsführung und Vertretung

Das GmbH-Gesetz unterscheidet zwischen der Geschäftsführung und der Vertretung der Gesellschaft durch den Geschäftsführer. Dabei bedeutet die **Vertretung** die Befugnis des Geschäftsführers, die Gesellschaft im gesamten Rechts- und Geschäftsverkehr **nach außen** zu vertreten, d.h. gegenüber ihren Kunden, Lieferanten und behördlichen Institutionen. Die **Geschäftsführung** betrifft demgegenüber die Frage, in welchem Umfang dem Geschäftsführer **im Innenverhältnis** zur Gesellschaft die Befugnis eingeräumt ist, den Geschäftsbetrieb der Gesellschaft zu führen, d. h. bis zu welchen inhaltlichen oder betragsmäßigen Grenzen er berechtigt ist, Geschäfte vorzunehmen.

Bevor die einzelnen Muster in den nachfolgenden Erläuterungen näher vorgestellt werden, muss zunächst grundsätzlich darauf verwiesen werden, dass für die Regelungen, welche im Anstellungsvertrag zur **Geschäftsführungs- und Vertretungsbefugnis** des Geschäftsführers getroffen werden, die **durch das GmbHG und die Satzung der Gesellschaft gesetzten Grenzen zu beachten** sind, da im Fall ihrer Überschreitung die gesetzes- oder satzungswidrige Bestimmung des Anstellungsvertrages unwirksam ist. Zu den gesetzlichen Grenzen zählt insbesondere die in § 35 GmbHG getroffene Regelung, wonach die **Vertretungsmacht des Geschäftsführers unbeschränkt** besteht und daher durch den Anstellungsvertrag nicht eingeschränkt werden kann (vgl. hierzu die nachfolgende Erl. 2). Von gleicher Bedeutung für die Vorbereitung der vertraglichen Regelung zur Geschäftsführungs- und Vertretungsbefugnis sind die hierzu in der Satzung der Gesellschaft getroffenen Bestimmungen, da die gesetzlichen Regelungen des GmbHG in bestimmten Teilbereichen durch die Satzung der Gesellschaft modifiziert werden können.

Die Beachtung der Satzung der Gesellschaft bei der Regelung der Geschäftsführungs- und Vertretungsbefugnis im Anstellungsvertrag ist deshalb zwingend geboten, da der **Satzung** der Gesellschaft der **Vorrang gegenüber dem Anstellungsvertrag**[88] des Geschäftsführers zukommt, so dass eine von der Satzung abweichende Regelung im Anstellungsvertrag unwirksam ist. Wie in den Erläuterungen zu den nachfolgend vorgestellten Mustern vermerkt, setzt die Übernahme des jeweiligen Musters in den Anstellungsvertrag daher voraus, dass zunächst anhand der Satzung der Gesellschaft geprüft werden muss, ob die vorgesehene vertragliche Regelung zur Geschäfts- und Vertretungsbefugnis durch die entsprechende Bestimmung in der Satzung gedeckt ist.

2. Umfang der Vertretungsbefugnis

Die Vertretungsbefugnis des Geschäftsführers folgt unmittelbar aus § 35 Abs. 1 GmbHG. Diese **gesetzliche Vertretungsmacht des Geschäftsführers** für die Gesellschaft besteht **unbeschränkt** und ist auch **nicht beschränkbar**. Im Innenverhältnis zur Gesellschaft ist der Geschäftsführer gemäß § 37 Abs. 1 GmbHG zwar verpflichtet, die ihm durch die Satzung der Gesellschaft oder Beschlüsse der Gesellschafterversammlung auferlegten Beschränkungen seiner Vertretungsmacht zu beachten (vgl. hierzu die Erläuterungen zu nachfolgendem § 2). Gemäß § 37 Abs. 2 Satz 1 GmbHG haben derartige im Innenverhältnis zwischen Gesellschaft und Geschäftsführer bestehende Beschränkungen des Umfangs seiner Vertretungsbefugnis jedoch gegenüber Dritten, d. h. im Außenverhältnis zwischen der Gesellschaft und deren Vertrags- und Geschäftspartnern grundsätzlich keine rechtliche Wirkung. Aus diesem Grund ist es nach § 37 Abs. 2 Satz 2 GmbHG auch ausgeschlossen, die Vertretungsbefugnis des Geschäftsführers auf bestimmte Arten von Geschäften, auf einen bestimmten räumlichen Bereich (z. B. Zweigniederlassung) oder auf einen bestimmten Zeitraum zu beschränken. Der Katalog des § 37 Abs. 2 Satz 2 GmbHG ist dabei lediglich beispielhaft, so dass auch über die dort genannten Fälle hinaus der **Grundsatz der unbeschränkten und unbeschränkbaren Vertretungsbefugnis des Geschäftsführers** gilt.

3. Umfang der Geschäftsführungsbefugnis

Der Umfang der das Innenverhältnis zwischen Gesellschaft und Geschäftsführer bestimmenden **Geschäftsführungsbefugnis** umfasst den gesamten Bereich der Geschäftsleitung, worunter **alle Maßnahmen zur Verfolgung des Gesellschaftszwecks** unter Einsetzung der personellen, sachlichen und finanziellen Mittel der Gesellschaft fallen. Der Gesellschaftszweck wird dabei durch den gemäß § 3 Abs. 1 Nr. 2 GmbHG in der Satzung festzulegenden Unternehmensgegenstand bestimmt (z.B. Betrieb eines Bauunternehmens).

Gesetzliche Grenzen der Geschäftsführungsbefugnis folgen aus den in § 46 Abs. 1 GmbHG genannten Angelegenheiten, welche der Entscheidung durch die Gesellschaft unterliegen, sofern die Satzung nichts anders bestimmt (z.B. Übertragung auf einen Beirat der Gesellschaft). Dies sind z.B. die Feststellung des Jahresabschlusses (§§ 46 Abs. 1 Nr. 1, 42a GmbHG), die Gewinnverwendung (§§ 46 Abs. 1 Nr. 1, 29 GmbHG), die Bestellung von weiteren Geschäftsführern (§ 46 Abs. 1 Nr. 5 GmbHG) und die Bestellung von Prokuristen sowie Generalhandlungsbevollmächtigten (§ 46 Abs. 1 Nr. 7 GmbHG). Daneben wird der Umfang der Geschäftsführungsbefugnis durch den in der Satzung der Gesellschaft festgelegten Unternehmensgegenstand begrenzt. Aus diesem Grund sind solche Maßnahmen nicht mehr von der Geschäftsführungsbefugnis gedeckt, durch welche der Geschäftsbetrieb der Gesellschaft eine Änderung erfährt, welche über den in der Satzung bestimmten Unternehmensgegenstand hinausgeht. Hierunter fallen u.a. die Stilllegung oder Veräußerung des Betriebes sowie die Aufnahme von Geschäftstätigkeiten in gesellschaftsfremden Bereichen (z.B. der Geschäftsführer einer Gesellschaft, die ein Bauunternehmen betreibt, nimmt Geschäftstätigkeiten im Bereich des Kraftfahrzeughandels auf).

4. Einschränkung der Geschäftsführungsbefugnis durch Satzung

Neben den kraft Gesetzes bestehenden Einschränkungen können gemäß § 37 Abs. 1 GmbHG durch die **Satzung** weitere **Einschränkungen der Geschäftsführungsbefugnis** vorgesehen werden. So sind in der Satzung häufig bestimmte Geschäfte aufgeführt, welche den Geschäftsführern entweder vollständig untersagt sind oder für welche sie die vorherige Zustimmung durch die Gesellschafterversammlung einholen müssen (z.B. Verkauf oder Belastung der Gesellschaft gehörender Grundstücke; Errichtung von Zweigniederlassungen); zu einem im Anstellungsvertrag des Geschäftsführers geregelten Katalog der zustimmungspflichtigen Geschäfte; vgl. nachfolgend § 2 Abs. (2) des Vertragsmusters u. Erl. 6 (S. 74).

5. Einschränkung der Geschäftsführungsbefugnis durch Anstellungsvertrag

Der Umfang der Geschäftsführungsbefugnis kann auch durch den Anstellungsvertrag eingeschränkt werden. Eine solche Regelung wurde in nachfolgendem § 2 dieses Vertragsmusters aufgenommen, so dass wegen der näheren Einzelheiten auf die dortigen Erläuterungen verwiesen werden darf.

6. Einschränkung durch Beschlüsse der Gesellschafterversammlung

Anstelle der Satzung können auch durch Beschlüsse der Gesellschafterversammlung dem Geschäftsführer gegenüber Weisungen und Beschränkungen in der Ausübung seiner Geschäftsführungsbefugnis vorgenommen werden. Diese Weisungsbefugnis der Gesellschafterversammlung ist nicht darauf beschränkt, allgemeine Richtlinien für die Geschäftsführung vorzugeben, vielmehr können die Weisungen so konkret und umfassend erteilt werden, dass der Geschäftsführer praktisch nur noch die Stellung eines Exekutivorgans hat.[89] Der Geschäftsführer ist nach § 37 Abs. 1 GmbHG zur Einhaltung derartiger Weisungen und ihm auferlegten Einschränkungen in der Ausübung seiner Geschäftsführungsbefugnis verpflichtet. Hierbei hat der Geschäftsführer auch solche Weisungen zu befolgen, welche für die Gesellschaft erkennbar wirtschaftlich nachteilige Auswirkungen haben werden. Die Grenze für die Verpflichtung zur Befolgung von Weisungen der Gesellschafterversammlung liegt jedoch dort, wo die Ausführung der erteilten Weisung zur Gefahr einer Insolvenz der Gesellschaft führen würde.[90] Der Bindung des Geschäftsführers an die ihm erteilten Weisungen entspricht auf der Kehrseite seine Freistellung von der Haftung gegenüber der Gesellschaft für diejenigen Folgen, welche aus dem Vollzug der ihm erteilten Weisungen resultieren (vgl. zu den Einzelheiten der Haftungsfreistellung des Geschäftsführers in solchen Fällen Erl. 4b) zu § 3 = S. 86).

Verstößt die einem Geschäftsführer durch Beschluss der Gesellschafterversammlung auferlegte Beschränkung seiner Geschäftsführungsbefugnis gegen den Anstellungsvertrag, da ihm hierdurch vertraglich eingeräumte Geschäftsführungsbefugnisse ganz oder teilweise entzogen werden, so ist der Geschäftsführer aufgrund des vorstehend (vgl. Erl. 1) dargelegten Vorrangs der Satzung und Gesellschafterbeschlüsse gegenüber dem Anstellungsvertrag gleichwohl zur Beachtung solcher Weisungen gesetzlich verpflichtet. Dem Geschäftsführer steht in diesem Fall jedoch ein vertraglicher Anspruch auf Schadensersatz wegen Nichterfüllung des Anstellungsvertrages zu. Daneben kann ein Recht des Geschäftsführers zur außerordentlichen Kündigung des Anstellungsvertrages aus „wichtigem Grund" gemäß § 626 BGB verbunden mit einem Schadensersatzanspruch nach § 628 BGB begründet sein, sofern die Fortsetzung des Anstellungsvertrages unter den ihm auferlegten Beschränkungen unzumutbar ist. Vor einem solchen Vorgehen muss der Geschäftsführer jedoch sorgfältig prüfen, ob die ihm auferlegte Beschränkung tatsächlich das Maß der Unzumutbarkeit nach § 626 Abs. 1 BGB erreicht, da ansonsten nicht nur die außerordentliche Kündigung unwirksam ist, sondern auch der hieran gekoppelte Schadensersatzanspruch nach § 628 BGB entfällt (vgl. zu den Voraussetzungen einer außerordentlichen Kündigung wegen nachträglicher Beschränkung der Geschäftsführungsbefugnisse auch Erl. 7b) zu § 16 = S. 179).

7. Bestellung weiterer Geschäftsführer

Die in § 1 Abs. 3 der Alternative 1 vorgesehene Regelung, wonach die Gesellschaft jederzeit weitere Geschäftsführer bestellen kann, sollte vorsorglich in den Anstellungsvertrag aufgenommen werden, um spätere Auseinandersetzungen mit dem – zunächst – alleinigen Geschäftsführer über die ihm vertraglich zustehende Geschäftsführungs- und Vertretungsbefugnis für den **Fall einer späteren Bestellung weiterer Geschäftsführer** auszuschließen. In einem solchen Fall reduziert sich nämlich die zunächst bestehende Einzel-Geschäftsführungs- und Vertretungsbefugnis des alleinigen Geschäftsführers nach der gesetzlichen Regelung des § 35 Abs. 2 Satz 2 GmbHG auf eine Gesamt-Geschäftsführungs- und Vertretungsbefugnis mit den zusätzlich bestellten Geschäftsführern, für welche die in nachfolgender Erl. 8 dargelegten Anforderungen gelten. Die hiermit verbundene Kompetenzeinschränkung des bisherigen alleinigen Geschäftsführers kann bei Fehlen einer vertraglichen Regelung zu Auseinandersetzungen über die Frage führen, ob aus seiner zunächst bestehenden alleinigen Geschäftsführungs- und Vertretungsbefugnis ein vertraglicher Anspruch hierauf abzuleiten ist, so dass sich die Bestellung weiterer Geschäftsführer als (Teil-)Entzug vertraglich zugesagter Leitungsbefugnisse darstellt. Um derartige Auseinandersetzungen von vornherein auszuschließen und insbesondere auch Klarheit für den Geschäftsführer dahingehend zu schaffen, dass sich die Gesellschaft die Bestellung weiterer Geschäftsführer vorbehält, sollte deshalb die in § 1 Abs. (3) vorgesehene Regelung in den Anstellungsvertrag aufgenommen werden.

8. Gesamt- und Einzelvertretung

Die unter Alternative 2 vorgestellten 3 Varianten gehen alle von dem Fall aus, dass mehrere Geschäftsführer der Gesellschaft bestellt sind. Für diesen Fall ist hinsichtlich der Geschäftsführungs- und Vertretungsbefugnis wie folgt zu differenzieren:

Sofern weder in der Satzung der Gesellschaft noch durch einen Gesellschafterbeschluss eine gesonderte Regelung zur Geschäftsführungs- und Vertretungsbefugnis getroffen wurde, gilt die **gesetzliche Regel der Gesamt-Geschäftsführungs- und Vertretungsbefugnis** gemäß § 35 Abs. 2 Satz 2 GmbHG. **Für diesen Fall** wurde daher die in **Variante (1)** getroffene Regelung vorgesehen, welche in Abs. (1) die Gesamt-Geschäftsführung und in Abs. (2) die Gesamt-Vertretungsbefugnis ausführt. Für den Fall, dass abweichend vom gesetzlichen Regelfall durch entsprechende Satzungsbestimmung oder Gesellschafterbeschluss eine gesonderte Regelung im Sinne der Erteilung von

Einzelvertretungsbefugnis oder einer sog. unechten Gesamtvertretung bestimmt wurde, ist nach Variante (2) (vgl. hierzu Erl. 9) bzw. Variante (3) (vgl. hierzu Erl. 11) zu verfahren.

Im Fall der Gesamtvertretung hat nach § 35 Abs. 2 Satz 2 GmbHG die Erklärung und Zeichnung für die GmbHG durch sämtliche Geschäftsführer zu erfolgen. Die Zahl der mitwirkungsbedürftigen Geschäftsführer bestimmt sich hierbei nach der zum Zeitpunkt der Vornahme des Rechtsgeschäfts bestellten Geschäftsführer der Gesellschaft. Scheiden zwischenzeitlich mehrere Mit-Geschäftsführer aus und verbleibt nur noch ein Geschäftsführer, so wird aus dessen ursprünglich nur gemeinsam mit den Geschäftsführer-Kollegen bestehenden Gesamtvertretungsbefugnis eine Einzelvertretungsbefugnis. Mit einem solchen Ausscheiden von Geschäftsführern nicht zu verwechseln ist jedoch der Fall einer bloß tatsächlichen Verhinderung eines Mit-Geschäftsführers (z. B. längere Auslandsreise); diese führt nicht zur Alleinvertretungsbefugnis des „vor Ort" verbliebenen Geschäftsführers, vielmehr bleibt es bei dem Prinzip der Gesamtvertretung.[91]

Da bei Bestehen einer Gesamtvertretung durch mehrere Geschäftsführer erhebliche Schwierigkeiten in der Handlungsfähigkeit der Geschäftsführung, insbesondere bei kurzfristig vorzunehmenden Geschäften, eintreten könnten, wird es allgemein für **zulässig** gehalten,[92] **dass sich die Mit-Geschäftsführer untereinander ermächtigen,** so dass derjenige Mit-Geschäftsführer, der eine solche Ermächtigung erteilt hat, bei Abgabe der Erklärung nicht mitzuwirken braucht. Eine solche Ermächtigung kann jedoch nur für bestimmte Geschäfte oder bestimmte Arten von Geschäften erteilt werden, wohingegen eine **Generalermächtigung ausgeschlossen** und daher rechtsunwirksam ist, da durch eine derartige Generalermächtigung das mit der Gesamtvertretung verfolgte Ziel der gegenseitigen Kontrolle der Geschäftsführer vollständig aufgehoben würde.[93]

9. Einzelvertretung

Das in Variante (2) zu Alternative 2 vorgestellte Muster ist für den Fall bestimmt, dass zwar mehrere Geschäftsführer bestellt sind, abweichend von dem durch § 35 Abs. 2 Satz 2 GmbHG geregelten Grundsatz der Gesamtvertretung jedoch aus der Satzung der Gesellschaft zugunsten des betreffenden Geschäftsführers das Bestehen einer Einzelvertretungsbefugnis folgt. Hierbei ist zu beachten, dass die Erteilung von Einzelvertretungsbefugnis nicht notwendigerweise gegenüber jedem Geschäftsführer zu erfolgen hat, die Gesellschaft vielmehr unter den Geschäftsführern differenzieren kann und lediglich für einen oder bestimmte Geschäftsführer die Einzelvertretungsbefugnis vorsehen kann. Eine solche Differenzierung findet sich häufig zwischen den Gesellschafter-Geschäftsführern und Fremd-Geschäftsführern (zu der Begriffsunterscheidung vgl. Einführung A. 1. = S. 1); in diesen Fällen ist nach der Satzung die Erteilung von Einzelvertretungsbefugnis in aller Regel nur für die Gesellschafter-Geschäftsführer bestimmt, da ihnen ein höheres Vertrauen durch die Gesellschafter eingeräumt wird. Im Fall einer solchen Differenzierung verbleibt es für den Personenkreis der Fremd-Geschäftsführer dabei, dass ihnen nur Gesamtvertretung gemeinsam mit den übrigen Geschäftsführern zusteht. Im Fall einer solchen durch die Satzung vorgesehenen Erteilung von Einzelvertretungsbefugnis für einen bestimmten Personenkreis von Geschäftsführern (z.B. Gesellschafter-Geschäftsführer) ist daher zu prüfen, ob derjenige Geschäftsführer, für den der Anstellungsvertrag entworfen wird, die in der Satzung für die Einzelvertretungsbefugnis bestimmten Voraussetzungen erfüllt.

10. Einzelgeschäftsführungsbefugnis

Die soeben für den Bereich der Einzelvertretungsbefugnis genannten Voraussetzungen gelten entsprechend für die das Innenverhältnis zwischen Geschäftsführer und Gesellschaft betreffende Geschäftsführungsbefugnis. Auch hier ist bei Anwendung von Variante (2) darauf zu achten, dass die Einzelgeschäftsführungsbefugnis nach der Satzung nicht allen Geschäftsführern erteilt sein muss, sondern auf einen bestimmten Personenkreis von Geschäftsführern beschränkt werden kann, so dass zu prüfen ist, ob der vorgesehene Geschäftsführer unter den Personenkreis fällt, für den nach der Satzung Einzelgeschäftsführungsbefugnis besteht. Häufig wird sich in der Satzung der Gesellschaft keine Regelung zur Geschäftsführungsbefugnis, sondern nur eine Bestimmung zur Vertretungsbefugnis der Geschäftsführer finden. In einem solchen Fall darf grundsätzlich davon ausgegangen werden, dass die für das Außenverhältnis vorgesehene Regelung der Vertretungsbefugnis entsprechend für die das Innenverhältnis betreffende Geschäftsführungsbefugnis gilt.[94] Hieraus folgt, dass von einer satzungsgemäß bestehenden Einzelvertretungsbefugnis auf eine entsprechende Einzelgeschäftsführungsbefugnis geschlossen werden darf und daher das hierzu in Variante (2) vorgeschlagene Vertragsmuster verwendet werden kann.

11. Unechte Gesamtvertretung/Gesamtgeschäftsführung

Das in Variante (3) zu Alternative 2 vorgestellte Muster ist für den Fall bestimmt, dass mehrere Geschäftsführer bestellt sind und in der Satzung der Gesellschaft geregelt ist, dass die Vertretungsbefugnis der Geschäftsführer an die Mitwirkung eines weiteren Geschäftsführers oder Prokuristen gebunden ist (sog. unechte Gesamtvertretung). Sofern für den Bereich der Geschäftsführungsbefugnis eine ausdrückliche Regelung in der Satzung fehlt, ist – entsprechend dem vorstehend in Erl. 10 dargelegten Grundsatz – die zur Vertretungsbefugnis satzungsgemäß getroffene Bestimmung auf die Geschäftsführungsbefugnis zu übertragen, mit der Folge, dass eine Gesamt-Geschäftsführungsbefugnis des Inhalts besteht, wonach die Vornahme von Geschäftsführungsmaßnahmen an die Mitwirkung eines weiteren Geschäftsführers oder Prokuristen gebunden ist.

§ 2
Umfang der Geschäftsführung

(1) Die Befugnis zur Geschäftsführung umfasst die Vornahme aller Maßnahmen im Rahmen des gewöhnlichen Geschäftsbetriebes der Gesellschaft.

(2) Die Vornahme von Maßnahmen, welche über den gewöhnlichen Geschäftsbetrieb der Gesellschaft hinausgehen, bedarf der vorherigen Zustimmung durch die Gesellschafterversammlung. Dies gilt insbesondere für folgende Maßnahmen:

a) Veräußerung und Stilllegung von Betrieben oder wesentlichen Betriebsteilen.

b) Errichtung von Zweigniederlassungen.

c) Gründung, Erwerb oder Veräußerung von anderen Unternehmen oder Beteiligungen der Gesellschaft an anderen Unternehmen.

d) Erwerb, Veräußerung und Belastung von Grundstücken und grundstücksgleichen Rechten sowie die Verpflichtung zur Vornahme solcher Rechtsgeschäfte.

e) Bauliche Maßnahmen, soweit die hierfür erforderlichen Aufwendungen einen Betrag von ...... EUR (inkl. Mehrwertsteuer) übersteigen.

f) Abschluss, Änderung oder Aufhebung von Miet-, Pacht- oder Leasing-Verträgen mit einer Vertragsdauer von mehr als ...... Jahren oder einer Verpflichtung von mehr als ...... EUR (inkl. Mehrwertsteuer) für die vereinbarte Vertragslaufzeit.

g) Inanspruchnahme oder Gewährung von Krediten oder Sicherheitsleistungen jeglicher Art, welche ...... EUR übersteigen. Hiervon ausgenommen sind die laufenden Warenkredite im gewöhnlichen Geschäftsverkehr mit Kunden und Lieferanten der Gesellschaft.

h) Übernahmen von Bürgschaften jeder Art.

i) Einstellung und Entlassung von Angestellten, deren Jahresverdienst ...... EUR brutto übersteigt. Bewilligung von Gehaltserhöhungen und zusätzlichen Vergütungen, welche zu einem Übersteigen der vorgenannten Verdienstgrenze führen.

j) Erteilung von Versorgungszusagen jedweder Art, durch welche zusätzliche Verpflichtungen der Gesellschaft über die Beiträge im Rahmen der gesetzlichen Sozialversicherung begründet werden.

k) Erteilung und Widerruf von Prokuren und Handlungsvollmachten.

(3) Die Zustimmung kann auch für eine Mehrzahl oder Gruppe von Maßnahmen im Voraus erteilt werden. Die Zustimmung der Gesellschafterversammlung zu einem von den Geschäftsführern vorgelegten Business-Plan, welcher zustimmungspflichtige Maßnahmen im Sinne des vorstehenden Abs. (2) enthält, gilt zugleich als Zustimmung zu diesen Maßnahmen, sofern kein ausdrücklicher Vorbehalt gemacht wurde.

Erläuterungen

1. Zustimmungspflicht für außergewöhnliche Geschäfte

Der Inhalt und die Grenzen der Geschäftsführungsbefugnis werden durch das Gesetz (GmbHG) sowie die Satzung der Gesellschaft bestimmt (vgl. hierzu im einzelnen Erl. 3 und 4 zu § 1). Danach ist der Geschäftsführer befugt, im Rahmen des durch die Satzung der Gesellschaft festgelegten Unternehmensgegenstandes (z.B. Betrieb eines Bauunternehmens) die Geschäfte der Gesellschaft zu führen. Über diese unmittelbar aus Gesetz und Satzung folgenden Grenzen der Geschäftsführungsbefugnis sind nach der Rechtsprechung[95] auch die **grundlegende Änderung der Geschäftspolitik** sowie die sog. **„außergewöhnlichen Geschäfte"** der Geschäftsführungsbefugnis entzogen und **unterfallen der Zuständigkeit der Gesellschafterversammlung**, so dass der Geschäftsführer vor derartigen Maßnahmen gemäß § 49 Abs. 2 GmbHG eine Gesellschafterversammlung einzuberufen und die Zustimmung der Gesellschafter einzuholen hat. Unter dem Begriff der sog. außergewöhnlichen Geschäfte werden solche Maßnahmen verstanden, die wegen ihrer Größenordnung und den daraus folgenden Risiken für die Gesellschaft einen Ausnahmecharakter haben (z.B. Gewährung hoher Darlehen; Verkauf von wesentlichen Betriebsteilen; Veräußerung oder Belastung von Grundstücken der Gesellschaft; Einführung neuer Produktions- und Vertriebssysteme). Da nach aller Erfahrung in der Praxis häufig schwer abzugrenzen ist, ab welchem Umfang eine beabsichtigte Geschäftsführungsmaßnahme als grundlegende Änderung der Geschäftspolitik oder außergewöhnliches Geschäft zu qualifizieren ist, empfiehlt sich zur Vermeidung derartiger Unsicherheiten, die Geschäftsführungsbefugnis – entsprechend § 2 des vorgestellten Vertragsmusters – auf die Vornahme aller Maßnahmen im Rahmen des gewöhnlichen Geschäftsbetriebs der Gesellschaft inhaltlich zu begrenzen (vgl. Abs. 1) und diejenigen Maßnahmen, welche über den gewöhnlichen Geschäftsbetrieb der Gesellschaft hinausgehen, in einen vertraglichen Katalog mit der Maßgabe aufzunehmen, dass vor solchen Geschäften die vorherige Zustimmung der Gesellschafterversammlung einzuholen ist (vgl. Abs. 2). Durch eine solche Aufteilung wird nicht nur dem Interesse der Gesellschaft an einer möglichst weitgehenden Klarheit und Rechtssicherheit durch die Vertragsgestaltung Rechnung getragen, vielmehr muss auch dem Geschäftsführer daran gelegen sein, den Inhalt und die Grenzen seiner Geschäftsführungsbefugnis klar abzustecken. Der Grund hierfür liegt darin, dass die Vornahme außergewöhnlicher Geschäfte ohne die hierfür erforderliche Zustimmung der Gesellschafterversammlung zum einen erhebliche haftungsrechtliche Konsequenzen für den Geschäftsführer zur Folge haben kann; zum anderen kann in der Vornahme eines außergewöhnlichen Geschäfts ohne die Zustimmung der Gesellschafterversammlung ein „wichtiger Grund" i.S.v. § 626 BGB für eine außerordentliche Kündigung durch die Gesellschaft liegen kann (hierzu die nachfolgende Erl. 2 und die dort zitierte Rechtsprechung).

2. Einschränkungen der Geschäftsführung im Innenverhältnis

Die in § 2 des Muster-Vertrages gesetzten **Grenzen der Geschäftsführungsbefugnis wirken nur im Innenverhältnis** zwischen Geschäftsführer und Gesellschaft. Für die Vertretung der Gesellschaft im gesamten Rechts- und Geschäftsverkehr nach außen haben diese Beschränkungen nach § 37 Abs. 2 Satz 1 GmbHG dagegen keine rechtliche Wirkung, da hier der Grundsatz der unbeschränkten Vertretungsmacht des Geschäftsführers gilt (vgl. hierzu Erl. 2 zu § 1). **Verletzt der Geschäftsführer** die ihm durch § 2 des Vertrages auferlegten **Einschränkungen seiner Geschäftsführungsbefugnis** durch Abschluss eines der dort genannten Geschäfte ohne vorherige Einholung der Zustimmung der Gesellschafterversammlung, so lässt dies aufgrund der Unbeschränkbarkeit der Vertretungsmacht des Geschäftsführers die Wirksamkeit des mit dem außenstehenden Geschäftspartner geschlossenen Vertrages grundsätzlich unberührt. Im Innenverhältnis zur Gesellschaft setzt sich der Geschäftsführer jedoch einer **Haftung auf Schadensersatz** wegen Verletzung seines Anstellungsvertrages aus.[96] Darüber hinaus kann in der Vornahme eines zustimmungspflichtigen Geschäftes ohne vorherige Einholung der Zustimmung durch die Gesellschafterversammlung ein „wichtiger Grund" i.S.v. § 626 Abs. 1 BGB für eine außerordentliche Kündigung durch die Gesellschaft liegen, wobei für die kündigungsrechtliche Prüfung jedoch die besonderen Umstände des jeweiligen Falles mit zu berücksichtigen sind.[97]

3. Grundsatz der unbeschränkten Vertretungsmacht im Außenverhältnis

Der für die Vertretung der Gesellschaft im Geschäfts- und Rechtsverkehr bestehende **Grundsatz der unbeschränkten Vertretungsmacht** des Geschäftsführers **gilt** gemäß § 37 Abs. 2 Satz 1 GmbH **nur zum Schutz außenstehender Dritter,** die nicht der Gesellschaft zugehören. Dagegen gelten die dem Geschäftsführer im Innenverhältnis auferlegten Einschränkungen seiner Befugnisse gegenüber den Organen der Gesellschaft und insbesondere den Gesellschaftern, die sich daher nicht auf § 37 Abs. 2 Satz 1 GmbH berufen können. Dies gilt nicht nur für gesellschaftsinterne Vorgänge, sondern auch für solche Rechtsgeschäfte, in denen die Gesellschafter vergleichbar einem außenstehenden Dritten ein Rechtsgeschäft mit dem die Gesellschaft vertretenden Geschäftsführer abschließen[98] (z.B. der Geschäftsführer verkauft einem Gesellschafter das der Gesellschaft gehörende Grundstück, ohne die nach § 2 Abs. 2 lit. d) des Vertragsmusters erforderliche Zustimmung der Gesellschafterversammlung einzuholen; ein solches Geschäft wäre mangels Vertretungsbefugnis des Geschäftsführers rechtsunwirksam, sofern nicht eine nachträgliche Genehmigung durch die Gesellschafterversammlung erteilt wird).

4. Ausnahmsweise Geltung von Einschränkungen im Außenverhältnis

Die dem Geschäftsführer im Innenverhältnis auferlegten **Einschränkungen gelten auch** dann im Geschäftsverkehr **gegenüber gesellschaftsfremden Dritten, wenn** der Geschäftsführer **in den Verhandlungen diese Einschränkungen offen legt** und das Geschäft ausdrücklich unter dem Vorbehalt geschlossen hat, dass er die erforderliche Zustimmung der Gesellschafterversammlung erhält. In diesem Fall kann sich der außerhalb der Gesellschaft stehende Vertragspartner nicht auf den Grundsatz der unbeschränkten Vertretungsmacht des Geschäftsführers berufen. Da dieser Grundsatz nämlich das Vertrauen außerhalb der Gesellschaft stehender Dritter schützt, die in der Regel die Beschränkungen nicht kennen, denen der Geschäftsführer im Innenverhältnis zur Gesellschaft unterworfen ist, muss die Geltung dieses Grundsatzes notwendigerweise entfallen, sobald der Geschäftsführer die Einschränkung seiner Befugnisse in den Verhandlungen offen gelegt hat. In einem solchen Fall hängt die Wirksamkeit des vom Geschäftsführer abgeschlossenen Geschäfts von der Erteilung der Zustimmung durch die Gesellschafterversammlung ab. War die Einschränkung der Befugnisse durch den Geschäftsführer zwar nicht offen gelegt worden, dem Vertragspartner jedoch aus anderen Gründen bekannt oder musste sich ihm aus sonstigen Umständen aufdrängen, dass der Geschäftsführer mit Abschluss des Geschäftes die ihm auferlegten Beschränkungen seiner Befugnisse überschreitet, so kann sich der Vertragspartner nach den Grundsätzen des Missbrauchs der Vertretungsmacht nicht auf den Grundsatz der unbeschränkten Vertretungsmacht des Geschäftsführers berufen.[99]

5. Bedeutung der Satzung für den Zustimmungskatalog

Enthält die Satzung der Gesellschaft bereits einen Katalog von Geschäften, für welche die Geschäftsführungsbefugnis eingeschränkt ist, so muss bei der Abfassung des Zustimmungskatalogs im Anstellungsvertrag auf die **Einhaltung des in der Satzung vorgesehenen Katalogs** geachtet werden, da der Satzung Vorrang gegenüber dem Anstellungsvertrag zukommt (vgl. Erl. 1 zu § 1). Zweckmäßigerweise sollte der für den Anstellungsvertrag vorgesehene Katalog derjenigen Geschäfte, für welche die Geschäftsführungsbefugnis eingeschränkt wird bzw. der Zuständigkeit der Gesellschafterversammlung unterworfen wird, inhaltlich mit dem Katalog der Satzung abgestimmt werden. Eine Identität ist jedoch nicht erforderlich. Aus dem Grundsatz des Vorrangs der Satzung gegenüber dem Anstellungsvertrag folgt insoweit lediglich, dass der in der Satzung enthaltene Katalog von Einschränkungen durch den Anstellungsvertrag nicht unterschritten werden darf. Dagegen ist es rechtlich zulässig, über den in der Satzung enthaltenen Katalog im Anstellungsvertrag weitergehende Einschränkungen der Geschäftsführungsbefugnis vorzunehmen.[100] Eine solche durch den Anstellungsvertrag erfolgende Erweiterung der satzungsgemäß vorgesehenen Einschränkungen der Geschäftsführungsbefugnis kann z. B. geboten sein für den Fall der Anstellung eines Fremd-Geschäftsführers in einer bisher ausschließlich von Gesellschafter-Geschäftsführern geleiteten Familien-Gesellschaft, deren Satzung daher nur einen knapp gefassten Katalog zustimmungspflichtiger Geschäfte enthält.

6. Grundsätze für die Erstellung des Zustimmungskatalogs

Der Zustimmungskatalog in § 2 Abs. (2) des Vertragsmusters enthält diejenigen Geschäfte und Maßnahmen, welche in der Praxis typischerweise dem Bereich der sog. außergewöhnlichen Geschäfte zugeordnet und daher unter den Zustimmungsvorbehalt durch die Gesellschafterversammlung gestellt werden. Durch die einleitende Formulierung, wonach die Zustimmungspflicht „insbesondere" für die sodann unter a)–k) aufgeführten Geschäfte und Maßnahmen gilt, ist zugleich klargestellt, dass es sich um **keine abschließende Aufzählung, sondern lediglich** einen **beispielhaften Katalog** derjenigen Geschäfte handelt, welche über den gewöhnlichen Geschäftsbetrieb hinausgehen und daher der vorherigen Zustimmung durch die Gesellschafterversammlung bedürfen. Aus dieser Formulierung folgt daher, dass nicht ausdrücklich genannte Geschäfte, welche jedoch von ihrer Bedeutung oder den hiermit verbundenen Risiken mit den im Katalog genannten Geschäften vergleichbar sind, ebenso der vorherigen Zustimmung durch die Gesellschafterversammlung unterliegen.

Für die Entscheidung über den Inhalt und Umfang der in dem Katalog aufzunehmenden zustimmungspflichtigen Geschäfte sowie der in einigen Katalog-Tatbeständen festzulegenden betragsmäßigen Grenzen lassen sich keine generellen Richtlinien vorgeben. Vielmehr hängt die Entscheidung im konkreten Einzelfall von der Struktur der Gesellschaft und der Person des Geschäftsführers ab. In einer Familiengesellschaft, bei welcher einer der Gesellschafter zugleich Geschäftsführer ist, kann der inhaltliche Umfang des Zustimmungskatalogs eher eingeschränkt werden, als bei einer durch Fremd-Geschäftsführer geleiteten Gesellschaft mit einer Vielzahl von Gesellschaftern, für die eine stärkere Notwendigkeit besteht, den Katalog der zustimmungspflichtigen Geschäfte so weit abzustecken, dass Entscheidungen über wesentliche Geschäfte der Gesellschafterversammlung vorbehalten bleiben. Für die Aufstellung des Katalogs der zustimmungspflichtigen Geschäfte gilt danach der **Grundsatz**, dass der **Katalog um so weitreichender** gefasst werden muss, **je stärker der Geschäftsführer der Kontrolle der Gesellschafterversammlung unterstellt werden soll.**

7. Bedeutung eines genehmigten Business-Plans

Durch die in § 2 Abs. (3) vorgesehene Regelung soll eine praxisgerechte Anwendung des Zustimmungsvorbehalts erreicht werden. Dies erfordert die Möglichkeit einer Zusammenfassung einer Mehrzahl oder Gruppe von zustimmungspflichtigen Geschäften zur Entscheidung durch die Gesellschafterversammlung, da andernfalls vor jedem Geschäftsvorgang, welcher unter einen der Katalog-Tatbestände fällt, eine separate Entscheidung durch die Gesellschafterversammlung herbeigeführt werden müsste, was mit einem hohen Verwaltungs- und Zeitaufwand verbunden wäre. Für diejenigen Gesellschaften, bei denen die Geschäftsführung gegenüber der Gesellschafterversammlung in regelmäßigen Abständen einen sog. Business-Plan vorstellt, bietet sich die in § 2 Abs. (3) Satz 2 des Vertragsmusters vorgesehene Regelung an, wonach für **zustimmungspflichtige Maßnahmen, die Bestandteil des von der Geschäftsführung vorgelegten und durch die Gesellschafterversammlung genehmigten Business-Plans sind,** daher die **Zustimmung als erteilt gilt,** sofern durch die Gesellschafterversammlung bei der Verabschiedung des Business-Plans keine abweichende (Einzel-)Entscheidung oder ein entsprechender Vorbehalt gemacht wurde. Durch ein solches Prozedere wird die Kontrollbefugnis der Gesellschafterversammlung nicht eingeschränkt, vielmehr werden die zustimmungspflichtigen Maßnahmen im Zusammenhang mit der Gesamt-Strategie der Geschäftsführer für den jeweiligen Zeitraum des Business-Plans vorgetragen und zur Entscheidung durch die Gesellschafterversammlung gestellt. Aus Sicht der Geschäftsführer ist bei einer solchen vertraglichen Regelung darauf zu achten, dass die innerhalb des Business-Plans enthaltenen zustimmungspflichtigen Geschäfte explizit kenntlich gemacht und hervorgehoben werden, um spätere Auseinandersetzungen über die inhaltliche Tragweite der Genehmigung des Business-Plans auszuschließen.

§ 3
Verantwortlichkeit und Pflichten

- **Alternative 1:**
(1) Der Geschäftsführer hat die Geschäfte der Gesellschaft mit der Sorgfalt eines ordentlichen Kaufmanns zu führen und die ihm nach Gesetz, Satzung sowie diesem Anstellungsvertrag obliegenden Pflichten gewissenhaft zu erfüllen.

- **Alternative 2 (Muster für eine vertragliche Haftungsbeschränkung des Geschäftsführers):**
(1) Der Geschäftsführer hat die Geschäfte der Gesellschaft mit der Sorgfalt eines ordentlichen Kaufmanns zu führen. Er haftet gegenüber der Gesellschaft jedoch nur für Vorsatz und grobe Fahrlässigkeit; hiervon unberührt bleibt die Haftung des Geschäftsführers nach § 43 Abs. 3 GmbHG.

(2) Der Geschäftsführer ist verpflichtet, gemeinsam mit den weiteren Geschäftsführern, innerhalb der gesetzlichen Fristen die Bilanz mit Gewinn- und Verlustrechnung für das abgelaufene Geschäftsjahr zu erstellen. Der Geschäftsführer hat darüber hinaus dafür zu sorgen, dass eine den gesetzlichen und steuerlichen Vorschriften entsprechende Buchführung angewandt wird.

(3) Mit der Übersendung von Jahresabschluss und Geschäftsbericht hat der Geschäftsführer gemeinsam mit den weiteren Geschäftsführern eine Gesellschafterversammlung einzuberufen, in der über die Feststellung des Jahresabschlusses und die Gewinnverwendung Beschluss zu fassen ist. Die Einberufung hat durch eingeschriebenen Brief zu erfolgen, zwischen dessen Aufgabe zur Post und dem Datum der Gesellschafterversammlung eine Frist von mindestens 14 Tagen liegen muss.

(4) Über die Verpflichtungen gemäß den vorstehenden Abs. (2) und (3) hinaus hat der Geschäftsführer während des laufenden Geschäftsjahres unaufgefordert die Gesellschafterversammlung über außergewöhnliche Vorgänge zu unterrichten, welche geeignet sind, sich nachhaltig auf den Bestand oder die Entwicklung der Gesellschaft auszuwirken.

(5) Die Gesellschaft schließt auf ihre Kosten zugunsten des Geschäftsführers eine Vermögensschadenshaftpflichtversicherung für Directors and Officers (D&O-Versicherung) mit einer Versicherungssumme von ...... EUR ab. Die Gesellschaft wird diese Versicherung für die Dauer dieses Anstellungsvertrages und nach dessen Beendigung für die Laufzeit der Verjährungsfrist von Organhaftungsansprüchen aufrechterhalten. Der Geltungsbereich dieser Versicherung erstreckt sich auf solche Fälle, in welchen der Geschäftsführer aus Anlass dienstlicher Tätigkeiten auf Schadensersatz in Anspruch genommen wird. Vom Versicherungsschutz ausgenommen sind solche Schäden, die auf vorsätzlichen Pflichtverletzungen des Geschäftsführers beruhen.

Erläuterungen

1. Vorbemerkung
2. Der gesetzliche Haftungsmaßstab des Geschäftsführers
3. Praxisrelevante Bereiche der Geschäftsführer-Haftung
4. Vertragliche Haftungsbeschränkung und Haftungsfreistellung des Geschäftsführers
5. Gesonderte Haftungstatbestände des § 43 Abs. 3 GmbHG
6. Haftung bei der Anmeldung und Aufnahme des Geschäftsbetriebes vor Eintragung
7. Haftung mehrerer Geschäftsführer
8. Voraussetzungen für die Geltendmachung des Ersatzanspruchs
9. Haftung des Geschäftsführers für die Abführung von Sozialversicherungsbeiträgen
10. Haftung des Geschäftsführers bei Insolvenz der Gesellschaft
11. Steuerrechtliche Haftung des Geschäftsführers
12. Haftung des Geschäftsführers gegenüber Gesellschaftern
13. Haftung des Geschäftsführers gegenüber Gläubigern der Gesellschaft
14. Haftung des Geschäftsführers der GmbH & Co. KG
15. Bilanz und Geschäftsbericht
16. Feststellung des Jahresabschlusses
17. Abschluss einer D&O-Versicherung

1. Vorbemerkung

Die Haftung des Geschäftsführers, welche Gegenstand der in § 3 des Vertragsmusters getroffenen Regelungen ist, hat in der Praxis eine erhebliche Ausweitung und Verschärfung in den zurückliegenden Jahren erfahren. Dies betrifft nicht nur die Sorgfaltspflichten bei Wahrnehmung geschäftlicher Maßnahmen, welche zunehmend gestiegen sind, sondern auch die Verantwortlichkeiten des Geschäftsführers im Rahmen der Organisations- und Überwachungspflicht zur Vermeidung und Kontrolle von Risiken, welche sich aus dem Geschäftsbetrieb der Gesellschaft ergeben. Dieser in den vergangenen Jahren in erheblichem Umfang gewachsene Bereich steht unter der Überschrift der **Compliance Haftung** des Geschäftsführers. Die zunehmende Ausweitung und Verschärfung der Haftung des Geschäftsführers hat quasi als Gegenreaktion in der Praxis zu einem Interesse der Geschäftsführer an einer Absicherung gegen diese Haftungsrisiken geführt, wobei diese Absicherung überwiegend im Wege einer sog. D&O-Versicherung erfolgt, welche die Gesellschaft zugunsten des Geschäftsführers abschließt. Mit dem Abschluss einer solchen D&O-Versicherung für ihre Geschäftsführer verfolgt die Gesellschaft zugleich eigene wirtschaftliche Interessen, da die Schadenssummen, welche sich bei Inanspruchnahme des Geschäftsführers durch die Gesellschaft wegen begangener Pflichtverletzungen ergeben, in der Praxis ein solches Ausmaß erreichen können, dass eine Erfüllung der Schadensersatzansprüche nur gegenüber der D&O-Versicherung des Geschäftsführers realisierbar ist.[101]

2. Der gesetzliche Haftungsmaßstab des Geschäftsführers

Der in § 3 Abs. (1) des Vertragsmusters vorgesehene **Maßstab für die Haftung des Geschäftsführers** gegenüber der Gesellschaft entspricht der hierzu in **§ 43 Abs. 1 GmbHG** getroffenen gesetzlichen Regelung. Danach hat der Geschäftsführer in den Angelegenheiten der Gesellschaft „die Sorgfalt eines ordentlichen Geschäftsmannes" anzuwenden. Hieraus folgt nach der Rechtsprechung, dass der Geschäftsführer in seiner Tätigkeit denjenigen Sorgfaltsanforderungen unterliegt, die ein ordentlicher Geschäftsmann in verantwortlich leitender Stellung bei der selbständigen Verwaltung fremden Vermögens einzuhalten hat. Auch mit dieser Definition ist jedoch nur ein allgemeiner Maßstab vorgegeben, dessen Anwendung die Berücksichtigung der im konkreten Fall gegebenen Umstände erfordert. Es **besteht daher kein einheitlich geltender Haftungsmaßstab,** vielmehr bestimmen sich die Anforderungen, welche an die Sorgfaltspflicht des Geschäftsführers gestellt werden, zum einen unternehmensbezogen nach der Art und Größe der Gesellschaft[102] sowie der Branche, in welcher sie tätig ist sowie zum anderen geschäftsbezogen nach Inhalt, Umfang und Risiken der jeweiligen Geschäftsführungsmaßnahme.[103] So werden z.B. an den Geschäftsführer einer überregional tätigen Handelsgesellschaft mit einer Vielzahl von Arbeitnehmern und hohem Umsatzvolumen andere Anforderungen gestellt, als an den Geschäftsführer des in der Rechtsform einer GmbH geführten kleineren Handwerksbetriebes.

Bei der Bestimmung von **Inhalt und Umfang der Anforderungen für die Haftung,** welchen der Geschäftsführer gegenüber der Gesellschaft unterliegt, ist ein **objektiver Maßstab**[104] anzulegen: danach muss der Geschäftsführer diejenigen Kenntnisse und die Sorgfalt aufbringen, welche ein ordentlicher und verantwortlicher Leiter eines Unternehmens der betreffenden Art und Größe anwendet. Aus der Geltung dieses objektiven Maßstabes folgt, dass es auf subjektive Eigenschaften in der Person des jeweiligen Geschäftsführers nicht ankommt, dieser sich insbesondere der Haftung auch nicht unter Berufung darauf entziehen kann, dass er von seinen individuellen Fähigkeiten her, den übernommenen Aufgaben als Geschäftsführer der Gesellschaft nicht gewachsen gewesen sei. Mit einem solchen Einwand bleibt der Geschäftsführer selbst dann ausgeschlossen, wenn er von den Gesellschaftern in Kenntnis seiner unzureichenden Fähigkeiten als Geschäftsführer bestellt wurde.

3. Praxisrelevante Bereiche der Geschäftsführer-Haftung

Für die Haftung des Geschäftsführers ist eine **grundlegende Unterscheidung** zu beachten zwischen

- den **geschäftlichen sowie unternehmerischen Entscheidungen** des Geschäftsführers, welche nach der sog. **business judgement rule** rechtlich nur eingeschränkt überprüfbar sind (vgl. zu den Voraussetzungen und Grenzen dieser Haftung nachfolgend a))
- denen die sog. **gebundenen Entscheidungen** gegenüberstehen, mit denen der Geschäftsführer seine gesetzlichen, satzungsgemäßen und vertraglichen Pflichten erfüllt, welche nach dem sog. **Legalitätsprinzip** einer vollen rechtlichen bzw. gerichtlichen Prüfung unterliegen (zu den Auswirkungen des Haftungsmaßstabs in diesem Bereich vgl. nachfolgend b)).

a) Haftung bei geschäftlichen und unternehmerischen Entscheidungen. Für diesen Bereich ist anerkannt,[105] dass allein die **Vornahme eines mit Risiken behafteten Geschäftes** für sich genommen **keine Sorgfaltspflichtverletzung des Geschäftsführers** darstellt, da unternehmerische Entscheidungen im Rahmen der Geschäftsleitung typischerweise mit der Eingehung geschäftlicher Risiken verbunden sind. Dieser Grundsatz gilt **auch dann, wenn sich das betreffende Geschäft später als nachteilig für die Gesellschaft erweist.** Der Geschäftsführer unterliegt somit keiner Erfolgshaftung, vielmehr liegt das unternehmerische Risiko grundsätzlich bei der Gesellschaft. Erweist sich eine geschäftliche oder unternehmerische Entscheidung des Geschäftsführers in der weiteren Entwicklung als nachteilig für die Gesellschaft, so ist für die haftungsrechtliche Prüfung auf die sog. ex-ante-Perspektive abzustellen[106] und auf Basis der Sachlage zum Zeitpunkt der Entscheidung des Geschäftsführers zu prüfen, ob er die Sorgfaltspflichten verletzt hat, welche bei geschäftlichen und unternehmerischen Maßnahmen zu beachten sind. Dieser Maßstab folgt aus einer entsprechenden Anwendung der für die Vorstandshaftung geltenden Vorschrift des § 93 Abs. 1 Satz 2 AktG, wonach eine Pflichtverletzung nicht vorliegt, wenn das Vorstandsmitglied bei einer unternehmerische Entscheidung vernünftigerweise annehmen durfte, auf der Grundlage angemessener Informationen zum Wohle der Gesellschaft zu handeln. Auch wenn keine entsprechende Regelung in die – für Geschäftsführer maßgebende – Haftungsnorm des § 43 Abs. 1 GmbHG durch den Gesetzgeber eingefügt wurde, so ist allgemein anerkannt,[107] dass die durch § 93 Abs. 1 Satz 2 AktG kodifizierte business judgement rule auch für den Personenkreis der Geschäftsführer entsprechend gilt. Dabei ist jedoch zu beachten, dass die Geltung der business judgement rule für den Bereich der geschäftlichen und unternehmerischen Entscheidungen nicht dahingehend missverstanden werden darf, dass dem Geschäftsführer in diesem Bereich ein „haftungsmäßiger Freibrief" zustünde. Vielmehr folgt aus dem in § 93 Abs. 1 Satz 2 AktG verankerten Erfordernis, wonach der Vorstand bzw. Geschäftsführer „auf der Grundlage angemessener Informationen" zum Wohle der Gesellschaft gehandelt hat, die tatbestandliche Voraussetzung, dass die **business judgement rule** nur und **erst dann zum Tragen kommt, wenn der Geschäftsführer im Rahmen sorgfältiger Vorbereitungen die zur Beurteilung der geschäftlichen Entscheidung erforderlichen Informationen eingeholt** und auf deren Grundlage dann die unternehmerische Entscheidung im Sinne eines Handels zum Wohl der Gesellschaft getroffen hat. Aus der umfangreichen gerichtlichen Praxis der Organhaftung ist darauf zu verweisen, dass gerade die Frage, ob die unternehmerische Entscheidung durch den Geschäftsführer mit der gebotenen Sorgfalt vorbereitet und die hierfür erforderlichen Informationen eingeholt wurden, breiten Raum einnimmt, da dies praktisch die Eintrittsvoraussetzung für die Anwendung der business judgement rule darstellt. Es ist daher – insbesondere bei unternehmerischen und geschäftlichen Entscheidungen von erheblicher finanzieller Größenordnung – jedem Geschäftsführer dringend zu empfehlen, eine umfassende und lückenlose Dokumentation der im Rahmen der Vorbereitung eingeholten Analysen und Informationen zu erstellen. Dabei ist insbesondere zu berücksichtigen, dass ein etwaiger Haftungsprozess gegen den Geschäftsführer oft erst mehrere Jahre nach der von ihm getroffenen unternehmerischen Entscheidung erfolgt, so dass der Nachweis einer sorgfältigen Vorbereitung der unternehmerischen Entscheidung nicht mehr oder nur sehr schwer zu führen ist, wenn keine Dokumentation erstellt wurde. Nach der Rechtsprechung des BGH[108] ist daher grundlegende Voraussetzung für die Haftungsprivilegierung des Geschäftsführers im Rahmen des geschäftlichen und unternehmerischen Ermessens, dass er vor seiner Entscheidung alle verfügbaren Informationsquellen tatsächlicher und rechtlicher Art ausschöpft und auf dieser Grundlage die Vor- und Nachteile der bestehenden Handlungsoptionen sorgfältig abschätzt und den erkennbaren Risiken ausreichend Rechnung trägt. Aus der umfangreichen Praxis der Haftung im Bereich unternehmerischer und geschäftlicher Entscheidungen ist insbesondere auf folgende Fallgruppen[109] zu verweisen:

- Im **Bereich der sog. Risikogeschäfte** gelten folgende Grundsätze: Eine Überschreitung des unternehmerischen Ermessens und damit eine Pflichtverletzung des Geschäftsführers liegt grundsätzlich erst dann vor, wenn

das von ihm eingegangene unternehmerische Risiko den Rahmen eines
vertretbaren Risikos in unverantwortlicherweise überspannt.[110] Dies ist
insbesondere dann der Fall, wenn die Wahrscheinlichkeit eines Fehlschla-
gens der unternehmerischen Entscheidung deutlich gegenüber ihren Chancen überwiegt.[111] Dies gilt in gleicher Weise, wenn der mögliche Vorteil
aus dem Geschäft in keinem Verhältnis zu den schwerwiegenden Nachteilen im Fall des Misslingens steht.[112] Dies gilt erst recht für den Fall, dass
die Risiken, welche sich im Fall eines Misslingens des Geschäfts ergeben,
zu einer Existenzgefährdung des Unternehmens führen.[113] Bei unternehmerischen Entscheidungen solcher Tragweite, dass im Fall des Fehlschla-
gens der Bestand des Unternehmens gefährdet sein könnte, hat der Geschäftsführer – unabhängig von einer aus Satzung oder Anstellungsvertrag
folgenden Zustimmungspflicht – in aller Regel die vorherige Zustimmung
der Gesellschafter einzuholen.[114] Dies erfordert eine umfassende Information der Gesellschafter, welche insbesondere auch die Risiken und Bedenken gegenüber der beabsichtigten unternehmerischen Maßnahme deutlich
aufzeigt.

- Eine **haftungsbegründende Verletzung der Sorgfaltspflicht** des Geschäftsführers kann nicht nur bei den von ihm ergriffenen unternehmerischen
  und geschäftlichen Maßnahmen gegeben sein, sondern **auch bei Unterlassen dringend gebotener Maßnahmen** zur Abwendung von Nachteilen für
  die Gesellschaft wie z.B. dem Unterbleiben von Kurzarbeit trotz vorher-
  sehbarer und deutlicher Nichtauslastung der Beschäftigungskapazitäten infolge Auftragsmangels.[115] Zu dieser Fallgruppe der Haftung wegen pflichtwidrigem Unterlassen gehören auch die Fälle, in denen der Geschäftsführer
  die Geltendmachung von Ansprüchen der Gesellschaft gegen Dritte unterlassen hat, so dass der Gesellschaft hierdurch ein Schaden entstanden ist
  (z.B. durch Verjährung der nicht rechtzeitig geltend gemachten Ansprüche).[116]
- Für **Geschäfte mit erheblichem finanziellen Umfang** gelten gesteigerte Prü-
  fungs- und Sorgfaltsanforderungen für den Geschäftsführer. Dieser haftet
  daher gegenüber der Gesellschaft, wenn er selbst das Angebot kaufmän-
  nisch fehlerhaft kalkuliert hat[117] oder wenn er die von den zuständigen Mitarbeitern vorbereiteten Unterlagen vor deren Unterzeichnung nicht überprüft hat und das Geschäft deshalb mit einem fehlerhaft zu niedrigen Preis
  abgeschlossen wurde.[118]
- Bei der **Gewährung von Warenkrediten und Darlehen** ist der Geschäftsführer verpflichtet, sich zuvor über die finanziellen Verhältnisse des Ge-
  schäftspartners zu vergewissern und sich ausreichend Sicherheiten stellen
  zu lassen.[119] Das Überschreiten der vorgegebenen Kreditlinien stellt eine
  erhebliche Verletzung der Sorgfaltspflichten des Geschäftsführers dar[120]
  (dies wäre z.B. der Fall, wenn der Geschäftsführer die in § 2 Abs. 2 S. 2
  lit. g) des Vertragsmusters bestimmten Grenzen überschreitet und einem
  Geschäftspartner weitergehende Kredite einräumt).
- Besondere Sorgfaltspflichten bestehen für den Geschäftsführer bei einem
  Unternehmenskauf. Um die vom BGH in seiner Entscheidung vom
  14.7.2008[121] für die Haftungsprivilegierung des Geschäftsführers aufge-

stellte Voraussetzung einer vorherigen Ausschöpfung aller verfügbaren Informationsquellen in tatsächlicher und rechtlicher Art (Grundsatz des „Handelns auf Grundlage angemessener Information" i.S. der business judgement rule) zu erfüllen, wird der Geschäftsführer in aller Regel eine sog. due diligence durchführen lassen müssen, um eine hinreichend abgesicherte Grundlage über die betriebswirtschaftlichen Daten (Analyse des Umsatz- und Gewinnpotentials) und evtl. vorhandene Risiken bei der zur Übernahme vorgesehenen Gesellschaft zu haben. Unterlässt der Geschäftsführer die Durchführung einer solchen due diligence und stellt sich der Erwerb des Unternehmens als Fehlinvestition heraus, welche bei Einholung der Informationen zur wirtschaftlichen Lage des erworbenen Unternehmens vermeidbar gewesen wäre, so liegt hierin eine die Haftung des Geschäftsführers begründende Sorgfaltspflichtverletzung.[122]

b) Haftung im Bereich gesetzlicher und satzungsgemäßer Pflichten des Geschäftsführers. Für diesen Bereich gilt – wie vorstehend (S. 78) bereits aufgezeigt – das Legalitätsprinzip, wonach der Geschäftsführer bei seinen Maßnahmen und Entscheidungen an die aus den gesetzlichen Vorschriften und der Satzung folgenden Vorgaben gebunden ist. Dem Geschäftsführer steht daher in diesem Bereich kein unternehmerisches Ermessen wie bei den – vorstehend behandelten – geschäftlichen Maßnahmen zu.[123] Hieraus folgt insbesondere, dass von Seiten des Geschäftsführers keine sog. „nützlichen Pflichtverletzungen" unter Hinweis auf das hiermit verfolgte geschäftliche Interesse der Gesellschaft begangen werden dürfen,[124] wie z.B. durch Veranlassung von Schmiergeldzahlungen zwecks Erlangung von Geschäftsaufträgen, kartellrechtswidrigen Gebiets- oder Preisabsprachen mit Wettbewerbern, Verletzung von gesetzlichen Umweltvorschriften. Die bei solchen rechtswidrigen Maßnahmen durch den Geschäftsführer begangene Verletzung der gesetzlichen Pflichten im Außenverhältnis stellt zugleich eine Verletzung seiner Pflichten im Innenverhältnis gegenüber der Gesellschaft dar,[125] so dass er der Gesellschaft auf Ersatz der durch diese gesetzeswidrigen Maßnahmen entstandenen Schadens haftet.[126]

Ebenso wie im Bereich der geschäftlichen und unternehmerischen Entscheidungen ein pflichtwidriges Unterlassen des Geschäftsführers zur Haftung für die hierdurch entstandenen Schäden führt, gilt dieses Prinzip auch für die Bereiche der Legalitätspflicht. Hieraus folgt eine umfassende **Compliance-Pflicht des Geschäftsführers, wonach er geeignete Kontroll- und Überwachungssysteme innerhalb des Unternehmens einzurichten hat,** so dass im Hinblick auf den Geschäftsbetrieb und die hiermit verbundenen Gefahrenpotentiale eine wirksame Schadensprävention und Risikokontrolle gewährleistet ist.[127] Hierbei lassen sich keine allgemein-verbindlichen Leitlinien für die Anforderungen an die Ausgestaltung der Compliance-Struktur aufstellen, vielmehr ist auf die Größe und Organisation des Unternehmens, die Bedeutung der innerhalb des Geschäftsbetriebes einzuhaltenden Vorschriften sowie evtl. bereits in der Vergangenheit aufgetretene Unregelmäßigkeiten und Verfehlungen abzustellen.[128] Für eine effiziente Compliance-Organisation müssen dabei folgende Anforderungen erfüllt werden:

- Organisationspflicht: Es müssen geeignete organisatorische Maßnahmen im Unternehmen getroffen werden, welche zur Prävention gegen Fehlverhalten und dem Eintritt von Schadensfällen geeignet sind.
- Kontrollpflicht: Es müssen regelmäßige Kontrollen durchgeführt werden, um die Einhaltung der zur Compliance getroffenen Regelungen zu überwachen und damit gegenüber den Mitarbeitern zu verdeutlichen, dass die Aufsichtsfunktionen von der Geschäftsleitung kontinuierlich wahrgenommen werden.
- Untersuchungspflicht: Im Fall des Eingangs von Hinweisen auf Verstöße gegen die einschlägigen Vorschriften muss eine konsequente Untersuchung solcher Fälle eingeleitet werden.
- Interventionspflicht: Bei Feststellung von Fehlverhalten oder Gesetzesverstößen muss durch die Geschäftsführung eingeschritten werden, um gegenüber denjenigen Mitarbeitern vorzugehen, die maßgebende Vorschriften (z. B. im Bereich Arbeitssicherheit, Produkthaftung, Umweltschutz) verletzt haben und eventuell festgestellte Mängel im System der Compliance Organisation zu beseitigen.

Die vorstehend dargelegten Kardinal-Pflichten für eine wirksame Compliance-Organisation verdeutlichen, dass den Anforderungen durch die Geschäftsführer nicht bereits dadurch genüge getan ist, dass Compliance-Richtlinien verabschiedet werden und eine entsprechende Organisation eingerichtet wird, vielmehr muss eine kontinuierliche Kontrolle der Wirksamkeit des Compliance-Systems erfolgen. Die Wahrnehmung der Compliance-Verantwortung obliegt den Geschäftsführern.[129] Diese können die Aufgaben im Bereich der Compliance zwar an nachgeordnete Abteilungen (z. B. Rechtsabteilung) oder einen Compliance-Beauftragten delegieren, hierbei ist jedoch darauf zu achten, dass keine vollständige Pflichtendelegation verfolgt, sondern eine Berichtslinie „nach oben" zu demjenigen Geschäftsführer verbleibt, der für den Verantwortungsbereich Compliance zuständig ist.[130]

Aus dem Katalog der einzelnen gesetzlichen Pflichten, deren Verletzung eine Haftung des Geschäftsführers zur Folge hat, ist insbesondere auf die durch § 41 Abs. 1 GmbHG dem Geschäftsführer auferlegte Verpflichtung zu verweisen, für eine **ordnungsgemäße Buchführung** der Gesellschaft zu sorgen. Danach hat der Geschäftsführer insbesondere für eine ordnungsgemäße Kassenführung und funktionsfähige Erfassung des Warenbestandes zu sorgen.[131] Diese Verpflichtung beinhaltet die Überwachung des hiermit betrauten Personals und die Kontrolle der Konten- und Warenstandsbewegungen. Der Beachtung der Buchführungspflicht kommt für den Geschäftsführer deshalb eine gesteigerte Bedeutung zu, da er bei einem während der Dauer seiner Geschäftsführung eingetretenen Kassen- oder Warenfehlbestand der Gesellschaft gegenüber hierfür haftet, sofern er nicht nachweist, dass er die für eine ordnungsgemäße Buchführung erforderlichen Maßnahmen wahrgenommen hat. Diese Haftung ist dadurch verschärft, dass nach der Rechtsprechung in zweifacher Hinsicht die Darlegungs- und Beweislast auf den Geschäftsführer verlagert wird:

- Dies gilt zunächst für den Nachweis des Eintritts des Kassenfehlbestandes: zwar obliegt grundsätzlich der Gesellschaft, die ihren Geschäftsführer auf

Schadensersatz in Anspruch nimmt, der Beweis des Eintritts eines Schadens in Form eines Kassenfehlbestandes. Ist jedoch der Verbleib von Zahlungen, welche der Geschäftsführer für die Gesellschaft eingenommen hat,
aufgrund unzureichender Buch- und Kassenführung nicht mehr nachvollziehbar, so hat nach der Rechtsprechung[132] der Geschäftsführer nachzuweisen, dass er die eingenommenen Beträge der Gesellschaft zugeführt hat.

- Auch für die Frage des Verschuldens tritt eine Verlagerung der Darlegungs-
  und Beweislast auf den Geschäftsführer ein: aus dem Eintritt eines Kassen-
  und Warenfehlbestandes wird nach der Rechtsprechung[133] nämlich auf
  eine Verletzung der Buchführungspflicht geschlossen und dem Geschäftsführer die Darlegungs- und Beweislast dafür auferlegt, dass er trotz dieses
  Fehlbestandes die erforderliche Sorgfalt bei der Buchführung angewandt
  hat.

4. Vertragliche Haftungsbeschränkung und Haftungsfreistellung des Geschäftsführers

a) Prüfung einer **Beschränkung der Haftung des Geschäftsführers im Anstellungsvertrag.** Die in den vergangenen Jahren eingetretene Ausweitung und
Verschärfung der Geschäftsführer-Haftung hat in der Praxis verständlicherweise eine Gegenreaktion der betroffenen Geschäftsführer ausgelöst, um sich
gegen das deutlich gestiegene Haftungsrisiko rechtlich abzusichern. Für eine
solche Absicherung kommen zwei Instrumente in Betracht, nämlich der –
bereits in der Einleitung (S. 77) angesprochene – Abschluss einer D&O-Ver-
sicherung durch die Gesellschaft zugunsten des Geschäftsführers sowie die
Herabsetzung des Haftungsmaßstabes für den Geschäftsführer durch eine
entsprechende Regelung im Anstellungsvertrag. Für die in der Praxis zum
weit überwiegenden Anteil praktizierte Absicherung des Geschäftsführers
durch Abschluss einer D&O-Versicherung ist in Abs. (5) des Vertragsmusters
eine entsprechende Regelung vorgesehen (vgl. hierzu die Erl. 17 auf S. 101).
An dieser Stelle soll die zweite Alternative zur Absicherung des Geschäftsführers durch Aufnahme einer Klausel in den Anstellungsvertrag behandelt
werden, welche den Haftungsmaßstab des Geschäftsführers reduziert. Dies
setzt zunächst die Beantwortung der Frage voraus, ob und wenn ja in welchem Umfang die Haftung des Geschäftsführers durch eine entsprechende
Regelung im Anstellungsvertrag in rechtlich zulässiger Weise eingeschränkt
werden darf. Zu dieser Frage liegt zwar noch keine abschließende, in wesentlichen Punkten aber inhaltlich bereits abgesteckte Rechtsprechung des BGH
vor, während in der Komm.-Lit. die Frage der Zulässigkeit einer Haftungsbeschränkung des Geschäftsführers im Anstellungsvertrag weiterhin sehr kon-
trovers behandelt wird; die wesentlichen Positionen sind wie folgt zusammenzufassen:

- Nach der BGH-Rechtsprechung[134] ist eine **Beschränkung der Haftung des
  Geschäftsführers** durch entsprechende Regelung **im Anstellungsvertrag
  grundsätzlich zulässig,** soweit von dieser Haftungsbeschränkung nicht die
  gemäß § 43 Abs. 3 GmbHG unverzichtbaren Schadensersatzansprüche be-

troffen sind. Sofern eine **vertragliche Regelung zur Haftungsbeschränkung**
zugunsten des Geschäftsführers getroffen wurde, so **erfasst** nach der Rechtsprechung des BGH[135] diese Regelung grundsätzlich **auch die gesetzliche
Haftung** des Geschäftsführers nach § 43 Abs. 1 GmbHG. Der BGH geht
somit davon aus, dass – abgesehen vom Geltungsbereich des § 43 Abs. 3
GmbHG – der **gesetzliche Haftungsmaßstab disponibel** für die Parteien
des Anstellungsvertrages ist. Zur Begründung hierfür verweist der BGH
darauf, dass ebenso, wie die Gesellschafterversammlung gemäß § 46 Nr. 8
GmbHG nach Eintritt eines Schadensfalles darüber entscheiden könne, ob
und in welchem Umfang sie Haftungsansprüche gegen den pflichtwidrig
handelnden Geschäftsführer geltend mache oder hierauf verzichte, es in
gleicher Weise rechtlich zulässig sei, bereits im Vorfeld das Entstehen von
Haftungsansprüchen einzuschränken, indem eine Reduzierung des Haf-
tungs- bzw. Verschuldensmaßstabes mit dem Geschäftsführer im Anstellungsvertrag vereinbart werde. Zu der weitergehenden Frage, in welchem
Umfang der Verschuldensmaßstab des Geschäftsführers hierbei abgesenkt
werden kann, liegt noch keine einschlägige BGH-Rechtsprechung vor.

- In der Kommentar-Literatur reichen die dort vertretenen Auffassungen
  von der grundsätzlichen Ablehnung einer vertraglichen Einschränkung des
  Haftungsmaßstabes,[136] über eine eingeschränkte Zulässigkeit einer Haftungsbeschränkung[137] bis zur Bejahung der Zulässigkeit eines Haftungs-
  ausschlusses einschließlich der Fälle grober Fahrlässigkeit.[138] Ein Ausschluss der Haftung wegen Vorsatzes scheidet allein schon aufgrund des
  gesetzlichen Verbots nach § 276 Abs. 3 BGB aus. Da der vorliegende Band
  auf eine praxisorientierte Anwendung der einschlägigen gesetzlichen Regelungen und der hierzu ergangenen BGH-Rechtsprechung für die Gestaltung eines Geschäftsführer-Anstellungsvertrages ausgerichtet ist, kann auf
  die einzelnen Argumente der vorstehend zitierten Auffassungen in der
  Komm.-Lit. an dieser Stelle nicht näher eingegangen werden, so dass insoweit auf die Übersichten und Darlegung der jeweils vertretenen Argumente in den einschlägigen Kommentaren zum GmbHG[139] zu verweisen
  ist.

- Für die hier zu behandelnde Frage der Aufnahme einer Haftungsbeschränkung in den Anstellungsvertrag ist nach der vorstehend bereits festgestellten grundsätzlichen Zulässigkeit nach der BGH-Rechtsprechung die weitergehende Frage zu beantworten, bis auf welchen Verschuldensmaßstab
  die Haftung des Geschäftsführers eingeschränkt werden soll. Hierbei sprechen die überzeugenderen Gründe dafür, allein die Haftung für Fahrlässigkeit auszuschließen, dagegen an der Haftung des Geschäftsführers in
  den Fällen der groben Fahrlässigkeit festzuhalten. Dies folgt insbesondere
  daraus, dass der durch eine Haftungsbeschränkung im Anstellungsvertrag
  gegenüber dem Geschäftsführer eingeräumte Vorausverzicht auf etwaige
  Schadensersatzansprüche von anderer Qualität ist, als dies bei einem nach-
  träglichen Verzicht der Gesellschaft bei Eintritt eines Haftungsfalles gegeben ist.[140] Wenn sich die Gesellschaft schon dazu bereiterklärt, die Haftung
  des Geschäftsführers durch vertragliche Regelung im Voraus zu reduzieren,
  so ist der Auffassung[141] zuzustimmen, wonach eine Freizeichnung selbst

für Fälle der groben Fahrlässigkeit mit der umfassenden Verantwortung des Geschäftsführers unvereinbar wäre.

Aus den vorstehend dargelegten Gründen ist die als Alternative 1 zu § 3 Abs. (1) des Mustervertrages vorgestellte Klausel einer vertraglichen Haftungsbeschränkung des Geschäftsführers dahingehend formuliert worden, dass allein die Haftung für Fahrlässigkeit ausgeschlossen wurde, wohingegen es bei der Haftung des Geschäftsführers für Fälle der groben Fahrlässigkeit (und erst recht für Vorsatz) bleibt. Dabei ist an dieser Stelle nochmals ausdrücklich darauf zu verweisen, dass vor der Übernahme dieser Klausel in den Anstellungsvertrag des Geschäftsführers von Seiten der Gesellschaft sorgfältig geprüft werden sollte, ob hierdurch nicht eine falsche Signalwirkung gesetzt wird, da es im Interesse der Gesellschaft liegen muss, dass der Geschäftsführer nicht nur mit vollem Engagement, sondern auch mit einem Höchstmaß an Sorgfalt seine Aufgaben wahrnimmt. Hieran könnten durchaus Zweifel bestehen, wenn von vornherein die Haftung des Geschäftsführers auf grobe Fahrlässigkeit reduziert ist. Von daher sollte es auch nicht überraschen, dass in der Praxis eine solche im Voraus durch den Anstellungsvertrag vereinbarte Haftungsbeschränkung des Geschäftsführers eher selten anzutreffen ist.

Was die **Form der Haftungsbeschränkung** anbetrifft, so ist nach der Rechtsprechung[142] eine Regelung im Anstellungsvertrag des Geschäftsführers ausreichend. Soweit in der Komm.-Lit. eine eigenständige Satzungsregelung für erforderlich gehalten wird,[143] so überspannt dies die Anforderungen, da ein Beschluss der Gesellschafterversammlung genügt,[144] wobei dieser Beschluss auch in der Zustimmung der Gesellschafterversammlung zum Abschluss des Anstellungsvertrages liegt, welcher die Haftungsbeschränkung enthält. Sofern es um die Haftungsbeschränkung zugunsten eines Gesellschafter-Geschäftsführers geht, ist darauf zu achten, dass bei der Beschlussfassung das Stimmverbot gem. § 47 Abs. 4 GmbHG für diesen Gesellschafter-Geschäftsführer greift.[145]

Eine **weitere Form der Haftungsbeschränkung** des Geschäftsführers besteht in der **Vereinbarung einer Ausschlussfrist** im Anstellungsvertrag, durch welche abweichend von den gesetzlichen Verjährungsfristen eine kürzere Frist für die Geltendmachung von Ansprüchen aus dem Anstellungsverhältnis bestimmt wird. Eine solche vertragliche Ausschlussfrist erfasst nach der Rechtsprechung[146] auch die Schadensersatzansprüche der Gesellschaft, und zwar sowohl die vertraglichen als auch die gesetzlichen Schadensersatzansprüche nach § 43 GmbHG.[147] In § 19 des Vertragsmusters (S. 207) sind zwei Vorschläge von Ausschlussfristen für eine Aufnahme in den Anstellungsvertrag vorgestellt. Sofern eine solche Ausschlussfrist in den Anstellungsvertrag übernommen wurde, so ist für die Geltendmachung von Schadensersatzansprüchen durch die Gesellschaft bereits an dieser Stelle darauf zu verweisen, dass nach der Rechtsprechung[148] für den **Beginn der Ausschlussfrist** bereits **auf den Zeitpunkt abzustellen** ist, **zu welchem die Gesellschaft ausreichende Kenntnis über den Anspruchsgrund hatte,** so dass die Ausschlussfrist nicht erst ab dem Zeitpunkt zu laufen beginnt, zu welchem der Schadensersatzanspruch auch der Höhe nach konkret beziffert werde konnte. Die Beachtung

dieser Rechtsprechung ist aus Sicht der Gesellschaft dringend geboten, da bei
Zuwarten mit der Geltendmachung bis zur abschließenden Feststellung der
betragsmäßigen Höhe des Schadens eine Versäumung der Ausschlussfrist
droht und sich das zuständige Organ der Gesellschaft (z. B. ein satzungsgemäß
eingerichteter Beirat) seinerseits dem Risiko einer Haftung wegen pflichtwidrig unterlassener fristgemäßer Geltendmachung der Schadensersatzansprüche aussetzt. Wegen der weiteren Erläuterungen zu den Auswirkungen bei
Vereinbarung einer vertraglichen Ausschlussfrist vgl. S. 207 ff.

b) Haftungsfreistellung. Auch dann, wenn keine Haftungsbeschränkung im
Anstellungsvertrag vereinbart wurde, tritt eine Haftungsfreistellung des Geschäftsführers ein, sofern die Maßnahmen, auf welche etwaige Schadensersatzansprüche der Gesellschaft gestützt werden sollen, vom Geschäftsführer
auf **Weisung der Gesellschafterversammlung** oder eines weisungsberechtigten
Organs der Gesellschaft (z. B. Beirat) ausgeführt wurden.[149] Dies folgt unter
dem Gesichtspunkt des Verbots eines Rechtsmissbrauchs, da der Geschäftsführer verpflichtet ist, die ihm durch die Gesellschafterversammlung erteilten
Weisungen zu befolgen (vgl. hierzu Erl. 6 zu § 1), so dass ihn die Gesellschaft
nicht wegen solcher Maßnahmen auf Schadensersatz in Anspruch nehmen
kann, welche der Geschäftsführer in Befolgung der ihn bindenden Weisungen
der Gesellschafterversammlung vorgenommen hat.

Schließlich tritt eine Haftungsfreistellung des Geschäftsführers bei **Verzicht oder Erlass von Ersatzansprüchen durch die Gesellschaft** ein. In diesem Zusammenhang ist insbesondere die **Entlastung des Geschäftsführers**
durch die Gesellschafterversammlung gemäß § 46 Nr. 5 GmbHG von Bedeutung.[150] In der Erteilung der Entlastung liegt nämlich ein Verzicht der Gesellschafterversammlung auf alle Ersatzansprüche gegen den Geschäftsführer,
welche aufgrund seines Rechenschaftsberichts sowie den vorgelegten Unterlagen erkennbar waren.[151] Da die Gesellschafter in aller Regel die Geschäfts-
vorgänge und die Tätigkeit des Geschäftsführers nicht selbständig nachprüfen
können und deshalb auf dessen Rechenschaftsbericht angewiesen sind, folgt
aus dem die Entlastung erteilenden Beschluss der Gesellschafterversammlung
daher keine Haftungsfreistellung für solche Vorgänge, welche aus den vom
Geschäftsführer vorgelegten Unterlagen nicht erkennbar waren.[152]

5. Gesonderte Haftungstatbestände des § 43 Abs. 3 GmbHG

Neben den Sorgfaltspflichten des Geschäftsführers, welche aus dem allgemeinen Haftungsmaßstab des § 43 Abs. 1 GmbHG folgen, sind zum **Schutz
gegen unzulässige Beeinträchtigungen des Stammkapitals** der Gesellschaft
durch § 43 Abs. 3 GmbHG gegenüber dem Geschäftsführer zwei gesonderte
Haftungstatbestände normiert:

a) Nach § 30 Abs. 1 GmbHG darf das zur Erhaltung des Stammkapitals erforderliche Vermögen der Gesellschaft nicht an die Gesellschafter ausgezahlt
werden. Handelt der Geschäftsführer dieser gesetzlichen Bestimmung zuwider und leistet **Zahlungen aus dem zur Erhaltung des Stammkapitals erfor-**

derlichen Vermögen an die Gesellschafter, so ist er gemäß § 43 Abs. 3 S. 1 GmbHG der Gesellschaft zum Ersatz verpflichtet. Nach der Rechtsprechung[153] liegt eine solche verbotene Rückzahlung jedoch nicht bei solchen Zahlungen vor, welche durch einen vollwerten Gegenleistungs- oder Rückgewähranspruch gegenüber den Gesellschaftern gedeckt sind. Vor Inkrafttreten des MoMiG bestand in der Praxis ein besonderes Haftungsrisiko des Geschäftsführers bei der Rückzahlung von Darlehen an Gesellschafter, welche diese der Gesellschaft gewährt hatten, insbesondere in den Fällen der sog. kapitalersetzenden Darlehen. Da durch das MoMiG das Eigenkapitalersatzrecht durch Streichung der §§ 32a und 32b GmbHG a. F. abgeschafft wurde, ist vom Gesetzgeber zusätzlich in § 30 Abs. 1 GmbHG der klarstellende Satz 3 aufgenommen worden, wonach das Verbot des § 30 Abs. 1 Satz 1 GmbHG nicht anzuwenden ist auf die Rückgewähr eines Gesellschafterdarlehens und Leistungen auf Forderungen aus Rechtshandlungen, die einem Gesellschafterdarlehen wirtschaftlich entsprechen. Das Haftungsrisiko des Geschäftsführers bei Zahlungen an die Gesellschafter ist hierdurch jedoch nicht aufgehoben, sondern durch das MoMiG in das Insolvenz- und Anfechtungsrecht verlagert worden: nach der gesetzlichen Neuregelung des § 64 Satz 3 GmbHG ist der Geschäftsführer nämlich zum Ersatz der an die Gesellschafter geleisteten Zahlungen verpflichtet, soweit diese zur Zahlungsunfähigkeit der Gesellschaft führen mussten, es sei denn, dass dies auch bei der Beachtung der Sorgfalt eines ordentlichen Geschäftsmanns nicht erkennbar war. In der Lit.[154] ist zu dieser gesetzlichen Neuregelung zutreffend darauf verwiesen worden, dass sie keine Reduzierung, sondern eine erhebliche Verschärfung der Haftungsrisiken des Geschäftsführers bei Zahlungen an die Gesellschafter bedeutet: der Geschäftsführer darf in der Krise der Gesellschaft die Rückzahlung von Gesellschafterdarlehen nämlich nicht mehr wegen einer hieraus folgenden Unterbilanz verweigern, sondern nur dann, wenn die Rückzahlung des Gesellschafterdarlehens zur Zahlungsunfähigkeit der Gesellschaft führen muss (sog. Insolvenzverursachungshaftung). Dies zwingt den Geschäftsführer in der Krise des Unternehmens neben der laufenden Überschuldungskontrolle (vgl. hierzu Erl. 10) noch eine Fortführungsprognose anzustellen, wobei etwaige Fehleinschätzungen mit dem Risiko einer vollen Haftung des Geschäftsführers für die an die Gesellschafter geleisteten Zahlungen verbunden sind.

b) Handelt der Geschäftsführer den in § 33 GmbHG getroffenen Bestimmungen zuwider, so haftet er der Gesellschaft gemäß § 43 Abs. 3 Satz 1 GmbHG ebenfalls auf Schadensersatz. Nach § 33 Abs. 1 GmbHG kann die Gesellschaft eigene Geschäftsanteile nicht erwerben, auf welche die Stammeinlage noch nicht vollständig geleistet ist. Durch § 33 Abs. 2 GmbHG wird der Erwerb eigener Geschäftsanteile untersagt, auf welche die Stammeinlage zwar vollständig eingezahlt ist, der Erwerb jedoch auf Kosten des Stammkapitals der Gesellschaft geht.

c) Bei einer GmbH & Co. KG haftet der Geschäftsführer nach § 43 Abs. 3 GmbHG gegenüber der KG, wenn aus dem Vermögen der KG eine Zahlung an Gesellschafter der Komplementär-GmbH geleistet wird und dadurch das

Vermögen der Komplementär-GmbH unter das Stammkapital sinkt. Ein solches Absinken kann sich auch daraus ergeben, dass die Komplementär-GmbH als persönlich haftende Gesellschafterin für die Verbindlichkeiten der KG einzustehen hat und deshalb entsprechend Passiv-Posten bilden muss.[155]

d) Im Gegensatz zur Verletzung der aus § 43 Abs. 1 GmbHG folgenden Sorgfaltspflichten, bei denen unter den in Erl. 4b) genannten Voraussetzungen (Weisung durch die Gesellschafterversammlung; Verzicht oder Erlass) eine Haftungsfreistellung des Geschäftsführers eintritt, ist durch § 43 Abs. 3 GmbHG für die Fälle der Verletzung der §§ 30 und 33 GmbHG eine solche Haftungsfreistellung des Geschäftsführers gesetzlich ausgeschlossen. Dieser haftet daher selbst dann, wenn er auf Weisung der Gesellschaft gehandelt hat oder diese ihm gegenüber auf die Geltendmachung von Schadensersatzansprüchen verzichtet hat. Für den Geschäftsführer folgt hieraus, dass er zur Ablehnung eines solchen Gesellschafterbeschlusses berechtigt ist, durch welchen er zu einem solchen Handeln angewiesen wird, welches eines der in §§ 30 und 33 GmbHG normierten Verbote verletzen würde.

6. Haftung bei der Anmeldung und Aufnahme des Geschäftsbetriebes vor Eintragung

Eine gesonderte Regelung für die Haftung des Geschäftsführers besteht bei der Anmeldung der Gesellschaft zum Handelsregister sowie der Aufnahme des Geschäftsbetriebes vor der Eintragung der Gesellschaft in das Handelsregister.

Werden zum Zweck der Errichtung der Gesellschaft falsche Angaben gemacht, so haften die Gesellschafter und der Geschäftsführer gemäß § 9a Abs. 1 GmbHG der Gesellschaft als Gesamtschuldner für fehlende Einzahlungen und haben ihr die Vergütungen, welche nicht unter den Gründungsaufwand aufgenommen wurden sowie den sonstigen Schaden zu ersetzen. Gemäß § 7 Abs. 2 GmbHG darf die Anmeldung erst erfolgen, wenn auf jede Stammeinlage, soweit im Gesellschaftsvertrag nicht Sacheinlagen vereinbart wurden, ein Viertel eingezahlt ist. Auf das Stammkapital muss so viel eingezahlt sein, dass zuzüglich der Sacheinlagen die Höhe des Mindeststammkapitals gemäß § 5 Abs. 1 GmbHG (= 25.000,00 EUR) erreicht ist. Bei der Anmeldung ist gemäß § 8 Abs. 2 GmbHG die Versicherung abzugeben, dass die nach § 7 Abs. 2 GmbHG erforderlichen Leistungen auf die Stammeinlagen erbracht sind und sich der Gegenstand der Leistungen endgültig in der freien Verfügung des Geschäftsführers befindet.

Wird bereits vor der Eintragung in das Handelsregister der Geschäftsbetrieb der Gesellschaft aufgenommen, so haften gemäß § 11 Abs. 2 GmbHG die Handelnden persönlich und gesamtschuldnerisch. Nach der Rechtsprechung[156] ist „Handelnder" i. S. v. § 11 Abs. 2 GmbHG, wer als Geschäftsführer oder wie ein solcher für die künftige GmbH geschäftlich tätig wird. Dabei setzt die persönliche Haftung des Geschäftsführers als Handelnder i. S. v.

§ 11 Abs. 2 GmbHG nicht voraus, dass er in eigener Person nach außen hin rechtsgeschäftlich tätig wird, vielmehr genügt es bereits, wenn er Mitarbeiter der künftigen GmbH mit seiner Ermächtigung oder in seinem Einverständnis tätig werden lässt.[157] Die persönliche Haftung des Geschäftsführers nach § 11 Abs. 2 GmbHG besteht für solche Rechtsgeschäfte, welche im Zeitraum ab notarieller Beurkundung des Gesellschaftsvertrages vorgenommen werden;[158] mit der Eintragung der Gesellschaft in das Handelsregister erlischt die persönliche Haftung des Geschäftsführers, da alle Rechte und Verbindlichkeiten aus den bis zu diesem Zeitpunkt getätigten Rechtsgeschäften auf die eingetragene und damit rechtlich entstandene GmbH übergehen.[159]

7. Haftung mehrerer Geschäftsführer

Sind mehrere Geschäftsführer bestellt, so haften diese gemäß § 43 Abs. 2 GmbHG als Gesamtschuldner gegenüber der Gesellschaft für einen von ihnen pflichtwidrig verursachten Schaden. Ist durch Geschäftsordnung eine Verteilung der Zuständigkeitsbereiche unter den Geschäftsführern getroffen, so haftet der einzelne Geschäftsführer für den von seinem Geschäftsführer-Kollegen in dessen Ressortbereich verursachten Schaden nur, soweit er die ihm obliegende **Überwachungspflicht** verletzt hat; **auch bei Aufteilung der Geschäftsbereiche** durch Geschäftsordnung bleibt der einzelne Geschäftsführer nämlich verpflichtet, sich ausreichend davon zu vergewissern, dass die anderen Geschäftsbereiche von seinen Geschäftsführer-Kollegen ordnungsgemäß geleitet werden und muss daher eingreifen, wenn sich Anhaltspunkte dafür ergeben, dass ein Geschäftsführer-Kollege seinen Geschäftsbereich nicht ordnungsgemäß führt.[160] Diese Überwachungspflicht erlangt besondere Bedeutung im Fall des Eintretens einer wirtschaftlichen Krise der Gesellschaft, und zwar sowohl im Hinblick auf die Verantwortlichkeit der Geschäftsführer für die ordnungsgemäße Abführung der Sozialversicherungsbeiträge (vgl. hierzu im Einzelnen nachfolgend unter 9.) und im Hinblick auf die Insolvenzantragspflicht (vgl. hierzu im Einzelnen nachfolgend unter 10.).

8. Voraussetzungen für die Geltendmachung des Ersatzanspruchs

Für die Geltendmachung von Ersatzansprüchen der Gesellschaft gegen den Geschäftsführer ist nach § 46 Nr. 8 GmbHG ein **Gesellschafterbeschluss erforderlich**. Die Notwendigkeit eines solchen vorherigen Gesellschafterbeschlusses besteht auch dann, wenn der Geschäftsführer zum Zeitpunkt der Erhebung des Ersatzanspruchs bereits aus dem Geschäftsführer-Amt ausgeschieden ist.[161] Hierbei ist zu beachten, dass es sich bei dem erforderlichen Beschluss zur Geltendmachung des Schadensersatzanspruches nach der Rechtsprechung[162] um eine materiell-rechtliche Anspruchsvoraussetzung handelt, so dass bei Fehlen des erforderlichen Beschlusses die Schadensersatzklage als unbegründet abzuweisen ist. Der Ersatzanspruch der Gesellschaft, für welchen der Gerichtsstand am Sitz der Gesellschaft begründet ist,[163] verjährt gemäß

§ 43 Abs. 4 GmbHG in 5 Jahren. Hierbei ist zu beachten, dass nach der Rechtsprechung[164] diese Verjährungsfrist nicht nur für die gesetzliche Haftung nach § 43 GmbHG, sondern zugleich für die vertragliche Haftung wegen Verletzung des Anstellungsvertrages gilt, wobei eine solche vertragliche Verkürzung der Verjährungsfrist des § 43 Abs. 4 GmbHG rechtlich zulässig ist, sofern hierdurch keine Benachteiligung der Gläubiger der Gesellschaft eintritt.

9. Haftung des Geschäftsführers für die Abführung von Sozialversicherungsbeiträgen

Da der **Geschäftsführer für** die Gesellschaft die Rechte und Pflichten des Arbeitgebers im Sinne der arbeits- und sozialrechtlichen Vorschriften wahrnimmt, ist er insbesondere auch für die **ordnungsgemäße Abführung der Sozialversicherungsbeiträge** für die bei der Gesellschaft beschäftigten Arbeitnehmer **verantwortlich.** Hinsichtlich der Sozialversicherungsbeiträge ist zu differenzieren zwischen dem Arbeitgeberanteil und dem Arbeitnehmeranteil am sog. Gesamtsozialversicherungsbeitrag. Hinsichtlich des Arbeitnehmeranteils besteht gemäß § 28e SGB IV die Verpflichtung, die Beiträge vom Lohn einzubehalten und an die Einzugsstelle für den Gesamtsozialversicherungsbeitrag gemäß § 28h SGB IV abzuführen. Das Unterlassen einer Abführung des Arbeitnehmeranteils zur Sozialversicherung stellt nach § 266a Abs. 1 StGB einen Straftatbestand dar, auf welchen die Strafandrohung einer Freiheitsstrafe bis zu 5 Jahren oder einer Geldstrafe besteht. Nach der Rechtsprechung[165] handelt es sich bei § 266 StGB zugleich um ein Schutzgesetz i.S.v. § 823 Abs. 2 BGB, so dass der Geschäftsführer neben der strafrechtlichen Verfolgung auch zivilrechtlich einer persönlichen Haftung gegenüber den Sozialversicherungträgern unterliegt, wenn er die Abführung der Arbeitnehmerbeiträge zur Sozialversicherung schuldhaft unterlässt.[166]

Die Beachtung der ordnungsgemäßen Abführung der Sozialversicherungsbeiträge und hierbei insbesondere des Arbeitnehmeranteils zum Gesamtsozialversicherungsbeitrag erlangt in der Praxis eine besondere Bedeutung bei Eintritt einer Krise des Unternehmens. Bis zum Urteil des BGH vom 14.5.2007[167] bestand für den Geschäftsführer eine außerordentlich prekäre Pflichtenkollision, da

- nach der Rechtsprechung des 5. Strafsenats des BGH[168] die Einstellung der Abführung der Sozialversicherungsbeiträge im Hinblick auf die dem Geschäftsführer zivilrechtlich obliegende Massesicherung gemäß § 64 GmbHG seine strafrechtliche Haftung nach § 266a Abs. 1 StGB unberührt ließ,
- während der 2. Zivilsenat des BGH in seiner ehemaligen Rechtsprechung[169] die Auffassung vertrat, dass der Verpflichtung zur Abführung der Sozialversicherungsbeiträge kein Vorrang gegenüber der Befriedigung anderer Gläubiger der Gesellschaft zukam, so dass sich der Geschäftsführer bei einer solchen vorrangigen Verwendung der noch verfügbaren finanziellen Mittel der Gesellschaft zur Erfüllung der sozialversicherungsrechtlichen Beitragspflichten dem Risiko einer Schadensersatz-Haftung nach

§ 64 GmbHG aussetzte (zu den Einzelheiten dieser Haftung vgl. nachfolgend Erl. 10).

Dieses Haftungsdilemma, in welches der Geschäftsführer bei Eintritt einer Krise des Unternehmens fiel, ist durch das vorstehend bereits zitierte Urteil des 2. Zivilsenats des BGH vom 14.5.2007 nun dahingehend gelöst worden, dass in der Abführung der fälligen Sozialversicherungsbeiträge solche Zahlungen liegen, welche nach § 64 Satz 2 GmbHG mit der Sorgfalt eines ordentlichen Geschäftsmanns vereinbar sind. Damit hat der BGH im Hinblick auf die Einheit der Rechtsordnung **klargestellt, dass in der Abführung der Sozialversicherungsbeiträge keine die persönliche Haftung des Geschäftsführers begründende Verletzung seiner Massesicherungspflicht nach § 64 GmbHG liegt.** Damit ist das – bis zu dieser Rechtsprechungskorrektur bestehende – Risiko des Geschäftsführers beseitigt worden, dass er sich durch die zur Abwendung einer strafrechtlichen Verantwortlichkeit vorgenommene Abführung der Sozialversicherungsbeiträge der Gefahr einer persönlichen Haftung nach § 64 GmbHG aussetzte. Der Geschäftsführer kann daher zukünftig seiner Verpflichtung zur Abführung der fälligen Sozialversicherungsbeiträge den Vorrang einräumen, ohne sich hierdurch einem Haftungsrisiko nach § 64 GmbHG auszusetzen.

10. Haftung des Geschäftsführers bei Insolvenz der Gesellschaft

Bei drohendem Eintritt einer Insolvenz der Gesellschaft sind die Insolvenzantragspflicht des Geschäftsführers nach § 15a InsO sowie die – im Rahmen des MoMiG reformierte – Haftungsnorm des § 64 GmbHG zu beachten. Nach § 15a Abs. 1 InsO sind folgende zwei Insolvenztatbestände bestimmt, welche die Verpflichtung des Geschäftsführers zum Antrag auf Eröffnung des Insolvenzverfahrens auslösen:

• **Zahlungsunfähigkeit** der Gesellschaft: diese liegt nach der Legaldefinition des § 17 Abs. 2 S. 1 InsO vor, wenn die Gesellschaft nicht mehr in der Lage ist, die fälligen Zahlungsverpflichtungen zu erfüllen. Durch § 17 Abs. 2 InsO wird eine gesetzliche Vermutung aufgestellt, wonach Zahlungsunfähigkeit in der Regel anzunehmen ist, wenn der Schuldner seine Zahlungen eingestellt hat. Hierbei ist jedoch zu beachten, dass eine bloße Zahlungsstockung aufgrund eines vorübergehenden Liquiditätsengpasses noch nicht das Vorliegen einer Zahlungsunfähigkeit bedeutet. Eine die Zahlungsunfähigkeit indizierende Zahlungseinstellung liegt erst dann vor, wenn die Gesellschaft über einen längeren Zeitraum außerstande ist, ihre fälligen Zahlungspflichten zu erfüllen. Diese allgemeinen Grundsätze zur **Abgrenzung zwischen einer bloßen Zahlungsstockung gegenüber einer Zahlungsunfähigkeit** sind durch die BGH-Rechtsprechung[170] wie folgt konkretisiert:

– Hinsichtlich der zeitlichen Grenze ist von einer bloßen Zahlungsstockung auszugehen, wenn der Zeitraum nicht überschritten wird, den eine kreditwürdige Person benötigt, um sich die erforderlichen finanziellen Mittel zu leihen, wobei der BGH hierfür einen Zeitraum von 3 Wochen als erforderlich, aber auch ausreichend, hält.

- Beträgt eine innerhalb dieser 3 Wochen nicht zu beseitigende Liquiditätslücke der Gesellschaft weniger als 10 Prozent ihrer fälligen Gesamt-
  verbindlichkeiten, ist grundsätzlich von einer Zahlungsfähigkeit auszugehen, es sei denn, dass bereits absehbar ist, dass die Liquiditätslücke
  kurzfristig wieder mehr als 10 Prozent erreichen wird.
- Beträgt die nicht zu beseitigende Liquiditätslücke jedoch 10 Prozent
  oder mehr, so ist regelmäßig von einer Zahlungsunfähigkeit auszugehen,
  sofern nicht ausnahmsweise mit an Sicherheit grenzender Wahrscheinlichkeit zu erwarten ist, dass die Liquiditätslücke demnächst vollständig
  oder fast vollständig beseitigt wird und den Gläubigern der Gesellschaft
  ein Zuwarten nach den besonderen Umständen des Einzelfalls zuzumuten ist. Um hierbei auch die demnächst fällig werdenden Verbindlichkeiten zu berücksichtigen und damit einen Bugwelleneffekt zu vermeiden,
  hat die Prognose durch eine Finanzplanrechnung zu erfolgen, aus der
  sich die hinreichend konkret zu erwartenden Einnahmen und Ausgaben
  der nächsten 3 Wochen ergeben.[171]
- **Überschuldung der Gesellschaft:** auch für die zweite Alternative einer Insolvenz der Gesellschaft, nämlich die Überschuldung, ist durch § 19 Abs. 2
  InsO eine Legaldefinition erfolgt: danach liegt eine Überschuldung vor,
  wenn das Vermögen der Gesellschaft die bestehenden Verbindlichkeiten
  nicht mehr deckt. Die hierzu erforderliche Feststellung, ob das Vermögen
  die Schulden nicht mehr deckt, kann grundsätzlich nur durch eine Bilanz
  getroffen werden. Hierbei darf sich der Geschäftsführer jedoch nicht auf
  die Jahres- oder Zwischenbilanz beschränken, vielmehr muss er dann,
  wenn sich eine wirtschaftliche Krise der Gesellschaft mit der **Gefahr einer
  Insolvenz abzeichnet,** in regelmäßigen zeitlichen Abständen einen sog.
  Vermögensstatus aufstellen, um sich zeitnah ein zutreffendes Bild über die
  wirtschaftliche Lage der Gesellschaft zu verschaffen. Hierbei muss sich der
  Geschäftsführer rechtzeitig durch fachkundige externe Sachverständige beraten lassen, wenn er nicht selbst über ausreichende fachliche Kenntnisse
  zur Beurteilung der wirtschaftlichen Lage verfügt.[172] Eine solche Hinzu-
  ziehung externer fachlicher Berater ist dem Geschäftsführer insbesondere
  im Hinblick darauf zu empfehlen, da ihm keine Verletzung der Insolvenzantragspflicht vorgeworfen werden kann, wenn er sich auf die fachkundige Beurteilung dieser von ihm hinzugezogenen externen Berater verlassen
  hat; dies gilt jedoch nur dann, wenn der Geschäftsführer dem hinzugezogenen externen fachlichen Berater eine umfassende Darstellung der wirtschaftlichen Verhältnisse der Gesellschaft gegeben und alle zur Beurteilung
  der wirtschaftlichen Lage erforderlichen Unterlagen diesem Berater offen
  gelegt hat.[173] Nach der Rechtsprechung[174] genügt eine unverzügliche Auf-
  tragserteilung an einen externen fachlichen Berater noch nicht, vielmehr
  muss der Geschäftsführer auf eine unverzügliche Vorlage der Prüfungser-
  gebnisse hinwirken und diese einer inhaltlichen Plausibilitätskontrolle unterziehen. Hinsichtlich der Werte, mit welchen die Aktiva der Gesellschaft
  in einem solchen zeitnah zu erstellenden und aktualisiert zu führenden
  Vermögensstatus zu bewerten sind, kommen zwei Ansätze in Betracht: die
  Bewertung der Aktiva unter Zugrundelegung einer Liquidation der Gesell-

schaft (sog. **Liquidationswerte**) oder einer Fortführung der Gesellschaft (sog. **Fortführungswerte**). Für das Verhältnis dieser beiden Ansätze, welche naturgemäß erhebliche Auswirkungen auf das Ergebnis des Vermögenssstatus haben, ist nach der Rechtsprechung[175] aufgrund der gesetzlichen Systematik des § 19 Abs. 2 InsO von folgendem Regel-Ausnahme-Verhältnis auszugehen:

– Die Überschuldungsprüfung hat nach § 19 Abs. 2 Satz 1 InsO in der Regel unter Zugrundelegung der sog. Liquidationswerte zu erfolgen.
– Demgegenüber kommt eine Zugrundelegung der Fortführungswerte nach § 19 Abs. 2 Satz 2 InsO nur für den Ausnahmefall in Betracht, dass aufgrund eines aussagekräftigen Unternehmenskonzeptes (sog. Ertrags- und Finanzplan) eine günstige Fortführungsprognose im Sinne einer Überlebensfähigkeit des Unternehmens gegeben ist. Hierbei hat der Geschäftsführer in einem Haftungsprozess wegen Insolvenzverschleppung die Umstände darzulegen und zu beweisen, aus welchen sich eine günstige Fortführungsprognose für den betreffenden Zeitraum ergab.

Im Fall der **GmbH & Co. KG** ist zwischen der Insolvenz der KG und der Insolvenz ihrer Komplementär-GmbH zu unterscheiden. Für die KG bestehen in gleicher Weise die Insolvenztatbestände der Zahlungsunfähigkeit (§ 17 InsO) und der Überschuldung (§ 19 InsO).[176]

Ist für den Geschäftsführer einer der beiden Insolvenztatbestände erkennbar, setzt die Insolvenzantragspflicht nach § 15a InsO ein.[177] Nach § 15a Abs. 1 InsO hat der Geschäftsführer ohne schuldhaftes Zögern, **spätestens** jedoch **nach 3 Wochen den Antrag auf Eröffnung des Insolvenzverfahrens** zu stellen. Hierbei ist zu beachten, dass die 3-Wochen-Frist eine zeitliche Höchstgrenze darstellt, welche nach der Rechtsprechung[178] nur bei Vorlegen triftiger Gründe (z. B. erfolgversprechender Sanierungsbemühung) ausgeschöpft werden darf, wohingegen der Antrag bereits früher bzw. sofort zu stellen ist, wenn von Anfang an Sanierungsmaßnahmen ernstlich nicht in Betracht kommen. Sind mehrere Geschäftsführer bestellt, so ist gemäß § 15 InsO jeder einzelne Geschäftsführer zur Stellung des Antrags verpflichtet, und zwar auch dann, wenn die Geschäftsführer nur gesamtvertretungsberechtigt sind. Der Geschäftsführer kann sich seiner gesetzlichen Pflicht zur Stellung des Antrags auch nicht durch Niederlegung des Geschäftsführeramtes entziehen; auch in diesem Fall bleibt er verpflichtet, den Antrag zu stellen oder bei seinem Nachfolger auf die Stellung des Antrags hinzuwirken.[179] Ist durch die Niederlegung des Amtes durch den/die Geschäftsführer eine Vertretungslosigkeit der Gesellschaft eingetreten, so sind nach der im Rahmen des MoMiG erfolgten Neuregelung des § 15a Abs. 3 InsO auch die Gesellschafter zur Stellung des Insolvenzantrages verpflichtet, es sei denn, dass sie von der Zahlungsunfähigkeit oder der Überschuldung und der Führungslosigkeit der Gesellschaft keine Kenntnis hatten.

Nach § 64 Satz 1 GmbHG besteht eine **Haftung des Geschäftsführers gegenüber der Gesellschaft** auf Ersatz der nach Eintritt der Zahlungsunfähigkeit oder nach Feststellung der Überschuldung geleisteten Zahlungen.[180] Diese Haftung gilt nach § 64 Satz 2 GmbHG jedoch nicht für solche Zahlungen, die auch nach Eintritt der Insolvenzreife mit der Sorgfalt eines ordentlichen

Kaufmanns vereinbar waren: hierunter fallen insbesondere solche Zahlungen (Mieten, Gehälter), die erforderlich sind, um den sofortigen Zusammenbruch der Gesellschaft zu verhindern sowie solche Zahlungen, welche für erfolgversprechende Sanierungsmaßnahmen eingesetzt wurden. Nach dem bereits unter Erl. 9 zitierten BGH-Urteil vom 14.5.2007 fällt auch die Abführung der Sozialversicherungsbeiträge unter die durch § 64 Satz 2 GmbHG abgedeckten Zahlungen.

Da die nach § 15a Abs. 1 InsO bestehende Insolvenzantragspflicht zugleich ein Schutzgesetz i.S.v. § 823 Abs. 2 BGB darstellt, besteht **neben der Haftung des Geschäftsführers gegenüber der Gesellschaft** im Fall einer Verletzung der Insolvenzantragspflicht eine **unmittelbare persönliche Haftung des Geschäftsführers gegenüber den Gläubigern der Gesellschaft,** die aufgrund der pflichtwidrig unterlassenen bzw. verspäteten Stellung des Insolvenzantrages geschädigt wurden. Für den Umfang dieser Haftung ist nach der Rechtsprechung[181] **zu unterscheiden zwischen den sog. Altgläubigern und den sog. Neugläubigern.** Unter den Altgläubigern sind diejenigen Gläubiger zu verstehen, die ihre Forderungen bereits vor dem Zeitpunkt erworben hatten, in welchem der Insolvenzantrag pflichtgemäß hätte gestellt werden müssen. Demgegenüber sind Neugläubiger diejenigen Gläubiger, deren Forderungen aus solchen Geschäften resultieren, die erst nach dem Zeitpunkt erfolgten, zu welchem der Insolvenzantrag bereits hätte gestellt werden müssen. Für den Personenkreis der Altgläubiger umfasst die Haftung des Geschäftsführers nur denjenigen Schaden, welcher diesen Gläubigern dadurch entstanden ist, dass die Stellung des Insolvenzantrages pflichtwidrig unterlassen und das zur Befriedigung dieser Gläubiger dienende Vermögen der Gesellschaft daher geschmälert wurde; die **Haftung des Geschäftsführers gegenüber den Altgläubigern** besteht somit **lediglich auf den sog. Quotenschaden,** welcher sich aus der Differenz zwischen der Soll-Quote im Fall rechtzeitiger Antragstellung gegenüber der tatsächlichen Ist-Quote errechnet.[182] Eine solche Begrenzung der Haftung des Geschäftsführers auf den sog. Quotenschaden ist nach der Rechtsprechung[183] gegenüber dem Personenkreis der Neugläubiger jedoch nicht vertretbar. Zur Begründung hierfür wird darauf verwiesen, dass diese Gläubiger bei rechtzeitigem Insolvenzantrag überhaupt keinen Schaden erlitten hätten, da es in diesem Fall überhaupt nicht zum Abschluss von Geschäften bzw. der Erbringung von Leistungen gekommen wäre, für welche diese Gläubiger aus Gründen der Insolvenz keine oder eine entsprechend der Insolvenzquote geminderte Gegenleistung erhalten. **Gegenüber den Neugläubigern** besteht daher eine **Haftung des Geschäftsführers auf vollen Ersatz des Schadens,** welcher ihnen durch den unterbliebenen bzw. verspäteten Insolvenzantrag entstanden ist. Nach der Rechtsprechung[184] sind die **Sozialversicherungsträger nicht mit den sog. Neugläubigern gleichzustellen:** während Letztere nämlich Vorleistungen oder Aufwendungen in Folge eines Vertragsschlusses mit einer insolvenzreifen GmbH erbracht haben, steht den Sozialversicherungsträgern ein gesetzlicher Anspruch auf Beitragsabführung zu, welcher auf einem sozialversicherungspflichtigen Beschäftigungsverhältnis beruht, dessen Bestand durch die Eröffnung des Insolvenzverfahrens nicht unmittelbar berührt wird. Die Sozialversicherungsträger können daher für diejenigen Sozialversicherungsbeiträge, welche nach dem Zeitpunkt entstanden sind, zu welchem der Geschäftsführer den Insolvenzantrag hätte stellen müssen, keine Erfüllung ihrer Beitragsforderungen gegenüber dem Geschäftsführer im Wege des Schadensersatzes verlangen. In gleicher Weise fällt auch die Bundesagentur für Arbeit, die an die Arbeitnehmer der Gesellschaft für einen Zeitraum von 3 Monaten vor dem Insolvenzereignis gemäß § 183 SGB III das Insolvenzgeld zu leisten hat, nach der Rechtsprechung[185] nicht unter den Schutzbereich der Insolvenzantragspflicht, so dass sie den Geschäftsführer nicht auf Erstattung der von ihr erbrachten gesetzlichen Leistungen des Insolvenzgeldes in Anspruch nehmen kann.

11. Steuerrechtliche Haftung des Geschäftsführers

Zur steuerrechtlichen Haftung des Geschäftsführers können im vorliegenden Rahmen nur die einschlägigen Vorschriften und die hierfür geltenden Grundsätze genannt werden, während für die Einzelheiten dieses Pflichtenbereichs des Geschäftsführers auf die weiterführende Spezial-Literatur[186] verwiesen werden muss. Nach § 69 Satz 1 AO haften die in § 34 AO genannten Personen, zu welchen insbesondere die gesetzlichen Vertreter juristischer Personen gehören, so dass für die GmbH deren Geschäftsführer für die Erfüllung der steuerlichen Pflichten der Gesellschaft haften. Hierunter fallen insbesondere die Auskunftspflicht gemäß § 93 AO, die Buchführungs- und Aufzeichnungspflichten gemäß §§ 140 ff. AO sowie die Pflicht zur Abgabe der Steuererklärungen gemäß §§ 149 ff. AO. Werden diese Pflichten durch den Geschäftsführer vorsätzlich oder grob fahrlässig verletzt und deshalb die Steuerschulden der Gesellschaft nicht oder nicht rechtzeitig erfüllt, so unterliegt der Geschäftsführer gemäß § 69 AO einer persönlichen Haftung gegenüber der Finanzverwaltung.

Ein besonders **strenger Haftungsmaßstab** wird gegenüber dem Geschäftsführer **für die Abführung der Lohnsteuer** angewandt:[187] nach dem Lohnsteuerabzugsverfahren gemäß § 38 Abs. 3 i.V.m. § 41a Abs. 1 Nr. 2 EStG hat der Arbeitgeber die Lohnsteuer des Arbeitnehmers einzubehalten und für diesen an die Finanzverwaltung abzuführen. Die Verletzung dieser Verpflichtung wird in der Rechtsprechung des BFH[188] als eine grob fahrlässige Verletzung der Pflichten des Geschäftsführers judiziert, welche die Haftungsfolgen des § 69 AO auslöst. Im Fall einer Krise des Unternehmens, bei welcher die zur Verfügung stehenden finanziellen Mittel nicht mehr zur Zahlung der vollen Löhne einschließlich der Lohnsteuer ausreichen, muss der Geschäftsführer nach der Rechtsprechung des BFH[189] die Löhne auf einen Teilbetrag kürzen, um den hierauf entfallenden Anteil der Lohnsteuer an die Finanzverwaltung abzuführen (Grundsatz der gleichrangigen Befriedigung der Arbeitnehmer und der Finanzverwaltung). Das vorstehend bereits in Erl. 9 dargelegte Haftungsdilemma, welches für den Geschäftsführer im Hinblick auf die Abführung der Sozialversicherungsbeiträge nach der ehemaligen Rechtsprechung des BGH bestand, stellte sich in der Vergangenheit ebenfalls für die Abführung der Lohnsteuer in den Fällen der Krise des Unternehmens: während nämlich der BFH zuletzt noch in seinem Urteil vom 27.2.2007[190] urteilte, dass der Geschäftsführer seiner steuerlichen Abführung der Lohnsteuer nicht die ihm zivilrechtlich obliegende Pflicht zur Massesicherung entgegenhalten konnte, drohte dem Geschäftsführer nach der früheren Rechtsprechung des BGH bei Abführung der Lohnsteuer eine zivilrechtliche Haftung nach § 64 GmbHG wegen Verletzung seiner Pflicht zur Massesicherung. Dieses Dilemma hat der BGH nunmehr jedoch in dem bereits zitierten Urteil vom 14.5.2007[191] auch hinsichtlich der steuerrechtlichen Haftung des Geschäftsführers dahingehend gelöst, dass in der **Abführung der Lohnsteuer an die Finanzverwaltung keine die persönliche Haftung des Geschäftsführers begründende Verletzung seiner Massesicherungspflicht liegt**, da es sich bei der Abführung der Lohnsteuer um solche Zahlungen handelt, welche nach § 64 Satz 2 GmbHG mit der Sorgfalt eines ordentlichen Geschäftsmanns vereinbar sind.

12. Haftung des Geschäftsführers gegenüber Gesellschaftern

Die unter Erl. 2–3 dargestellte Haftung des Geschäftsführers nach § 43 GmbHG besteht ausschließlich gegenüber der Gesellschaft, wohingegen **grundsätzlich keine Haftung des Geschäftsführers gegenüber den einzelnen Gesellschaftern** der GmbH besteht.[192] Eine gesetzliche Ausnahme hiervon ist lediglich durch § 31 Abs. 6 GmbHG vorgesehen: danach besteht eine Regresshaftung des Geschäftsführers gegenüber denjenigen Gesellschaftern, die gemäß § 31 Abs. 3 GmbHG anstelle des zahlungsunfähigen Empfängers gegenüber der Gesellschaft für die Rückerstattung des an diesen ausgezahlten Stammkapitals aufkommen mussten.

13. Haftung des Geschäftsführers gegenüber Gläubigern der Gesellschaft

Gegenüber den Gläubigern der Gesellschaft besteht – abgesehen von den vorstehend unter Erl. 9–11 dargelegten Bereichen der sozialversicherungsrechtlichen, insolvenzrechtlichen und steuerlichen Haftung des Geschäftsführers – **grundsätzlich keine persönliche Eigenhaftung des Geschäftsführers.** Dies folgt aus der Rechtsstellung des Geschäftsführers als gesetzlichem Vertreter der Gesellschaft, weshalb die von ihm in Ausübung seines Geschäftsführeramtes gegenüber Dritten begründeten Verbindlichkeiten nicht ihn persönlich, sondern ausschließlich die Gesellschaft verpflichten, für welche er als Geschäftsführer gehandelt hat. Diese grundsätzlich allein die Gesellschaft treffende Haftung wird in zweifacher Hinsicht durch die im GmbHG getroffene Haftungsordnung bestätigt, nämlich zum einen durch § 43 Abs. 2 GmbHG, wonach eine Haftung des Geschäftsführers allein gegenüber der Gesellschaft besteht, sowie zum anderen durch § 13 Abs. 2 GmbHG, wonach für Verbindlichkeiten der GmbH nur das Gesellschaftervermögen haftet. Von diesem Grundsatz der ausschließlichen Haftung der Gesellschaft wird in der Rechtsprechung jedoch für die nachfolgend behandelten Fallgruppen eine Ausnahme im Sinne einer Eigenhaftung des Geschäftsführers gegenüber den Gläubigern der Gesellschaft gemacht:

a) Rechtsschein-Haftung des Geschäftsführers. Eine persönliche Haftung des Geschäftsführers greift zunächst in denjenigen Fällen ein, in welchen er gegenüber dem Vertragspartner den Rechtsschein erweckt, das Geschäft nicht für die Gesellschaft, sondern für sich persönlich abzuschließen, oder er gegenüber dem Vertragspartner den Rechtsschein erweckt, einen unbeschränkt persönlich haftenden Firmeninhaber zu vertreten. Besonders im zuletzt genannten Fall besteht für den Geschäftsführer ein gesteigertes Risiko einer Eigenhaftung bei solchen Verträgen, welche in der Firmenbezeichnung nicht den nach § 4 Abs. 2 GmbHG erforderlichen Zusatz „mit beschränkter Haftung" enthalten.[193] Auch für den umgekehrten Fall, dass der Geschäftsführer in einem von ihm abgeschlossenen Vertrag für die Gesellschaft den unrichtigen Rechtsformzusatz „GmbH" verwandt hat, tritt eine persönliche Eigenhaftung ein.[194]

b) Eigenhaftung des Geschäftsführers nach § 311 Abs. 2/3 BGB. Durch § 311 Abs. 2 BGB wurde die zunächst durch die Rechtsprechung des BGH entwickelte Haftung für die Verletzung vorvertraglicher Pflichten (sog. culpa in contrahendo) im Rahmen der Schuldrechtsnovelle gesetzlich geregelt. Durch § 311 Abs. 3 BGB wurde ebenfalls die bisherige Rechtsprechung kodifiziert, wonach eine Haftung wegen sog. culpa in contrahendo nicht nur für diejenige (natürliche oder juristische) Person eintreten kann, die Vertragspartei wurde, sondern auch für denjenigen, der in den Vertragsverhandlungen ein besonderes Vertrauen für sich in Anspruch nimmt oder den Vertragsabschluss erheblich beeinflusst. Danach kommen folgende Fälle einer Eigenhaftung des Geschäftsführers in Betracht:

- Für eine **Eigenhaftung des Geschäftsführers** aus sog. culpa in contrahendo **wegen Inanspruchnahme eines besonderen persönlichen Vertrauens** i. S. v. § 311 Abs. 3 Satz 2 BGB verlangt die Rechtsprechung,[195] dass der Geschäftsführer dem Vertragspartner der Gesellschaft in zurechenbarer Weise den Eindruck vermittelt, er werde persönlich die ordnungsgemäße Abwicklung des Geschäfts gewährleisten, wenn sich das vom Vertragspartner entgegengebrachte Verhandlungsvertrauen später als nicht gerechtfertigt erweisen sollte. Dies setzt insbesondere voraus, dass der Geschäftsführer sich unmittelbar an den Vertragsverhandlungen beteiligt und seine Erklärungen gegenüber dem künftigen Vertragspartner in die Nähe einer Garantiezusage rücken.[196] Aus diesen gesteigerten Anforderungen für eine persönliche Eigenhaftung des Geschäftsführers folgt zugleich ihre Abgrenzung zu denjenigen Fällen einer persönlichen Mitwirkung des Geschäftsführers an den Verhandlungen, aus welcher sich keine spätere Eigenhaftung ergibt: danach begründet allein das Werben für die Produkte der Gesellschaft und die Führung der Verhandlungen durch einen sich als sachkundig darstellenden Geschäftsführer kein besonderes persönliches Vertrauen, aus welchem eine Eigenhaftung des Geschäftsführers folgt. Vielmehr stellt der Einsatz sachkundiger Vertreter durch die Gesellschaft und eine positive Vorstellung ihrer Produkte eine dem Geschäftsverkehr entsprechende Erwartungshaltung dar. Erweist sich diese Erwartung später als unzutreffend, so kommt allein eine vertragliche Haftung der Gesellschaft (z. B. im Hinblick auf Gewährleistungsansprüche) in Betracht, nicht jedoch eine persönliche Eigenhaftung des Geschäftsführers.

• Eine **Eigenhaftung des Geschäftsführers** aus sog. culpa in contrahendo **wegen eines besonderen wirtschaftlichen Eigeninteresses** kommt in denjenigen Fällen in Betracht, bei welchen der Geschäftsführer wirtschaftlich in besonderem Maße am Vertragsabschluss selbst interessiert ist und hieraus einen eigenen Nutzen zieht, so dass er wirtschaftlich gesehen gleichsam in eigener Sache handelt. Hierbei ist jedoch zu beachten, dass an diese Voraussetzungen durch die Rechtsprechung sehr hohe Anforderungen gestellt werden, welche nur in besonderen Ausnahmefällen erfüllt sein werden. Dies zeigen die nachfolgend zitierten Urteile, mit denen der BGH einen deutlichen Riegel gegen etwaige Versuche vorschiebt, unter Hinweis auf ein wirtschaftliches Eigeninteresse des Geschäftsführers am Zustandekommen des Geschäftes seine persönliche Eigenhaftung zu begründen. So hat der BGH in seinem Urteil vom 6.6.1994[197] ausdrücklich klargestellt, dass allein der Umstand, dass der Geschäftsführer eine maßgebende Beteiligung an der GmbH hielt, für welche das Geschäft von ihm abgeschlossen wurde, kein besonderes wirtschaftliches Eigeninteresse begründete. Im Urteil vom 16.3.1992[198] hat der BGH entschieden, dass auch eine zusätzlich zum Gehalt des Geschäftsführers tretende Provision aus dem Nettoerlös des von ihm für die Gesellschaft abgeschlossenen Geschäfts kein die Eigenhaftung auslösendes besonderes wirtschaftliches Eigeninteresse begründet. Schließlich hat der BGH in seinem weiteren Urteil vom 6.6.1994[199] entschieden, dass auch die Stellung von Sicherheiten (z. B. Darlehen, Grundschuld) zugunsten der Gesellschaft kein besonderes wirtschaftliches Eigeninteresse des Geschäftsführers begründet, aus welchem seine persönliche Eigenhaftung für die Verbindlichkeiten der Gesellschaft abgeleitet werden kann. Im Ergebnis ist somit festzustellen, dass eine persönliche Eigenhaftung des Geschäftsführers unter dem Gesichtspunkt eines besonderen wirtschaftlichen Eigeninteresses nur für besonders gelagerte Ausnahmefälle in Betracht kommt, da andernfalls das eingangs dargelegte Haftungssystem durchbrochen würde, wonach der Geschäftsführer grundsätzlich nicht für die Verbindlichkeiten der Gesellschaft zu haften hat.

c) Eigenhaftung des Geschäftsführers nach § 823 Abs. 1 BGB wegen sog. Garantenstellung. Eine Eigenhaftung des Geschäftsführers kann nach einer in der Lit. stark kritisierten Rechtsprechung[200] ausnahmsweise auch in solchen Fällen begründet sein, bei welchen der Geschäftsführer aufgrund besonderer Umstände eine sog. Garantenstellung für den Schutz von Eigentumsrechten der Gläubiger der Gesellschaft einnimmt. An eine solche Garantenstellung sind jedoch besonders strenge Voraussetzungen zu stellen, da grundsätzlich die sog. Verkehrssicherungspflicht ausschließlich die Gesellschaft trifft, für welche der Geschäftsführer als Vertretungsorgan tätig wird und auch die Erwartung der beteiligten Geschäftskreise an die Einhaltung der Verkehrssicherungspflichten in aller Regel gegenüber der Gesellschaft bestehen.

d) Eigenhaftung des Geschäftsführers nach § 826 BGB. Die Fallgruppe einer Eigenhaftung des Geschäftsführers wegen vorsätzlich sittenwidriger Schädigung von Gläubigern gemäß § 826 BGB kommt insbesondere bei Insolvenzverschleppung über die bereits vorstehend in Erl. 10 dargelegte Haftung gegenüber den sog. Neugläubigern in Betracht. Danach haftet der Geschäftsführer für den Fall, dass er die ihm bekannte Überschuldung oder Zahlungsunfähigkeit der Gesellschaft gegenüber den Geschäftspartnern verschweigt, die deshalb später mit ihren Forderungen gegenüber der Gesellschaft insolvenzbedingt ausfallen. Nach der Rechtsprechung[201] ist der Geschäftsführer grundsätzlich zur Offenbarung der insolvenzgefährdeten Lage der Gesellschaft verpflichtet, wenn es um den Abschluss solcher Verträge geht, bei welchen der Vertragspartner mit erheblichen Leistungen in Vorlage treten soll (insbesondere Lieferung von Waren auf Kredit) und zum Zeitpunkt des Vertragsabschlusses eine erhebliche Gefahr besteht, dass der Vertragspartner bis zum Eintritt der Fälligkeit seine Forderungen gegenüber der Gesellschaft aufgrund zwischenzeitlich eingetretener Insolvenz nicht mehr realisieren kann.

14. Haftung des Geschäftsführers der GmbH & Co. KG

Für die Haftung des Geschäftsführers der GmbH & Co. KG treten keine Besonderheiten gegenüber den vorstehend dargestellten Haftungsgrundsätzen ein, sofern der Anstellungsvertrag nicht mit der Komplementär-GmbH, sondern der KG geschlossen wurde (zu dieser Möglichkeit der Vertragsgestaltung vgl. Vorbem. unter III. 2. d)). In diesem Fall stehen unmittelbare vertragliche Beziehungen zwischen dem Geschäftsführer und der KG, aufgrund welcher der Geschäftsführer gegenüber der KG haftet. Der Geschäftsführer haftet der KG in dem vorstehend dargelegten Umfang jedoch auch für den Fall, dass der Anstellungsvertrag nicht mit der KG, sondern der Komplementär-GmbH geschlossen wurde. Dass der Geschäftsführer auch in diesem Fall gegenüber der KG haftet, folgt daraus, dass in einer GmbH & Co. KG, bei welcher die wesentliche Aufgabe der Komplementär-GmbH darin besteht, die Geschäfte der KG zu führen, der Schutzbereich des zwischen der Komplementär-GmbH und dem Geschäftsführer geschlossenen Anstellungsvertrages auch die KG erfasst, da sich Fehlleistungen des Geschäftsführers bei einer solchen Konstellation zwangsläufig stets zum Nachteil der KG auswirken und für den Geschäftsführer die hierin liegende Verantwortung für die KG bei Abschluss des Anstellungsvertrages mit der Komplementär-GmbH auch erkennbar ist.[202]

15. Bilanz und Geschäftsbericht

Die in § 3 Abs. (3) des Vertragsmusters geregelte Pflicht des Geschäftsführers zur Aufstellung von Jahresabschluss und Lagebericht folgt aus § 264 Abs. 1 HGB. Der Jahresabschluss gliedert sich dabei gemäß § 242 Abs. 3 HGB auf

in die **Bilanz** (zu den Inhaltsanforderungen vgl. §§ 266–274 HGB) und die
Gewinn- und Verlustrechnung (§§ 275–278 HGB). Daneben verlangt § 264
Abs. 1 Satz 1 HGB die **Vorlage des Geschäftsberichts** (§ 289 HGB), in welchem der Geschäftsführer zum Geschäftsverlauf des zurückliegenden Geschäftsjahres, der wirtschaftlichen Lage der Gesellschaft sowie deren voraus-
sichtlicher Entwicklung Bericht zu erstatten hat. Jahresabschluss und
Geschäftsbericht sind gemäß § 264 Abs. 1 Satz 2 HGB von den gesetzlichen
Vertretern in den ersten drei Monaten nach Abschluss des Geschäftsjahres
aufzustellen. Für die sog. „kleine" GmbH dürfen Jahresabschluss und Geschäftsbericht auch bis zu sechs Monaten nach Abschluss des Geschäftsjahres
aufgestellt werden, sofern dies einem ordnungsgemäßen Geschäftsgang entspricht. Eine solche „kleine" GmbH liegt nach § 267 Abs. 1 HGB vor, wenn
mindestens zwei der drei nachfolgenden Grenzen nicht überschritten sind:
(1) 4.840.000,00 EUR Bilanzsumme nach Abzug eines auf der Aktivseite ausgewiesenen Fehlbetrages; (2) 9.680.000,00 EUR Umsatz in den zwölf Monaten vor dem Abschlussstichtag; (3) Im Jahresdurchschnitt 50 Arbeitnehmer.
Für die „kleine" GmbH werden durch § 266 Abs. 1 Satz 3 HGB und § 276
HGB zugleich die Anforderungen an den Inhalt von Bilanz sowie Gewinn-
und Verlustrechnung erheblich eingeschränkt. Nach § 42a Abs. 1 GmbHG
ist der Geschäftsführer verpflichtet, den Jahresabschluss und Lagebericht
unverzüglich nach deren Aufstellung den Gesellschaftern der GmbH zum
Zwecke der Feststellung des Jahresabschlusses vorzulegen.

16. Feststellung des Jahresabschlusses

Die Feststellung des Jahresabschlusses und die Verteilung des sich daraus ergebenden Gewinns unterliegen gemäß § 46 Nr. 1 GmbHG der Bestimmung
durch die Gesellschafter. Die **Beschlüsse hierüber** werden in der Regel **durch
eine Gesellschafterversammlung** gefasst (§ 48 Abs. 1 GmbHG), können jedoch bei Vorliegen der in § 48 Abs. 2 GmbHG genannten Voraussetzungen
auch im schriftlichen Verfahren gefasst werden. Für den § 3 Abs. (3) des Vertragsmusters zugrundeliegenden Regelfall einer Beschlussfassung durch Gesellschafterversammlung sind hinsichtlich der Einberufung die Anforderungen des § 51 GmbHG zu beachten, wonach die **Einladungsschreiben** per
Einschreiben zu erfolgen haben und spätestens eine Woche vor der Gesellschafterversammlung **sämtlichen Gesellschaftern** zugegangen sein müssen.
Um die Einhaltung dieser Frist zu gewährleisten, wurde in § 3 Abs. (3) des Vertragsmusters vorgesehen, dass die Einladungsschreiben spätestens 14 Tage vor
der Gesellschafterversammlung zur Post aufzugeben sind. Das Einladungsschreiben hat neben Angabe von Zeit und Ort der Gesellschafterversammlung
zugleich die Tagesordnung (hier: Beschlussfassung über den Jahresabschluss
sowie die Gewinnverwendung und ggf. weitere Tagesordnungspunkte) zu enthalten. Über die Feststellung des Jahresabschlusses und die Gewinnverwendung haben die Gesellschafter gemäß § 42a Abs. 2 GmbHG spätestens bis
zum Ablauf von 8 Monaten nach Ablauf des Geschäftsjahres, bei der sog.
„kleinen" GmbH bis zum Ablauf von 11 Monaten zu beschließen.[203] Vom

Beschluss über die Feststellung des Jahresabschlusses zu unterscheiden ist die Beschlussfassung über die Gewinnverwendung, welche den Bestimmungen des Gesellschaftsvertrages und dem Gesetz (§ 29 GmbHG) unterliegt.

17. Abschluss einer D&O-Versicherung

Wie bereits in der Vorbemerkung (S. 77) zu diesem die Haftung des Geschäftsführers betreffenden Kapitel hervorgehoben, hat der Abschluss von D&O-Versicherungen im Hinblick auf das in der Vergangenheit deutlich gestiegene Haftungsrisiko des Geschäftsführers in der Praxis eine erhebliche Bedeutung erlangt. Der Abschluss einer D&O-Versicherung, deren deutsche Bezeichnung in der juristischen Nomenklatur „Vermögensschaden-Haftpflichtversicherung für Organe juristischer Personen" lautet, wird von Geschäftsführern zunehmend zur Voraussetzung für den Eintritt in die Dienste der Gesellschaft gemacht, insbesondere dann, wenn der Produktions- und Geschäftsbetrieb der Gesellschaft mit erheblichen technischen und wirtschaftlichen Risiken verbunden ist. Wie ebenfalls bereits in der Einleitung aufgezeigt, liegt der Abschluss einer D&O-Versicherung in gleicher Weise auch im Interesse der Gesellschaft, da sie in Anbetracht der deutlich gestiegenen Schadenssummen bei Eintritt des Haftungsrisikos im D&O-Versicherer einen leistungsfähigen Schuldner hat.

Für eine D&O-Versicherung bestehen keine zwingenden gesetzlichen Vorgaben, so dass sich der Inhalt und Umfang des Versicherungsschutzes nach den jeweiligen Versicherungsbedingungen bestimmt.[204] Vom Gesamtverband der Deutschen Versicherungswirtschaft (GDV) sind Musterbedingungen für D&O-Versicherungen veröffentlicht, die jedoch unverbindlich sind und in der Praxis häufig entsprechend den spezifischen Anforderungen des Unternehmens bzw. dessen Haftungsrisiken angepasst werden. In diesem Zusammenhang sind auch der Höchstbetrag der Versicherungsleistung sowie die Frage einer etwaigen Selbstbeteiligung des Geschäftsführers zu regeln. Im Gegensatz zu § 93 Abs. 1 AktG welcher gesetzlich zwingend einen Selbstbehalt des Vorstandsmitglieds bestimmt (der jedoch anerkanntermaßen ebenfalls versicherbar ist), enthält § 43 GmbHG keine entsprechende Regelung, welche auch für die Geschäftsführer die Übernahme eines Selbstbehalts vorschreibt. Eine D&O-Versicherung gewährt im Rahmen der jeweils vereinbarten Versicherungsbedingungen
- Versicherungsschutz zugunsten der Geschäftsführer,
- für Pflichtverletzungen, welche in Ausübung ihrer dienstlichen Tätigkeiten eintreten
- und kausal zu einem Vermögensschaden führen,
- auf dessen Ersatz der Geschäftsführer durch Dritte oder die Gesellschaft in Anspruch genommen wird.

Da eine D&O-Versicherung sowohl der Absicherung des Geschäftsführers in den Fällen einer Haftung gegenüber außenstehenden Dritten als auch der Gesellschaft dient, ist zu unterscheiden zwischen der sog. **Außenhaftung** (gegenüber Dritten) und der sog. **Innenhaftung** (gegenüber der Gesellschaft). In

den Fällen der sog. Innenhaftung stellt sich regelmäßig die Frage, ob der Gesellschaft ein unmittelbarer Anspruch gegen den D&O-Versicherer zusteht.
Insbesondere dann, wenn das Anstellungsverhältnis mit dem betreffenden
Geschäftsführer weiterhin besteht, wird ein gesteigertes Interesse der Gesellschaft an einer unmittelbaren Regulierung ihrer Haftungsansprüche mit dem
D&O-Versicherer gegeben sein, da es eine erhebliche Belastung für das Vertragsverhältnis darstellt, wenn gleichzeitig gerichtlich ein Haftungsprozess
ausgetragen wird. Nach der Rechtsprechung[205] besteht jedoch **kein Direkt-
anspruch der Gesellschaft** – und in gleicher Weise auch nicht eines außenstehenden Dritten – **gegenüber dem D&O-Versicherer**, da § 115 VVG auf eine
freiwillige Haftpflichtversicherung, und damit auch eine D&O-Versicherung
nicht anwendbar ist.

Wird der Geschäftsführer von außenstehenden Dritten oder der Gesellschaft wegen behaupteter Pflichtverletzungen auf Schadensersatz in Anspruch genommen, so wird der D&O-Versicherer – sofern die Vorausetzun-
gen für die Gewährung von Versicherungsschutz gemäß den getroffenen
Versicherungsbedingungen erfüllt sind – dem Geschäftsführer zunächst **Versicherungsschutz in Form der Abwehrdeckung** gewähren. Dies beinhaltet alle
Maßnahmen zur Unterstützung bei der Abwehr der gegenüber dem Geschäftsführer erhobenen Haftungsansprüche. Dieser Abwehrdeckung durch
den D&O-Versicherer entsprechen umfassende Mitwirkungsobliegenheiten
des Geschäftsführers, zu welchen insbesondere die unverzügliche Anzeige einer Inanspruchnahme sowie die Abstimmung aller Schritte gegenüber den
Anspruchstellern (insbesondere bei Abgabe eines Anerkenntnisses oder der
Abschluss eines Vergleichs) gehören. Wird außergerichtlich oder im Rahmen
eines Haftungsprozesses eine Verpflichtung des Geschäftsführers zum Schadensersatz festgestellt, so folgt aus der zu seinen Gunsten abgeschlossenen
D&O-Versicherung ein **Anspruch auf Freistellung** von den Schadensersatz-
Verpflichtungen **gegenüber dem D&O-Versicherer**. Verweigert der D&O-
Versicherer die Freistellung, so muss von Seiten des Geschäftsführers ein
sog. Deckungsprozess gegen den D&O-Versicherer geführt werden. In einem
solchen Deckungsprozess wird die Frage der Haftung des Geschäftsführers
jedoch nicht erneut gerichtlich überprüft, vielmehr ist in der Rechtsprechung[206] anerkannt, dass die im Haftungsprozess erfolgten Feststellungen
entsprechende Bindungswirkung für den Deckungsprozess gegen den Versicherer entfalten. Nach aller Erfahrung in der Praxis kommt es **in der überwiegenden Zahl der Fälle** zum **Abschluss eines Vergleichs**, wobei zwischen
dem Haftungs- und Deckungsvergleich zu unterscheiden ist: der Haftungs-
vergleich betrifft die Frage, in welchem Umfang der D&O-Versicherer gegenüber dem geschädigten Dritten oder der Gesellschaft für den Geschäftsführer eintritt und Schadensersatzleistungen erbringt. Der Deckungsvergleich
betrifft demgegenüber die Regelung der Ansprüche aus dem Versicherungs-
verhältnis zwischen dem Geschäftsführer und dem D&O-Versicherer.

Der Versicherungsschutz einer D&O-Versicherung besteht in der Regel
nur für die während der Dauer des Versicherungsvertrages geltend gemachten Ansprüche wegen Pflichtverletzungen, welche während der Dauer des
Versicherungsvertrages begangen wurden. Nach diesem sog. Anspruchserhe-

bungsprinzip (claims made) muss daher nicht nur die zum Schadensersatz führende Pflichtverletzung, sondern auch die Anspruchserhebung während der Dauer des Versicherungsvertrages erfolgen. Im Fall einer Anspruchserhebung nach Ablauf des Versicherungsvertrages besteht grundsätzlich kein Versicherungsschutz. Um den Geschäftsführer gegen dieses Risiko abzusichern, wurde in § 3 Abs. 5 S. 2 des Vertragsmusters eine Regelung des Inhalts aufgenommen, wonach sich die Gesellschaft gegenüber dem Geschäftsführer verpflichtet, die D&O-Versicherung nicht nur für die Dauer des Anstellungsvertrages, sondern nach dessen Beendigung noch für die Laufzeit der Verjährungsfrist aufrechtzuerhalten. Dies kann in der Weise realisiert werden, dass die Gesellschaft mit dem D&O-Versicherer sog. Nachmeldefristen vereinbart, welche in der Regel mit den Verjährungsfristen abgestimmt werden.[207]

§ 4
Umfang der Dienstpflichten

(1) Der Geschäftsführer verpflichtet sich, seine gesamte Arbeitskraft sowie seine gesamten fachlichen Kenntnisse und beruflichen Erfahrungen in den Dienst der Gesellschaft zu stellen. Er ist an bestimmte Arbeitszeiten nicht gebunden, hat jedoch jederzeit, soweit dies die Belange der Gesellschaft erfordern, zur Dienstleistung zur Verfügung zu stehen und die Interessen der Gesellschaft wahrzunehmen.

(2) Der Geschäftsführer ist zu Mehrarbeit sowie Sonn- und Feiertagsarbeit verpflichtet, sofern dies die Belange der Gesellschaft erfordern. Die Vergütung hierfür ist durch die Bezüge gemäß § 6 dieses Anstellungsvertrages in vollem Umfang abgegolten.

(3) Der Gesellschaft bleibt vorbehalten, dem Geschäftsführer eine andere seinen Kenntnissen und Fähigkeiten entsprechende gleichwertige Aufgabe innerhalb der Geschäftsleitung zu übertragen. Die Gesellschaft ist darüber hinaus berechtigt, den Geschäftsführer zur Wahrnehmung einer Leitungsfunktion in eine zur Unternehmensgruppe gehörende Gesellschaft zu delegieren. Im Fall einer solchen Delegation des Geschäftsführers gelten die in diesem Anstellungsvertrag vereinbarten Rechte und Pflichten auch in Bezug auf die Gesellschaft, zu welcher der Geschäftsführer delegiert wird, soweit aus Anlass der Delegation keine abweichenden oder ergänzenden Vereinbarungen getroffen werden. Führt eine solche Delegation des Geschäftsführers zu einer Verlegung seines Dienstortes um mehr als 100 km, so hat der Geschäftsführer bis zum Ablauf von 3 Monaten nach erfolgter Delegation einen Zweitwohnsitz am neuen Dienstort zu nehmen. Die hierfür anfallenden Kosten (Makler-Courtage, Umzugskosten etc.) werden von der Gesellschaft gegen Vorlage der entsprechenden Belege erstattet.

(4) Der Geschäftsführer verpflichtet sich auf entsprechendes Verlangen der Gesellschaft zur Übernahme von Beirats-, Aufsichtsrats- oder vergleichbaren Mandaten sowie ehrenamtlichen Funktionen in Organisationen und Verbänden. Die Gesellschaft ist berechtigt, eine etwaige Vergütung,

welche der Geschäftsführer für die Wahrnehmung eines übernommenen Amtes erhält, auf die Bezüge gemäß § 6 dieses Vertrages anzurechnen; hiervon unberührt bleibt die Aufwandserstattung für die durch Wahrnehmung der Ämter dem Geschäftsführer entstehenden Kosten. Der Geschäftsführer hat solche zusätzlichen Ämter und Funktionen jederzeit auf Verlangen der Gesellschaft, spätestens jedoch bei Beendigung des vorliegenden Anstellungsvertrages niederzulegen und – sofern rechtlich möglich – auf einen von der Gesellschaft benannten Nachfolger zu übertragen.

Erläuterungen

1. Umfang der Dienstleistungspflicht des Geschäftsführers
2. Änderungs- und Delegationsvorbehalt
3. Übernahme von Aufsichtsrats- und Beirats-Mandaten

1. Umfang der Dienstleistungspflicht des Geschäftsführers

Der **Geschäftsführer** ist **grundsätzlich verpflichtet**, seine **gesamte Arbeitskraft in den Dienst der Gesellschaft** zu stellen.[208] Der Umfang der Inanspruchnahme der Arbeitskraft des Geschäftsführers übersteigt dabei den üblichen Arbeitszeitrahmen der Arbeitnehmer, welcher durch das Arbeitszeitgesetz und tarifliche Höchstarbeitszeiten begrenzt wird, die auf Geschäftsführer jedoch keine Anwendung finden. In der Bestimmung der zeitlichen Lage seiner Arbeit unterliegt der Geschäftsführer keiner Weisungsgebundenheit durch die Gesellschaft, vielmehr kann er die Arbeitszeiten, in denen er seine Aufgaben wahrnimmt, in eigener Verantwortung festlegen. Bei der Einteilung seiner Tätigkeit hat der Geschäftsführer jedoch auf die zeitlichen und aufgabenbezogenen Notwendigkeiten zu achten, welche sich aus der Art und Größe des Betriebes sowie den wahrzunehmenden geschäftlichen Aufgaben ergeben. Die in Abs. (1) Satz 2 des Vertragsmusters enthaltene Verpflichtung des Geschäftsführers, der Gesellschaft jederzeit zur Verfügung zu stehen und ihre Interessen wahrzunehmen, soweit dies die Belange der Gesellschaft erfordern, ist Ausfluss der generellen Pflicht des Geschäftsführers, der Gesellschaft seine volle Arbeitskraft zur Verfügung zu stellen und gewinnt insbesondere in den Fällen urlaubsbedingter oder sonstiger Abwesenheit des Geschäftsführers Bedeutung. In solchen Fällen greift für den Geschäftsführer eine Pflicht zum Tätigwerden allerdings nur bei außergewöhnlichen Geschäftsereignissen ein, bei welchen ein Zuwarten bis zur Rückkehr des Geschäftsführers unvertretbar wäre.

2. Änderungs- und Delegationsvorbehalt

Der in Abs. (3) Satz 1 geregelte Änderungsvorbehalt sollte insbesondere dann verwendet werden, wenn im Anstellungsvertrag ein bestimmter Zuständigkeitsbereich des Geschäftsführers festgelegt wird (z. B. Technik), in welchem der Geschäftsführer tätig wird, die Gesellschaft sich jedoch das Recht vorbehalten will, diesen Aufgaben- und Zuständigkeitsbereich des Geschäftsführers erforderlichenfalls zu ändern (z.B. Übertragung der Zuständigkeit für den Bereich Forschung + Entwicklung). Die **Änderung des Zuständigkeits- und Aufgabenbereichs des Geschäftsführers** ist grundsätzlich **nur bei entsprechendem Vorbehalt im Anstellungsvertrag** zulässig, da in der Zuweisung eines bestimmten Aufgaben- und Zuständigkeitsbereichs in der Regel eine entsprechende Festlegung der vertraglichen Tätigkeit liegt, welche daher nicht grundlegend geändert werden darf, es sei denn, dass dies ausdrücklich vertraglich vorbehalten wurde. Da für den Personenkreis der Fremd-Geschäftsführer die AGB-Kontrolle der §§ 305 ff. BGB eingreift,[209] müssen bei standardisierter Verwendung eines Änderungsvorbehalts die gesetzlichen Voraussetzungen des § 307 Abs. 2 BGB sowie insbesondere § 308 Nr. 4 BGB beachtet werden. Nach der Rechtsprechung[210] setzt dies voraus, dass durch die vertragliche Regelung des Änderungsvorbehalts die Zuweisung einer gleichwertigen Tätigkeit gewährleistet ist. Aus diesem Grund wurde in Abs. (3) Satz 1 der Änderungsvorbehalt nicht nur auf eine den Kenntnissen und Fähigkeiten des Geschäftsführers entsprechende, sondern insbesondere auch gleichwertige Aufgabe innerhalb der Geschäftsführung gerichtet.

Der in Abs. (3) Satz 2 vorgesehene **Delegationsvorbehalt** ist insbesondere **für die Fälle** angezeigt, in welchen die **Anstellung durch eine Gesellschaft erfolgt, welche zu einer Unternehmensgruppe gehört** (insbesondere bei Anstellung durch eine sog. Holding-Gesellschaft, welche den operativen Sparten-Gesellschaften übergeordnet ist). In diesen Fällen besteht aus Sicht der Unternehmensgruppe häufig das Interesse, den Geschäftsführer bei Bedarf in eine unternehmensrechtlich verbundene Gesellschaft zu delegieren, um dort z.B. Restrukturierungs- und Sanierungsaufgaben wahrzunehmen. Zur Befolgung einer solchen Delegation ist der Geschäftsführer grundsätzlich nur dann verpflichtet, wenn dies ausdrücklich im Anstellungsvertrag vereinbart wurde. Der Umstand, dass zwischen dem Geschäftsführer und derjenigen Gesellschaft der Unternehmensgruppe, zu welcher er delegiert wird, kein Anstellungsvertrag besteht, schließt die Durchführung einer solchen Delegation nicht aus, da anerkanntermaßen[211] eine sog. Drittanstellung rechtlich zulässig ist, wonach das Anstellungsverhältnis nicht mit derjenigen Gesellschaft bestehen muss, bei welcher der Geschäftsführer in die Organstellung berufen wurde, sondern mit einer dritten – zur Unternehmensgruppe gehörenden – Gesellschaft bestehen kann. Da in den Fällen der Delegation der Geschäftsführer in aller Regel, insbesondere bei der Delegation in sog. Sanierungsfällen, Wert darauf legt, dass sein Vertragsverhältnis mit der anstellenden Gesellschaft bestehen bleibt, wurde in Abs. (3) Satz 2 im Sinne einer solchen Drittanstellung geregelt, dass der Anstellungsvertrag des Geschäftsführers mit der Gesellschaft fortbesteht und die sich hieraus ergebenden Rechte und Pflichten durch den Geschäftsführer in Bezug auf diejenige Gesellschaft wahrgenommen werden, zu welcher er delegiert wird. Nach aller Erfahrung in der Praxis werden gleichwohl noch ergänzende Regelungen erforderlich sein, welche den spezifischen Anforderungen der jeweiligen Delegation inhaltlich Rechnung tragen. Da eine solche Delegation üblicherweise zu einer

Verlegung des Dienstortes führt, wurde in Abs. (3) Satz 4 noch eine zusätzliche Regelung des Inhalts aufgenommen, wonach der Geschäftsführer spätestens bis zum Ablauf von 3 Monaten einen Zweitwohnsitz am neuen Dienstort zu nehmen hat, sofern dieser mehr als 100 km von seinem bisherigen Dienstsitz entfernt ist. Da der Geschäftsführer hierbei im Interesse der Gesellschaft handelt, wurde durch Abs. (3) Satz 5 geregelt, dass die durch Begründung des Zweitwohnsitzes anfallenden Kosten von der Gesellschaft erstattet werden.

3. Übernahme von Aufsichtsrats- und Beirats-Mandaten

Um die berufliche Erfahrung des Geschäftsführers auch anderen zur Unternehmensgruppe gehörenden Gesellschaften zugute kommen zu lassen, wird in diesen Fällen häufig eine Klausel des Inhalts in den Anstellungsvertrag aufgenommen, wonach der Geschäftsführer sich verpflichtet, die ihm angetragenen Mandate in Beirats- und Aufsichtsrats-Gremien solcher Gesellschaften zu übernehmen. In gleicher Weise besteht häufig ein Interesse der Gesellschaft, durch den Geschäftsführer auch in Berufsverbänden oder Branchen-Organisationen kompetent repräsentiert zu werden, weshalb auch insoweit eine entsprechende Verpflichtung des Geschäftsführers zur Übernahme ihm angetragener Ämter aufgenommen wurde. Da insbesondere Aufsichtsrats- und Beirats-Mandate häufig mit der Gewährung einer Vergütung verbunden sind, sollte zur Vermeidung etwaiger Zweifel oder Streitigkeiten eine klare Regelung erfolgen, ob und wenn ja in welchem Umfang die Vergütung für solche Aufsichtsrats- und Beirats-Mandate auf die vertragsgemäßen Bezüge anzurechnen ist. Da die Aufgaben in solchen Gremien (insbesondere die Aufsichtsrats- und Beirats-Sitzungen) üblicherweise zu solchen Zeiten wahrgenommen werden, zu denen der Geschäftsführer andernfalls für die Gesellschaft dienstlich tätig wäre, erscheint grundsätzlich die in Abs. (4) Satz 2 vorgesehene Regelung angemessen, wonach eine Anrechnung der Vergütungen für Aufsichtsrats- und Beirats-Mandate auf die vertragsgemäßen Bezüge erfolgt. Hiervon kann vertraglich abgewichen werden, wenn dies aufgrund der Besonderheiten des zusätzlich übernommenen Mandats gerechtfertigt erscheint. Bei Beendigung des Anstellungsvertrages besteht in aller Regel ein gegenläufiges Interesse der Gesellschaft, dass der Geschäftsführer die ihm übertragenen Ämter und Mandate niederlegt und sich möglichst dafür einsetzt, dass diese auf einen von der Gesellschaft benannten Nachfolger übergeleitet werden. Während eine solche Beendigung dieser Ämter bei den zur Unternehmensgruppe gehörenden Gesellschaften notfalls dadurch herbeigeführt werden kann, dass diese den Geschäftsführern aus den betreffenden Gremien abberufen, können in der Praxis erhebliche Schwierigkeiten auftreten, wenn der Geschäftsführer die in berufsständischen Organisationen oder Branchenverbänden übernommenen Ämter nicht niederzulegen bereit ist. Für diesen Fall wurde die in Abs. (4) Satz 3 vorgesehene Regelung aufgenommen, welche den Geschäftsführer zur Niederlegung solcher Ämter gegenüber der Gesellschaft verpflichtet.

§ 5
Nebentätigkeiten

(1) Die Übernahme jedweder entgeltlicher oder unentgeltlicher Nebentätigkeit, insbesondere die Übernahme von Beirats- oder Aufsichtsratsmandaten bedarf der vorherigen schriftlichen Zustimmung durch die Gesellschafterversammlung. Die zur Übernahme einer solchen Nebentätigkeit
erteilte Zustimmung ist jederzeit widerruflich, wobei im Fall eines Widerrufs die Nebentätigkeit umgehend einzustellen ist. Hat der Geschäftsführer aufgrund der ihm erteilten Zustimmung ein Beirats- oder Aufsichtsrats-Amt übernommen, so hat er dieses Amt zum frühestmöglichen
Zeitpunkt nach den hierfür geltenden Bestimmungen niederzulegen.
(2) Veröffentlichungen und Vorträge, welche den Tätigkeitsbereich der Gesellschaft betreffen, bedürfen der vorherigen Zustimmung durch die Gesellschafterversammlung. Diese Zustimmung soll erteilt werden, sofern
durch die beabsichtigte Veröffentlichung bzw. den Vortrag keine Gefährdung schutzwerter Interessen der Gesellschaft zu befürchten ist.

Erläuterungen

1. Zustimmungserfordernis und   2. Veröffentlichungen und Vorträge
   jederzeite Widerruflichkeit

1. Zustimmungserfordernis und jederzeitige Widerruflichkeit

Dem **Geschäftsführer** kann entsprechend der in Abs. (1) vorgesehenen Regelung die Pflicht auferlegt werden, jegliche **Nebentätigkeit während der Dauer
seines Anstellungsvertrages grundsätzlich zu unterlassen,**[212] so dass eine in
Ausnahme hiervon erfolgende Nebentätigkeit der vorherigen schriftlichen
Zustimmung durch die Gesellschaft bedarf. Ein solches absolutes Nebentätigkeitsverbot ist für den Personenkreis der Geschäftsführer – im Gegensatz
zum Personenkreis der Arbeitnehmer[213] – deshalb rechtlich zulässig, da die
Arbeitnehmer der Gesellschaft ihre Arbeitskraft lediglich für die Dauer der
tariflichen oder gesetzlichen Arbeitszeiten schulden, während der Geschäftsführer grundsätzlich – wie auch in § 4 Abs. (1) des vorliegenden Vertragsmusters bestimmt – seine gesamte Arbeitskraft in den Dienst der Gesellschaft
zu stellen hat, so dass für eine Nebentätigkeit grundsätzlich kein Raum
bleibt. Von der vertraglichen Regelung eines sog. relativen Nebentätigkeits-
verbotes, welches dem Geschäftsführer die Ausübung von Nebentätigkeiten
nur insoweit untersagt, wie hierdurch die Interessen der Gesellschaft beeinträchtigt werden, ist für die Praxis dringend abzuraten, da solche relativen
Nebentätigkeitsverbote nach aller Erfahrung häufig zu Streit über die Frage
führen, ob und in wie weit die Interessen der Gesellschaft durch die vom Geschäftsführer ausgeübte Nebentätigkeit tatsächlich beeinträchtigt werden.
Demgegenüber hat die in Abs. (1) vorgesehene Regelung aus Sicht der Gesellschaft den Vorteil, dass sie frei darüber entscheiden kann, ob und in wel-

chem Umfang dem Geschäftsführer die Aufnahme einer Nebentätigkeit gestattet wird.

Diesem Grundsatz der freien Entscheidung durch die Gesellschaft entspricht die in Abs. (1) Satz 2 vorgesehene Regelung, wonach die Gesellschaft die für die Aufnahme einer solchen Nebentätigkeit erteilte Zustimmung jederzeit widerrufen kann. Für die Fälle, dass die Nebentätigkeit in der Übernahme eines Beirats- oder Aufsichtsrats-Amtes durch den Geschäftsführer lag, sollte allerdings die in Abs. (1) Satz 3 vorgesehene Regelung aufgenommen werden, wonach der Geschäftsführer bei der Niederlegung des Amtes zum Zwecke der Einstellung seiner Nebentätigkeit die hierfür bestehenden Fristen einhalten kann.

2. Veröffentlichungen und Vorträge

Die Veröffentlichung von Beiträgen in branchenbezogenen Publikationen wird in aller Regel im Interesse der Gesellschaft liegen, insbesondere dann, wenn die Veröffentlichung unter Angabe der Funktion des Geschäftsführers innerhalb der Gesellschaft erfolgt, so dass die Reputationswirkung nicht nur ihm persönlich, sondern auch der Gesellschaft zugute kommt. Dennoch kann in der Praxis der Gesellschaft eine solche Veröffentlichung im Hinblick auf die Offenlegung unternehmensbezogener Interna oder auch den Zeitpunkt der Veröffentlichung ungelegen sein, so dass in Abs. (2) Satz 1 am Grundsatz des Erfordernisses einer vorherigen Zustimmung durch die Gesellschaft festgehalten wurde. Durch den anschließenden Satz 2 wurde insoweit jedoch eine Verstärkung der Position des Geschäftsführers geschaffen, wonach die Zustimmung erteilt werden soll, sofern hierdurch keine Gefährdung schutzwerter Interessen der Gesellschaft zu befürchten ist.

§ 6
Bezüge

- **Alternative 1:**
(1) Der Geschäftsführer erhält ein monatliches Gehalt in Höhe von EUR ......
   brutto, welches unter Einbehalt der gesetzlichen Abzüge jeweils am
   Monatsende gezahlt wird. Darüber hinaus erhält der Geschäftsführer ein
   13. Monatsgehalt, welches mit dem November-Gehalt gezahlt wird.

- **Alternative 2 (Muster bei Vereinbarung der Festbezüge in Form eines
   Jahresgehalts):**
(1) Der Geschäftsführer erhält ein festes Jahresgehalt in Höhe von EUR ......
   brutto, welches in 12 gleichen Raten unter Einbehalt der gesetzlichen
   Abzüge zum Ende eines jeden Monats gezahlt wird.

- **Alternative 1:**
(2) Die Festbezüge gemäß vorstehendem Abs. (1) werden im Abstand von
   2 Jahren durch die Gesellschafterversammlung unter Berücksichtigung

der wirtschaftlichen Lage der Gesellschaft, der individuellen Leistungen des Geschäftsführers sowie der allgemeinen Geldentwertung auf ihre Angemessenheit überprüft und nach billigem Ermessen angepasst.

- Alternative 2 (Muster bei Anpassung der Festbezüge nach einer vertraglich festgelegten Bezugsgröße):

(2) Die Festbezüge gemäß vorstehendem Abs. (1) werden jährlich zum 1. Juli um den Prozentsatz der Gehaltssteigerung der höchsten Tarifstufe für die Angestellten der ......-*Industrie Baden-Württemberg* angehoben.

(3) Zusätzlich zu den Festbezügen gemäß vorstehendem Abs. (1) erhält der Geschäftsführer eine variable Vergütung nach Maßgabe der folgenden Bestimmungen:

- Alternative 1 (Muster bei Regelung der variablen Vergütung in Form einer Gewinntantieme):
Der Geschäftsführer erhält eine Tantieme in Höhe von ...... % des Jahresgewinns der Gesellschaft. Maßgebend ist der Jahresüberschuss nach Steuern und vor Abzug etwaiger Rücklagen und den gewinnabhängigen Tantiemen der Geschäftsführer. Ein etwaiger Verlustvortrag aus dem Vorjahr ist bei Bildung der Bemessungsgrundlage für die Ermittlung der Tantieme zu berücksichtigen. Enthält der Jahresüberschuss außerordentliche Erträge und außerordentliche Aufwendungen, welche durch den Verkauf wesentlicher Geschäftsbereiche der Gesellschaft entstanden sind, so ist der hierauf entfallende Anteil am Jahresüberschuss aus der Berechnungsgrundlage für die Ermittlung der Tantieme zu eliminieren, sofern für die Mitwirkung des Geschäftsführers an der Veräußerung der betreffenden Geschäftsbereiche keine hiervon abweichende Vereinbarung getroffen wurde. Die Tantieme ist fällig am Ende des Kalendermonats, welcher auf die Feststellung des Jahresabschlusses folgt.
Enthält der Jahresgewinn einen Veräußerungserlös, welcher durch den Verkauf wesentlicher Geschäftsbereiche der Gesellschaft erzielt wurde, so ist der hierauf entfallende Anteil am Jahresgewinn aus der Berechnungsgrundlage für die Tantieme zu nehmen, soweit für die Mitwirkung des Geschäftsführers an der Veräußerung des betreffenden Geschäftsbereichs keine hiervon abweichende Vereinbarung getroffen wurde.

- Alternative 2 (Muster bei Regelung der variablen Vergütung in Form einer Umsatz-Tantieme):
Der Geschäftsführer erhält eine jährliche Tantieme, welche sich nach der Erreichung der Umsatzziele gemäß des vom Beirat der Gesellschaft genehmigten Business-Plans für das jeweilige Geschäftsjahr bemisst. Danach beträgt die Tantieme bei einer Erreichung von
  - 100 %: ...... EUR
  - 110 %: ...... EUR
  - 120 %: ...... EUR
  - und steigt pro vollendeten weiteren 5 % um jeweils ......€, höchstens jedoch auf einen Betrag von ...... % der für das jeweilige Geschäftsjahr maßgebenden Festbezüge gemäß vorstehendem Abs. (1).

Als tantiempflichtig im Sinne der vorstehenden Bestimmungen gelten die im Rahmen der gewöhnlichen Geschäftätigkeit der Gesellschaft erzielten Umsätze. Die Einbeziehung von solchen Umsätzen in die Bemessungsgrundlage der Tantieme, welche im Rahmen außergewöhnlicher Geschäfte (z.B. Veräußerung von Geschäftsbereichen) erzielt wurden, bedarf einer vorherigen schriftlichen Vereinbarung. Die Tantieme ist fällig am Ende des Kalendermonats, welcher auf die Feststellung des Jahresabschlusses folgt.

- Alternative 3 (Muster zur Ergänzung der o.g. Regelungen gemäß Alternative 1 und 2 um eine sog. Mindest-Tantieme. Es ist zunächst der Text gemäß vorstehender Alternative 3 (= Gewinntantieme) bzw. Alternative 4 (= Umsatz-Tantieme) einzusetzen. Hieran ist folgender Absatz anzuschließen):

Sind die Voraussetzungen für eine variable Tantieme des Geschäftsführers gemäß den vorstehenden Bestimmungen nicht erfüllt, so erhält er eine Mindest-Tantieme in Höhe von ...... monatlichen Gehältern gemäß Abs. (1). Diese Mindest-Tantieme ist fällig am Ende des Kalendermonats, welcher auf die Feststellung des Jahresabschlusses folgt.

- Alternative 4 (Muster bei Regelung der variablen Vergütung in Form sog. Zielvereinbarungen):

Der Geschäftsführer erhält eine Tantieme, welche sich nach der Erreichung der für jedes Geschäftsjahr vereinbarten Ziele bestimmt. Zu diesem Zwecke sind zwischen dem Aufsichtsrat und dem Geschäftsführer spätestens 3 Monate vor Beginn eines Geschäftsjahres die für das folgende Geschäftsjahr maßgebenden Ziele zu vereinbaren. Hierbei sind die am Unternehmenserfolg und die an den persönlichen Leistungen des Geschäftsführers anknüpfenden Ziele sowie deren prozentuale Gewichtung festzulegen, wobei der Gesamt-Zielkatalog grundsätzlich ein Verhältnis von ....../...... zwischen unternehmensbezogenen und persönlichen Zielen ergeben soll. Kann bis 1 Monat vor Beginn des Geschäftsjahres keine Einigung über den Inhalt der Zielvereinbarung erreicht werden, so sind die Ziele durch den Vorsitzenden des Aufsichtsrats unter Beachtung der zuvor genannten Grundsätze im Rahmen billigen Ermessens festzulegen. Die Tantieme des Geschäftsführers beträgt bei einer Erreichung von
- 100%: ...... EUR
- 110%: ...... EUR
- 120%: ...... EUR
- und steigt pro vollendeten weiteren 5% um jeweils ...... EUR, höchstens jedoch auf einen Betrag von ......% der für das jeweilige Geschäftsjahr maßgebenden Festbezüge gemäß vorstehendem Abs. (1).

Der Aufsichtsrat hat nach Feststellung des Jahresabschlusses zu prüfen, in welchem Umfang der Geschäftsführer die für das vergangene Geschäftsjahr vereinbarten Ziele erreicht hat und welcher prozentuale Gesamt-Zielerreichungsgrad sich hieraus ergibt. Dieses Ergebnis ist dem Geschäftsführer durch den Vorsitzenden des Aufsichtsrats schriftlich mitzuteilen und auf dessen Verlangen hin zu erläutern. Die auf Basis des

Gesamt-Zielerreichungsgrades ermittelte Tantieme ist am Ende des Kalendermonats zur Zahlung fällig, welcher auf die Feststellung des Jahresabschlusses folgt.

Der Vorsitzende des Beirats der Gesellschaft hat dem Geschäftsführer spätestens bis zur Gesellschafterversammlung, in welcher die Feststellung des Jahresabschlusses erfolgt, in schriftlicher Form mitzuteilen, in welchem Umfang die gesetzten Ziele für das zurückliegende Geschäftsjahr erreicht wurden und welcher prozentuale Zielerreichungsgrad sich hieraus insgesamt ergibt. Die auf Basis dieses Ergebnisses zu berechnende Tantieme ist am Ende des Kalendermonats zur Zahlung fällig, welcher auf die Feststellung des Jahresabschlusses folgt.

- Alternative 5 (Ergänzung der o.g. Zielvereinbarung um eine sog. Mindesttantieme bei anteiliger Zielerreichung unter 100%. Es ist zunächst der Text gemäß vorstehender Alternative 4 einzusetzen und um folgenden Absatz zu ergänzen):
Im Fall einer Zielerreichung von unter 100%, mindestens jedoch 85%, erhält der Geschäftsführer eine Mindest-Tantieme in Höhe von ...... monatlichen Gehältern gemäß Abs. (1). Diese Mindesttantieme ist am Ende des Monats zur Zahlung fällig, welche auf die Feststellung des Jahresabschlusses folgt.

- Alternative 6 (Variable Vergütung mit Nachhaltigkeitskomponente):
Der Geschäftsführer erhält eine Tantieme, welche sich nach der Erreichung der für das jeweilige Geschäftsjahr vereinbarten persönlichen und unternehmensbezogenen Ziele und einer Nachhaltigkeit des Erfolgs der Gesellschaft in den beiden Folgejahren bemisst. Hierfür gilt folgende Regelung:
  - Bis zum Beginn des Geschäftsjahres sind die persönlichen und unternehmensbezogenen Ziele zu vereinbaren, wobei zugleich die prozentuale Gewichtung dieser Ziele festzulegen ist.
  - Nach Ablauf des Geschäftsjahres ist die Erreichung der vereinbarten Ziele festzustellen, wobei die Tantieme im Fall einer vollständigen Erfüllung dieser Ziele ...... EUR ...... brutto/*alternativ*/30% der jährlichen Festbezüge gemäß § 6 Abs. (1) ...... beträgt. Im Fall einer teilweisen Erfüllung der Ziele tritt eine entsprechende Reduzierung der Tantieme ein, wobei die Gesamt-Zielerreichung mindestens ......% betragen muss; bei Unterschreiten von ......% entsteht kein Anspruch auf Tantieme.
  - Der Anspruch des Geschäftsführers auf den nach vorstehender Regelung ermittelten Tantieme-Betrag besteht
    - in Höhe von 50% mit dem auf die Feststellung des Jahresabschlusses folgenden Monatsende
    - und in Höhe von jeweils 25% in den beiden Folgejahren, ebenfalls zu dem auf die Feststellung des Jahresabschlusses folgenden Monatsende, sofern die Gesellschaft in diesen Jahren jeweils einen Gewinn in Höhe von mindestens ...... erzielt hat. Maßgebend hierfür ist der Gewinn nach Steuern und vor Abzug etwaiger Rücklagen und Tantiemen der Geschäftsführer.

(4) Scheidet der Geschäftsführer während der Dauer des Geschäftsjahres aus den Diensten der Gesellschaft aus, so erhält er die Tantieme gemäß vorstehendem Abs. (3) anteilig der innerhalb des Geschäftsjahres zurückgelegten Dienstzeit. Dies gilt jedoch nicht, wenn der Anstellungsvertrag aufgrund einer außerordentlichen Kündigung der Gesellschaft wegen eines vom Geschäftsführer zu vertretenden wichtigen Grundes vorzeitig beendet wurde.

Erläuterungen

1. Bestandteile der Geschäftsführer-Vergütung	6. Gewinntantieme
2. Zivilrechtliche Grenzen der Geschäftsführer-Vergütung	7. Umsatztantieme
	8. Mindesttantieme
3. Steuerliche Grenzen der Nachhaltigkeitskomponente	9. Zielvereinbarungen
	10 Variable Vergütung mit Geschäftsführer-Vergütung
4. Festbezüge	11. Tantieme bei unterjährigem Ausscheiden des Geschäftsführers
5. Anpassung der Festbezüge	

1. Bestandteile der Geschäftsführer-Vergütung

Die Zusammensetzung und Bemessung der Vergütung des Geschäftsführers bestimmt sich nach der individuellen Vereinbarung, für welche der Gesellschaft und dem Geschäftsführer ein weiter vertraglicher Gestaltungsrahmen offen steht. In der Praxis setzt sich die Geschäftsführer-Vergütung regelmäßig aus drei Bestandteilen zusammen, nämlich

- dem monatlichen Festgehalt,
- etwaigen jährlichen Fest-Vergütungen, zu welchen insbesondere ein 13. und 14. Monatsgehalt sowie eine sog. Garantie-Tantieme zählt, welche dem Geschäftsführer nach Ablauf des Geschäftsjahres unabhängig vom Erreichen der für die variable Tantieme festgelegten Ziele gezahlt wird
- sowie variable Vergütungen, die insbesondere in Form ergebnisabhängiger Tantiemen für das jeweilige Geschäftsjahr gezahlt werden, wobei anstelle einer allein an wirtschaftlichen Kennziffern erfolgenden Tantiemeberechnung zunehmend variable Vergütungen auf Basis von Zielvereinbarungen getroffen werden, bei denen die Leistung des Geschäftsführers nicht nur zahlenmäßig, sondern am Erreichen weiterer Ziele wie z.B. der Mitarbeiter-Führung, Qualität der Organisation, Unternehmensführung und Innovationskraft des Unternehmens bemessen wird.

Die in § 6 des Vertragsmusters vorgestellten Regelungen enthalten die soeben genannten Vergütungsbestandteile in einer den Anforderungen der Praxis entsprechenden Ausgestaltung. Dabei können bei der Vorbereitung des Anstellungsvertrages die verschiedenen Vergütungsbestandteile in der Weise miteinander kombiniert werden, dass bezogen auf den konkreten Einzelfall die beiden Haupt-Kriterien bestmöglich erfüllt werden, welche für die Ausgestaltung einer Geschäftsführer-Vergütung maßgebend sind: dies ist zum einen die Ermittlung eines angemessenen Festgehalts, da hierin die vergütungsmäßige Grundlage für die Tätigkeit des Geschäftsführers und dessen finanzielle Absicherung liegt. Zum anderen kommt die variable Vergütung hinzu, die vertraglich so auszugestalten ist, dass der hiermit verfolgte Leistungsanreiz für den Geschäftsführer erreicht und ihm eine angemessene Beteiligung am Erfolg der Gesellschaft unter seiner Führung in Aussicht gestellt wird.

2. Zivilrechtliche Grenzen der Geschäftsführer-Vergütung

Sowohl das in Abs. (1) von § 6 des Vertragsmusters einzusetzende **feste monatliche Gehalt als auch** die in Abs. (3) zu regelnde **variable Vergütung richten sich** in ihrer Höhe ausschließlich **nach der zwischen Gesellschaft und Geschäftsführer zu treffenden Vereinbarung.** Die für Vorstandsmitglieder einer AG geltende gesetzliche Regelung des § 87 Abs. 1 AktG, welche eine Begrenzung der Vergütung der Vorstandsmitglieder auf ein angemessenes Verhältnis zu den übertragenen Aufgaben und der Lage der Gesellschaft vorschreibt, findet für den Geschäftsführer einer GmbH keine entsprechende Anwendung.[214] Daraus folgt freilich nur, dass die feste und variable Vergütung des Geschäftsführers keinen gesetzlichen Grenzen unterliegt, wohingegen selbstverständlich in den Verhandlungen vor Abschluss des Anstellungsvertrages von Seiten der Gesellschaft darauf geachtet werden sollte, dass eine angemessene Relation zwischen der Vergütung einerseits und der Schwierigkeit sowie dem Umfang der durch den Geschäftsführer wahrzunehmenden Aufgaben andererseits gewahrt bleibt und die wirtschaftlichen Verhältnisse der Gesellschaft beachtet werden. Auch wenn die Vergütung des Geschäftsführers in aller Regel deutlich über den Bezügen der leitenden Angestellten der Gesellschaft liegt, sollte bei der Ermittlung der Geschäftsführer-Vergütung des weiteren darauf geachtet werden, dass durch ihre Festlegung die Relationen im Hinblick auf das Gesamt-Gefüge der Vergütungsstruktur der Gesellschaft gewahrt bleiben.

Eine **gesellschaftsrechtliche Grenze bei der Festsetzung der Vergütung** folgt für den Personenkreis der Gesellschafter-Geschäftsführer aus der gesellschaftsrechtlichen Treuepflicht.[215] Den Gesellschaftern steht zwar bei der Beschlussfassung über die Vergütungshöhe ein erheblicher Ermessensspielraum zu, welcher es insbesondere auch erlaubt, bei der Festsetzung der Vergütung den spezifischen Besonderheiten der Gesellschaft Rechnung zu tragen, dieser Ermessensspielraum wird jedoch überschritten, wenn die Bezüge eines Gesellschafter-Geschäftsführers in keinem Verhältnis mehr zu der Vergütung stehen, welche die Gesellschaft an einen Fremd-Geschäftsführer für die gleiche Tätigkeit zahlen würde. Der Beschluss, mit welchem eine solche unangemessen hohe Vergütung für einen Gesellschafter-Geschäftsführer festgelegt wird, ist daher wegen Verletzung der gesellschaftsrechtlichen Treuepflicht anfechtbar.

Eine **arbeitsrechtliche Grenze** bei der Festsetzung der Vergütung für die Fremd-Geschäftsführer **bildet der arbeitsrechtliche Gleichbehandlungsgrundsatz.**[216] Danach darf der Geschäftsführer im Verhältnis zu den Mit-Geschäftsführern und leitenden Angestellten in vergleichbarer Position vergütungsmäßig nicht benachteiligt werden, es sei denn, dass hierfür sachliche Differenzierungsgründe vorliegen. Die Prüfung dieser Gleichbehandlung ist allerdings nicht isoliert für jeden einzelnen Vergütungsbestandteil, sondern im Wege eines Gesamt-Vergleiches aller Vergütungsbestandteile vorzunehmen, da in der Gewichtung der einzelnen Vergütungsbestandteile individuelle und tätigkeitsbezogene Differenzierungen eintreten können.

3. Steuerliche Grenzen der Geschäftsführer-Vergütung

Für den Personenkreis der Gesellschafter-Geschäftsführer ist die Beachtung der Angemessenheit seiner Vergütung neben den vorstehend genannten Gründen aus Sicht der Gesellschaft insbesondere auch aus steuerlichen Gründen geboten. Der Grund hierfür liegt darin, dass die Vergütungen der Geschäftsführer steuerlich als Betriebsausgaben bei der Gesellschaft abzugsfähig sind. Werden einem Gesellschafter-Geschäftsführer jedoch unangemessen hohe Vergütungen gezahlt, so wird in dem die Angemessenheitsgrenze übersteigenden Teil seiner Vergütung steuerrechtlich eine verdeckte Gewinnausschüttung gesehen. Dies hat zur Folge, dass insoweit die Abzugsfähigkeit als Betriebsausgabe entfällt, mit der Folge, dass der übersteigende Teil der Vergütung des Gesellschafter-Geschäftsführers dem körperschaftssteuerpflichtigen Gewinn der Gesellschaft zugerechnet wird und daher zu einer höheren Körperschaftssteuerbelastung der Gesellschaft führt. Die Beachtung der steuerlichen Angemessenheit der für die Gesellschafter-Geschäftsführer vereinbarten Vergütungen hat deshalb in der Praxis eine außerordentlich weitrechende Bedeutung. Für diese **Prüfung der steuerlichen Angemessenheit der Vergütungen von Gesellschafter-Geschäftsführern** ist auf der Grundlage der BFH-Rechtsprechung **durch das BMF-Schreiben vom 14.10.2002**[217] **ein 3-stufiger Prüfungsmaßstab aufgestellt** worden, mit welchem die Kriterien für die einzelnen Prüfungsschritte wie folgt festgelegt wurden:

a) Zunächst ist **auf 1. Stufe zu prüfen, ob die einzelnen Vergütungsbestandteile dem Grunde nach** auf der gesellschaftsrechtlichen Stellung des Gesellschafter-Geschäfts-führers beruhen oder sich als **Gegenleistung für die erbrachten Dienste für die Gesellschaft** darstellen.[218] Ein Indiz für eine gesellschaftsrechtliche Veranlassung wird bei solchen Vergütungen für einen Gesellschafter-Geschäftsführer angenommen, die im Vergleich mit einem Fremdgeschäftsführer unüblich sind, da sie grundlegend von den für Geschäftsführer-Dienste getroffenen Vergütungsvereinbarungen abweichen. Danach ist von einer gesellschaftsrechtlichen Grundlage für die Fälle auszugehen, in denen eine ausschließlich tantiemebezogene Vergütungsregelung (sog. Nur-Tantieme) getroffen wurde,[219] da sich die Vergütung von Geschäftsführern üblicherweise aus festen und variablen Bestandteilen zusammensetzt. Bei einer Nur-Tantieme ist demgegenüber davon auszugehen, dass es sich um keine Vergütung für erbrachte Dienste, sondern eine vorweggenommene Gewinnausschüttung für den Gesellschafter-Geschäftsführer handelt. Auch hinsichtlich der Festvergütung kann eine gesellschaftsrechtliche Veranlassung dem Grunde nach vorliegen, wenn absolut unübliche Regelungen mit einem Gesellschafter-Geschäftsführer getroffen werden, welche bei hypothetischer Gegenüberstellung mit einem Fremdgeschäftsführer nicht erfolgt wären: hiervon ist nach dem BFH-Urteil vom 6.4.2005[220] auszugehen, wenn das monatliche Gehalt des Gesellschafter-Geschäftsführers bereits nach wenigen Monaten und noch vor Ablauf der vertraglichen Kündigungsfrist mehr als verdoppelt wird. In gleicher Weise ist nach der Rechtsprechung[221] von einer gesellschaftsrechtlichen Veranlassung dem Grunde nach auszugehen, wenn eine Überstundenvergütung für den Gesellschafter-Geschäftsführer vereinbart wurde, da es dem üblichen Aufgabenbild eines Geschäftsführers entspricht, dass er seine gesamte Arbeitskraft in den Dienst der Gesellschaft stellt und durch die hierfür vereinbarte Vergütung auch etwaige Mehrarbeit abgegolten ist (vgl. hierzu auch § 4 Abs. (2) des Vertragsmusters).

b) Wurde auf der 1. Prüfungsstufe festgestellt, dass die Vergütung dem Grunde nach ihre Veranlassung nicht in der gesellschaftsrechtlichen Stellung hat, sondern sich als Gegenleistung für die vom Gesellschafter-Geschäftsführer erbrachten Dienste darstellt, so ist sodann **auf 2. Stufe zu prüfen, ob die einzelnen Vergütungsbestandteile in ihrer Höhe der steuerlichen Angemessenheit entsprechen.** Dies gilt insbesondere für die variable Vergütung des Gesellschafter-Geschäftsführers. Nach der BFH-Rechtsprechung[222] ist hierbei von einer 75 ./. 25-Regel für das Verhältnis zwischen fester ./. variabler Vergütung auszugehen, so dass zur Wahrung der steuerlichen Angemessenheit der Höhe nach die variable Vergütung einen Anteil von 25 % an der vereinbarten Gesamtvergütung nicht übersteigen sollte.[223]

c) Wurde für die einzelnen Vergütungsbestandteile auf den vorangegangenen Prüfungsstufen ihre steuerliche Angemessenheit sowohl dem Grunde als auch der Höhe nach festgestellt, so ist schließlich **auf der 3. Stufe die steuerliche Angemessenheit der Gesamtbezüge des Gesellschafter-Geschäftsführers zu prüfen.** Hierfür sind nach dem BMF-Schreiben vom 14.10.2002 folgende **Kriterien** zugrunde zu legen:
- **Art und Umfang der Tätigkeit:** da die Vergütung des Gesellschafter-Geschäftsführers die Gegenleistung für die von ihm erbrachten Dienste darstellt, ist für die Prüfung der Angemessenheit seiner Vergütung maßgebend auf Art und Umfang der von ihm wahrzunehmenden Tätigkeit abzustellen. Hierbei ist von einem Erfahrungsgrundsatz auszugehen, wonach mit der Größe des Unternehmens der Arbeitseinsatz, die Anforderungen und Verantwortung des Geschäftsführers steigen, wobei für die Unternehmensgröße vorrangig auf die Höhe des Umsatzes sowie die Zahl der Arbeitnehmer abzustellen ist.[224]
- **Ertragsaussichten der Gesellschaft/Verhältnis zur Eigenkapitalverzinsung:** als weiteres Kriterium für die Prüfung der Angemessenheit der Gesamtvergütung wird auf das Verhältnis der Vergütung der Gesellschafter-Geschäftsführer zum verbleibenden Gewinn der Gesellschaft sowie die Kapitalverzinsung abgestellt. Hierbei ist zu beachten, dass die Mindestverzinsung des eingesetzten Eigenkapitals es nicht rechtfertigt, die darüber hinausgehenden Beträge in vollem Umfang als Vergütung an die Gesellschafter-Ge-

schäftsführer auszukehren. Im Regelfall setzt die steuerliche Angemessenheit der Gesamtvergütung der Gesellschafter-Geschäftsführer voraus, dass der Gesellschaft nach Abzug der Vergütungen noch ein Jahresüberschuss vor Ertragssteuern in mindestens gleicher Höhe wie die Vergütungen der Gesellschafter-Geschäftsführer verbleibt (sog. Halbteilungsgrundsatz).[225] Hierbei handelt es sich jedoch lediglich um einen Grundsatz, von dem für die Fälle besonders ertragsstarker oder ertragsschwacher Gesellschaften abgewichen werden muss. Bei besonders ertragsstarken Gesellschaften ist die Obergrenze des Gewinns, welcher durch die Gesamt-Vergütung der Gesellschafter-Geschäftsführer aufgesaugt werden darf, unter Berücksichtigung der konkreten Umstände des jeweiligen Einzelfalls zu ermitteln. Hierbei ist insbesondere auf die Unternehmensgröße und die jeweilige Branche abzustellen, in welcher die Gesellschaft tätig ist und die innerhalb dieser Branche bestehende Vergütungsstruktur für Führungskräfte zu berücksichtigen.[226] Für die Fälle ertragsschwacher Gesellschaften kann demgegenüber selbst bei Unterschreiten einer Mindestverzinsung des eingesetzten Kapitals die steuerliche Angemessenheit der Vergütung der Gesellschafter-Geschäftsführer gegeben sein, da auch ein Fremd-Geschäftsführer in Verlustjahren nicht auf eine angemessene Vergütung verzichten würde. Die steuerliche Angemessenheit ist in diesen Fällen gewahrt, wenn sich die Gesamt-Vergütung der Gesellschafter-Geschäftsführer zumindest im unteren Rahmen des für die Branche entsprechenden Vergleichsstabes von Geschäftsführer-Vergütungen hält.[227]

- **Fremdvergleichsmaßstab:** schließlich ist **die Prüfung der steuerlichen Angemessenheit der Gesamt-Vergütung der Gesellschafter-Geschäftsführer am Maßstab eines sog. Fremdvergleichs durchzuführen.** Hierbei ist vorrangig ein interner Vergleich durchzuführen, sofern im Betrieb der Gesellschaft auch ein oder mehrere Fremd-Geschäftsführer tätig sind, so dass deren Vergütungen als unmittelbarer Vergleichsmaßstab heranzuziehen sind. Sofern jedoch keine Fremd-Geschäftsführer in der Gesellschaft tätig sind, ist der Fremdvergleich durch einen auf der Grundlage von Gehaltsstrukturuntersuchungen für die betreffende Branche basierenden externen Vergleich durchzuführen, wonach auf die Gesamt-Vergütung abzustellen ist, welche an Geschäftsführer vergleichbarer Unternehmen innerhalb der Branche gezahlt werden.[228]

d) Die Prüfung der steuerlichen Angemessenheit der mit einem Gesellschafter-Geschäftsführer vereinbarten Vergütung anhand der vorstehend dargelegten Kriterien beinhaltet notwendigerweise ein gewisses Maß an Unsicherheit, da insbesondere aus dem Fremdvergleichsmaßstab keine festen Obergrenzen folgen, so dass ein **Beurteilungsspielraum insbesondere im Hinblick auf die Frage der Vergleichbarkeit** der Gesellschaft mit anderen in der Branche tätigen Unternehmen besteht. Es ist deshalb sowohl in der Rechtsprechung des BFH,[229] als auch durch das BMF-Schreiben vom 14.10.2002[230] anerkannt, dass bei einer geringfügigen Überschreitung der Angemessenheitsgrenze durch die Vergütungen des Gesellschafter-Geschäftsführers noch nicht die eingangs dargelegten Rechtsfolgen einer verdeckten Gewinnausschüttung eintreten,

wobei diese **Grenze bei 20 %** liegt. Übersteigen die an den Gesellschafter-Geschäftsführer gewährten Vergütungen die steuerliche Angemessenheitsgrenze,
so führt dies nicht dazu, dass die gesamte Vergütung als verdeckte Gewinnausschüttung behandelt wird, vielmehr gilt dies nur für den über die Angemessenheitsgrenze hinausgehenden und daher steuerliche unangemessenen
Teil der Vergütung.[231]

4. Festbezüge

Die in § 6 Abs. (1) des Vertragsmusters vorgesehenen Festbezüge teilen sich
auf in ein monatliches Gehalt sowie ein 13. Monatsgehalt, wobei in der Praxis auch bis zu einem 14. Gehalt gezahlt wird oder – entsprechend den für
die Angestellten der Gesellschaft geltenden Vergütungsregelungen – ein festes
Urlaubsgeld in der Mitte des Jahres gewährt wird. In der **Bemessung der
Festbezüge** besteht innerhalb des durch Erl. 2 und 3 aufgezeigten Rahmens
uneingeschränkte **Vertragsfreiheit** der Parteien, so dass sowohl die Ausgestaltung der Festvergütung als auch deren betragsmäßige Höhe vom Ergebnis
der Verhandlungen zwischen der Gesellschaft und dem Geschäftsführer abhängt. Sofern der Geschäftsführer unter die Sozialversicherungspflicht fällt
(vgl. zu den Voraussetzungen für das Bestehen einer Sozialversicherungspflicht Vorbem. B. IV. 1.–4.) handelt es sich bei dem Festgehalt **grundsätzlich**
um eine **Brutto-Vergütung**, von welcher daher die Lohnsteuer und die Sozialversicherungsbeiträge an die Finanzverwaltung bzw. Sozialversicherungsträger abzuführen sind. Soll demgegenüber eine Netto-Vergütung vereinbart
werden, was zwar nicht üblich, grundsätzlich jedoch zulässig ist, so bedarf es
im Anstellungsvertrag einer ausdrücklichen Bezeichnung des Gehalts als Netto-Vergütung.[232]

5. Anpassung der Festbezüge

In Abs. (2) von § 6 des Vertragsmusters sind alternativ folgende zwei Regelungen zur Anpassung der Festbezüge vorgesehen:
    Nach der ersten Alternative ist eine **turnusmäßige Überprüfung der Fest-
bezüge** im Abstand von 2 Jahren vorgesehen, ohne dass hieran ein konkreter
Anspruch des Geschäftsführers auf Anhebung seiner Festbezüge um einen
bestimmten Prozentsatz gekoppelt ist. Durch diese Alternative wird der Gesellschaft ein weiter Ermessensspielraum bei der Entscheidung über die Frage
der Anpassung der Festbezüge eingeräumt.[233]
    Bei der zweiten Alternative erfolgt eine **unmittelbare Anknüpfung** zur An-
passung der Festbezüge **an der Steigerung der Tarifgehälter für die Branche**,
in welcher die Gesellschaft tätig ist. Eine solche Koppelung hat den Vorteil,
dass eine klare und verbindliche Berechnungsgrundlage für die Anpassung
der Festbezüge besteht, so dass etwaige Unsicherheiten oder Meinungsverschiedenheiten über den Umfang der Anpassung ausgeschlossen sind. Eher
abzuraten ist demgegenüber von einer Bezugnahme auf die Entwicklung der

Lebenshaltungskosten, da nach § 2 Preisangaben- und PreisklauselG die Beträge nicht unmittelbar durch den Preis oder Wert von anderen Gütern oder
Leistungen bestimmt werden dürfen, die mit den vereinbarten Leistungen
nicht vergleichbar sind, wobei jedoch Ausnahmen genehmigt werden können,[234] wenn die Leistungen langfristig zu erbringen sind oder besondere
Gründe des Wettbewerbs eine Wertsicherung rechtfertigen und die Preisklau-
sel keine der Vertragsparteien unangemessen benachteiligt.

Die **Notwendigkeit einer** solchen **im Voraus getroffenen Vereinbarung** zur
Anpassung der Festbezüge ergibt sich für den **Personenkreis der Gesellschafter-Geschäftsführer** auch im Hinblick auf das sog. **Nachzahlungsverbot.** Danach liegt eine verdeckte Gewinnausschüttung mit der Folge des Verlustes
der Abzugsfähigkeit als Betriebsausgaben und der hieraus resultierenden Erhöhung der Körperschaftssteuerbelastung der Gesellschaft nicht nur bei der
Zahlung einer steuerlich unangemessenen Vergütung, sondern auch dann
vor, wenn einem Gesellschafter-Geschäftsführer die Vergütung erhöht wird,
ohne dass dies klar und eindeutig im Voraus vereinbart wurde.[235] Dieses
Nachzahlungsverbot wird ergänzt durch das sog. **Durchführungsgebot,** wonach die im Voraus vereinbarte Vergütung auch zum Fälligkeitszeitpunkt zu
zahlen ist.[236] Hierdurch soll ausgeschlossen werden, dass die Gesellschafter-
Geschäftsführer zunächst eine Vergütungsvereinbarung bis zur obersten
Grenze der steuerlichen Angemessenheit treffen, um später frei darüber entscheiden zu können, in welchem Umfang diese Vergütungsvereinbarung ausgeschöpft werden soll. Bei erheblichem Überschreiten des Fälligkeitszeit-
punktes für die vereinbarte Vergütung der Gesellschafter-Geschäftsführer
wird daher von einer Umgehung des Nachzahlungsverbotes und damit dem
Vorliegen einer verdeckten Gewinnausschüttung ausgegangen.

In Ausnahmefällen kann sich statt der Frage einer Gehaltsanhebung auch
die **Notwendigkeit einer Gehaltsreduzierung** ergeben, und zwar sowohl für
einen Gesellschafter-Geschäftsführer als auch für einen Fremd-Geschäftsführer, wobei eine solche Verpflichtung allerdings nur **für die Fälle einer existenzbedrohenden Verschlechterung der wirtschaftlichen Lage der Gesellschaft** besteht.[237] Hierbei ist jedoch zu beachten, dass der Geschäftsführer lediglich
verpflichtet ist, einer vorübergehenden Kürzung seiner Bezüge zuzustimmen,
sofern diese Kürzung einen Bestandteil der Gesamt-Maßnahmen zur Sanierung darstellt, um die existenzbedrohende Krise der Gesellschaft zu überwin-
den.[238] Hinsichtlich der Gesellschafter-Geschäftsführer liegt im Verzicht auf
einen Teil ihrer Bezüge in einem solchen Fall der existenzbedrohenden Krise
der Gesellschaft kein Verstoß gegen das vorstehend behandelte steuerliche
Durchführungsgebot, da die Kürzung ihrer Bezüge, zu welcher sie gesell-
schaftsrechtlich verpflichtet sind, insoweit auch durch das Steuerrecht zu respektieren sind.[239]

6. Gewinntantieme

In Abs. (3) von § 6 des Vertragsmusters wird als erste Alternative die Regelung
einer Gewinntantieme vorgestellt. Als **Berechnungsgrundlage für die Gewinn-**

tantieme ist grundsätzlich von der **Handelsbilanz** auszugehen,[240] sofern nicht ausdrücklich vereinbart wurde, dass sich die Gewinntantieme nach der Steuerbilanz bemisst. Dementsprechend wurde in Abs. (3) für die Gewinntantieme der Regelfall der Handelsbilanz zugrunde gelegt, so dass sich die Tantieme nach Maßgabe des Jahresüberschusses im Sinne der § 266 Abs. 3 A. V./§ 275 Abs. 2 Nr. 17/§ 275 Abs. 3 Nr. 16 HGB bestimmt. Durch das Abstellen auf den Jahresüberschuss nach HGB ist zwar die Grundlage für die Ermittlung der Gewinntantieme geschaffen, zur Vermeidung späterer Anwendungs- und Auslegungsstreitigkeiten sollte jedoch zusätzlich in der Tantieme-Regelung eine klare Regelung zu folgenden weiteren Punkten erfolgen: zunächst ist zu klären, ob von dem Jahresüberschuss die Steuern für die Berechnung der Tantieme abzuziehen sind. Hierbei wird in der Praxis überwiegend ein Abzug der Steuern vorgenommen, so dass auch in Abs. (3) des Vertragsmusters bestimmt wurde, dass vom Gewinn nach Steuern auszugehen ist. Demgegenüber werden die gewinnabhängigen Tantiemen der Geschäftsführer von der Bemessungsgrundlage nicht abgezogen, da sie von ihrer Zwecksetzung den vergütungspflichtigen Erfolg des Geschäftsführers nicht begrenzen sollen.[241] Auch die Bildung von Rücklagen führt grundsätzlich nicht zu einer Minderung der Bemessungsgrundlage, da es sich hierbei um einen Teil der Ergebnisverwendung handelt und die Tantieme grundsätzlich auf der Grundlage des Jahresüberschusses vor Entscheidung über die Ergebnisverwendung zu ermitteln ist.[242] Dies hat jedoch konsequenterweise zur Folge, dass die in späteren Jahren erfolgende Auflösung der in die Rücklagen eingestellten Überschussanteile keine erneute Tantiemepflichtigkeit auslöst, da die gewinnbezogene Vergütung insoweit bereits erfolgt ist.[243] Hinsichtlich der Berücksichtigung eines Gewinn- oder Verlustvortrages aus dem Vorjahr ist wie folgt zu differenzieren: ein Gewinnvortrag ist nicht in der Bemessungsgrundlage für die Tantieme-Ermittlung zu berücksichtigen, da er aus dem Jahresüberschuss vergangener Jahre stammt. Zur Frage der Anrechnung eines Verlustvortrages wird häufig danach unterschieden, ob der Verlustvortrag aus einer Zeit vor Inkrafttreten der Tantiemevereinbarung resultiert, wobei für diese Fälle eine Anrechnung eher verneint wird. Demgegenüber wird es jedoch für zulässig gehalten, die Gewinntantieme in der Weise zu regeln, dass eine Zahlungspflicht der Gesellschaft erst nach Tilgung der Verluste eintritt. Eine solche Regelung ist für den Personenkreis der Gesellschafter-Geschäftsführer auch deshalb geboten, da nach der Rechtsprechung[244] eine verdeckte Gewinnausschüttung vorliegt, wenn die Bemessungsgrundlage der Tantieme nicht um bestehende Verlustvorträge gemindert wird, welche die Gesellschafter-Geschäftsführer mit zu verantworten haben. Aus diesem Grund wurde in Abs. (3) des Vertragsmusters die Regelung zu diesem Punkt dahingehend getroffen, dass eine Anrechnung des Verlustvortrages aus dem Vorjahr im Sinne einer Minderung der Bemessungsgrundlage erfolgt. Die in Satz 4 von Abs. (3) getroffene Regelung, wonach ein etwaiger Veräußerungserlös, welcher aus dem Verkauf wesentlicher Geschäftsbereiche resultiert, nicht unter den tantiemepflichtigen Gewinn fällt, hat folgenden Grund: im Zuge deutlich steigender Veräußerungen einzelner Sparten und Geschäftsbereiche von Unternehmen werden in der Praxis häufig erhebliche Veräußerungsgewinne realisiert, welche außerordentliche

Erträge i. S. v. § 275 Abs. 2 Nr. 15 HGB/§ 275 Abs. 3 Nr. 14 HGB darstellen. Fehlt es in der Tantieme-Vereinbarung an einer ausdrücklichen Regelung für die Behandlung solcher Fälle, so entsteht für die Gesellschaft das Risiko, dass der Geschäftsführer sie auf Zahlung einer Gewinntantieme unter Einbeziehung der im Jahresüberschuss enthaltenen außerordentlichen Erträge in Anspruch nimmt. Der von Seiten der Gesellschaft in solchen Fällen erfolgende Einwand, dass sich die Tantieme nach ihrer Zwecksetzung auf den Gewinn aus der gewöhnlichen Geschäftstätigkeit der Gesellschaft bezieht, stößt hierbei auf das Problem, dass diese Zwecksetzung keinen unmittelbaren Eingang in den Wortlaut der Tantieme-Regelung gefunden hat, so dass in solchen Fällen eine Auslegungsstreitigkeit über den Inhalt der Tantieme-Regelung vorprogrammiert ist. Um die hieraus resultierenden Risiken von vornherein auszuschließen, sollte deshalb vorsorglich eine ausdrückliche Regelung in die Tantieme-Vereinbarung aufgenommen werden, wonach ein etwaiger im Jahresüberschuss enthaltener Veräußerungserlös, welcher durch den Verkauf wesentlicher Geschäftsbereiche erzielt wurde, aus der Berechnungsgrundlage für die Tantieme zu eliminieren ist.[245] Dementsprechend sollten in gleicher Weise auch außerordentliche Aufwendungen, welche in diesem Zusammenhang entstanden sind, von der Bemessungsgrundlage für die Tantieme ausgenommen werden. Diese inhaltliche Einschränkung der Tantieme-Vereinbarung ist deshalb gerechtfertigt, da der Sinn und Zweck einer Tantieme darin liegt, den Geschäftsführer an dem Gewinn zu beteiligen, welchen die Gesellschaft aus der Geschäftstätigkeit unter seiner Führung erzielt hat, wohingegen der Geschäftsführer grundsätzlich nicht an dem Erlös aus der **Veräußerung** der Substanz der Gesellschaft bzw. **wesentlicher Geschäftsbereiche** zu beteiligen ist. Soll demgegenüber die Mitwirkung des Geschäftsführers an den Verkaufsverhandlungen durch eine **Beteiligung am späteren Veräußerungserlös** honoriert werden, so ist für diesen Fall der **Abschluss einer gesonderten Vereinbarung zu empfehlen,** mit welcher dem Geschäftsführer ein vom späteren Veräußerungserlös abhängiger Bonus zugesagt wird. Aus diesem Grund wurde am Ende von Satz 4 des Abs. (3) ein entsprechender Vorbehalt aufgenommen, wonach der Ausschluss etwaiger Veräußerungserlöse aus der Bemessungsgrundlage für die Gewinntantieme nur für den Fall gilt, dass zwischen den Parteien im Hinblick auf die Mitwirkung des Geschäftsführers an der Veräußerung keine abweichenden Vereinbarungen getroffen wurden.

Hinsichtlich der **Fälligkeit der Gewinntantieme** wurde im Schluss-Satz von Abs. (3) darauf abgestellt, dass sie am Ende des Kalendermonats zur Zahlung gelangt, welcher auf die Feststellung des Jahresabschlusses folgt, was seinen Grund bereits darin hat, dass die Tantieme ihrerseits vom Ergebnis des Jahresabschlusses abhängt.

Für den Personenkreis der **Gesellschafter-Geschäftsführer** sind bei der vertraglichen Regelung der Gewinntantieme folgende Besonderheiten zu beachten:

Zunächst muss bei der Dotierung der vorgesehenen Gewinntantieme die Grenze der steuerlichen Angemessenheit berücksichtigt werden, wobei hierzu auf die bereits erfolgten Darlegungen unter Erl. 3 zu verweisen ist. Aufgrund des für die Vergütung von Gesellschafter-Geschäftsführern bestehenden Nachzahlungsverbotes (vgl. hierzu unter Erl. 4), aus welchem das Erfordernis einer klaren im Voraus getroffenen Vereinbarung folgt, sind in der Tantieme-Regelung etwaige **Ermessensspielräume** für die Gesellschafterversammlung **bei der Bemessung der Tantieme auszuschließen.** Vielmehr ist die Regelung so präzise vorzunehmen, dass die Höhe der Tantieme der Gesellschafter-Geschäftsführer allein durch Rechenvorgänge ermittelt werden kann, ohne dass noch Spielraum für eine Ermessensausübung verbleibt,[246] da andernfalls die Finanzverwaltung eine verdeckte Gewinnausschüttung annimmt.

7. Umsatztantieme

In Alternative 2 zu Abs. (3) von § 6 des Vertragsmusters wird eine variable Vergütung in Form einer Umsatztantieme vorgestellt. Die **Vereinbarung einer Umsatztantieme** anstelle einer Gewinntantieme ist **zwar grundsätzlich rechtlich zulässig,** in der Praxis **jedoch nur sehr selten** anzutreffen. Dies hat seinen Grund darin, dass aus Umsatztantiemen das Risiko folgt, dass der Geschäftsführer allein zur Erzielung von Umsatz solche Geschäfte tätigt, welche weniger das Wohl der Gesellschaft als die bloße Steigerung des Umsatzes und seine hieran gekoppelte Vergütung verfolgen. Aus diesem Grund sollte von einer Umsatztantieme nur in besonderen Ausnahmefällen (z. B. in der Anlaufphase eines Unternehmens) Gebrauch gemacht werden. Für diesen Fall sollten die für die Berechnung maßgebenden Faktoren (Preis, Menge) eindeutig geregelt und zugleich erwogen werden, eine Umsatzhöchstgrenze festzulegen, bis zu welcher die Zahlung der Tantieme erfolgt. Dementsprechend wurde in Alternative 2 des Vertragsmusters eine inhaltliche Eingrenzung dahingehend vorgenommen, dass nur die im Rahmen des vom zuständigen Organ der Gesellschaft genehmigten Business-Plan getätigten Umsätze aus gewöhnlicher Geschäftstätigkeit tantiemepflichtig sind und zugleich eine absolute Obergrenze (bezogen auf die Festbezüge) festgelegt, bis zu welcher maximal eine Tantiemezahlung erfolgt. Auch im Fall der Umsatztantieme ist darauf zu achten, dass aus der Berechnungsgrundlage solche Geschäfte ausgeschlossen bleiben, welche in der Veräußerung von betrieblichem Anlagevermögen bestehen.

Für den Personenkreis der **Gesellschafter-Geschäftsführer** tritt neben den vorstehend aufgezeigten wirtschaftlichen Risiken bei Vereinbarung einer Umsatztantieme noch das weitere **steuerliche Risiko** auf, dass in einer **Umsatztantieme** durch die Finanzverwaltung **grundsätzlich eine verdeckte Gewinnausschüttung** mit der Folge des Wegfalls der Abzugsfähigkeit der Tantiemezahlung als Betriebsausgaben gesehen wird, es sei denn, dass besondere Gründe die Vereinbarung einer Umsatztantieme rechtfertigen. Um hierfür den Nachweis gegenüber der Finanzverwaltung führen zu können, sollten daher die für die Vereinbarung einer Umsatztantieme maßgebenden Gründe unmittelbar in die Tantieme-Regelung des Gesellschafter-Geschäftsführers aufgenommen werden.[247]

8. Mindesttantieme

Alternative 3 zu Abs. (3) von § 6 des Vertragsmusters enthält das Angebot
einer Ergänzung zur Regelung der Gewinntantieme (= Alt. 1) bzw. Umsatztantieme (= Alt. 2), indem eine **Absicherung des Geschäftsführers** in der Weise erfolgt, dass ihm eine **Mindesttantieme** garantiert wird. Eine solche Regelung kann z. B. für den Fall angezeigt sein, dass die angestrebte Sanierung des
Unternehmens, für welche der Geschäftsführer eingestellt wurde, voraussichtlich erst nach mehreren Jahren erreicht sein wird, ihm jedoch gleichwohl von
Anbeginn eine Mindesttantieme gewährleistet sein soll. Dementsprechend ist
auch eine zeitlich gestaffelte Vertragsgestaltung möglich, wonach für die ersten Jahre eine Mindesttantieme vereinbart wird, welche später durch eine
ausschließlich gewinnabhängige Tantieme abgelöst wird. Bei Verwendung
von Alternative 3 bei der Vertragsgestaltung ist zu beachten, dass die Mindesttantieme unabhängig vom Eintritt eines Gewinns und deshalb auch bei
Vorliegen eines Verlustes im abgelaufenen Geschäftsjahr zu zahlen ist, so
dass sie der Sache nach keine variable Vergütung darstellt, sondern eher den
festen Vergütungsbestandteilen zuzurechnen ist. Zur Vermeidung etwaiger
Auslegungsstreitigkeiten ist – wie in Alternative 3 vorgesehen – darauf zu
achten, dass die Mindesttantieme nur für den Fall zur Zahlung gelangt, dass
die Voraussetzungen für die variable Tantieme (sei es in Form der Gewinntantieme oder der Umsatztantieme) nicht erfüllt sind. Für den Fall etwaiger
betragsmäßiger Überschneidungen zwischen variabler Tantieme und Mindesttantieme kann auch eine Regelung des Inhalts erfolgen, wonach die
Mindesttantieme auf eine vom Geschäftsführer anteilig erreichte variable
Tantieme zur Anrechnung kommt.

9. Zielvereinbarungen

Die in Alternative 4 zu Abs. (3) von § 6 des Vertragsmusters vorgestellte
Form der variablen Vergütung durch sog. Zielvereinbarungen hat auch für
den Personenkreis der Geschäftsführer in der Praxis eine zunehmende Bedeutung gewonnen. Der Grund hierfür liegt insbesondere darin, dass durch
Abschluss solcher Zielvereinbarungen neben dem rein zahlenmäßig ablesba-
ren Unternehmenserfolg, wie er insbesondere der Gewinntantieme zugrunde
liegt, zusätzliche Kriterien als Leistungsanreiz der variablen Vergütung
zugrunde gelegt werden können. Dies betrifft z. B. Ziele in der Mitarbeiter-
Führung, der Steigerung der Innovationskraft des Unternehmens durch Einführung neuer Produkte, der Expansion des Unternehmens durch den Aufbau leistungsstarker ausländischer Tochtergesellschaften, so dass bei der inhaltlichen Festlegung der Ziele in besonderem Maße auf die spezifischen
Anforderungen für die künftige Geschäftsausrichtung der Gesellschaft eingegangen werden kann. Da Zielvereinbarungen üblicherweise jährlich abgeschlossen werden, besteht ein weiterer Vorteil ihres Einsatzes darin, dass
hierdurch auf die sich ändernden Geschäftsanforderungen durch entspre-

chende Anpassung und Umstellung der Zielsetzungen zeitnah reagiert werden kann. Für die Ausgestaltung der variablen Vergütung in Form von Zielvereinbarungen sind folgende Grundsätze zu beachten:

a) Die vertragliche **Grundstruktur** bei Einsatz von Zielvereinbarungen erfolgt in der Weise, dass im Anstellungsvertrag die Rahmenregelung getroffen wird, in welcher die Grundsätze für den Abschluss von Zielvereinbarungen festgelegt werden, das Verfahren für die Zielfestlegung sowie die Prüfung der Zielerreichung sowie die Berechnungsmodalitäten der Tantieme entsprechend der jeweiligen Zielerreichung. **Auf Basis der im Anstellungsvertrag getroffene Rahmenregelung sind** von den Parteien sodann **jährlich Einzel-Zielvereinbarungen abzuschließen, in denen die konkreten Ziele festgelegt werden,** welche für das jeweilige Geschäfsjahr maßgebend sein sollen. Dabei empfiehlt sich im Interesse einer möglichst großen Flexibilität für die jährlichen Zielvereinbarungen, keine all zu weitgehenden Festlegungen durch die Rahmenregelung im Anstellungsvertrag zu treffen. Dementsprechend wurde bei der Ausgestaltung von Alternative 4 zu Abs. (3) vorgegangen, indem lediglich vorgegeben wurde, dass sowohl am Unternehmenserfolg der Gesellschaft als auch an den persönlichen Leistungen des Geschäftsführers anknüpfende Ziele zu vereinbaren sind und deren prozentuale Gewichtung festzulegen ist. Ergänzend hierzu wurde noch ein Zusatz aufgenommen, welcher in Form einer Soll-Vorschrift, und daher nicht zwingend, ein bestimmtes Verhältnis zwischen den am Unternehmenserfolg anknüpfenden Zielen einerseits gegenüber den an persönlichen Leistungen des Geschäftführers anknüpfenden Zielen andererseits vorsieht. Dabei ist in der Praxis überwiegend eine gewisse Präferenz der am Unternehmenserfolg anknüpfenden Ziele festzustellen.

b) Von entscheidender Bedeutung für eine erfolgreiche und reibungslose Anwendung dieser Form der variablen Vergütung ist eine **klare vertragliche Regelung zur jährlichen Festlegung der Ziele.** Hierfür bestehen grundsätzlich zwei Alternativen: danach kann im Anstellungsvertrag die Kompetenz zur Festlegung der Ziele der Gesellschaft bzw. dem zuständigen Organ (Gesellschafterversammlung, Aufsichtsrat u.ä.) übertragen werden. Abweichend hiervon kann die Festlegung der Ziele an das Einvernehmen beider Parteien geknüpft werden. Letztlich stellt sich bei der Ausgestaltung des Anstellungsvertrages daher die **Frage**, ob man die Regelung im Wege der einseitigen **Zielvorgaben durch die Gesellschaft oder** durch eine **von beiden Parteien abzuschließende Vereinbarung** herbeiführt. Soll im Sinne der ersten Alternative verfahren werden, so ist in den Anstellungsvertrag eine entsprechende Regelung aufzunehmen, wonach dem Geschäftsführer durch das zuständige Organ der Gesellschaft zu Beginn eines jeden Geschäftsjahres die für ihn maßgebenden Ziele schriftlich mitgeteilt werden. Ein solches Verfahren entspricht in aller Regel jedoch nicht dem Selbstverständnis der Parteien, die sich für diese Form der variablen Vergütung entscheiden, da der Geschäftsführer durch die aktive Einbeziehung in den Zielfindungsprozess zugleich für die Erfüllung der Ziele motiviert werden soll, an deren Festlegung er selbst mitgewirkt hat. Aus diesem Grund wurde bei der Regelung im vorliegenden

Vertragsmuster einer rechtzeitig vor Beginn des jeweiligen Geschäftsjahres abzuschließende Zielvereinbarung der Vorzug für die Festlegung der Ziele eingeräumt. Entscheidet man sich für den Weg der Zielvereinbarung anstelle einseitiger Zielvorgaben, so sollte jedoch aus Gründen rechtlicher Vorsorge für den Fall, dass keine Einigung über den Inhalt der Zielvereinbarung gefunden werden kann, bereits im Anstellungsvertrag die dann erforderliche Konfliktlösung geregelt werden. Diese Konfliktlösung wurde in Satz 4 der im Mustervertrag vorgestellten Regelung dahingehend getroffen, dass der Vorsitzende des zuständigen Organs der Gesellschaft die Ziele im Rahmen billigen Ermessens festzulegen hat, wenn bis 1 Monat vor Beginn des Geschäftsjahres keine Einigung über deren Inhalt erreicht werden konnte. Damit wird im Ergebnis der Gesellschaft bzw. dem Vorsitzenden des zuständigen Organs der Gesellschaft das Letztentscheidungsrecht bei der Festlegung der Ziele eingeräumt. Der Geschäftsführer wird hierdurch jedoch nicht schutzlos gestellt, da er die von der Gesellschaft festgelegten Ziele erforderlichenfalls einer gerichtlichen Kontrolle nach § 315 BGB unterziehen kann, was in aller Regel dazu führen wird, dass der Vorsitzende des zuständigen Organs der Gesellschaft auf die Einhaltung dieses Ermessensrahmens achten wird.[248] In der Praxis ist von Seiten der Gesellschaft bzw. der zuständigen Organe darauf zu achten, dass rechtzeitig zu Beginn des für die Tantieme maßgebenden Zeitraums die Zielvereinbarung vorliegt. Wurde der Abschluss der Zielvereinbarung versäumt, so hat dies nach der Rechtsprechung[249] zur Folge, dass der Geschäftsführer die Tantieme in der bei Abschluss einer Zielvereinbarung erreichbaren Höhe geltend machen kann, wobei grundsätzlich vom Betrag einer 100 %igen Zielerfüllung auszugehen ist.

c) Das **Erfordernis einer klaren Regelung** im Anstellungsvertrag besteht nicht nur für die Festlegung der Ziele, sondern in gleicher Weise auch **für die Feststellung der Zielerreichung** nach Abschluss des Geschäftsjahres. Hierbei entspricht es der überwiegenden Praxis, dass die Feststellung der Zielerreichung durch die Gesellschaft bzw. das für die Geschäftsführer zuständige Organ erfolgt, weshalb auch in der vorgestellten Regelung des Vertragsmusters die Zuständigkeit für die Prüfung der Zielerreichung dem Aufsichtsrat der Gesellschaft übertragen wurde. Auch insoweit wird der Geschäftsführer hierdurch nicht schutzlos gestellt, da er für den Fall, dass nach seiner Ansicht eine höhere Zielerreichung vorlag, als sie von der Gesellschaft festgestellt wurde, erforderlichenfalls eine Klage auf Zahlung des Differenzbetrages erheben kann, welcher sich unter Zugrundelegung der von ihm vertretenen Zielerreichung ergäbe.[250]

d) Durch die in Alternative 5 zu Abs. (3) enthaltene **Regelung** wird eine Ergänzung zu der in Alternative 4 geregelte Zielvereinbarung **für den Fall einer anteiligen Zielerreichung unter 100 %** getroffen. Vor einer Übernahme dieses Regelungsvorschlages in den Anstellungsvertrag ist zunächst zu prüfen, ob dem Geschäftsführer bei einer Zielerreichung unter 100 % eine anteilige Vergütung oder eine Mindesttantieme gezahlt werden soll. Bei Fehlen einer solchen Regelung ist grundsätzlich davon auszugehen, dass die zielabhängige Vergütung nur bei vollständiger, d.h. 100 %iger Zielerreichung zu zahlen ist.[251] In den Fällen eines umfassenden und vielschichtigen Ziel-Katalogs ist es in der Praxis jedoch durchaus üblich, dass eine anteilige Vergütung auch bei Unterschreiten einer 100 %igen Zielerreichung gezahlt wird, jedenfalls dann, wenn die Unterschreitung sich in einem solchen Rahmen hält, dass es unvertretbar wäre, den Geschäftsführer vergütungsmäßig leer ausgehen zu lassen. Entsprechend dieser Fallgestaltung wurde in Alternative 5 zum Vertragsmuster zugunsten des Geschäftsführers eine Vergütung vorgesehen, wenn die Zielerreichung zwar unter 100 %, mindestens jedoch bei 85 % liegt. Für diesen Fall wurde eine Vergütung in Form einer Mindest-Tantieme vorgesehen, wobei in der Praxis jedoch auch solche Regelungen anzutreffen sind, in denen ausgehend vom Tantieme-Betrag, welcher sich bei 100 %-iger Zielerreichung ergibt, eine betragsmäßige Abstaffelung bis zu einem bestimmten Mindestgrad der Zielerreichung erfolgt.

10. Variable Vergütung mit Nachhaltigkeitskomponente

Die in Alternative 6 zu Abs. (3) vorgesehene Tantieme-Regelung wurde entsprechend der – im Rahmen des Gesetzes zur Angemessenheit der Vorstandsvergütung (VorstAG) – für den Bereich der Vorstandsvergütung eingefügten Vorschrift des § 87 Abs. 1 Satz 2/3 AktG auf eine nachhaltige Unternehmensentwicklung ausgerichtet und basiert daher auf einer mehrjährigen Bemessungsgrundlage. Dabei ist vorab zur Vermeidung etwaiger Missverständnisse darauf zu verweisen, dass die im Rahmen des VorstAG eingeführten Kriterien, durch welche die variable Vergütung von Vorstandsmitgliedern auf eine nachhaltige Unternehmensentwicklung ausgerichtet werden soll, nicht für die Vergütung von Geschäftsführern gelten.[252] Dies gilt auch für die variable Vergütung von Geschäftsführern einer dem MitbestG unterliegenden GmbH.[253] Auch wenn somit keine unmittelbare gesetzliche Geltung der Kriterien des § 87 Abs. 1 Satz 2/3 AktG für die Regelung der variablen Vergütung von Geschäftsführern besteht, so hat sich in der Praxis das mit dem VorstAG verfolgte Nachhaltigkeitsprinzip auch für Gesellschaften in der Rechtsform einer GmbH als geeignetes Instrument erwiesen, um das Risiko einzuschränken, dass Geschäftsführer eine Strategie verfolgen, welche lediglich auf kurzfristige Erfolge ausgerichtet ist und dabei eine langfristige Perspektive im Sinne einer nachhaltigen Unternehmensentwicklung vernachlässigen.[254] Dabei werden in der Praxis auch Mischformen der variablen Vergütung angewandt, durch welche sowohl kurzfristige als auch langfristige Erfolgsziele für die variable Vergütung der Geschäftsführer gesetzt werden. Eine universell einsetzbare Vergütungsregelung kann es verständlicherweise nicht geben, vielmehr ist unter Berücksichtigung der wirtschaftlichen Lage und Struktur der Gesellschaft eine solche Regelung zur variablen Vergütung zu ermitteln, welche sowohl kurzfristige als auch langfristige Ziele in geeigneter Form verbindet.

Die in Alternative 6 zu Abs. (3) vorgestellte Regelung beinhaltet ein kombiniertes Modell, bei welchem sich die Tantieme für das jeweilige Geschäftsjahr nach der Erreichung persönlicher sowie unternehmensbezogener Ziele bemisst und der hierbei ermittelte Tantieme-Betrag zu 50 % nach Feststellung des Jahresabschlusses für das betreffende Geschäftsjahr zur Zahlung kommt und in Höhe von jeweils 25 % auf die beiden folgenden Geschäftsjahre erstreckt wird. Zum Zwecke der nachhaltigen Unternehmensentwicklung wird als zusätzliche Anspruchsvoraussetzung der aufgehobenen Tantieme-Tranchen bestimmt, dass die Gesellschaft in den beiden nachfolgenden Geschäftsjahren jeweils einen bestimmten Mindestgewinn erzielt. Bei der Festlegung dieses Mindestgewinns sollte darauf geachtet werden, dass keine überzogenen Werte eingesetzt werden, da durch den Einbau einer solchen Nachhaltigkeitskomponente eine Absicherung der Gesellschaft für die Fälle eines erheblichen Gewinnrückgangs oder Verlustes erfolgen soll, was nicht mit der Erreichung der Gewinnziele in den Folgejahren gleichgesetzt werden darf. Zusätzlich zu der im Vertragsmuster vorgestellten Regelung besteht die Möglichkeit, die Höhe der in die Folgejahre aufgeschobenen Tantieme-Tranchen im Sinne einer Bonus ./. Malus-Regelung zu flexibilisieren, wonach bei Unterschreiten der für die Folgejahre festgelegten wirtschaftlichen Kennziffern eine prozentuale Reduzierung der aufgeschobenen Tantieme-Tranchen eintritt und im umgekehrten Fall eines deutlichen Übertreffens dieser Werte eine Erhöhung der aufgeschobenen Tantieme-Tranchen eintritt.[255]

11. Tantieme bei unterjährigem Ausscheiden des Geschäftsführers

Die in Abs. (4) von § 6 des Vertragsmusters vorgesehene Regelung behandelt die Frage der Tantieme-Zahlung im Fall eines unterjährigen Ausscheidens des Geschäftsführers. Da in der Praxis häufig der Fall eintritt, dass zunächst eine Abberufung des Geschäftsführers verbunden mit einer Freistellung von seinen Dienstpflichten erfolgt und eine Beendigung des Anstellungsvertrages erst zu einem späteren Zeitpunkt eintritt oder die Gesellschaft an der Freistellung des Geschäftsführers bis zum Ablauf der vereinbarten Vertragsdauer festhält, stellt sich die vorgelagerte **Frage,** ob durch Aufnahme einer entsprechenden Regelung im Anstellungsvertrag ein **Wegfall der variablen Vergütung im Fall der Abberufung** des Geschäftsführers für die verbleibende Vertragsdauer vorgesehen werden kann. Kommt es zu einer Abberufung des Geschäftsführers, ohne dass hiermit eine außerordentliche Kündigung mit sofortiger Wirkung verbunden wurde, so bleibt nach dem Trennungsprinzip (vgl. hierzu B. I. S. 29) der Fortbestand des Anstellungsvertrages hiervon unberührt. Da die Gesellschaft nach der Abberufung des Geschäftsführers nicht mehr in der Lage ist, ihn vertragsgemäß zu beschäftigen, kommt die Gesellschaft daher in Annahmeverzug und hat gemäß § 615 Satz 1 BGB dem Geschäftsführer die vertragsgemäßen Bezüge weiterhin zu zahlen. Dies umfasst nicht nur die festen, sondern auch die variablen Bezüge.[256] Da die einschlägige Vorschrift des § 615 Satz 1 BGB jedoch nicht zwingend, sondern disponibel ist[257] bestünde grundsätzlich die Möglichkeit, durch vertragliche Regelung die variable Vergütung von den nach erfolgter Abberufung fortzuzahlenden Bezügen auszunehmen. Im Hinblick auf die bereits in der Einleitung (S. 2) angesprochene AGB-Kontrolle und die in diesem Rahmen

durchzuführende Angemessenheitsprüfung gemäß § 307 Abs. 2 Nr. 1 BGB
bestehen jedoch erhebliche Bedenken gegen die rechtliche Zulässigkeit einer
solchen Klausel, weshalb davon abgesehen wurde, einen entsprechenden
Klauselvorschlag aufzunehmen. Da die Gesellschaft nämlich jederzeit und
ohne Vorliegen von Gründen den Geschäftsführer nach § 38 Abs. 1 GmbHG
abberufen kann, hätte sie bei einer Klausel, welche den Wegfall der variablen
Vergütung für den Fall einer Abberufung bestimmt, gegenüber dem – insoweit rechtlich schutzlosen – Geschäftsführer die Möglichkeit, ihm einen wesentlichen Teil der vertragsgemäßen Vergütung ohne jegliche Rechtskontrolle
zu entziehen.[259] Dies erscheint insbesondere dann unangemessen i.S.v. § 307
Abs. 2 Nr. 1 BGB, wenn der Anstellungsvertrag auf eine längere Laufzeit abgeschlossen wurde, so dass die Gesellschaft nach einer Abberufung die Vergütung des Geschäftsführers unter vollständigem Wegfall der vertraglich zugesagten variablen Vergütung allein auf die Festbezüge reduzieren könnte.

Sofern nicht nur eine Abberufung, sondern zugleich auch eine Beendigung
des Anstellungsvertrages erfolgt, gilt hinsichtlich der variablen Vergütung der
Grundsatz, wonach dem **Geschäftsführer bei unterjährigem Ausscheiden ein
Anspruch auf anteilige Tantieme** zusteht. Dieser Anspruch kann vertraglich
nicht ausgeschlossen werden und zwar auch nicht für die Fälle, in denen das
unterjährige Ausscheiden durch den Geschäftsführer veranlasst wurde (z.B.
durch Kündigung, sofern der Anstellungsvertrag auf unbestimmte Dauer geschlossen wurde). Eine vertragliche Klausel, welche den Geschäftsführer für
diesen Fall von einer anteiligen Tantieme ausschließt, würde gegen § 622
Abs. 6 BGB verstoßen, der auch für den Personenkreis der Fremd-Geschäftsführer und minderheitlichen Gesellschafter-Geschäftsführer gilt.[260] Das Ziel
eines Ausschlusses der anteiligen Tantieme kann auch nicht über den Weg einer sog. Stichtagsklausel erreicht werden, welche den Anspruch auf Tantieme
daran knüpft, dass der Geschäftsführer bis zum Ende des Geschäftsjahres in
den Diensten der Gesellschaft steht. Neben dem bereits vorstehend aufgezeigten Verstoß gegen § 622 Abs. 6 BGB läge in einer solchen Klausel nach
der Rechtsprechung[261] eine unangemessene Benachteiligung i.S.v. § 307
Abs. 1 BGB mit der Folge ihrer Unwirksamkeit, da dem Geschäftsführer die
anteilige Vergütung für die bis zu seinem Ausscheiden erbrachten Dienste
entzogen würde. Aus diesem Grund wurde in Abs. (4) Satz 1 von § 6 des
Vertragsmusters der vorstehend dargelegte Grundsatz entsprechend umge-
setzt, indem geregelt wurde, dass dem Geschäftsführer bei unterjährigem
Ausscheiden aus den Diensten der Gesellschaft die Tantieme nach Maßgabe
der durch Abs. (3) festgelegten Parameter in zeitanteiliger Höhe entsprechend der bis zu seinem Ausscheiden innerhalb des Geschäftsjahres zurückgelegten Dienstzeit zusteht.

Durch Abs. (4) S. 2 des Vertragsmusters ist eine Ausnahme für den **Sonderfall** vorgesehen, dass das **unterjährige Ausscheiden des Geschäftsführers** wegen einer von ihm verschuldeten **außerordentlichen Kündigung der Gesellschaft** erfolgt. Eine solche Ausnahme-Regelung ist in der Vertragspraxis
häufig anzutreffen, da es für unbillig gehalten wird, dem Geschäftsführer
eine Tantieme in zeitanteiliger Höhe zu gewähren, obwohl er so schwere
Pflichtverletzungen begangen hat, dass die Gesellschaft ihm gegenüber eine

fristlose Kündigung ausgesprochen hat (zu den Anforderungen an eine solche fristlose Kündigung vgl. S. 177 ff.). Auch wenn diese Ausnahme-Regelung mit durchaus guten Gründen vertretbar ist, so muss darauf hingewiesen werden, dass eine höchstrichterliche Klärung ihrer rechtlichen Zulässigkeit noch aussteht.[262] Rechtliche Bedenken könnten sich im Hinblick darauf ergeben, dass in einer solchen Klausel eine unangemessene Benachteiligung i. S. v. § 307 Abs. 2 Nr. 1 BGB liegt, da dem Geschäftsführer die variable Vergütung für die bis zum Ausspruch der Kündigung erbrachten Dienste entzogen wird, worin ein Widerspruch zu dem Grundprinzip der gesetzlichen Regelung des § 611 Abs. 1 BGB liegt, wonach die vereinbarte Vergütung für die erbrachten Dienste zu zahlen ist. Bei Übernahme der in S. 2 von Abs. (4) vorgesehenen Ausnahmeregelung bleibt daher für die Gesellschaft ein gewisses Restrisiko für den Fall einer gerichtlichen Auseinandersetzung mit dem fristlos gekündigten Geschäftsführer.

§ 7
Vergütung bei Dienstverhinderung

(1) Im Fall der Erkrankung oder sonstigen unverschuldeten Dienstverhinderung werden dem Geschäftsführer seine vertragsgemäßen Bezüge gemäß § 6 bis zum Ablauf von 6 Monaten/Jahr, längstens jedoch bis zum Ablauf des vorliegenden Anstellungsvertrag, fortgezahlt. Mehrere Erkrankungen oder unverschuldete Dienstverhinderungen während eines Kalenderjahres werden für die 6-Monats-Frist zusammengerechnet.

(2) Für eine die 6-Monats-Frist übersteigende Erkrankung oder unverschuldete Dienstverhinderung wird dem Geschäftsführer auf die Dauer weiterer 6 Monate, längstens jedoch bis zum Ablauf des vorliegenden Anstellungsvertrages, ein Zuschuss in Höhe der Differenz zwischen dem von den Trägern der gesetzlichen oder privaten Krankenversicherung gewährten Krankengeld und dem Nettobetrag seines monatlichen Festgehalts gemäß § 6 Abs. (1) gewährt.

(3) Mit Ablauf der 6-Monats-Frist gemäß vorstehendem Abs. (1) entfällt die variable Vergütung gemäß § 6 Abs. (3), welche für jeden begonnenen Kalendermonat fortbestehender Erkrankung bzw. unverschuldeter Dienstverhinderung um je $1/12$ gekürzt wird. Im Fall des ununterbrochenen Fortbestandes der Erkrankung oder unverschuldeten Dienstverhinderung des Geschäftsführers zu Beginn eines neuen Geschäftsjahres gilt die Kürzung der Tantieme gemäß § 6 Abs. (3) um je $1/12$ für jeden begonnenen Kalendermonat bis zur Wiedererlangung der Dienstfähigkeit des Geschäftsführers weiter, sofern die 6-Monats-Frist bereits im vorangegangenen Geschäftsjahr erfüllt wurde.

(4) Steht dem Geschäftsführer aufgrund des Sachverhalts, welcher zu seiner Erkrankung bzw. Dienstverhinderung geführt hat, ein Schadensersatzanspruch gegen Dritte zu, so tritt der Geschäftsführer diese Schadensersatzansprüche in Höhe des Betrages an die Gesellschaft ab, welche der Summe der an ihn gewährten Leistungen gemäß den vorstehenden Abs. (1) und (2)

entspricht. Der Geschäftsführer wird der Gesellschaft alle zur Geltendmachung der auf sie übergegangenen Schadensersatzansprüche erforderlichen Auskünfte erteilen.

Erläuterungen

1. Dauer und Umfang der Vergütungsfortzahlung bei Dienstverhinderung
2. Krankengeldzuschuss nach Ablauf der Vergütungsfortzahlung
3. Kürzung der variablen Vergütung bei längerer Dienstverhinderung
4. Abtretung der Ansprüche des Geschäftsführers gegenüber Dritten

1. Dauer und Umfang der Vergütungsfortzahlung bei Dienstverhinderung

Die Verpflichtung der Gesellschaft, an den Geschäftsführer bei Erkrankung oder sonstiger unverschuldeter Dienstverhinderung die Vergütung fortzuzahlen folgt aus § 616 BGB.[263] Nach dieser gesetzlichen Vorschrift verliert der zur Dienstleistung Verpflichtete seinen Vergütungsanspruch nicht dadurch, dass er durch einen in seiner Person liegenden Grund ohne sein Verschulden für eine verhältnismäßig nicht erhebliche Zeit an der Erbringung der Dienstleistung verhindert wird. Bis zu welcher Dauer eine solche „verhältnismäßig nicht erhebliche Zeit" i. S. v. § 616 BGB anzunehmen ist, wird gesetzlich nicht ausdrücklich geregelt. Ein Anhaltspunkt für die Mindestdauer kann aus dem für Arbeitnehmer geltenden § 3 Abs. 1 EFZG entnommen werden, der eine Entgeltfortzahlung für 6 Wochen bestimmt, welche vertraglich weder ausgeschlossen noch unterschritten werden darf. Die Übernahme dieser Mindestdauer für die Vergütungsfortzahlung an den Geschäftsführer ist in der Praxis jedoch nur selten anzutreffen, da üblicherweise ein Zeitraum von 3–6 Monaten im Fall der unverschuldeten Dienstverhinderung des Geschäftsführers zugrunde gelegt wird. Dementsprechend wurde in Abs. (1) von § 7 des Vertragsmusters die Fortzahlung der vertragsgemäßen Bezüge gemäß § 6 auf die Dauer von bis zu 6 Monaten festgelegt. In jedem Fall sollte eine ausdrückliche Regelung zur Dauer der Vergütungsfortzahlung erfolgen, da andernfalls bei Fehlen einer solchen vertraglichen Regelung im Einzelfall unter Berücksichtigung der gegebenen Umstände ermittelt werden muss, bis zu welcher Dauer der Verhinderung des Geschäftsführers noch von einer „verhältnismäßig nicht erheblichen Zeit" i. S. v. § 616 BGB ausgegangen werden kann, für welche der Anspruch auf Fortzahlung der Bezüge besteht.[264] Durch Abs. (1) Satz 2 des Vertragsmusters ist ergänzend klargestellt, dass mehrere Erkrankungen oder unverschuldete Dienstverhinderungen zeitlich zusammenzurechnen sind, soweit es um die Ausschöpfung der 6-Monats-Frist geht. Damit wird – abweichend von der für Arbeitnehmer geltenden Regelung gemäß § 3 Abs. 1 Satz 2 EFZG – eine Anrechnung auf die Dauer der Vergütungszahlungen nicht nur für die Fälle der sog. Fortsetzungserkrankungen vorgenommen, sondern unabhängig vom jeweiligen Grund der krankheitsbedingten Dienstverhinderung, was insofern gerechtfertigt erscheint, da die Dauer der Vergütungsfortzahlung für den Geschäftsführer (6 Monate) deut-

lich über den für Arbeitnehmer geltenden gesetzlichen Rahmen (6 Wochen)
erhöht wurde.

2. Krankengeldzuschuss nach Ablauf der Vergütungsfortzahlung

Für den Fall einer lang anhaltenden Erkrankung oder Dienstverhinderung
wird dem Geschäftsführer üblicherweise für einen gewissen Zeitraum nach
Ablauf der Vergütungsfortzahlung noch ein Zuschuss zu dem von gesetzlichen oder privaten Trägern der Krankenversicherung gewährten Krankengeld gezahlt, um ihm insoweit die Erhaltung seines privaten Lebensstandards
zu ermöglichen. Dementsprechend wurde in Abs. (2) von § 7 des Vertragsmusters eine solche Regelung getroffen, welche nach Ablauf des Fortzahlungszeit-
raums für die Dauer weiterer 6 Monate die Gewährung eines Zuschusses in
solcher Höhe vorsieht, dass der Geschäftsführer unter Hinzurechnung des
Krankengeldes auf den Nettobetrag seines monatlichen Festgehalts kommt.

3. Kürzung der variablen Vergütung bei längerer Dienstverhinderung

Setzt sich die Vergütung des Geschäftsführers – wie auch durch § 6 Abs. (1)–
Abs. (3) des Vertragsmusters vorgesehen – aus einem Festgehalt und einer er-
folgs- und leistungsabhängigen variablen Vergütung zusammen, so wird der
Zuschuss zum Krankengeld in aller Regel nur zur Erreichung des bisherigen
Festgehalts gewährt, wohingegen die variable Vergütung für den die Vergütungsfortzahlung übersteigenden Zeitraum entfällt. Dies hat seinen Grund
darin, da der Geschäftsführer für den während einer langfristig andauernden
Dienstverhinderung erzielten Geschäftserfolg der Gesellschaft in aller Regel
keinen wesentlichen Beitrag mehr beigesteuert hat, so dass er an dem Unternehmenserfolg, welcher ohne seine Mitwirkung in der Geschäftsführung erzielt wurde, konsequenterweise auch nicht mehr zu beteiligen ist. Dementsprechend wurde in Abs. (3) von § 7 des Vertragsmusters eine zeitanteilige
Kürzung der variablen Vergütung um je $1/12$ für jeden Kalendermonat vorgesehen, welcher die Dauer der Vergütungsfortzahlung von 6 Monaten übersteigt. Insoweit können jedoch je nach den Umständen des Einzelfalls auch
andere Regelungen vereinbart werden, welche z.B. bestimmen, dass der vor
Eintritt einer längeren Erkrankung durchschnittlich erzielte Tantieme-Ver-
dienst fortzuzahlen ist oder eine Kürzung vollständig unterbleiben soll. Wird
von der Gesellschaft jedoch eine Kürzung der variablen Vergütung des Geschäftsführers bei einer lang anhaltenden Dienstverhinderung angestrebt, so
muss hierzu eine klare Regelung im Anstellungsvertrag getroffen werden,
welche die Berechnung der Kürzung an objektive Daten knüpft, um spätere
Streitigkeiten auszuschließen, ob und in welchem Umfang eine anteilige Kürzung der variablen Vergütung vorzunehmen ist.

4. Abtretung der Ansprüche des Geschäftsführers gegenüber Dritten

Sofern die Dienstverhinderung des Geschäftsführers durch Dritte schuldhaft verursacht wurde (z.B. Verkehrsunfall) steht dem Geschäftsführer ihnen gegenüber ein Schadensersatzanspruch zu. Während für den Personenkreis der Arbeitnehmer durch § 6 EFZG ein gesetzlicher Anspruchsübergang auf das Unternehmen in Höhe der erbrachten Entgeltfortzahlung eintritt, bedarf es für den Personenkreis der Geschäftsführer einer inhaltlich entsprechenden vertraglichen Regelung, da das EFZG nicht für die Dienstverhältnisse der Geschäftsführer gilt. Aus diesem Grund wurde durch Abs. (4) von § 7 des Vertragsmusters eine antizipierte Abtretung der Schadensersatzansprüche des Geschäftsführers an die Gesellschaft in der Höhe geregelt, in welcher sie Leistungen der Vergütungsfortzahlung erbracht hat. Zur Durchsetzung dieser auf die Gesellschaft übergehenden Schadensersatzansprüche wurde in Satz 2 eine ergänzende Verpflichtung des Geschäftsführers aufgenommen, der Gesellschaft alle zur Geltendmachung der Ansprüche erforderlichen Auskünfte zu erteilen.

§ 8
Vergütung bei Tod des Geschäftsführers

(1) Verstirbt der Geschäftsführer während der Dauer dieses Anstellungsvertrages, so werden an seine Ehefrau sowie die unterhaltsberechtigten Kinder das monatliche Festgehalt gemäß § 6 Abs. (1) für die auf den Sterbemonat folgenden 3 Monate fortgezahlt. Die Tantieme wird entsprechend § 6 Abs. (4) anteilig der bis zum Todesfall zurückgelegten Dienstzeit innerhalb des Geschäftsjahres gezahlt; die Zahlung dieser anteiligen Tantieme erfolgt am Ende des Kalendermonats, welcher auf die Feststellung des Jahresabschlusses folgt.

(2) Für die Dauer der Fortzahlung des monatlichen Festgehalts gemäß vorstehendem Abs. (1) bestehen keine Ansprüche der Ehefrau sowie der unterhaltsberechtigten Kinder auf Gewährung von Hinterbliebenenversorgung.

Erläuterungen

1. Vergütungsfortzahlung an die Hinterbliebenen

2. Abgrenzung zur Versorgungszusage

1. Vergütungsfortzahlung an die Hinterbliebenen

Zu der in § 8 Abs. (1) des Vertragsmusters vorgesehenen Fortzahlung des monatlichen Festgehalts an die Ehefrau sowie die unterhaltsberechtigten Kinder des Geschäftsführers für die auf den Sterbemonat folgenden 3 Monate besteht keine gesetzliche Verpflichtung. In der Praxis erfolgt jedoch überwiegend die vertragliche Zusage einer solchen Fortzahlung, um für den Fall des Todes des Geschäftsführers seinen Hinterbliebenen für einen Übergangszeitraum die Wahrung des bisherigen Lebensstandards finanziell abzusichern. Die Vergütungsfortzahlung wurde deshalb lediglich in Höhe des bisherigen Festgehalts vorgesehen, da hinsichtlich der Tantieme ein Anspruch der Hinterbliebenen auf anteilige Zahlung entsprechend § 6 Abs. (4) besteht. Dies wurde vorsorglich durch § 8 Abs. (1) Satz 2 des Vertragsmusters ausdrücklich bestimmt. Hinsichtlich der Fälligkeit dieser anteiligen Tantieme verbleibt es bei der in § 6 Abs. (3) getroffenen Regelung, was insbesondere in den Fällen der Gewinntantieme zwingend geboten ist, da deren Berechnung auch für den Fall eines zeitanteiligen Anspruchs erst nach Feststellung des Jahresabschlusses erfolgen kann.

2. Abgrenzung zur Versorgungszusage

Für den Fall, dass dem Geschäftsführer eine Versorgungszusage erteilt wurde, welche auch eine Witwen- und Waisenversorgung enthält (vgl. § 18 des Vertragsmusters) ist zur Vermeidung einer Überschneidung mit Versorgungsansprüchen der Hinterbliebenen eine klare Regelung erforderlich, wonach für die Dauer der Fortzahlung des monatlichen Festgehalts noch keine Ansprüche auf Hinterbliebenenversorgung bestehen. Diese zeitliche Abgrenzung zwischen dem Anspruch auf Fortzahlung des monatlichen Festgehalts und dem Einsetzen der Versorgungsansprüche für die Hinterbliebenen wurde durch § 8 Abs. (2) des Vertragsmusters vorgenommen.

§ 9
Sonstige Leistungen

(1) Die Gesellschaft erstattet dem Geschäftsführer die von ihm in Wahrnehmung dienstlicher Aufgaben verauslagten Kosten gegen Vorlage steuerlich anerkennungsfähiger Belege.

(2) Die Gesellschaft gewährt dem Geschäftsführer für die Dauer dieses Anstellungsvertrages einen Zuschuss zur Krankenversicherung in Höhe des Arbeitgeberanteils, wie er bei Krankenversicherungspflicht des Geschäftsführers bestünde, höchstens jedoch in Höhe der Hälfte des Betrages, welchen der Geschäftsführer für seine Krankenversicherung aufzuwenden hat. Des Weiteren gewährt die Gesellschaft dem Geschäftsführer für die Dauer des Anstellungsvertrages einen Zuschuss zur Pflegeversicherung in Höhe der Hälfte des gesetzlichen Beitrages.

(3) Die Gesellschaft erstattet dem Geschäftsführer die Kosten für eine ärztliche Gesundheitsprüfung pro Jahr bei einem vom Geschäftsführer auszuwählenden Arzt bis zu einem Betrag von ...... EUR gegen Vorlage der ärztlichen Honorarrechnung.

(4) Die Gesellschaft schließt auf ihre Kosten zugunsten des Geschäftsführers eine Unfallversicherung mit folgenden Deckungssummen ab:

– ...... EUR für den Invaliditätsfall
– ...... EUR für den Todesfall.

Bezugsberechtigt aus dieser Versicherung ist im Invaliditätsfall der Geschäftsführer, im Todesfall die von ihm benannten Personen, bei Fehlen einer solchen Benennung seine Erben. Die auf die Beitragszahlung für die vorgenannten Versicherung entfallende Lohnsteuer ist vom Geschäftsführer zu tragen.

Erläuterungen

1. Auslagenerstattung
2. Zuschuss zur Krankenversicherung
3. Jährliche Gesundheitsprüfung
4. Unfallversicherung

1. Auslagenerstattung

Dem Geschäftsführer steht gemäß § 670 BGB ein Anspruch auf Erstattung der Kosten zu, welche von ihm in Wahrnehmung seiner dienstlichen Tätigkeit verauslagt wurden. Hierbei sind all **diejenigen Auslagen erstattungsfähig, welche der Geschäftsführer in Wahrnehmung seiner dienstlichen Aufgaben für erforderlich halten durfte.** Zu den erstattungsfähigen Aufwendungen des Geschäftsführers zählt grundsätzlich auch ein Kostenvorschuss, welchen der Geschäftsführer für ein anhängiges zivil- oder strafgerichtliches Verfahren zu leisten hat, in dem er aufgrund dienstlicher Tätigkeiten in Anspruch genommen wird.[265] Führt das Verfahren zu einer Verurteilung, so besteht grundsätzlich kein Anspruch des Geschäftsführers auf Erstattung der ihm auferlegten Zahlungen (insbes. Geldstrafen, Bußgelder) und der von ihm zu tragenden Verfahrenskosten,[266] da der Geschäftsführer durch eine strafbare oder ordnungswidrige Unternehmensführung regelmäßig auch seine Sorgfaltspflicht nach § 43 GmbHG gegenüber der Gesellschaft verletzt. Auch wenn somit kein gesetzlicher Erstattungsanspruch besteht, so kann sich die Gesellschaft jedoch freiwillig entscheiden, dem Geschäftsführer die Geldbuße sowie die Verfahrenskosten zu erstatten.[267] In keinem Fall besteht ein Anspruch des Geschäftsführers auf Erstattung von Schmiergeldern, welche zur Herbeiführung von Geschäftsabschlüssen gezahlt wurden, und zwar auch dann nicht, wenn das hierdurch erzielte Geschäft für die Gesellschaft einen Gewinn erbracht hat.[268]

2. Zuschuss zur Krankenversicherung

Eine gesetzliche Verpflichtung der Gesellschaft zur Gewährung des Zuschusses zur Krankenversicherung besteht gemäß § 257 Abs. 2 SGB V gegenüber denjenigen Geschäftsführern, die der gesetzlichen Sozialversicherungspflicht unterliegen (vgl. B. Vorbem. IV. 1. = S. 56), jedoch deshalb aus der gesetzlichen Krankenversicherung fallen, da ihre Gesamtvergütung/Jahr die Jahresarbeitsentgeltgrenze gemäß § 6 SGB V übersteigt (vgl. hierzu B. Vorbem. VI. 3. = S. 58). Gemäß § 257 Abs. 2 SGB V ist der **Zuschuss in Höhe des Be-**

trages zu zahlen, der als Arbeitgeberanteil im Fall der Krankenversicherungspflicht des Geschäftsführers zu zahlen wäre, **höchstens** jedoch **in Höhe der Hälfte des Betrages, den der Geschäftsführer für seine Krankenversicherung aufzuwenden** hat. Gegenüber denjenigen Geschäftsführern, die nicht unter die Sozialversicherungspflicht fallen, besteht keine gesetzliche Verpflichtung der Gesellschaft, einen Zuschuss zur Krankenversicherung zu leisten. Gleichwohl wird auch ihnen üblicherweise der Zuschuss in der § 257 Abs. 2 SGB V entsprechenden Höhe gezahlt.

Für die Pflegeversicherung ist zu beachten, dass die Geschäftsführer unabhängig vom Bestehen einer Sozialversicherungspflicht von der Pflegeversicherung erfasst werden (vgl. B. Vorbem. IV. 3. = S. 59). In Satz 2 zu § 9 Abs. (2) des Vertragsmusters wurde die gesetzliche Regelung übernommen, wonach ein Zuschuss in Höhe der Hälfte des Beitrages zur Pflegeversicherung von der Gesellschaft übernommen wird.

3. Jährliche Gesundheitsprüfung

Durch § 9 Abs. (3) wurde zusätzlich zu dem in Abs. (2) geregelten Zuschuss zur Krankenversicherung die Übernahme der Kosten für eine jährliche Gesundheitsprüfung durch einen vom Geschäftsführer auszuwählenden Arzt geregelt. Da die Wahrnehmung der Aufgaben eines Geschäftsführers in der Praxis häufig mit erheblichen Belastungen und Stress-Faktoren verbunden ist, wird aus Gründen der medizinischen Vorsorge eine solche jährliche Untersuchung von vielen Führungskräften wahrgenommen.

4. Unfallversicherung

Da die Tätigkeit des Geschäftsführers nicht nur einen erhöhten zeitlichen Einsatz verlangt, sondern häufig auch mit Wahrnehmung einer Vielzahl auswärtiger Termine und geschäftlicher Reisen verbunden ist, wird zur Absicherung des Geschäftsführers gegen die hieraus folgenden Risiken von der Gesellschaft in der Regel eine **zusätzliche Unfallversicherung** für den Fall der **Invalidität** oder bei **Unfalltod** abgeschlossen. Bei Beendigung des Anstellungsvertrages kann mit Zustimmung des Versicherungsträgers die Übernahme einer solchen Unfallversicherung durch den Geschäftsführer verbunden werden, so dass dieser dann nicht nur Versicherter, sondern zugleich Versicherungsnehmer ist und zur Fortzahlung der Beiträge der von ihm übernommenen Unfallversicherung verpflichtet ist.

§ 10
Dienstwagen

- **Alternative 1:**
(1) **Die Gesellschaft stellt dem Geschäftsführer einen Dienstwagen der Marke ...... zur Verfügung, der sowohl zu dienstlichen wie auch privaten Zwecken genutzt werden darf.**

- Alternative 2 (Muster bei Befugnis zur Inanspruchnahme eines Chauffeurs für Dienstfahrten):
(1) Für solche Fahrten, die ausschließlich in Erfüllung dienstlicher Aufgaben erfolgen, kann der Geschäftsführer im Rahmen der personellen Kapazitäten des Fahrer-Pools der Gesellschaft einen Chauffeur in Anspruch nehmen.

(2) Für den in der Privatnutzung liegenden geldwerten Vorteil wird ein monatlicher Pauschalbetrag in der steuerlich jeweils geltenden Höhe zugrunde gelegt. Dieser geldwerte Vorteil steht dem Geschäftsführer zusätzlich zu seinen Bezügen gemäß § 6 dieses Vertrages zu; die hierauf entfallende Lohnsteuer ist vom Geschäftsführer zu tragen.

- Alternative 1:
(3) Eine Überlassung des Dienstwagens an Dritte im Rahmen der Privatnutzung ist grundsätzlich unzulässig. Hiervon ausgenommen ist die Überlassung des Dienstwagens an die Ehefrau des Geschäftsführers.

- Alternative 2 (Ergänzung der Regelung zur Privatnutzung durch Übernahme des Selbstbehalts für evtl. im Rahmen der Privatnutzung verursachten Schäden am Dienstwagen):
(3) Für etwaige im Rahmen der Privatnutzung des Dienstwagens verursachte Schäden erstattet der Geschäftsführer der Gesellschaft einen etwaigen von ihr zu tragenden Selbstbehalt im Rahmen der für den Dienstwagen abgeschlossenen Vollkasko-Versicherung.

- Alternative 1:
(4) Die Gesellschaft trägt die Kosten für die Haltung (Steuer/Versicherung), den Betrieb (Benzin/Treibstoffkosten) sowie die Wartung und ggf. erforderliche Reparaturen des Dienstwagens.

- Alternative 2 (Ergänzung für den Fall einer Sonderregelung der Benzinkosten-Tragung bei Urlaubsfahrten):
(4) Abweichend von vorstehender Regelung sind die Benzinkosten für Urlaubsfahrten im Rahmen der Privatnutzung durch den Geschäftsführer zu tragen.

(5) Der Geschäftsführer verpflichtet sich, den Dienstwagen pfleglich zu behandeln und auf vorschriftsmäßige Nutzung zu achten. Er hat insbesondere dafür Sorge zu tragen, dass sich das Fahrzeug in einem betriebsbereiten und verkehrssicheren Zustand befindet. Fällige Inspektionen und Prüfungen sind unaufgefordert zu veranlassen. Während der Ausführung von Wartungs-, Inspektions- und Reparaturarbeiten steht dem Geschäftsführer ein angemessenes Ersatzfahrzeug zu.

- Alternative 1:
(6) Der Dienstwagen ist vom Geschäftsführer bei Beendigung des Anstellungsvertrages in ordnungsgemäßem Zustand am Sitz der Gesellschaft zurückzugeben. Ein Zurückbehaltungsrecht an dem Dienstwagen, gleich aus welchem Rechtsgrund, ist ausgeschlossen.

- Alternative 2 (Zusatzregelung bei Verpflichtung zur vorzeitigen Rückgabe des Dienstwagens im Fall der Freistellung):

(6) Der Dienstwagen ist bei Beendigung des Anstellungsvertrages am Sitz der Gesellschaft zurückzugeben. Abweichend von vorstehender Regelung ist der Dienstwagen bereits vor Ablauf des Anstellungsvertrages vom Geschäftsführer zurückzugeben, sofern er durch die Gesellschaft von seinen Dienstpflichten freigestellt wird. In diesem Fall ist der Dienstwagen spätestens 2 Monate nach erfolgter Freistellung an die Gesellschaft zurückzugeben. Ein finanzieller Ausgleich für die hierdurch entfallende Privatnutzung ist ausgeschlossen.

Erläuterungen

1. Umfang der Dienstwagen-Stellung	4. Kostentragung für Haltung und
2. Steuerliche Behandlung der Privat-	Betrieb des Dienstwagens
nutzung eines Dienstwagens	5. Rückgabe des Dienstwagens
3. Überlassung des Dienstwagens an	
Dritte	

1. Umfang der Dienstwagen-Stellung

Zur Wahrnehmung seiner dienstlichen Tätigkeiten wird dem Geschäftsführer in der Praxis häufig von der Gesellschaft ein Dienstwagen gestellt. Dieser sollte im Fahrzeugtyp möglichst konkret bezeichnet, zumindest jedoch in der Kategorie (z.B. „gehobene Mittelklasse") eingestuft werden. Sofern der Geschäftsführer zur Auswahl des Dienstwagens befugt sein soll, ist auf jeden Fall eine Preisgrenze festzulegen, welche nicht überschritten werden darf. **Üblicherweise** wird dem Geschäftsführer die **Nutzung des Dienstwagens auch zu privaten Zwecken gestattet.** Dies ist jedoch nicht zwingend erforderlich, vielmehr kann die Nutzungsbefugnis auch auf geschäftliche und betriebliche Zwecke beschränkt werden. Um über den Umfang der erlaubten Nutzung des Dienstwagens etwaige Streitigkeiten zu vermeiden, empfiehlt es sich daher, die **Frage der Privatnutzung ausdrücklich zu regeln.** Hierbei kann die Privatnutzung ihrerseits nochmals eingeschränkt werden (z.B. durch eine zusätzliche Klausel, wonach die Nutzung des Dienstwagens für Urlaubsreisen oder ähnliche über den gewöhnlichen Gebrauch hinausgehende Einsätze des Dienstwagens zu privaten Zwecken der vorherigen Zustimmung durch die Gesellschaft bedarf). In § 10 Abs. (1) des Vertragsmusters wurde die Befugnis zur Nutzung des Dienstwagens entsprechend der weit überwiegenden Praxis nicht nur auf die Nutzung für dienstliche Zwecke beschränkt, sondern auch für private Zwecke gestattet.

Sofern die Voraussetzungen dafür geschaffen werden sollen, dass der Geschäftsführer auch während seiner Dienstfahrten geschäftliche Aufgaben wahrnimmt, kann die in Alternative 2 zu § 10 Abs. (1) des Vertragsmusters vorgesehene Regelung aufgenommen werden, wonach der Geschäftsführer einen Fahrer in Anspruch nehmen kann. Die Stellung eines Fahrers erscheint jedoch ausschließlich für dienstlich veranlasste Fahrten gerechtfertigt, nicht jedoch für Privatfahrten, so dass eine entsprechende Einschränkung der Befugnis zur Inanspruchnahme eines Fahrers vorgenommen wurde.

2. Steuerliche Behandlung der Privatnutzung eines Dienstwagens

Im Fall der vertraglich eingeräumten Befugnis zur **Privatnutzung des Dienstwagens** besteht hierin ein **geldwerter Vorteil in Form eines Sachbezuges**, welcher der Lohnsteuerpflicht unterliegt. Die Bewertung des Sachbezugs einer Überlassung des Dienstwagens zur privaten Nutzung ist durch § 8 Abs. 2 i. V. m. § 6 Abs. 1 Nr. 4 Satz 2 EStG geregelt. Danach ist für die Bemessung des geldwerten Vorteils, welcher in der Überlassung des Dienstwagens zur Privatnutzung liegt, für jeden Monat 1 % des Listenpreises im Zeitpunkt der Erstzulassung anzusetzen.[269] Diese 1 %-Regelung kann sich jedoch in dem Fall als nachteilig für den Geschäftsführer herausstellen, dass einerseits ein hochwertiger und daher teurer Dienstwagen angeschafft wurde, andererseits jedoch nur eine geringfügige Privatnutzung dieses Dienstwagens erfolgt. Für diesen Fall kann anstelle der pauschalierenden 1 %-Regelung eine Abrechnung auf Basis des konkret angefallenen Nutzungsaufwandes erfolgen, was jedoch die Führung eines ordnungsgemäßen Fahrtenbuchs erforderlich macht (§ 8 Abs. 2 Satz 4 EStG). Da eine solche Handhabung jedoch den Ausnahmefall darstellt, wurde in Abs. (2) von § 10 des Vertragsmusters die praxisübliche Regelung im Sinne einer pauschalierenden Berechnung des in der Privatnutzung liegenden geldwerten Vorteils vorgenommen.

3. Überlassung des Dienstwagens an Dritte

Die Überlassung des Dienstwagens an Dritte im Rahmen der Privatnutzung **sollte grundsätzlich ausgeschlossen werden.** Eine Ausnahme hiervon erscheint lediglich bei Überlassung des Dienstwagens an den/die Ehepartner/in gerechtfertigt. In diesem Sinne wurde die 1. Alternative zu § 10 Abs. (3) des Vertragsmusters geregelt.

Für etwaige Schadensfälle im Rahmen der Nutzung des Dienstwagens wird in der Praxis üblicherweise eine Vollkaskoversicherung abgeschlossen. Auch bei einer solchen Vollkaskoversicherung erfolgt in aller Regel jedoch ein Selbstbehalt in Höhe eines bestimmten Betrages. Die Übernahme des Schadens in Höhe des Selbstbehalts durch die Gesellschaft ist für den Fall einer Schädigung des Wagens im Rahmen dienstlich veranlasster Fahrten gerechtfertigt. Dies gilt jedoch nicht für etwaige im Rahmen der Privatnutzung des Dienstwagens verursachte Schäden, weshalb durch Alternative 2 zu § 10 Abs. (3) des Vertragsmusters vorgesehen wurde, dass für diesen Fall der Geschäftsführer den Schaden in Höhe des von der Gesellschaft zu tragenden Selbstbehalts zu erstatten hat.

4. Kostentragung für Haltung und Betrieb des Dienstwagens

Die Kosten für die Pkw-Haltung (Steuer und Versicherung) sowie die Treibstoffkosten für den Dienstwagen **werden grundsätzlich durch die Gesell-**

schaft getragen. Das Gleiche gilt hinsichtlich der anfallenden Kosten für Wartungen und Reparaturen des Dienstwagens. Die Übernahme der Treibstoffkosten erscheint jedoch dann nicht mehr gerechtfertigt, wenn diese eindeutig dem Privatbereich des Geschäftsführers zuzurechnen sind. Aus diesem Grund wurde in Alternative 2 zu § 10 Abs. (4) des Vertragsmusters eine Ausnahme-Regelung des Inhalts getroffen, wonach die Treibstoffkosten für Urlaubsfahrten im Rahmen der Privatnutzung durch den Geschäftsführer zu tragen sind.

Unabhängig von der Übernahme der Wartungs- und Reparaturkosten durch die Gesellschaft ist der Geschäftsführer verpflichtet, darauf zu achten, dass sich der Dienstwagen jederzeit in einem ordnungsgemäßen und verkehrssicheren Zustand befindet, was insbesondere die Verpflichtung zur Durchführung der fälligen Inspektionen und Wartungen umfasst. Diese Pflichten im Sinne einer sorgfältigen Behandlung des Dienstwagens wurden durch Abs. (5) von § 10 des Vertragsmusters konkretisiert.

5. Rückgabe des Dienstwagens

Die Verpflichtung des Geschäftsführers zur Rückgabe des Dienstwagens bei Beendigung des Anstellungsvertrages ist durch § 10 Abs. (6) des Vertragsmusters geregelt. Da insbesondere bei Kündigung des Vertrages in der Praxis häufig Streit über das Bestehen noch offener Vergütungen eintritt, sollte zur Vermeidung der Ausübung eines Zurückbehaltungsrechtes durch den Geschäftsführer im Hinblick auf behauptete Vergütungsansprüche eine Regelung des Inhalts erfolgen, wonach ein **Zurückbehaltungsrecht an dem Dienstwagen,** gleich aus welchem Rechtsgrund, **ausgeschlossen ist.** Dementsprechend wurde durch Satz 2 in Abs. (6) von § 10 des Vertragsmusters der Ausschluss eines Zurückbehaltungsrechts bestimmt.

Besondere Probleme hinsichtlich der Dienstwagen-Rückgabe treten in der Praxis **bei Freistellung des Geschäftsführers** (z.B. bis zum Ablauf der vertraglichen Kündigungsfrist) auf. Ist der Geschäftsführer nach dem Anstellungsvertrag berechtigt, den Dienstwagen auch zu privaten Zwecken zu nutzen, so liegt in dieser vertraglich eingeräumten Privatnutzung nach der Rechtsprechung[270] eine vertragsgemäße Leistung in Form eines Sachbezugs, welche dem Geschäftsführer ebenso wie die vertraglichen Vergütungen während der Dauer der Freistellung zu gewähren ist, sofern im Anstellungsvertrag nicht ausdrücklich eine abweichende Regelung getroffen wurde. Wird dem Geschäftsführer trotz Fehlens einer ausdrücklichen Regelung, wonach die Gesellschaft im Fall einer Freistellung zur Rückforderung des Dienstwagens berechtigt ist, durch faktisches Handeln der Dienstwagen entzogen, so steht dem Geschäftsführer ein Schadensersatzanspruch wegen entgangener Privatnutzung des Dienstwagens zu. Für die Berechnung dieses Schadensersatzanspruches kann der Geschäftsführer im Wege der konkreten Berechnung die tatsächlichen Kosten geltend machen, welche ihm für die Anmietung eines gleichwertigen Ersatz-Pkw's entstanden sind.[271] Sofern der Geschäftsführer jedoch keinen Ersatzwagen anmietet, kann er den ihm entstandenen Nutzungsausfall anhand einer abstrakten Berechnung geltend machen, für welche nach neuerer Rechtsprechung[272] auf den steuerlichen Wert der Privatnutzung des Dienstwagens abzustellen ist.

Die vorstehend dargelegten Rechtsfolgen einer vor Beendigung des Anstellungsvertrages aus Anlass einer Freistellung erfolgten Entziehung des Dienstwagens greifen jedoch dann nicht ein, wenn im Anstellungsvertrag eine ausdrückliche Regelung getroffen wurde, wonach die Gesellschaft berechtigt ist, den Dienstwagen im Fall einer Freistellung des Geschäftsführers zurückzufordern. Die Aufnahme einer solchen vertraglichen Regelung erscheint deshalb gerechtfertigt, da die Überlassung des Dienstwagens primär zur Wahrnehmung der dienstlichen Pflichten erfolgt und diese überwiegende Zweckbestimmung der Dienstwagen-Überlassung im Fall einer Freistellung des Geschäftsführers notwendigerweise entfällt. Aus diesem Grund wurde in Alternative 2 zu § 10 Abs. (6) eine entsprechende Regelung aufgenommen, wonach der Dienstwagen durch den Geschäftsführer im Fall einer Freistellung zurückzugeben ist. Um dem Geschäftsführer jedoch einen angemessenen Zeitraum zu lassen, sich ein anderweitiges Fahrzeug zu besorgen, wurde in Satz 2 dieser Alternative bestimmt, dass der Dienstwagen erst 2 Monate nach erfolgter Freistellung durch den Geschäftsführer zurückzugeben ist. Auch im Fall einer solchen Rückgabe des Dienstwagens kann Streit darüber entstehen, ob für den hierdurch eintretenden Verlust der Privatnutzung ein finanzieller Ausgleich durch die Gesellschaft zu zahlen ist. Zur Begründung hierfür wird bei Fehlen einer ausdrücklichen vertraglichen Regelung häufig durch Geschäftsführer darauf verwiesen, dass ein ihnen vertraglich zustehender Sachbezug entzogen wurde und daher finanziell zu kompensieren ist, wofür in aller Regel auf den in der Privatnutzung liegenden geldwerten Vorteil verwiesen wird, welcher in den Gehaltsabrechnungen der Gesellschaft ausgewiesen wurde. Um derartige Auslegungs- und Meinungsverschiedenheiten zu vermeiden wurde durch Satz 3 dieser Alternative eine ausdrückliche **Regelung einer entschädigungslosen Pflicht zu Rückgabe des Dienstwagens im Fall der Freistellung** getroffen. Eine solche Regelung ist rechtlich zulässig[273] und erscheint insbesondere dann vertretbar, wenn entsprechend dem vorherigen Satz 2 dieser Alternative dem Geschäftsführer zunächst noch für einen angemessenen Zeitraum der Dienstwagen belassen wurde, um sich um ein adäquates Ersatzfahrzeug zu kümmern.

§ 11
Urlaub

(1) Dem Geschäftsführer steht ein Erholungsurlaub von 30 Arbeitstagen pro Jahr zu.

(2) Die zeitliche Lage des Urlaubs ist in Abstimmung mit den übrigen Geschäftsführern unter Berücksichtigung der geschäftlichen Belange der Gesellschaft festzulegen. Kann unter den Geschäftsführern keine Einigkeit hinsichtlich ihrer Urlaubszeiten erreicht werden, so erfolgt die zeitliche Festlegung des Urlaubs für die Geschäftsführer durch den Vorsitzen-

den des Beirats der Gesellschaft unter angemessener Berücksichtigung der jeweiligen persönlichen Urlaubswünsche sowie der geschäftlichen Belange der Gesellschaft.

(3) Kann der Geschäftsführer aus geschäftlichen oder in seiner Person liegenden Gründen seinen Urlaub nicht vollständig bis zum Ende des Kalenderjahres nehmen, werden die nicht in Anspruch genommenen Urlaubstage bis zum 30.6. des Folgejahres übertragen. Kann der übertragene Urlaub auch bis zu diesem Zeitpunkt vom Geschäftsführer nicht genommen werden, so verfällt der Urlaubsanspruch vorbehaltlich einer abweichenden Vereinbarung.

(4) Offenstehende Urlaubsansprüche des Geschäftsführers, die wegen Beendigung des Anstellungsvertrages ganz oder teilweise nicht in Anspruch genommen werden konnten, sind mit der letzten Gehaltsabrechnung abzugelten. Die Abgeltung erfolgt auf Basis des Durchschnitts der vertragsgemäßen Bezüge gemäß § 6 während der letzten 12 Monate des Anstellungsvertrages.

Erläuterungen

1. Urlaubsanspruch des Geschäftsführers
2. Festlegung der zeitlichen Lage des Urlaubs
3. Urlaubsübertragung auf das Folgejahr
4. Urlaubsabgeltung

1. Urlaubsanspruch des Geschäftsführers

Das Bundesurlaubsgesetz findet auf Geschäftsführer keine Anwendung, da dessen persönlicher Geltungsbereich durch § 2 BUrlG auf Arbeitnehmer und Auszubildende beschränkt ist. **Dem Geschäftsführer steht** jedoch trotz des Fehlens einer ausdrücklichen gesetzlichen Regelung anerkanntermaßen[274] **ein Anspruch auf bezahlten Urlaub zu,** was aus der Fürsorgepflicht der Gesellschaft gegenüber dem Geschäftsführer folgt, wonach ihm angemessener Urlaub zur Erholung und Erhaltung seiner Arbeitskraft zu gewähren ist. Der zeitliche Umfang des Urlaubs ist grundsätzlich durch die Vertragsparteien zu bestimmen, wobei allerdings ein Unterschreiten des für Arbeitnehmer gesetzlich vorgeschriebenen Mindesturlaubs (§ 3 BUrlG: 24 Werktage) nicht mehr dem aus der Fürsorgepflicht folgenden Erfordernis der Angemessenheit des Urlaubs genügen würde. Üblicherweise wird der Urlaub im Rahmen zwischen 6–8 Wochen pro Jahr vereinbart, wobei in der Praxis auch ein nach Dauer des Anstellungsverhältnisses gestaffelter Anstieg des Urlaubsumfangs anzutreffen ist. In § 11 Abs. (1) des Vertragsmusters wurde ein Urlaub von 30 Arbeitstagen pro Jahr vorgesehen, was 6 Wochen entspricht, da für die Berechnung des Urlaubs allein die Arbeitstage (Mo.–Fr.) zählen.

2. Festlegung der zeitlichen Lage des Urlaubs

Zur Festlegung der zeitlichen Lage des Urlaubs bzw. dessen Verteilung auf das Kalenderjahr sollte im Anstellungsvertrag in Anlehnung an § 7 Abs. 1

BUrlG geregelt werden, dass der Geschäftsführer **bei der Festlegung der Urlaubszeiten die geschäftlichen Belange der Gesellschaft zu berücksichtigen**
hat. Diese Verpflichtung besteht sowohl hinsichtlich der zeitlichen Lage als
auch der Dauer des jeweiligen Urlaubsabschnitts. Sind mehrere Geschäftsführer vorhanden, so empfiehlt sich die zusätzliche Verpflichtung des Geschäftsführers aufzunehmen, den Zeitpunkt seines Urlaubs mit den übrigen
Geschäftsführern abzustimmen, um so eine teilweise Präsenz der Geschäftsführung während der Urlaubszeiten zu gewährleisten. Kann zwischen den
Geschäftsführern keine Einigkeit über die jeweiligen Urlaubszeiten erzielt
werden, so verbleibt der Gesellschaft das Recht, die Dauer und zeitliche Lage
der jeweiligen Urlaubsabschnitte der Geschäftsführer zu bestimmen, ebenso
wie dem Arbeitgeber nach dem BUrlG auch gegenüber den Arbeitnehmern
das Recht zur Festlegung des Urlaubszeitraums zusteht. Dementsprechend
wurde in § 11 Abs. (2) des Vertragsmusters für diesen Fall bestimmt, dass die
zeitliche Festlegung des Urlaubs für die Geschäftsführer durch den Vorsitzenden des zuständigen Organs der Gesellschaft (z.B. Beirat) erfolgt. Diese
Festlegung kann jedoch nicht nach freiem Ermessen erfolgen, vielmehr ist
eine Ablehnung der zeitlichen Urlaubswünsche eines Geschäftsführers nur
dann gerechtfertigt, soweit dies durch dringende geschäftliche Belange oder
vorrangige Urlaubswünsche anderer Mitgeschäftsführer begründet ist.

3. Urlaubsübertragung auf das Folgejahr

In der Praxis nicht selten tritt der Fall ein, dass der Geschäftsführer aus geschäftlichen oder in seiner Person (z.B. Krankheit) liegenden Gründen den
ihm zustehenden Urlaub nicht oder nicht vollständig bis zum Jahresende
nehmen kann. Da das BUrlG, welches für diesen Fall eine Übertragung des
Urlaubs bis zum 31.3. des Folgejahres vorsieht, für den Personenkreis der
Geschäftsführer nicht gilt, sollte daher im Anstellungsvertrag eine Regelung
über das rechtliche Schicksal des bis zum Jahresende nicht genommenen Urlaubs getroffen werden, welche die zeitlichen Grenzen der Übertragung des
offen stehenden Urlaubs auf das Folgejahr bestimmt. Die Notwendigkeit einer solchen Regelung folgt daraus, dass andernfalls bei Fehlen einer entsprechenden Vereinbarung grundsätzlich davon auszugehen ist, dass der im abgelaufenen Jahr nicht genommene Urlaub verfällt, was insbesondere für die
Fälle unverschuldeter Hinderung der Inanspruchnahme des Urlaubs durch
den Geschäftsführer nicht gerechtfertigt ist. Der Zweck einer **Zeitgrenze für
die Übertragung des Urlaubs auf das Folgejahr,** innerhalb derer aus dem Vorjahr offen stehender Urlaub längstens genommen werden muss, liegt darin, die
Abstände zwischen den Urlaubszeiträumen zu wahren, um eine Erholung des
Geschäftsführers in einigermaßen regelmäßigen Abständen sicherzustellen
und die Ansammlung übermäßiger Urlaubsguthaben zu vermeiden. Die zeitliche Grenze für die Inanspruchnahme offen stehenden Urlaubs aus dem Vorjahr sollte dabei jedoch nicht auf den 31.3. des Folgejahres gelegt werden,
um erneute Kollisionen des Urlaubs mit dienstlichen Verpflichtungen im
Hinblick auf die Vorbereitungen zur Erstellung des Jahresabschlusses zu

vermeiden. Andererseits sollte die Übertragung von Urlaub aus dem Vorjahr nicht über den 30.6. des Folgejahres erstreckt werden, da ein 6-monatiger Übertragungszeitraum ausreichend bemessen erscheint, um dem Geschäftsführer die Inanspruchnahme seines noch offen stehenden Urlaubs zu ermöglichen.

4. Urlaubsabgeltung

Ist auch bis zum Ablauf des Übertragungszeitraums der Urlaub aus dem Vorjahr noch nicht genommen worden, so verfällt der Urlaubsanspruch nach der in § 11 Abs. (3) des Vertragsmusters vorgesehenen Regelung. Für die nicht genommenen Urlaubstage besteht auch kein Anspruch auf Abgeltung, da **während der Dauer eines Anstellungsverhältnisses grundsätzlich keine Abgeltung von Urlaubsansprüchen** erfolgen sollte, um einer etwaigen Kapitalisierung dieser zum Zwecke der Erholung des Geschäftsführers vorgesehenen Ansprüche entgegenzuwirken. Hiervon kann in begründeten Ausnahmefällen abgewichen werden, sofern der Geschäftsführer vom Antritt eines im Übertragungszeitraum geplanten Urlaubs aus dringenden geschäftlichen Gründen abgesehen hat, da andernfalls gerade derjenige Geschäftsführer in Form eines ersatzlosen Verfalls seiner Urlaubsansprüche bestraft würde, der sein persönliches Urlaubs- und Erholungsinteresse gegenüber den Interessen der Gesellschaft zurückgestellt hat. Eine solche abweichende Regelung sollte jedoch nicht generell, sondern nur bezogen auf einen konkreten Anlass getroffen werden, welcher die Ausnahme im Sinne einer Abgeltung der Urlaubsansprüche trotz Fortbestand des Anstellungsverhältnisses rechtfertigt. Für den Personenkreis der Gesellschafter-Geschäftsführer ist auf eine schriftliche Fixierung der Abgeltungsvereinbarung sowie der hierfür maßgebenden Gründe zu achten, da die Zahlung andernfalls steuerlich als verdeckte Gewinnausschüttung behandelt wird.

Von der Frage einer Urlaubsabgeltung innerhalb des bestehenden Anstellungsverhältnisses zu unterscheiden sind die Fälle, in denen ein noch offen stehender Urlaubsanspruch wegen Beendigung des Anstellungsvertrages nicht mehr genommen werden kann. Insoweit ist anerkannt,[275] dass ein **Anspruch des Geschäftsführers auf Abgeltung des wegen Beendigung des Anstellungsvertrages nicht mehr realisierbaren Urlaubs** besteht. Zur Vermeidung von Streitigkeiten über die Berechnung dieses Abgeltungsanspruchs sollte im Anstellungsvertrag eine Regelung erfolgen, welche Zufallsergebnisse vermeidet und einen repräsentativen Bemessungszeitraum für die Berechnung der Abgeltung zugrunde legt. Dementsprechend wurde in § 11 Abs. (4) Satz 2 des Vertragsmusters für die Ermittlung des Abgeltungsbetrages auf den Durchschnitt der vertragsgemäßen Bezüge während der letzten 12 Monate des Anstellungsvertrages abgestellt.

§ 12
Diensterfindungen

(1) Für etwaige Diensterfindungen, welche der Geschäftsführer in Wahrnehmung seiner Tätigkeit gemäß diesem Anstellungsvertrag macht, gelten die Bestimmungen des Gesetzes über Arbeitnehmererfindungen (ANErfG).

(2) Für die Vergütung der durch die Gesellschaft in Anspruch genommenen Diensterfindungen, welche der Geschäftsführer bei seiner Tätigkeit im Rahmen dieses Anstellungsvertrages macht, gelten das ANErfG sowie die hierzu ergangenen Vergütungsrichtlinien.

Erläuterungen

1. Anwendung des ANErfG 2. Vergütung von Diensterfindungen

1. Anwendung des ANErfG

Die Aufnahme einer gesonderten Bestimmung in den Anstellungsvertrag, welche die Behandlung etwaiger Diensterfindungen durch den Geschäftsführer regelt, ist insbesondere bei einem über besondere technische Qualifikationen und Erfahrung verfügenden Geschäftsführer zu empfehlen, der für die Gesellschaft im Bereich der Entwicklung und Technik tätig werden soll. Da der Geschäftsführer nicht unter den persönlichen Geltungsbereich des Gesetzes über Arbeitnehmererfindung (ANErfG) fällt, welches nur für Arbeitnehmer gilt, bedarf es daher einer vertraglichen Regelung, durch welche die entsprechende Anwendung dieser gesetzlichen Bestimmungen herbeigeführt wird. Für den Fall einer Diensterfindung wird dem Geschäftsführer zunächst eine Meldepflicht (vgl. § 5 ANErfG) auferlegt, an welche sich sodann eine viermonatige Frist zur Inanspruchnahme der Erfindung durch die Gesellschaft anschließt (§ 6 ANErfG). Dabei ist zu unterscheiden zwischen der unbeschränkten Inanspruchnahme (vgl. § 7 Abs. 1 ANErfG), bei der alle Rechte an der Diensterfindung auf die Gesellschaft übergehen und der beschränkten Inanspruchnahme (§ 7 Abs. 2 ANErfG), bei welcher nur ein nichtausschließliches Recht zur Benutzung der Diensterfindung erworben wird. Wegen der näheren Einzelheiten ist auf die einschlägigen Kommentare zum Arbeitnehmererfindungsgesetz zu verweisen.[276]

2. Vergütung von Diensterfindungen

Sofern die Gesellschaft die vom Geschäftsführer gemeldete Diensterfindung in Anspruch nimmt, steht ihm hierfür eine gesonderte Vergütung zu. Auch insoweit wurde durch § 12 Abs. (2) des Vertragsmusters auf das ANErfG sowie die hierzu ergangenen Vergütungsrichtlinien verwiesen. Die Zahlung einer gesonderten Vergütung an den Geschäftsführer für die Diensterfindung ist deshalb gerechtfertigt, da das Entwickeln von Erfindungen i. S. d. ANErfG nicht unter den vertraglichen Aufgabenbereich des Geschäftsführers fällt und daher insoweit nicht durch die vertragsgemäße Vergütung abgegolten ist.[277]

§ 13
Arbeitsmittel und Geschäftsunterlagen

(1) Die Gesellschaft stellt dem Geschäftsführer ein Mobil-Telefon sowie ein Blackberry zur Verfügung, welches vorwiegend zum Zwecke der dienstlichen Nutzung überlassen werden, in angemessenem Umfang jedoch auch zu privaten Zwecken genutzt werden darf. Die hierfür anfallenden Kosten werden von der Gesellschaft getragen. Das Mobil-Telefon ist vom Geschäftsführer im Fall einer Freistellung von den Dienstpflichten unverzüglich an die Gesellschaft zurückzugeben, ansonsten spätestens bei Beendigung des Anstellungsvertrages. Ein Zurückbehaltungsrecht – gleich aus welchem Rechtsgrund – ist ausgeschlossen.

(2) Die Gesellschaft stellt dem Geschäftsführer des weiteren einen Laptop zum Zwecke der dienstlichen Nutzung zur Verfügung. Dieser Laptop ist im Fall einer Freistellung von den Dienstpflichten unverzüglich an die Gesellschaft zurückzugeben, ansonsten spätestens bei Beendigung des Anstellungsvertrages. Ein Zurückbehaltungsrecht – gleich aus welchem Rechtsgrund – ist ausgeschlossen.

(3) Der Geschäftsführer hat auf entsprechendes Verlangen der Gesellschaft unverzüglich alle in seinem Besitz befindlichen oder seinem Zugriff unterliegenden Geschäftsunterlagen und sonstige die Gesellschaft oder mit ihr verbundene Unternehmen betreffende Unterlagen – insbesondere Rezepturen, Pläne, Modelle, Preislisten, Besprechungsprotokolle etc. – einschließlich etwaiger Abschriften oder Kopien sowie sonstige Datenträger unverzüglich an die Gesellschaft zurückzugeben. Die dienstlichen Gegenstände, Unterlagen und Datenträger sind spätestens bei Beendigung des Anstellungsvertrages vom Geschäftsführer an die Gesellschaft zurückzugeben. Ein Zurückbehaltungsrecht hieran ist – gleich aus welchem Rechtsgrund – ausgeschlossen.

Erläuterungen

1. Überlassung der Arbeitsmittel an den Geschäftsführer

2. Rückgabe von Geschäftsunterlagen

1. Überlassung der Arbeitsmittel an den Geschäftsführer

Durch § 13 Abs. (1) und Abs. (2) des Vertragsmusters wird die Überlassung der praxisüblichen Arbeitsmittel für den Geschäftsführer geregelt. Dies ist insbesondere ein dienstliches **Mobil-Telefon**, wobei dies primär zur dienstlichen Nutzung an den Geschäftsführer gestellt wird. Eine Nutzung zu privaten Zwecken sollte jedoch nicht vollkommen ausgeschlossen werden, weshalb in § 13 Abs. (1) des Vertragsmusters bestimmt wurde, dass eine Nutzung zu privaten Zwecken in angemessenem Umfang gestattet ist. Zu den üblichen Arbeitsmitteln, welche einem Geschäftsführer zur Verfügung gestellt werden, gehört auch ein **Laptop,** was insbesondere für diejenigen Geschäftsführer gilt, die dieses Arbeitsmittel bei ihren Dienstreisen benötigen. Sowohl für das Dienst-Handy als auch für den Laptop wurde in § 13 Abs. (1) bzw. Abs. (2) des Vertragsmusters eine Verpflichtung zur unverzüglichen Rückgabe im Fall einer Freistellung von den Dienstpflichten vorgesehen und zugleich ein Zurückbehaltungsrecht an diesen Arbeitsmitteln ausgeschlossen. Die Einräumung eines zeitlich befristeten Rechts zur weiteren Nutzung, wie sie in § 10 Abs. (6) Alternative 2 des Vertragsmusters für die Dienstwagen-Rückgabe im Fall der Freistellung vorgesehen wurde, erscheint für diese Arbeitsmittel nicht angezeigt, da mit ihrer Stellung durch die Gesellschaft ausschließlich dienstliche Zwecke verfolgt werden und insbesondere im Hinblick auf den Laptop ein berechtigtes Interesse der Gesellschaft an einer sofortigen Rückgabe besteht, um etwaige Löschungen oder Kopien von Dateien zu vermeiden.

2. Rückgabe von Geschäftsunterlagen

Durch § 13 Abs. (3) des Vertragsmusters wurde neben der Verpflichtung zur Rückgabe der an den Geschäftsführer überlassenen Arbeitsmittel eine Verpflichtung zur Rückgabe der in seinem Besitz befindlichen Geschäftsunterlagen bestimmt. Diese Verpflichtung zur Rückgabe wurde auch auf etwaige Abschriften, Kopien oder auf Datenträger gespeicherte dienstliche Vorgänge erweitert. Da ein berechtigtes Interesse der Gesellschaft an der Vorlage solcher Geschäftsunterlagen nicht nur bzw. erst im Fall einer Freistellung des Geschäftsführers, sondern auch und gerade während dessen fortbestehender Tätigkeit gegeben sein kann, wurde die **Verpflichtung zur Rückgabe durch den Geschäftsführer bereits bei entsprechendem Verlangen der Gesellschaft** vorgesehen. Sofern der Geschäftsführer sich einem Herausgabeverlangen widersetzt, kann bei Gefahr in Verzug die Beantragung einer einstweiligen Verfügung im Interesse eines effektiven Rechtsschutzes der Gesellschaft geboten sein.

§ 14
Verschwiegenheitspflicht

(1) Der Geschäftsführer ist verpflichtet, über alle Betriebs- und Geschäftsgeheimnisse der Gesellschaft sowie der mit ihr verbundenen Unternehmen gegenüber unbefugten Dritten striktes Stillschweigen zu wahren.
(2) Die Verpflichtung gemäß vorstehendem Abs. (1) besteht auch nach Beendigung des Dienstvertrages fort.

1. Verschwiegenheit über Betriebs- und Geschäftsgeheimnisse

Dass der Geschäftsführer der Verpflichtung zur Verschwiegenheit über Betriebs- und Geschäftsgeheimnisse der Gesellschaft unterliegt, folgt bereits aus § 85 Abs. 1 GmbHG, wonach die Verletzung dieser Verschwiegenheitspflicht sogar durch den Gesetzgeber unter Strafandrohung gestellt wurde. Es ist daher allgemein anerkannt,[278] dass der **Geschäftsführer** auch vertraglich einer **Verpflichtung zur Wahrung strikter Verschwiegenheit über alle ihm aus Anlass seiner Tätigkeit bekannt werdenden Betriebs- und Geschäftsgeheimnisse** unterliegt. Diese Verpflichtung wurde durch § 14 Abs. (1) des Vertragsmusters nochmals deklaratorisch normiert. Für die Feststellung von Betriebs- und Geschäftsgeheimnissen bestehen keine gesetzlichen Definitionen, vielmehr sind hierunter alle Angelegenheiten zu verstehen, die im Zusammenhang mit dem Geschäftsbetrieb der Gesellschaft stehen, einem begrenzten Personenkreis bekannt sind und hinsichtlich derer ein berechtigtes Interesse der Gesellschaft an ihrer Geheimhaltung besteht.[279] Dabei beziehen sich die Geschäftsgeheimnisse grundsätzlich auf wirtschaftliche Angelegenheiten (z. B. Kunden- und Preislisten, Kalkulationsgrundlagen, Kreditbelastung) wohingegen die Betriebsgeheimnisse eher technische Vorgänge betreffen (z. B. Produktionsverfahren, Rezepturen, Patente u. a.).

2. Nachvertragliche Verschwiegenheitspflicht

Die **Verpflichtung zur Verschwiegenheit** über Betriebs- und Geschäftsgeheimnisse besteht **grundsätzlich auch nach Beendigung des Anstellungsvertrages** fort, was durch § 14 Abs. (2) des Vertragsmusters ausdrücklich klargestellt wird. Im Fall einer Verletzung der Verschwiegenheitspflicht kann die Gesellschaft auf Unterlassung klagen, sofern der Geschäftsführer die Betriebsgeheimnisse zu eigenen geschäftlichen Zwecken verwendet.[280] Sofern eine solche Unterlassungsklage nicht mehr in Betracht kommt, da der Geschäftsführer zum Zeitpunkt der Aufdeckung seiner Verletzung der Verschwiegenheitspflicht schon in erheblichem Umfang eigene Geschäfte getätigt hat, so kann die Gesellschaft einen Schadensersatzanspruch im Wege der Lizenzanalogie erheben; danach ist der Schaden unter Zugrundelegung der Lizenzgebühren zu berechnen, die bei einer Lizenzvergabe erzielt worden wären.[281] Da im Fall einer Verletzung von Geschäftsgeheimnissen (z. B. Preiskalkulationen) der Nachweis eines Schadens für die Gesellschaft in der Praxis schwierig sein kann, ist deshalb zu erwägen, die Verletzung der nachvertraglichen Pflicht zur Wahrung von Verschwiegenheit über Betriebs- und Geschäftsgeheimnisse unter eine Vertragsstrafe zu stellen, wie sie nachfolgend in § 15 Abs. (9) des Vertragsmusters für den Fall der Verletzung eines nachvertraglichen Wettbewerbsverbotes vorgesehen ist. Der Vorteil einer Vertragsstrafe liegt darin, dass sie bereits bei Verletzung der nachvertraglichen Pflicht des Geschäftsführers verwirkt ist, ohne dass es des Nachweises eines hierdurch entstandenen Schadens bedarf. Die vorstehend behandelte Verpflichtung des Geschäftsführers, auch nach Beendigung des Anstellungsvertrages strikte Verschwiegenheit über die ihm aus Anlass seiner Tätigkeit bekannt gewordenen Betriebs- und Geschäftsgeheimnisse zu wahren, darf jedoch nicht mit dem – im folgenden § 15 behandelten – nachvertraglichen Wettbewerbsverbot verwechselt werden. Während es hier allein um den eng gefassten Bereich der Betriebs- und Geschäftsgeheimnisse der Gesellschaft geht, wird durch ein nachvertragliches Wettbewerbsverbot die Aufnahme jedweder Tätigkeiten in den Geschäftsfeldern der Gesellschaft untersagt, durch welche dem Geschäftsführer die geschäftliche Verwertung seines eigenen beruflichen Know-Hows verwehrt bzw. eingeschränkt wird.

§ 15
Wettbewerbsverbot

(1) Dem Geschäftsführer ist untersagt, während der Dauer dieses Anstellungsvertrages in selbständiger, unselbständiger oder sonstiger Weise für ein Unternehmen tätig zu werden, welches mit der Gesellschaft oder einem mit ihr verbundenen Unternehmen in direktem oder indirektem Wettbewerb steht. In gleicher Weise ist es dem Geschäftsführer untersagt, während der Dauer dieses Vertrages ein solches Unternehmen zu errichten, zu erwerben oder sich hieran unmittelbar oder mittelbar zu beteiligen.

(2) Für die Dauer von 2 Jahren nach Beendigung des vorliegenden Anstellungsvertrages ist der Geschäftsführer zur Einhaltung von folgendem nachvertraglichem Wettbewerbsverbot verpflichtet:

- Alternative 1 (Muster eines nachvertraglichen Wettbewerbsverbots in Form einer Lieferanten- und Kundenschutz-Klausel):
  Der Geschäftsführer verpflichtet sich, für die Dauer von 2 Jahren nach Beendigung des vorliegenden Anstellungsvertrages weder in selbständiger noch unselbständiger Stellung oder in sonstiger Weise geschäftliche Beziehungen mit denjenigen Kunden und Lieferanten aufzunehmen, mit denen die Gesellschaft in den letzten 2 Jahren vor Beendigung des Anstellungsvertrages in Geschäftsbeziehungen stand. Die Gesellschaft wird zu diesem Zwecke dem Geschäftsführer bei Beendigung des Anstellungsvertrages eine Liste derjenigen Kunden und Lieferanten übergeben, mit denen sie in Geschäftsbeziehungen während der zurückliegenden 2 Jahre stand.

- Alternative 2 (Muster eines nachvertraglichen Wettbewerbsverbots mit unternehmensbezogenem Geltungsbereich):
  Der Geschäftsführer verpflichtet sich, für die Dauer von 2 Jahren nach Beendigung des vorliegenden Anstellungsvertrages weder in selbständiger, unselbständiger oder in sonstiger Weise für ein Unternehmen tätig

zu werden, welches mit der Gesellschaft sowie den mit ihr verbundenen Unternehmen in direktem oder indirektem Wettbewerb steht. In gleicher Weise ist es dem Geschäftsführer untersagt, während der Dauer von 2 Jahren nach Beendigung des Anstellungsvertrages ein solches Konkurrenzunternehmen zu errichten, zu erwerben oder sich hieran unmittelbar oder mittelbar zu beteiligen.

- Alternative 3 (Muster eines nachvertraglichen Wettbewerbsverbotes mit tätigkeits- bzw. produktbezogenem Geltungsbereich):
  Der Geschäftsführer verpflichtet sich, für die Dauer von 2 Jahren nach Beendigung des vorliegenden Anstellungsvertrages weder in selbständiger, unselbständiger oder sonstiger Weise für ein Unternehmen tätig zu werden, welches sich mit der Entwicklung, Herstellung oder dem Vertrieb von ...... *Produkten* ...... beschäftigt. In gleicher Weise ist es dem Geschäftsführer untersagt, während dieser Dauer ein solches Konkurrenzunternehmen zu errichten, zu erwerben oder sich hieran unmittelbar oder mittelbar zu beteiligen.

(3) Das nachvertragliche Wettbewerbsverbot gemäß vorstehendem Abs. (2) gilt räumlich für das Gebiet der Bundesrepublik Deutschland.

(4) Für die Dauer des nachvertraglichen Wettbewerbsverbotes gemäß Abs. (2) verpflichtet sich die Gesellschaft, dem Geschäftsführer eine Karenzentschädigung nach Maßgabe folgender Bestimmungen zu zahlen:

- Alternative 1 (Bemessung der Karenzentschädigung bei Beschränkung des nachvertraglichen Wettbewerbsverbotes auf eine reine Lieferanten- und Kundenschutz-Klausel (vgl. Abs. (2) Alternative 1)):
  Die Karenzentschädigung beträgt 10 % des monatlichen Gehalts gemäß § 6 Abs. (1) in der zum Zeitpunkt der Beendigung des Anstellungsvertrages maßgebenden Höhe. Die Zahlung dieser Karenzentschädigung ist jeweils am Ende des Monats fällig.

- Alternative 2 (Bemessung der Karenzentschädigung bei unternehmensbezogenem oder tätigkeits- bzw. produktbezogenem Wettbewerbsverbot für das Gebiet der Bundesrepublik Deutschland (vgl. Abs. (2) Alternativen 2 und 3)):
  Die Karenzentschädigung beträgt 50 % der durchschnittlichen monatlichen Bezüge des Geschäftsführers gemäß § 6 Abs. (1) und (3) während der letzten 36 Monate vor Beendigung des Anstellungsvertrages. Die Zahlung der Karenzentschädigung ist jeweils am Ende des Monats fällig.

- Alternative 1:
(5) Auf die Karenzentschädigung gemäß vorstehendem Abs. (4) sind die Einkünfte anzurechnen, welche der Geschäftsführer während der Dauer des nachvertraglichen Wettbewerbsverbotes aus selbständiger, unselbständiger oder sonstiger Erwerbstätigkeit erzielt oder zu erzielen unterlässt. Unter die anzurechnenden Einkünfte fällt auch etwaiges vom Geschäftsführer bezogenes Arbeitslosengeld. Der Geschäftsführer ist verpflichtet, auf Verlangen der Gesellschaft entsprechende Auskünfte über die Höhe

seiner anderweitigen Einkünfte zu erteilen und durch geeignete Unterlagen zu belegen.

- Alternative 2:
(5) Die Einkünfte, welche der Geschäftsführer während der Dauer des nachvertraglichen Wettbewerbsverbotes aus selbständiger, unselbständiger oder sonstiger Erwerbstätigkeit erzielt, sind auf die Karenzentschädigung gemäß vorstehendem Abs. (4) anzurechnen, sofern diese Einkünfte unter Hinzurechnung der Karenzentschädigung die vor dem Ausscheiden des Geschäftsführers bezogene Vergütung übersteigen. Hierbei ist auf das Festgehalt und die variable Vergütung abzustellen, welche der Geschäftsführer in den letzten 12 Monaten vor seinem Ausscheiden bezogen hat. Der Geschäftsführer ist verpflichtet, der Gesellschaft die erforderlichen Auskünfte über die Höhe seiner anderweitigen Einkünfte zu erteilen und durch geeignete Unterlagen zu belegen, damit festgestellt werden kann, ob und wenn ja in welchem Umfang eine Anrechnung auf die Karenzentschädigung entsprechend der vorstehenden Regelung vorzunehmen ist.

- Alternative 1:
(6) Endet der vorliegende Anstellungsvertrag durch Eintritt eines Versorgungsfalles gemäß nachstehendem § 17 Abs. (1), so tritt das nachvertragliche Wettbewerbsverbot gemäß den in vorstehenden Abs. (2) bis (5) getroffenen Regelungen nicht in Kraft.

- Alternative 2:
(6) Das vorliegende Wettbewerbsverbot gilt auch für eine Beendigung des Anstellungsvertrages wegen Eintritts des Geschäftsführers in den Ruhestand. Die Gesellschaft ist berechtigt, für die Dauer des nachvertraglichen Wettbewerbsverbotes die von ihr erbrachten Versorgungsleistungen gemäß § 17 auf die Karenzentschädigung anzurechnen.

(7) Die Gesellschaft kann vor Ablauf des Anstellungsvertrages auf die Einhaltung des nachvertraglichen Wettbewerbsverbots gemäß Abs. (2) und (3) durch schriftliche Erklärung gegenüber dem Geschäftsführer verzichten. In diesem Fall endet mit Ablauf von 6 Monaten nach Zugang der den Verzicht enthaltenden Erklärung die Verpflichtung der Gesellschaft zur Zahlung der Karenzentschädigung gemäß Abs. (4).

(8) Im Fall einer außerordentlichen Kündigung des vorliegenden Anstellungsvertrages aus wichtigem Grund steht der kündigungsberechtigten Partei das Recht zu, innerhalb von einem Monat nach Ausspruch der außerordentlichen Kündigung durch schriftliche Erklärung gegenüber der anderen Partei das nachvertragliche Wettbewerbsverbot aufzuheben.

(9) Der Geschäftsführer hat für jeden schuldhaften Verstoß gegen das während der Dauer dieses Anstellungsvertrages bestehende als auch das nachvertragliche Wettbewerbsverbot eine Vertragsstrafe von einem monatlichen Festgehalt gemäß § 6 Abs. (1) zu zahlen; maßgebend hierfür ist das Festgehalt in der zuletzt geltenden Höhe. Weitere Verstöße begründen jeweils eine erneute Vertragsstrafe, auch wenn sie innerhalb eines Monats begangen werden. Erfolgen die einzelnen Zuwiderhandlungen jedoch in-

nerhalb eines Dauerverstoßes gegen das Wettbewerbsverbot, so wird die Vertragsstrafe einmalig für jeden angefangenen Monat erneut verwirkt, in welchem der Dauerverstoß fortbesteht. Ein Dauerverstoß im Sinne des vorstehenden Satzes liegt in den Fällen der Gründung oder Beteiligung an einem Konkurrenzunternehmen oder der vertraglichen Eingehung einer auf Dauer angelegten Tätigkeit (z.B. Anstellungsvertrag, Beratungsvertrag) für ein Konkurrenzunternehmen. Von den vorstehenden Regelungen unberührt bleiben weitergehende Ansprüche, welche der Gesellschaft bei einem Verstoß des Geschäftsführers gegen das Wettbewerbsverbot zustehen (insbesondere Schadensersatz u. Unterlassungsansprüchen).

Erläuterungen

1. Wettbewerbsverbot während der Vertragsdauer
2. Grundlagen für ein nachvertragliches Wettbewerbsverbot
3. Inhaltliche, zeitliche und räumliche Grenzen des nachvertraglichen Wettbewerbsverbots
4. Zahlung einer Karenzentschädigung
5. Rechtsfolgen bei Überschreitung der Zulässigkeitsgrenzen für ein Wettbewerbsverbot
6. Anrechnung anderweitiger Einkünfte auf die Karenzentschädigung
7. Sonderregelung für Ausscheiden in den Ruhestand
8. Verzicht der Gesellschaft auf das Wettbewerbsverbot
9. Lossagung vom Wettbewerbsverbot bei außerordentlicher Kündigung
10. Sicherung des Wettbewerbsverbots durch Vertragsstrafe

1. Wettbewerbsverbot während der Vertragsdauer

Im Gegensatz zu § 88 AktG, der für die Vorstandsmitglieder einer AG ein Wettbewerbsverbot für die Dauer ihres Dienstverhältnisses normiert, besteht für den Personenkreis der GmbH-Geschäftsführer keine ausdrückliche gesetzliche Regelung. Es ist jedoch allgemein anerkannt,[282] dass der **Geschäftsführer während der Dauer seines Anstellungsvertrages** aufgrund der ihm obliegenden Treuepflicht **gegenüber der Gesellschaft einem umfassenden Wettbewerbsverbot unterliegt,** welches ihm verwehrt, im Geschäftsbereich der Gesellschaft auf eigene oder fremde Rechnung Geschäfte zu machen oder sich an einem Konkurrenzunternehmen zu beteiligen. Der Umfang dieses Wettbewerbsverbots wird durch die Rechtsprechung[283] weit gefasst, wonach dem Geschäftsführer für eigene Aktivitäten der gesamte Geschäftsbereich verschlossen bleibt, den sich die Gesellschaft nach dem in ihrer Satzung festgelegten Gegentand des Unternehmens zum Ziel gesetzt hat, und zwar unabhängig davon, ob die Gesellschaft diesen Geschäftsbereich bereits vollständig durch entsprechende geschäftliche Aktivitäten ausgeschöpft hat. Das **Wettbewerbsverbot** des Geschäftsführers **umfasst** daher **auch die im Betätigungsbereich der Gesellschaft liegenden Geschäftschancen,** deren Ausnutzung zu eigenen Zwecken dem Geschäftsführer untersagt ist.[284]

Die Verletzung des während der Dauer des Anstellungsvertrages bestehenden Wettbewerbsverbotes begründet in aller Regel einen „wichtigen Grund" i.S.v. § 626 Abs. 1 BGB für eine außerordentliche Kündigung durch die Gesellschaft.[285] Die Gesellschaft kann vom Geschäftsführer auch die Unterlassung des wettbewerbswidrigen Handelns verlangen, was in Anbetracht der Eilbedürftigkeit gerichtlich im Wege der einstweiligen (Unterlassungs-)Verfügung durchzusetzen ist. Wegen der bereits begangenen Verletzungen des Wettbewerbsverbots kann die Gesellschaft Schadensersatz oder entsprechend § 88 Abs. 1 S. 2 AktG verlangen, dass ihr der aus den wettbewerbswidrigen Geschäften erzielte Erlös durch den Geschäftsführer herausgegeben wird.[286]

Dem Geschäftsführer kann im Wege des Dispens eine **Befreiung von dem Wettbewerbsverbot** während der Dauer des Anstellungsvertrages erteilt werden.[287] Für den Personenkreis der Gesellschafter-Geschäftsführer ist in diesem Fall allerdings zu beachten, dass die Befreiung vom Wettbewerbsverbot zur Annahme einer verdeckten Gewinnausschüttung führen kann. Zwar hat nach der Rechtsprechung des BFH das Steuerrecht grundsätzlich die zivilrechtlich getroffenen Regelungen zur Einschränkung eines Wettbewerbsverbots zu respektieren. Eine Grenze besteht jedoch dort, wo einem Gesellschafter-Geschäftsführer die Aufnahme eigener Geschäftstätigkeiten im Betätigungsbereich der Gesellschaft gestattet wird, wenn ein ordentlicher Geschäftsführer diese Befreiung vom Wettbewerbsverbot nur gegen Erstattung einer angemessenen Gegenleistung erteilen würde.[288]

2. Grundlagen für ein nachvertragliches Wettbewerbsverbot

Mit Ablauf des Anstellungsvertrages endet das Wettbewerbsverbot des Geschäftsführers, so dass sich seine Verpflichtungen gegenüber der Gesellschaft grundsätzlich auf die Wahrung der Verschwiegenheit über Betriebs- und Geschäftsgeheimnisse beschränkt (vgl. hierzu Erl. 2 zu § 14 = S. 146). Sofern von Seiten der Gesellschaft darüber hinausgehend das Ziel verfolgt wird, dem Geschäftsführer auch nach Beendigung des Anstellungsvertrages ein Wettbewerbsverbot aufzuerlegen, so ist zunächst im Hinblick auf den vorgesehenen Tätigkeitsbereich des Geschäftsführers und die hierfür bestehenden Wettbewerbsrisiken der Gesellschaft **sorgfältig zu prüfen, ob die Notwendigkeit besteht,** für die Zeit nach Beendigung des Anstellungsvertrages die Aufnahme einer konkurrierenden Tätigkeit durch den Geschäftsführer auszuschließen. Da ein nachvertragliches Wettbewerbsverbot – wie nachfolgend unter Erl. 4 behandelt – zur Sicherung seiner Rechtswirksamkeit in aller Regel nur gegen Zahlung einer angemessenen Entschädigung vereinbart werden kann, folgen hieraus für die Gesellschaft erhebliche Kosten. Deren Übernahme erscheint bei wirtschaftlicher Betrachtung nur dann gerechtfertigt, wenn für die Gesellschaft tatsächlich ein substantielles Risiko besteht, dass ihr bei einem späteren Wechsel des Geschäftsführers zu einem Konkurrenzunternehmen oder der Aufnahme einer selbständigen Konkurrenztätigkeit erhebliche Gefahren im Hinblick auf ihre Marktstellung und Geschäftsbeziehungen drohen. Nur für den Fall, dass diese Frage zu bejahen ist, sollte ein nachvertragliches Wettbewerbsverbot in den Anstellungsvertrag aufgenommen werden, wobei hinsichtlich dessen inhaltlicher Ausgestaltung die nachfolgenden Erl. zu den Abs. (2)–Abs. (9) zu beachten sind.

Hinsichtlich der **gesetzlichen Grundlagen** ist in gefestigter Rechtsprechung[289] anerkannt, dass **die in §§ 74 ff. HGB aufgestellten Voraussetzungen** und Schranken eines nachvertraglichen Wettbewerbsverbotes nicht für den Personenkreis der Geschäftsführer gelten. Zur Begründung hierfür wird insbesondere darauf verwiesen, dass eine Konkurrenztätigkeit des Geschäftsführers in weit höherem Maß eine Gefahr für die Gesellschaft begründen könnte, als dies bei Arbeitnehmern der Fall sei, da sich die Geschäftsbeziehungen der Gesellschaft regelmäßig auf die Person des Geschäftsführers konzentrieren und dieser daher eher in der Lage sei, nach seinem Ausscheiden in die Kunden- und Geschäftsbeziehungen der Gesellschaft einzudringen und ihr hierdurch nachhaltige Geschäftseinbußen zuzufügen. Aus dieser Rechtsprechung darf jedoch nicht geschlossen werden, dass für den Geschäftsführer kein rechtlicher Schutz gegenüber den ihm durch ein nachvertragliches Wettbewerbsverbot auferlegten Einschränkungen seiner späteren beruflichen Betätigung besteht. Vielmehr hat der BGH in seinem bereits zitierten Grundsatz-Urteil vom 26.3.1984 klargestellt, dass aus der von ihm abgelehnten Anwendung der Arbeitnehmer-Schutzbestimmungen der §§ 74 ff. HGB nicht etwa folge, dass das nachvertragliche Wettbewerbsverbot eines Geschäftsführers keinen Schranken unterliege. Die rechtliche Zulässigkeit von solchen Regelungen, welche ein **nachvertragliches Wettbewerbsverbot des Geschäftsführers** begründen, ist vielmehr **am Maßstab des § 138 BGB i.V.m. Art. 12 GG zu prüfen.** Danach ist das nachvertragliche Wettbewerbsverbot nur dann rechtswirksam, wenn dies zum Schutz eines berechtigten Interesses der Gesellschaft erforderlich ist und nach seinem räumlichen, zeitlichen und inhaltlichen Umfang die Berufsausübung des Geschäftsführers nicht unbillig erschwert (vgl. zu den Grenzen im einzelnen nachfolgend unter Erl. 3). Für die Vertragspraxis besteht aufgrund der vom BGH abgelehnten Übernahme der festen Schranken der §§ 74 ff. HGB bei der Ausgestaltung eines nachvertraglichen Wettbewerbsverbotes des Geschäftsführers daher die Notwendigkeit einer sorgfältigen und die konkreten Umstände des Einzelfalles berücksichtigenden Abwägung der gegenseitigen Interessen, und zwar sowohl bei der Festlegung des Umfangs des Wettbewerbsverbotes als auch einer hierfür an den Geschäftsführer erfolgenden Karenzentschädigung.

3. Inhaltliche, zeitliche und räumliche Grenzen des nachvertraglichen Wettbewerbsverbots

Für die **Prüfung der Zulässigkeit eines nachvertraglichen Wettbewerbsverbotes** gegenüber einem Geschäftsführer ist nach der Rechtsprechung[290] von einer **2-stufigen Prüfung auszugehen:** zunächst ist auf 1. Stufe zu prüfen, ob das Wettbewerbsverbot zum Schutz eines berechtigten Interesses der Gesellschaft erforderlich ist (hierzu a). Sofern dies zu bejahen ist, hat sodann auf 2. Stufe die Prüfung der gegenständlichen, räumlichen und zeitlichen Grenzen des Wettbewerbsverbots zu erfolgen, wobei hierfür der Grundsatz gilt, dass die Grenzen nicht so weit gezogen werden dürfen, dass die künftige Berufsausübung des Geschäftsführers hierdurch unverhältnismäßig erschwert oder sogar vollständig ausgeschlossen wird (hierzu im einzelnen b).

a) Grundlegende Voraussetzung für die Zulässigkeit eines nachvertraglichen Wettbewerbsverbotes ist zunächst, dass dies zum **Schutz eines berechtigten Interesses der Gesellschaft** erforderlich ist. Fehlt es an einem solchen berechtigten Interesse der Gesellschaft, so ist das Wettbewerbsverbot bereits unmittelbar nach § 138 BGB nichtig, ohne dass es auf die erst in 2. Stufe zu prüfenden Kriterien noch ankommt.[291] Als berechtigtes Interesse der Gesellschaft für ein nachvertragliches Wettbewerbsverbot gegenüber dem Geschäftsführer ist insbesondere der Schutz der bestehenden Geschäftsbeziehungen hinsichtlich Kunden und Lieferanten anerkannt.[292] Dagegen ist das Ziel, den Geschäftsführer nach Beendigung des Anstellungsvertrages generell für die Konkurrenz auszuschalten, kein berechtigtes Interesse, so dass ein hierauf gerichtetes Wettbewerbsverbot nach § 138 BGB nichtig wäre.[293] Zur Verwirklichung der Ziele, die ein berechtigtes Interesse der Gesellschaft an einem Wettbewerbsverbot des Geschäftsführers begründen, kommen danach folgende Gestaltungsformen für das nachvertragliche Wettbewerbsverbot in Betracht:

- Vereinbarung einer **Kundenschutzklausel:** hierdurch wird dem Geschäftsführer untersagt, nach seinem Ausscheiden in Geschäftskontakt mit den Kunden und Lieferanten der Gesellschaft zu treten. Das berechtigte Interesse der Gesellschaft an einer solchen Schutzklausel besteht darin, zu vermeiden, dass der Geschäftsführer ihre Kunden und Lieferanten abzieht, die er aus seiner Tätigkeit für die Gesellschaft kennen gelernt hat. Eine solche Ausgestaltung des nachvertraglichen Wettbewerbsverbots im Sinne einer Kundenschutzklausel ist durch **Alternative 1 zu Abs. (2)** von § 15 des Vertragsmusters vorgesehen. Für die Fassung einer solchen Klausel ist im Hinblick auf die bereits in der Einführung (S. 2) angesprochene AGB-Kontrolle gemäß §§ 305 ff. BGB das sog. **Transparenzgebot zu beachten.** Der BGH hat deshalb in seinem Urteil vom 3.12.2015[294] die Unwirksamkeit einer Kundenschutzklausel wegen Verstoßes gegen das Transparenzverbot festgestellt, da aus der Formulierung der Klausel nicht hinreichend konkret hervorging, auf welche Kunden sich das nachvertragliche Wettbewerbsverbot erstrecken sollte. Da es verständlicherweise nicht möglich ist, bereits bei Abschluss des Anstellungsvertrages diejenigen Kunden zu benennen, die für den Geschäftsführer nach Beendigung des Anstellungsvertrages „gesperrt" sein sollen, wurde in dem Vertragsmuster gemäß Alternative 1 zu Abs. (2) die für solche Fälle in der Praxis übliche Regelung aufgenommen, wonach die Gesellschaft dem Geschäftsführer bei Beendigung des Anstellungsvertrages eine Liste derjenigen Kunden und Geschäftspartner übergibt, mit denen sie in Geschäftsbeziehungen während der zurückliegenden 2 Jahre stand, so dass für den Geschäftsführer klar ist, welche Kunden und Geschäftspartner von dem für ihn geltenden Wettbewerbsverbot erfasst sind.

Auch wenn eine Kundenschutzklausel von ihrem inhaltlichen Geltungsumfang sehr begrenzt ist, da sie dem Geschäftsführer nach seinem Ausscheiden lediglich untersagt, in die Geschäftsbeziehungen der Gesellschaft mit ihren Kunden und Lieferanten einzudringen, so ist zu beachten, dass nach dem Urteil des BGH v. 20.1.2015[295] **für ein Wettbewerbsverbot in Form**

einer **Kundenschutz-Klausel** ebenso wie für die weitergehenden tätigkeits-
und produktbezogenen Wettbewerbsverbote eine **zeitliche Höchstgrenze
von 2 Jahren** gilt.

- Vereinbarung von **unternehmensbezogenen oder tätigkeits- bzw. produktbezogenen Wettbewerbsverboten:** inhaltlich wesentlich weitergehend sind
die in **Alternative 2 und Alternative 3 zu Abs.** (2) von § 15 des Vertragsmusters vorgesehenen Gestaltungsformen eines unternehmensbezogenen Wettbewerbsverbotes, bei welchem dem Geschäftsführer untersagt ist, nach seinem Ausscheiden für ein Konkurrenzunternehmen der Gesellschaft tätig zu
werden, sowie einem tätigkeits- bzw. produktbezogenen Wettbewerbsverbot, bei welchem dem Geschäftsführer untersagt ist, in einem bestimmten
Produkt- oder Dienstleistungsbereich eine konkurrierende Tätigkeit gegenüber der Gesellschaft aufzunehmen. Bei der Verwendung dieser beiden
Alternativen eines nachvertraglichen Wettbewerbsverbotes, die zu einem
vollständigen Tätigkeitsverbot des Geschäftsführers in dem gesperrten Bereich führen, sind die vorstehend aufgezeigten Grenzen zu beachten, wonach solche Wettbewerbsverbote nur vereinbart werden dürfen, soweit
dies zum Schutz eines berechtigten Interesses der Gesellschaft erforderlich
ist. Hierbei ist je nach Geschäftstätigkeit der Gesellschaft und Zielrich-
tung des Wettbewerbsverbots zu differenzieren: soweit es um die Entwicklung und Anwendung von Herstellungsverfahren innerhalb eines
Produktbereiches (z.B. chemische Industrie) geht, kann ein weitgehendes
Wettbewerbsverbot gerechtfertigt sein, da sich die Gesellschaft nur so
gegen eine konkurrierende Verwertung der fachlichen Kenntnisse und
Erfahrungen schützen kann, welche der Geschäftsführer aus seiner Tätigkeit bei der Gesellschaft erlangt hat. Demgegenüber hat der BGH im
Grundsatz-Urteil vom 26.3.1984[296] ein berechtigtes Interesse für ein über
den Kundenschutz hinausgehendes Wettbewerbsverbot gegenüber dem
Geschäftsführer einer Steuerberatungsgesellschaft verneint, da hier keine
über den Schutz der Kundenbeziehungen hinausgehenden schutzwerten
Interessen der Gesellschaft bestanden, welche es gerechtfertigt hätten,
dem ausgeschiedenen Geschäftsführer ein weitergehendes Tätigkeitsverbot
aufzuerlegen.

b) Wurde auf 1. Stufe festgestellt, dass ein berechtigtes geschäftliches Interesse der Gesellschaft an dem nachvertraglichen Wettbewerbsverbot gegenüber
dem Geschäftsführer besteht, so sind sodann **auf 2. Stufe die zeitlichen, räumlichen und gegenständlichen Grenzen des Wettbewerbsverbots zu prüfen,** da
die Berufsausübung des Geschäftsführers durch das Wettbewerbsverbot nicht
in einem unverhältnismäßigen Umfang erschwert werden darf. Für die einzelnen Grenzen sind folgende Punkte zu beachten:

- Als **zeitliche Höchstgrenze** ist nach der Rechtsprechung[297] in der Regel
von **2 Jahren** auszugehen, wobei der BGH bei Vorliegen besonderer Umstände sowohl eine Verlängerung als auch eine Verkürzung dieser Regel-
grenze in Betracht zieht. Das Erfordernis einer zeitlichen Begrenzung des
nachvertraglichen Wettbewerbsverbotes hat seinen Grund darin, dass ein
schutzwürdiges Interesse der Gesellschaft grundsätzlich nur für einen sol-

chen Zeitraum anzuerkennen ist, in welchem die aus der Tätigkeit des Geschäftsführers für die Gesellschaft herrührenden Geschäftsbeziehungen mit Kunden und Lieferanten noch fortwirken. Eine solche Nachwirkung wird grundsätzlich nach einem Zeitraum von 2 Jahren aufgezehrt sein, so dass von der Gesellschaft besondere Umstände dargelegt werden müssen, sofern ausnahmsweise eine längere Bindungsdauer angestrebt ist.

- Die **räumlichen und gegenständlichen Grenzen** des Wettbewerbsverbotes stehen in wechselseitiger Abhängigkeit zueinander: danach kann der räumliche Geltungsbereich des Wettbewerbsverbotes um so weiter ausgedehnt werden, je enger der gegenständliche Geltungsbereich des Wettbewerbsverbotes gefasst wurde. Umgekehrt kann der gegenständliche Geltungsbereich umfassender geregelt werden, sofern der räumliche Bereich des Wettbewerbsverbots auf ein begrenztes Gebiet beschränkt wird.[298] Für die Festlegung des Umfangs des nachvertraglichen Wettbewerbsverbots ist unter Berücksichtigung der unternehmensspezifischen Erfordernisse zu prüfen, ob das Schwergewicht eher auf den räumlichen oder den gegenständlichen Geltungsbereich gelegt werden soll. In jedem Fall ist darauf zu achten, dass dem Geschäftsführer noch ein angemessener beruflicher Betätigungsbereich außerhalb der räumlichen und gegenständlichen Grenzen des Wettbewerbsverbots verbleibt. Nur unter besonderen Voraussetzungen dürfte ein solches Wettbewerbsverbot rechtlich zu halten sein, welches aufgrund seiner gegenständlichen und räumlichen Reichweite dem Geschäftsführer nach seinem Ausscheiden praktisch jedwede Tätigkeit innerhalb der Branche für das gesamte Gebiet der Bundesrepublik Deutschland untersagt.[299] Dringend zu warnen ist von dem Versuch, eine Klärung des räumlichen Geltungsbereichs des Wettbewerbsverbots offen zu lassen, indem keine Regelung hierzu erfolgt. Fehlt nämlich im nachvertraglichen Wettbewerbsverbot eine Regelung zum räumlichen Geltungsbereich, so gilt das Wettbewerbsverbot grundsätzlich unbeschränkt, d. h. auch im Ausland. Da für ein weltweit geltendes Wettbewerbsverbot jedoch regelmäßig kein berechtigtes geschäftliches Interesse der Gesellschaft besteht, führt dies bei den Angestellten, die unter den Geltungsbereich der §§ 74 ff. HGB fallen, im Ergebnis dazu, dass nach § 74a Abs. 1 Satz 2 HGB der räumliche Geltungsbereich des nachvertraglichen Wettbewerbsverbots auf den Bereich einzuschränken ist, für welchen ein berechtigtes geschäftliches Interesse anzuerkennen ist. Da jedoch für den Personenkreis der Geschäftsführer die §§ 74 ff. HGB nach gefestigter Rechtsprechung nicht gelten und für den Fall, dass die räumlichen und gegenständlichen Grenzen des einem Geschäftsführer auferlegten nachvertraglichen Wettbewerbsverbots überschritten werden, nach der Rechtsprechung (vgl. hierzu nachfolgend S. 158 f.) eine geltungserhaltene Reduktion in vertretbaren räumlichen Grenzen ausscheidet, läuft die Gesellschaft im Ergebnis das Risiko der vollständigen Unwirksamkeit des nachvertraglichen Wettbewerbsverbots, wenn hierin der räumliche Geltungsbereich nicht festgelegt wurde.[300] Um dieses Risiko auszuschließen, ist es deshalb zwingend **erforderlich** in der vertraglichen Regelung den **räumlichen Geltungsbereich des nachvertraglichen Wettbewerbsverbots festzulegen.**

- In Abs. (3) von § 15 des vorliegenden Vertragsmusters wurde der räumliche Geltungsbereich des nachvertraglichen Wettbewerbsverbots auf das Gebiet der Bundesrepublik Deutschland festgelegt. Hieraus folgt nach den vorstehend dargelegten Grundsätzen, dass bei der Abfassung des gegenständlichen Geltungsbereichs, insbesondere im Fall eines tätigkeitsbezogenen Wettbewerbsverbotes gemäß Alternative 3 zu Abs. (2) noch ein angemessener Betätigungsbereich innerhalb der jeweiligen Branche verbleiben muss, welcher nicht durch das Wettbewerbsverbot erfasst ist.

4. Zahlung einer Karenzentschädigung

Für die Frage, ob und wenn ja in welchem Umfang die Gesellschaft eine Karenzentschädigung an den Geschäftsführer für das ihm auferlegte Wettbewerbsverbot zu zahlen hat, ist ebenfalls **nach Inhalt und Reichweite des Wettbewerbsverbotes zu differenzieren.** Hierfür gilt der Grundsatz, wonach die Karenzentschädigung um so höher anzusetzen ist, je weiter der zeitliche und inhaltliche Umfang des Wettbewerbsverbots reicht.

Ausgehend von diesem Grundsatz ist in der Rechtsprechung[301] anerkannt, dass dann, wenn sich das Wettbewerbsverbot allein auf einen Schutz der bestehenden Kundenbeziehungen der Gesellschaft beschränkt, es keiner Karenzentschädigung bedarf. Bei einer reinen Kundenschutzklausel sind nämlich in der Regel die beruflichen Betätigungsmöglichkeiten des Geschäftsführers nur geringfügig eingeschränkt, da er innerhalb der Branche und auch im örtlichen Einzugsbereich der Gesellschaft weiterhin seine beruflichen Kenntnisse und Erfahrungen verwerten kann und ihm lediglich eine Tätigkeit für die ehemaligen Kunden der Gesellschaft verwehrt ist. In Alternative 1 zu § 15 Abs. (4) des Vertragsmusters, welche die Karenzentschädigung für den Fall eines Wettbewerbsverbots in Form einer Kundenschutzklausel regelt, wurde deshalb nur eine geringe Karenzentschädigung in Höhe von 10 % des monatlichen Festgehalts vorgesehen, um jedwede Risiken für den rechtlichen Bestand des Wettbewerbsverbots auszuschließen, wobei in aller Regel selbst bei vollständigem Entfallen einer Karenzentschädigung das auf eine Kundenschutzklausel beschränkte Wettbewerbsverbot rechtswirksam ist.

Beinhaltet das Wettbewerbsverbot demgegenüber ein über den reinen Kundenschutz der Gesellschaft hinausgehendes Tätigkeitsverbot gegenüber dem Geschäftsführer entsprechend Alternative 2 oder 3 zu Abs. (2), so ist **grundsätzlich die Zusage einer Karenzentschädigung für die Wirksamkeit des Wettbewerbsverbotes erforderlich.**[302] Diese Verpflichtung der Gesellschaft kann allerdings nicht aus § 74 Abs. 2 HGB hergeleitet werden, da diese Vorschrift nach der BGH-Rechtsprechung (vgl. S. 151 f.) für das mit einem Geschäftsführer vereinbarte Wettbewerbsverbot nicht gilt. Dennoch ist allgemein anerkannt, dass ein Wettbewerbsverbot, welches dem ausgeschiedenen Geschäftsführer die weitere Tätigkeit im Geschäftsbereich der Gesellschaft ohne jegliche Karenzentschädigung untersagt, nicht den Anforderungen des Maßstabes nach § 138 BGB i. V. m. Art. 12 GG genügt.[303] **Dies gilt insbesondere für den Personenkreis der Fremd-Geschäftsführer,** die häufig über ein geschäftsspezifisches Know-How verfügen, dessen berufliche Verwertung für die Zeit nach ihrem Ausscheiden aus der Gesellschaft nicht untersagt werden kann, ohne dass ihnen hierfür ein angemessener Ausgleich in Form einer Karenzentschädigung gewährt wird. Besteht somit vom Grundsatz her Übereinstimmung darin, dass ein entschädigungsloses Wettbewerbsverbot in der Regel unzulässig ist, so differieren jedoch die Meinungen, über die Frage der erforderlichen Höhe der Karenzentschädigung. Hierfür besteht kein allgemeingültiger Maßstab und kann auch nicht erwartet werden, da es nach der Rechtsprechung auf eine einzelfallbezogene Prüfung ankommt. Für die Bemessung der Karenzentschädigung können daher lediglich folgende Leitlinien aufgestellt werden:

- Die Höhe der Karenzentschädigung ist grundsätzlich entsprechend dem Umfang des Wettbewerbsverbotes zu bemessen, da auch insoweit eine Wechselwirkung besteht, wonach die dem Geschäftsführer zu gewährende Karenzentschädigung um so höher zu dotieren ist, je weiter das ihm auferlegte Wettbewerbsverbot reicht.
- Die Karenzentschädigung nach Maßgabe von § 74 Abs. 2 HGB stellt hierbei eine Grenze dar, bei deren Erreichen für die Gesellschaft auf jeden Fall Rechtssicherheit besteht, dass die Wirksamkeit des Wettbewerbsverbotes nicht am Erfordernis der Angemessenheit der Karenzentschädigung scheitert[304] (vgl. zu den Rechtsfolgen einer zu gering bemessenen Karenzentschädigung nachfolgend unter Erl. 5 lit. c).
- Damit konzentriert sich die Bemessung der Karenzentschädigung auf die Festlegung einer angemessenen Entschädigung innerhalb des finanziellen Rahmens von § 74 Abs. 2 HGB. Hierbei ist zu beachten, dass nach § 74b Abs. 2 HGB die variablen Bezüge in vollem Umfang in die Berechnungsgrundlage der Karenzentschädigung einzubeziehen sind. Dies hat für den Personenkreis der Geschäftsführer erhebliche finanzielle Auswirkungen, da die variablen Bezüge innerhalb ihrer Gesamt-Vergütung einen erheblichen Anteil ausmachen. Gleichwohl wird es für zulässig gehalten, die ergebnisabhängigen Bezüge (insbesondere eine Gewinntantieme) aus der Bemessungsgrundlage für die Ermittlung der Karenzentschädigung auszuklammern.[305] Dem liegt die Überlegung zugrunde, dass ergebnisabhängige Bezüge am Gewinn der Gesellschaft im jeweiligen Geschäftsjahr anknüpfen und daher nicht als feste Berechnungsfaktoren für eine zukünftige Karenzentschädigung fortgeschrieben werden können. Auf der anderen Seite ist zu berücksichtigen, dass die ergebnisabhängigen Vergütungsbestandteile häufig einen wesentlichen Teil der Geschäftsführer-Vergütung ausmachen, so dass deren gänzliche Ausklammerung im Einzelfall zu einer unbilligen Reduzierung der Karenzentschädigung führen kann.[306]
- In Alternative 2 zu Abs. (4) von § 15 des Vertragsmusters wurde für die Fälle eines unternehmensbezogenen und tätigkeits- bzw. produktbezogenen Wettbewerbsverbotes die Karenzentschädigung auf 50 % der durchschnittlichen festen und variablen Bezüge des Geschäftsführers während der letzten 36 Monate fixiert, so dass damit der **gesetzliche Maßstab des § 74 Abs. 2 i. V. m. § 74b Abs. 2 HGB** für die Berechnung der Karenzentschädigung zugrunde gelegt wurde. Auf dieses hohe Niveau einer Karenzent-

schädigung wurde aus Gründen rechtlicher Vorsorge gegangen, um in jedem Fall den rechtlichen Bestand des Wettbewerbsverbotes nicht an dem Erfordernis der Angemessenheit der Karenzentschädigung scheitern zu lassen. Für die Fälle, in denen der inhaltliche Umfang des Wettbewerbsverbots eingeschränkt wurde, kann jedoch eine entsprechende Reduzierung der Bemessungsgrundlage für die Karenzentschädigung vorgenommen werden. Hinsichtlich der Berücksichtigung von Tantiemen kann dabei in der Weise verfahren werden, dass für die Karenzentschädigung lediglich die Mindesttantieme berücksichtigt wird, was im Hinblick darauf gerechtfertigt erscheint, dass eine solche Mindesttantieme zu den vertraglich garantierten Bezügen des Geschäftsführers zählt, auf welche er sich hinsichtlich seines Lebensstandards einstellen darf.

5. Rechtsfolgen bei Überschreitung der Zulässigkeitsgrenzen für ein Wettbewerbsverbot

Werden die vorstehend dargelegten Anforderungen und Grenzen eines nachvertraglichen Wettbewerbsverbots nicht erfüllt, so ist hinsichtlich der hieraus resultierenden rechtlichen Auswirkungen wie folgt zu differenzieren:

a) **Fehlt es an dem** – auf 1. Stufe zu prüfenden – **berechtigten Interesse der Gesellschaft** für das dem Geschäftsführer auferlegte Wettbewerbsverbot, so hat dies nach § 138 BGB die **Nichtigkeit des Wettbewerbsverbots** zur Folge, und zwar selbst dann, wenn eine großzügige Karenzentschädigung zugesagt wurde.[307]

b) Werden dagegen die – auf 2. Stufe zu prüfenden – zeitlichen, räumlichen oder gegenständlichen Grenzen überschritten, so ist die Rechtsprechung zu den hieraus resultierenden Folgen für den Bestand des Wettbewerbsverbotes uneinheitlich, was für die Praxis ein erhebliches Maß an Rechtsunsicherheit bedeutet. Die wesentlichen Punkte zum aktuellen Meinungs- und Streitstand sind wie folgt zusammenzufassen:
- Sofern die **zeitlichen Grenzen** durch eine zu lange Bindungsdauer überschritten werden, ist nach überwiegender Rechtsprechung[308] eine sog. geltungserhaltende **Reduktion des Wettbewerbsverbotes auf ein zulässiges zeitliches Maß** vorzunehmen und das Wettbewerbsverbot in diesem Umfang aufrechtzuerhalten.
- Werden dagegen die **räumlichen und gegenständlichen** Grenzen überschritten, so kommt nach der instanzgerichtlichen Rechtsprechung[309] eine geltungserhaltende Reduktion in einem inhaltlich und gegenständlich noch vertretbaren Umfang nicht in Betracht, mit der Folge der Unwirksamkeit des gesamten Wettbewerbsverbots. Zur Begründung hierfür wird zum einen darauf verwiesen, dass die Zulassung einer geltungserhaltenden Reduktion für die Gesellschaft den Anreiz zu einer weitgehenden Fassung der Grenzen des Wettbewerbsverbots schaffen würde, da sich das Risiko bei Überschreiten dieser Grenzen allein darauf beschränke, dass das Wettbe-

werbsverbot durch die Gerichte auf den zulässigen Umfang zurückgeführt werde. Des weiteren wird gegen eine geltungserhaltende Reduktion eingewandt, dass sie eine Vertragsgestaltung durch die Gerichte verlangen würde, da ein neuer Rahmen für das Wettbewerbsverbot festgelegt werden müsste, welcher nicht den Vorstellungen der Parteien bei Abschluss des Anstellungsvertrages entspräche.

Diese Auffassung ist jedoch nicht mit der Begründung zu vereinbaren, welche nach dem Grundsatz-Urteil des BGH v. 26.3.1984 (vgl. S. 151 f.) eine Anwendung der §§ 74 ff. HGB für das nachvertragliche Wettbewerbsverbot des Geschäftsführers ausschließt. Danach ist eine Anwendung der §§ 74 ff. HGB nämlich nur insoweit ausgeschlossen, als es um die gesetzlichen Schranken eines Wettbewerbsverbots geht, denen die Gesellschaft zum Schutz des Arbeitnehmers unterliegt. Soweit es dagegen um diejenigen Bestimmungen der §§ 74 ff. HGB geht, welche den Interessen der Gesellschaft entsprechen, sind diese nach der BGH-Rechtsprechung[310] durchaus auf das nachvertragliche Wettbewerbsverbot des Geschäftsführers anzuwenden. Nach § 74a Abs. 1 HGB ist ein nachvertragliches Wettbewerbsverbot nur „insoweit" unverbindlich, als es auch unter Berücksichtigung der Entschädigung aufgrund seines zeitlichen, räumlichen und inhaltlichen Umfangs eine unbillige Erschwerung des beruflichen Fortkommens für den Arbeitnehmer bedeutet. Aus diesem Gesetzeswortlaut folgt nach der Rechtsprechung[311] für die Fälle zeitlich, räumlich oder inhaltlich überdehnter Wettbewerbsverbote der Grundsatz der geltungserhaltenden Reduktion, wonach das Wettbewerbsverbot in dem überschießenden Maß („insoweit") unverbindlich ist, jedoch in dem danach verbleibenden Umfang rechtsgültig bleibt. Diese Rechtsfolgen müssen somit bereits die Arbeitnehmer hinnehmen, denen gegenüber das zeitlich, räumlich oder inhaltlich überzogene nachvertragliche Wettbewerbsverbot in dem auf das zulässige Maß reduzierten Umfang verbindlich bleibt. Würde demgegenüber für den Personenkreis der Geschäftsführer jede Überschreitung der räumlichen oder inhaltlichen Grenzen bereits zur Nichtigkeit des Wettbewerbsverbots führen, so stünden die Geschäftsführer erheblich günstiger als die Arbeitnehmer, da sie sich nicht an das Wettbewerbsverbot in dem auf die zulässigen Grenzen zurückgeführten Umfang halten müssten, sondern vollkommen frei in der Aufnahme einer Konkurrenztätigkeit wären. Da ein solches Ergebnis weder mit dem Inhalt noch der Systematik der BGH-Rechtsprechung zu vereinbaren wäre, welche dem Geschäftsführer gegenüber dem Arbeitnehmer keinen weitergehenden, sondern einen lediglich eingeschränkten Schutz gegen nachvertragliche Wettbewerbsverbote einräumt, ist die für Arbeitnehmer geltende Regelung des § 74a Abs. 1 HGB insoweit auch auf das nachvertragliche Wettbewerbsverbot der Geschäftsführer anzuwenden. Hieraus folgt, dass ein nachvertragliches Wettbewerbsverbot, welches die zeitlichen, räumlichen oder gegenständlichen Grenzen überschreitet, nicht vollständig unwirksam ist, sondern entsprechend § 74a Abs. 1 HGB auf das zulässige Maß zu reduzieren ist. Innerhalb dieser Grenzen bleibt der Geschäftsführer zur Beachtung des nachvertraglichen Wettbewerbsverbotes verpflichtet.

c) Hinsichtlich der Karenzentschädigung sind folgende zwei Fallgruppen zu unterscheiden:

- **Fehlt es an jeglicher Karenzentschädigung**, obwohl eine solche in Anbetracht des Umfangs des Wettbewerbsverbots erforderlich gewesen wäre (vgl. Erl. 4), so hat dies die **Nichtigkeit des Wettbewerbsverbots** zur Folge, ohne dass eine geltungserhaltende Reduktion in Betracht kommt.

- Wurde demgegenüber eine **zu niedrige Karenzentschädigung** für das Wettbewerbsverbot zugesagt, so könnte der Geschäftsführer nach der für Arbeitnehmer geltenden Regelung des § 75d Satz 2 HGB ein Wahlrecht ausüben, ob er sich wegen unzureichender Karenzentschädigung vom nachvertraglichen Wettbewerbsverbot lossagt oder am Wettbewerbsverbot festhält und die hierfür vorgesehene, wenn auch zu gering bemessene Karenzentschädigung fordert. Nach dem BGH-Urteil vom 7.7.2008[312] **findet § 75d HGB auf das Wettbewerbsverbot des Geschäftsführers** jedoch **keine entsprechende Anwendung**, so dass es auch in diesem Fall bei der Unwirksamkeit des Wettbewerbsverbotes bleibt, mit der Folge, dass der Geschäftsführer selbst dann, wenn er die zu gering bemessene Karenzentschädigung hinnehmen würde, diese nicht geltend machen kann. Dies führt in der Praxis zu erheblicher Rechtsunsicherheit in solchen Fällen, bei denen Zweifel hinsichtlich der Angemessenheit der Karenzentschädigung bestehen. Jedenfalls dann, wenn die Gesellschaft den Geschäftsführer auf Einhaltung des nachvertraglichen Wettbewerbsverbotes unter Berufung auf die von ihr vertretene Angemessenheit der Karenzentschädigung in Anspruch genommen hat, ist sie zur Zahlung dieser Karenzentschädigung verpflichtet, wenn sich der Geschäftsführer an dieses Wettbewerbsverbot hält. Ein späterer Einwand, es bestünde kein Anspruch mangels Angemessenheit der Karenzentschädigung, wäre der Gesellschaft verwehrt, da dies gegen das aus § 242 BGB folgende Verbot eines widersprüchlichen Verhaltens verstoßen würde.

6. Anrechnung anderweitiger Einkünfte auf die Karenzentschädigung

§ 15 Abs. (5) des Vertragsmusters bestimmt die Anrechnung anderweitiger Einkünfte aus beruflicher Tätigkeit, welche der Geschäftsführer während der Dauer des nachvertraglichen Wettbewerbsverbotes erzielt. Die **Notwendigkeit einer solchen ausdrücklichen Anrechnungsbestimmung** folgt aus dem BGH-Urteil vom 28.4.2008,[313] mit welchem die Anwendbarkeit des für Arbeitnehmer geltenden § 74c HGB auf das Wettbewerbsverbot eines Geschäftsführers verneint wurde. **Bei Fehlen einer vertraglichen Anrechnungsregelung** hat dies für die Gesellschaft somit zur **Folge, dass an den Geschäftsführer die Karenzentschädigung ungekürzt zu zahlen ist, selbst wenn er aus seiner neuen beruflichen Stellung erhebliche Einkünfte erzielt.** Eine Anrechnung der aus anderweitiger beruflicher Tätigkeit erzielten Einkünfte auf die Karenzentschädigung erscheint jedoch deshalb geboten, da die Zahlung der Karenzentschädigung eine finanzielle Absicherung des Geschäftsführers für die Dauer des nachvertraglichen Wettbewerbsverbotes schaffen soll, von ihrer Zwecksetzung her jedoch nicht dazu bestimmt ist, eine finanzielle Besserstellung herbeizuführen, die häufig eintreten würde, wenn jegliche Anrechnung der Einkünfte aus der neuen beruflichen Stellung des Geschäftsführers auf die Karenzentschädigung unterbleiben würde. Um eine solche finanzielle Besserstellung des Geschäftsführers zu vermeiden, auf der anderen Seite jedoch sicherzustellen, dass sein bis zum Ausscheiden erreichter finanzieller Lebensstandard nicht beeinträchtigt wird, bietet sich die in Alternative 2 zu Abs. (5) vorgesehene Regelung des Inhalts an, wonach die Anrechnung der anderweitigen Einkünfte aus beruflicher Tätigkeit für den Fall bzw. ab der finanziellen Grenze erfolgt, bei welcher die Addition der Karenzentschädigung mit den beruflichen Einkünften aus der neuen Stellung die zuletzt bezogene Gesamt-Vergütung des Geschäftsführers übersteigen würde.

Kann der Geschäftsführer bis zur Beendigung des Anstellungsvertrages keine Anschluss-Tätigkeit finden, so steht ihm ein Anspruch auf Arbeitslosengeld zu, sofern er unter die Sozialversicherungspflicht fällt (vgl. hierzu B. Vorbem. IV. 1. = S. 56). In diesem Fall kann es zu Differenzen darüber kommen, ob dieses Arbeitslosengeld zur Anrechnung kommt, da es sich hierbei strenggenommen nicht um Einkünfte aus anderweitiger beruflicher Tätigkeit, sondern um sozialversicherungsrechtliche Leistungen handelt, welche der Geschäftsführer gerade deshalb erhält, da er keine Einkünfte aus beruflicher Tätigkeit erzielen kann. Um etwaige Streitigkeiten hierüber zu vermeiden wurde in Abs. (1) Satz 2 eine ausdrückliche Regelung des Inhalts vorgesehen, dass unter die anzurechnenden Einkünfte auch etwaiges vom Geschäftsführer bezogenes Arbeitslosengeld fällt. Es lässt sich jedoch mit guten Argumenten die Auffassung vertreten, dass eine Anrechnung des Arbeitslosengeldes in solchen Fällen gerade deshalb unterbleiben sollte, da eine Vermutung dafür spricht, dass die Auferlegung des nachvertraglichen Wettbewerbsverbotes zumindest mitursächlich dafür ist, dass der Geschäftsführer keine neue Tätigkeit aufnehmen kann, so dass es nicht gerechtfertigt erschiene, wenn die Gesellschaft die von ihr zu zahlende Karenzentschädigung um das vom Geschäftsführer bezogene Arbeitslosengeld kürzen dürfte. Folgt man dieser Auffassung, so ist Satz 2 in Abs. (1) ersatzlos zu streichen.

7. Sonderregelung für Ausscheiden in den Ruhestand

§ 15 Abs. (6) des Vertragsmusters betrifft den Fall der Beendigung des Anstellungsvertrages wegen Eintritt des Geschäftsführers in den Ruhestand. Hierzu bedarf es der sorgfältigen **Prüfung durch die Gesellschaft**, ob noch nennenswerte **Wettbewerbsgefahren durch den Geschäftsführer bei dessen Eintritt in den Ruhestand zu befürchten sind.** Dies wird in aller Regel nicht der Fall sein, so dass die in der ersten Alternative zu Abs. (6) vorgesehene Regelung in den Anstellungsvertrag aufzunehmen ist, wonach das Wettbewerbsverbot nicht in Kraft tritt, sofern der Anstellungsvertrag durch Eintritt eines Versorgungsfalles endet. Es kann jedoch durchaus Fälle in der Praxis geben, bei denen mit Eintritt des Geschäftsführers in den Ruhestand aus Sicht der Gesellschaft die Notwendigkeit des nachvertraglichen Wettbewerbsverbotes nicht entfällt. Dies gilt insbesondere dann, wenn das Risiko besteht, dass der Geschäftsführer im Ruhestand eine beratende Tätigkeit für Konkurrenz-unternehmen aufnimmt oder sich als freiberuflicher Berater für wichtige Kunden der Gesellschaft anbietet, so dass es durchaus angezeigt sein kann, die Geltung des Wettbewerbsverbots auch für den Fall des ruhestandsbeding-ten Ausscheidens des Geschäftsführers vorzusehen. Erscheint eine solche Fortgeltung auch bei Eintritt in den Ruhestand erforderlich, so ist die zweite Alternative zu Abs. (6) von § 15 des Vertragsmusters einzusetzen, da das nachvertragliche Wettbewerbsverbot dann auch das Ausscheiden wegen Ein-tritts in den Ruhestand erfasst.[314] Besteht aus Sicht der Gesellschaft dagegen keine Notwendigkeit, die Aufnahme solcher (Beratungs-)Tätigkeiten des Ge-schäftsführers im Ruhestand auszuschließen und soll das Wettbewerbsverbot daher für diesen Fall nicht gelten, so muss dies durch die in der ersten Alter-native zu Abs. (6) vorgesehene Regelung ausdrücklich bestimmt werden, da andernfalls das Wettbewerbsverbot auch nach Eintritt des Geschäftsführers in den Ruhestand gilt und dazu führt, dass ihm die Karenzentschädigung selbst dann zu zahlen ist, wenn er sich vollständig aus allen beruflichen Akti-vitäten in den Ruhestand zurückgezogen hat.

Da der Geschäftsführer häufig nach Eintritt in den Ruhestand von der Ge-sellschaft eine Pensionszahlung erhält, verleitet dies in der Praxis bisweilen zu der irrigen Annahme, die Vereinbarung eines nachvertraglichen Wettbe-werbsverbots könne deshalb entfallen, da der Geschäftsführer bereits auf-grund der durch die Gesellschaft erbrachten Pensionsleistungen zur Unter-lassung von Wettbewerb verpflichtet sei. Dies kann zu fatalen Folgen für die Gesellschaft führen, da nach der Rechtsprechung[315] **aus der Gewährung von Pensionsleistungen** grundsätzlich **keine Verpflichtung des Ruheständlers zur Unterlassung von Wettbewerb folgt.** Die Pensionsleistungen stellen nämlich eine Gegenleistung der Gesellschaft für die bis zum Eintritt in den Ruhe-stand erbrachten Dienste dar und können deshalb nicht als Karenzentschä-digung für zukünftige Wettbewerbsunterlassung umgedeutet werden. Aus der Aufnahme einer Wettbewerbstätigkeit folgt nach der Rechtsprechung[316] grundsätzlich auch keine Befugnis der Gesellschaft zum Widerruf der Ver-sorgungsleistungen (vgl. hierzu näher unter Erl. 8 zu § 17 des Vertragsmus-ters). Das aus Sicht der Gesellschaft ausgesprochen unbefriedigende Ergeb-nis, dass u.U. nennenswerte Versorgungsleistungen an einen ehemaligen Geschäftsführer gezahlt werden müssen, der aus dem Ruhestand eine Kon-kurrenz gegenüber der Gesellschaft betreibt, kann jedoch dadurch vermie-den werden, dass – entsprechend der in Alternative 2 zu Abs. (6) von § 15 des Vertragsmusters vorgesehenen Regelung (vgl. dort Satz 2) – das Wett-bewerbsverbot auch für den Fall einer Beendigung des Anstellungsvertrages wegen Eintritt in den Ruhestand gilt und zugleich die Ruhestandsbezüge auf die Karenzentschädigung angerechnet werden.[317] Da in aller Regel die Pensionsleistungen unter 50 % der Aktiv-Bezüge des Geschäftsführers liegen, hat eine solche Anrechnungsklausel zur Folge, dass sich die nach Anrech-nung der Versorgungsleistungen noch verbleibende Karenzentschädigung auf einen vergleichsweise geringen Betrag beläuft, der für die Dauer des nach-vertraglichen Wettbewerbsverbotes noch zu zahlen ist. Bei einer solchen

Vertragsgestaltung hat die Gesellschaft in einem vertretbaren finanziellen Rahmen die rechtliche Sicherheit dafür geschaffen, dass der Geschäftsführer nach seinem Eintritt in den Ruhestand keine Konkurrenztätigkeit aufnehmen kann.

8. Verzicht der Gesellschaft auf das Wettbewerbsverbot

Durch § 15 Abs. (7) des Vertragsmusters wird für die Gesellschaft die Möglichkeit eines Verzichts auf das nachvertragliche Wettbewerbsverbot eröffnet. Auch hierfür ist eine **ausdrückliche Regelung im Anstellungsvertrag erforderlich**, da in der Praxis nicht von einer analogen Anwendung der für Wettbewerbsverbote mit Arbeitnehmern geltenden Vorschrift des § 75a HGB ausgegangen werden kann. Während nach der früheren Rechtsprechung[318] die Gesellschaft sich auf § 75a HGB und die hierin vorgesehene Möglichkeit eines Verzichts auf das Wettbewerbsverbot auch gegenüber Geschäftsführern berufen konnte, hat der BGH in seinem Urteil vom 4.3.2002[319] der Gesellschaft entgegengehalten, sie hätte eine entsprechende Regelung in den Anstellungsvertrag aufnehmen müssen, wenn sie sich die Möglichkeit vorbehalten wollte, die Dauer der Karenzentschädigung zu verkürzen oder vollständig hinfällig werden zu lassen. Unter Hinweis hierauf hat der BGH den von der Gesellschaft kurz vor Ablauf der Kündigungsfrist erklärten Verzicht auf das Wettbewerbsverbot für unwirksam erklärt und sie deshalb für die Dauer des im Anstellungsvertrag vereinbarten Wettbewerbsverbots an der Zahlung der zugesagten Karenzentschädigung festgehalten.

Wird entsprechend § 15 Abs. (7) des Vertragsmusters die Möglichkeit eines Verzichts auf das nachvertragliche Wettbewerbsverbot geschaffen, so stellt sich die Frage, unter welche Frist der aus einem solchen Verzicht folgende Wegfall der Karenzentschädigung für den Geschäftsführer zu stellen ist. Im Fall einer analogen Anwendung von § 75a HGB bestünde die Verpflichtung der Gesellschaft zur Fortzahlung der Karenzentschädigung noch für die Dauer von 1 Jahr ab dem Zeitpunkt der Verzichtserklärung. Es ist jedoch anerkannt,[320] dass die für Arbeitnehmer geltende 1-Jahres-Frist gegenüber einem Geschäftsführer unterschritten werden kann. Dagegen wäre es rechtlich unzulässig, der Gesellschaft die Möglichkeit einzuräumen, auf das Wettbewerbsverbot mit der Wirkung eines sofortigen Entfallens der Karenzentschädigung zu verzichten. Eine solche Regelung käme nämlich einem sog. **bedingten Wettbewerbsverbot**[321] gleich, bei dem bis zum Zeitpunkt des Ausscheidens des Geschäftsführers allein der Gesellschaft die Entscheidung überlassen bliebe, ob das Wettbewerbsverbot in Kraft tritt. Die Gesellschaft hätte es bei einer solchen Vertragsgestaltung in der Hand, den Geschäftsführer zunächst noch unter der Geltung des Wettbewerbsverbots zu zwingen, sich eine wettbewerbsneutrale neue berufliche Tätigkeit zu suchen, welche für den Geschäftsführer nach aller Erfahrung in der Praxis geringer vergütet wird. Anschließend könnte die Gesellschaft ohne jegliche finanzielle Ausgleichsleistungen auf das Wettbewerbsverbot verzichten, sobald für sie feststünde, dass ihr der Geschäftsführer aus seiner neuen beruflichen Stellung keinen Wettbewerb machen kann. Eine solche Regelung hätte jedoch die Nichtigkeit des Wettbewerbsverbotes zur Folge, da sie nicht den Anforderungen des Maßstabes von § 138 BGB i. V.m. Art. 12 GG entspräche, welche nach der Rechtsprechung für Wettbewerbsverbote mit Geschäftsführern gelten. Dies folgt insbesondere auch aus dem BGH-Urteil vom 4.3.2002,[322] in welchem der BGH der Gesellschaft entgegenhielt, dass der Geschäftsführer aufgrund der dortigen Vertragskonstellation sich darauf einstellen musste, dass er dem Wettbewerbsverbot und den damit verbundenen Einschränkungen beim Aufbau seiner neuen beruflichen Existenz unterliege, so dass es der Gesellschaft rechtlich verwehrt war, sich erst kurz vor Beendigung des Anstellungsvertrages mit sofortiger Wirkung vom Wettbewerbsverbot und der hiermit verbundenen Karenzentschädigung zu lösen, nachdem der Geschäftsführer bereits anderweitig seine beruflichen Dispositionen getroffen hatte. Für die Bemessung der **Frist, für deren Dauer an den Geschäftsführer die Karenzentschädigung nach Ausspruch des Verzichts noch zu zahlen** ist, empfiehlt sich aus folgendem Grund **auf die jeweilige Kündigungsfrist abzustellen:** durch die Bemessung der Kündigungsfrist dokumentieren die Parteien des Anstellungsvertrages, welchen Zeitraum sie für angemessen erachten, damit einerseits die Gesellschaft einen qualifizierten Nachfolger für den ausscheidenden Geschäftsführer und andererseits der Geschäftsführer eine adäquate neue berufliche Position finden kann. Durch den Verzicht der Gesellschaft auf das nachvertragliche Wettbewerbsverbot werden dem Geschäftsführer alle Möglichkeiten einer uneingeschränkten Wahrnehmung seiner beruflichen Chancen auf dem Arbeitsmarkt eröffnet. Wird ihm zur Wahrnehmung dieser Möglichkeit die Entschädigung noch für eine solche Dauer seit Ausspruch des Verzichts fortgezahlt, welche nach der im Anstellungsvertrag vereinbarten Kündigungsfrist ohnehin als ausreichend für die Suche einer neuen beruflichen Tätigkeit gilt, so liegt hierin ein interessengerechter Ausgleich zwischen dem Ziel der Gesellschaft , die Zahlung der Karenzentschädigung zu beenden und dem Interesse des Geschäftsführers, noch für einen solchen Zeitraum durch die Gesellschaft entschädigt zu werden, welchen er benötigt, um eine seinen beruflichen Kenntnissen und Erfahrungen entsprechende neue Position zu finden. Da in den Alternativen zu § 16 des Vertragsmusters überwiegend eine 6-monatige Kündigungsfrist bzw. Ankündigungsfrist im Fall einer Nichtverlängerung des Vertrages vorgesehen wurde, entspricht es den soeben dargelegten Grundsätzen, dass auch in § 15 Abs. (7) die Frist, für welche nach erfolgtem Verzicht noch eine Karenzentschädigung zu leisten ist, auf 6 Monate bemessen wurde.

Die vorstehend dargelegten Grundsätze sind nicht nur zum Schutz des Geschäftsführers gegenüber einem sog. auflösend bedingten Wettbewerbsverbot, sondern in gleicher Weise gegenüber der umgekehrten Vertragsgestaltung im Fall des sog. **aufschiebend bedingten Wettbewerbsverbots** anzuwenden. Bei einem solchen aufschiebend bedingten Wettbewerbsverbot behält sich die Gesellschaft im Anstellungsvertrag vor, dem Geschäftsführer bis zur Beendigung des Anstellungsvertrages ein – inhaltlich vorgezeichnetes – nachvertragliches Wettbewerbsverbot aufzuerlegen. Auch bei einer solchen Vertragsgestaltung könnte die Gesellschaft zunächst abwarten, bis sich der Geschäftsführer aufgrund der ihm drohenden Auferlegung des nachvertraglichen Wettbewerbsverbots eine wettbewerbsneutrale Position gesucht hat, um sodann zu erklären,

sie mache von dem zu ihren Gunsten bestehenden Vorbehalt eines Wettbewerbsverbots keinen Gebrauch, ohne dass sie hierbei eine Karenzentschädigung an den Geschäftsführer zu erbringen hätte. Eine solche Vertragsgestaltung wäre aus den dargelegten Gründen wegen Verstoßes gegen § 138 BGB
i. V. m. Art. 12 GG nichtig. In entsprechender Anwendung der zum auflösend
bedingten Wettbewerbsverbot entwickelten Grundsätze ist eine solche Regelung nur unter der Voraussetzung zulässig, dass die Gesellschaft spätestens zu
Beginn der Kündigungsfrist gegenüber dem Geschäftsführer verbindlich erklärt, ob sie von dem vertraglichen Vorbehalt der Auferlegung eines nachvertraglichen Wettbewerbsverbots Gebrauch macht und sich für diesen Fall
auch zur Zahlung der Karenzentschädigung verpflichtet.

9. Lossagung vom Wettbewerbsverbot bei außerordentlicher Kündigung

Die in § 15 Abs. (8) des Vertragsmusters vorgesehene Möglichkeit zur Lossagung vom Wettbewerbsverbot im Fall berechtigter außerordentlicher Kündigung entspricht der in § 75 HGB getroffenen gesetzlichen Regelung. Auch insoweit besteht ein **Erfordernis, die Möglichkeit zur Lossagung vom
Wettbewerbsverbot ausdrücklich im Vertrag zu regeln,** da bei Fehlen entsprechender Einschränkungen das Wettbewerbsverbot grundsätzlich für jeden Fall
der Beendigung des Anstellungsvertrages eingreift. Dies kann jedoch im Fall
der außerordentlichen Kündigung unbillig sein (z. B. an den wegen Weitergabe
von Geschäftsgeheimnissen fristlos gekündigten Geschäftsführer müsste von
der Gesellschaft noch eine Karenzentschädigung gezahlt werden). Auf der anderen Seite ist zu beachten, dass eine außerordentliche Kündigung nicht etwa
generell bedeutet, dass sich die Gesellschaft deshalb auch vom nachvertraglichen Wettbewerbsverbot lossagen sollte. Vielmehr kann es in der Praxis
durchaus solche Fälle geben, bei welchen die Gesellschaft gerade nach einer
außerordentlichen Kündigung gezielt am nachvertraglichen Wettbewerbsverbot festhält, um den Geschäftsführer noch für die Dauer des Wettbewerbsverbotes von ihren Geschäftsbeziehungen (Kunden und Lieferanten) fernzuhalten. Aus diesem Grund wurde § 15 Abs. (8) des Vertragsmusters daher auch im
Sinne einer Option ausgestaltet, wonach die Gesellschaft im Fall der außerordentlichen Kündigung die Möglichkeit hat, innerhalb von 1 Monat nach Ausspruch der Kündigung sich vom Wettbewerbsverbot loszusagen.

10. Sicherung des Wettbewerbsverbots durch Vertragsstrafe

Die in § 15 Abs. (9) des Vertragsmusters vorgesehene **Vertragsstrafe für den
Fall der Zuwiderhandlung gegen das Wettbewerbsverbot** sollte in jedem Fall
in den Vertrag aufgenommen werden, da eine solche Vertragsstrafe nach aller Erfahrung in der Praxis die einzig durchsetzbare finanzielle Sanktion im
Fall von Wettbewerbsverstößen ist. Die Realisierung des daneben bestehenden Schadensersatzanspruchs scheitert häufig an dem hierfür erforderlichen
Nachweis eines der Gesellschaft durch das wettbewerbswidrige Handeln des
Geschäftsführers konkret entstandenen Schadens. Sowohl die Kausalität des
wettbewerbswidrigen Handelns als auch insbesondere die Bezifferung eines
hierdurch entstandenen Schadens werden sich nur ganz selten entsprechend

den hierfür nach §§ 249 ff. BGB folgenden Anforderungen belegen lassen. Demgegenüber knüpft die Vertragsstrafenklausel die Zahlungsverpflichtung allein an den Verstoß gegen das Wettbewerbsverbot, ohne dass darüber hinausgehend Eintritt und Umfang eines Schadens nachgewiesen werden müssen. Die Zulässigkeit einer Vertragsstrafe für den Fall eines Verstoßes gegen das Wettbewerbsverbot ist auch für das mit einem Geschäftsführer vereinbarte Wettbewerbsverbot anerkannt.[323]

Die **Höhe der Vertragsstrafe** darf grundsätzlich so bemessen werden, dass sie ihren Zweck, den ausgeschiedenen Geschäftsführer von einer Verletzung des Wettbewerbsverbots abzuhalten, wirkungsvoll erfüllt. In diesem Zusammenhang ist auch auf die spezifischen Gegebenheiten der Gesellschaft und ihr Betätigungsfeld abzustellen, wobei der Grundsatz gilt, dass je größer das Gefährdungspotential ist, um so höher die Vertragsstrafe angesetzt werden darf. Da für den Personenkreis der Fremd-Geschäftsführer – wie bereits in der Einleitung (S. 2) hervorgehoben – die Regelungen eines von der Gesellschaft vorgegebenen Anstellungsvertrag der AGB-Kontrolle gemäß §§ 305 ff. BGB unterliegen, ist bei standardisierter Verwendung von Vertragsstrafen-Klauseln im Wettbewerbsverbot **darauf** zu achten, **dass die Höhe der Vertragsstrafe nicht zu einer unangemessenen Benachteiligung des Geschäftsführers nach § 307 Abs. 1 BGB führt.** Die Beachtung dieser Grenze ist deshalb von erheblicher Bedeutung, da jedenfalls nach der Rechtsprechung des BAG[324] bei einer unangemessen hohen Vertragsstrafe eine sog. geltungserhaltende Reduktion nicht in Betracht kommt, was die Unwirksamkeit der gesamten Vertragsstrafen-Klausel zur Folge hat. Eine Vertragsstrafe in Höhe von einem monatlichen Gehalt des Geschäftsführers dürfte in aller Regel angemessen, zugleich aber auch ausreichend sein, um den mit einer Vertragsstrafe verfolgten Zweck in zulässiger Form zu erreichen, den Geschäftsführer von einer Verletzung des Wettbewerbsverbots abzuhalten.[325] Je nach den Umständen des konkreten Einzelfalles kann jedoch auch eine höhere Vertragsstrafe gerechtfertigt sein, um die Einhaltung des Wettbewerbsverbots sicherzustellen. Da die für den einzelnen Fall der Zuwiderhandlung bestimmte Vertragsstrafe keine wirkungsvolle Sanktion gegenüber einem sog. Dauerverstoß ist (z. B. der ehemalige Geschäftsführer gründet ein Konkurrenzunternehmen oder tritt in ein Anstellungsverhältnis zu einem Konkurrenzunternehmen), kann für diesen Fall bestimmt werden, dass für jeden angefangenen Monat der Fortsetzung des wettbewerbswidrigen Dauerverstoßes die Vertragsstrafe neu verwirkt ist. Der anschließende Satz 4 definiert den Begriff des Dauerverstoßes, um damit die erforderliche Abgrenzung gegenüber den Einzelverstößen zu schaffen, die – auch innerhalb eines Monats – jeweils eine erneute Vertragsstrafe auslösen. Diese begriffliche Abgrenzung des Dauerverstoßes ist aus AGB-rechtlichen Gründen erforderlich, um die Anforderungen des Transparenzgebots gemäß § 307 Abs. 1 S. 2 BGB zu erfüllen.[326] Fehlt es an einer Abgrenzung zwischen Einzel- ./. Dauerverstoß, so ist die gesamte Vertragsstrafen-Regelung wegen Verstoßes gegen das Transparenzgebot unwirksam, so dass damit die nach aller Erfahrung in der Praxis wirksamste Sanktion des Wettbewerbsverbots entfällt. Durch den anschließenden Satz 5 von § 15 Abs. (9) erfolgt die Klarstellung, dass die weiteren Ansprüche, welche der Gesellschaft im Fall eines

Verstoßes des Geschäftsführers gegen das Wettbewerbsverbot zustehen, durch die Vertragsstrafen-Regelung nicht ausgeschlossen werden. Dies kann z. B. ein Schadensersatzanspruch sein, wenn es der Gesellschaft gelingt, sowohl die Ursächlichkeit als auch die Höhe eines durch wettbewerbswidriges Handeln ihr entstandenen Schadens nachzuweisen. Insbesondere steht der Gesellschaft ein **Anspruch auf Unterlassung der wettbewerbswidrigen Tätigkeit** durch den Geschäftsführer zu, welcher aufgrund der in aller Regel gegebenen Dringlichkeit im Wege der einstweiligen Verfügung geltend gemacht werden sollte.[326] Für den Fall des Dauerverstoßes ist jedoch zu beachten, dass die Gesellschaft nach § 340 Abs. 1 Satz 2 BGB entscheiden muss, ob sie die Vertragsstrafe oder die Unterlassung der wettbewerbswidrigen Tätigkeit verlangt, da im Fall der Geltendmachung der Vertragsstrafe für den betreffenden Zeitraum die Geltendmachung des Unterlassungsanspruchs ausgeschlossen ist. Um hier eine entsprechende Wahlmöglichkeit für die Gesellschaft zu schaffen, wurde in § 15 Abs. (9) des Vertragsmusters der Dauerverstoß für jeden begonnenen Monat der wettbewerbswidrigen Tätigkeit aufgeteilt, so dass es der Gesellschaft ermöglicht wird, für die ihr bekannt gewordenen Zuwiderhandlung in der Vergangenheit die Vertragsstrafe zu fordern um gleichzeitig für die Zukunft die Unterlassung der wettbewerbswidrigen Tätigkeit gegenüber dem Geschäftsführer geltend zu machen.

§ 16
Vertragsdauer und Kündigung

- **Alternative 1 (Muster für einen Anstellungsvertrag auf unbestimmte Dauer mit dem Recht zur ordentlichen Kündigung):**
(1) Dieser Anstellungsvertrag tritt mit Wirkung zum ...... *Datum* ...... in Kraft und ist auf unbestimmte Dauer geschlossen.
(2) Beide Parteien können diesen Vertrag mit einer Frist von ...... Monaten zum Halbjahres- oder Jahresende kündigen. Eine solche ordentliche Kündigung ist jedoch erstmals mit Wirkung zum ...... *Datum* ...... zulässig.
(3) Eine Abberufung des Geschäftsführers, welche jederzeit durch Beschluss des Beirats der Gesellschaft erfolgen kann, gilt zugleich als Kündigung durch die Gesellschaft zu dem gemäß Abs. (2) nächst zulässigen Termin.
(4) Die Gesellschaft ist in jedem Fall einer Kündigung berechtigt, den Geschäftsführer unter Anrechnung auf etwaige noch offenstehende Urlaubsansprüche unter Fortzahlung der vertragsgemäßen Bezüge bis zum Ablauf der Kündigungsfrist von seinen Dienstpflichten freizustellen.
(5) Das Recht für beide Parteien zur Kündigung aus wichtigem Grund bleibt von vorstehender Regelung unberührt.
(6) Jede Kündigung bedarf der Schriftform. Empfangszuständig für eine Kündigung durch den Geschäftsführer ist der Vorsitzende des Beirats der Gesellschaft, im Verhinderungsfall dessen Stellvertreter.
(7) Dieser Anstellungsvertrag endet, ohne dass es des Ausspruchs einer Kündigung bedarf, bei Eintritt eines der in § 17 Abs. (1) geregelten Versorgungsfälle.

- Alternative 2 (Muster für einen Anstellungsvertrag auf feste Vertragsdauer mit Verlängerungsoption):

(1) Dieser Anstellungsvertrag tritt mit Wirkung zum ...... *Datum* ...... in Kraft und wird auf die Dauer von 3 Jahren geschlossen. Der Anstellungsvertrag verlängert sich um weitere 3 Jahre, wenn er nicht spätestens 6 Monate vor Ablauf der Vertragsdauer von einer der Parteien gekündigt wurde. Im Fall einer solchen Kündigung ist die Gesellschaft berechtigt, den Geschäftsführer unter Anrechnung auf etwaige noch offenstehende Urlaubsansprüche bis zum Ablauf der Kündigungsfrist unter Fortzahlung der vertragsgemäßen Bezüge von seinen Dienstpflichten freizustellen.

(2) Während der Vertragsdauer gemäß Abs. (1) ist eine ordentliche Kündigung dieses Anstellungsvertrages beiderseits ausgeschlossen. Hiervon unberührt bleibt das für beide Parteien bestehende Recht zur Kündigung aus wichtigem Grund.

(3) Im Fall der Abberufung des Geschäftsführers, welche jederzeit durch Beschluss der Gesellschafterversammlung erfolgen kann, endet dieser Anstellungsvertrag zu dem nach Abs. (1) nächst zulässigen Zeitpunkt, ohne dass es des Ausspruchs einer Kündigung durch die Gesellschaft bedarf.

(4) Jede Kündigung bedarf der Schriftform. Empfangszuständig für eine Kündigung durch den Geschäftsführer ist jeder weitere Geschäftsführer der Gesellschaft oder für den Fall, dass ein solcher nicht im Amt ist, derjenige Gesellschafter, der über die höchste Kapitalbeteiligung an der Gesellschaft verfügt.

(5) Dieser Anstellungsvertrag endet, ohne dass es des Ausspruchs einer Kündigung bedarf, bei Eintritt eines der in § 17 Abs. (1) geregelten Versorgungsfälle.

- Alternative 3 (Muster für einen Anstellungsvertrag auf feste Dauer unter der auflösenden Bedingung einer vorzeitigen Beendigung bei Abberufung oder Amtsniederlegung):

(1) Dieser Anstellungsvertrag tritt mit Wirkung zum .... *Datum* ...... in Kraft und wird auf die Dauer von 3 Jahren geschlossen. Der Anstellungsvertrag verlängert sich um jeweils weitere 3 Jahre, wenn er nicht spätestens 9 Monate vor Ablauf der Vertragsdauer von einer der Parteien gekündigt wurde. Die Kündigung bedarf der Schriftform.

(2) Im Fall der Abberufung des Geschäftsführers oder einer Amtsniederlegung durch den Geschäftsführer endet der Anstellungsvertrag unabhängig von der in vorstehendem Abs. (1) geregelten Vertragsdauer mit Ablauf von 3 Monaten nach dem auf die Abberufung bzw. Amtsniederlegung folgenden Monatsende, ohne dass es des Ausspruchs einer Kündigung bedarf.

(3) Im Fall einer Kündigung gemäß Abs. (1) oder bei Eintritt eines vorzeitigen Beendigungstatbestandes gemäß Abs. (2) ist die Gesellschaft berechtigt, den Geschäftsführer bis zum Ablauf des Anstellungsvertrages unter Anrechnung auf etwaige noch offenstehende Urlaubsansprüche unter Fortzahlung seiner vertragsgemäßen Bezüge von der Verpflichtung zur Dienstleistung freizustellen.

(4) Dieser Anstellungsvertrag endet, ohne dass es des Ausspruchs einer Kündigung bedarf, bei Eintritt eines der in § 17 Abs. (1) geregelten Versorgungsfälle.

- Alternative 4 (Muster für einen Anstellungsvertrag mit der Zusage einer Abfindung bei Nichtverlängerung bzw. Kündigung durch die Gesellschaft):

(1) Dieser Anstellungsvertrag tritt mit Wirkung zum ...... *Datum* ...... in Kraft und wird auf die Dauer von 3 Jahren geschlossen. Der Anstellungsvertrag verlängert sich um jeweils weitere 3 Jahre, wenn er nicht spätestens 9 Monate vor Ablauf der Vertragsdauer von einer der Parteien gekündigt wird.

(2) Eine Abberufung des Geschäftsführers, welche jederzeit durch Beschluss der Gesellschafterversammlung erfolgen kann, gilt zugleich als Kündigung der Gesellschaft gemäß Abs. (1) zum nächst zulässigen Zeitpunkt.

(3) Von vorstehender Regelung unberührt bleibt das Recht für beide Parteien zur Kündigung aus wichtigem Grund.

(4) Jede Kündigung bedarf der Schriftform.

(5) Im Fall einer Kündigung durch die Gesellschaft gemäß Abs. (1) oder (2) erhält der Geschäftsführer eine Abfindung in Höhe von zwei durchschnittlichen Monatsbezügen pro Dienstjahr. Zu diesem Zwecke werden die vertragsgemäßen Bezüge gemäß § 6 Abs. (1) und (3) während der letzten 12 Monate vor Ausspruch der Kündigung zugrunde gelegt und der hieraus folgende durchschnittliche Monatsbezug ermittelt. Der Anspruch auf Abfindung gemäß vorstehender Regelung jedoch besteht nicht, wenn die Kündigung der Gesellschaft aufgrund erheblicher Leistungsmängel oder Pflichtverletzungen des Geschäftsführers erfolgte.

(6) Dieser Anstellungsvertrag endet, ohne dass es des Ausspruchs einer Kündigung bedarf, bei Eintritt eines der in § 17 Abs. (1) geregelten Versorgungsfälle.

- Alternative 5 (Muster für einen Anstellungsvertrag auf feste Dauer mit Zusage eines sog. Übergangsgeldes im Fall einer Nichtverlängerung oder Kündigung durch die Gesellschaft):

(1) Dieser Anstellungsvertrag tritt mit Wirkung zum ...... *Datum* ...... in Kraft und wird auf die Dauer von 3 Jahren geschlossen. Der Anstellungsvertrag verlängert sich jeweils um weitere 3 Jahre, wenn er nicht spätestens 12 Monate vor Ablauf der Vertragsdauer von einer der Parteien gekündigt wurde.

(2) Von vorstehender Regelung unberührt bleibt das Recht für beide Parteien zur Kündigung aus wichtigem Grund.

(3) Jede Kündigung bedarf der Schriftform.

(4) Im Fall einer Nichtverlängerung bzw. Kündigung des Anstellungsvertrages gemäß Abs. (1) durch die Gesellschaft erhält der Geschäftsführer ein Übergangsgeld von zwölf monatlichen Gehältern gemäß § 6 Abs. (1) in der zum Zeitpunkt der Beendigung des Anstellungsvertrages maßgebenden Höhe. Der Anspruch auf Übergangsgeld gemäß vorstehender Regelung besteht jedoch nicht, wenn die Nichtverlängerung bzw. Kündigung

der Gesellschaft aufgrund erheblicher Leistungsmängel oder Pflichtverletzungen des Geschäftsführers erfolgte. Auf das Übergangsgeld sind die Einkünfte des Geschäftsführers aus selbständiger, unselbständiger oder sonstiger Erwerbstätigkeit während der Dauer von 12 Monaten nach Beendigung des Anstellungsvertrages in Höhe von ...... % anzurechnen. Der Geschäftsführer ist verpflichtet, der Gesellschaft entsprechende Auskunft über die Höhe seiner anderweitigen Einkünfte zu erteilen und diese Auskünfte durch geeignete Unterlagen zu belegen.

(5) Dieser Anstellungsvertrag endet, ohne dass es des Ausspruchs einer Kündigung bedarf, bei Eintritt eines der in § 17 Abs. (1) geregelten Versorgungsfälle.

Erläuterungen

1. Vorbemerkungen
2. Organstellung und Anstellungsvertrag
3. Alternative 1: Anstellungsvertrag auf unbestimmte Dauer
4. Zuständigkeit für Ausspruch und Entgegennahme der Kündigung
5. Alternative 2: Anstellungsvertrag auf bestimmte Dauer
6. Regelung zur Verlängerung bei Ablauf der Vertragsdauer

7. Voraussetzungen einer außerordentlichen Kündigung
8. Alternative 3: Anstellungsvertrag unter der auflösenden Bedingung der Abberufung des Geschäftsführers
9. Alternative 4: Zusage einer Abfindung bei Beendigung des Anstellungsvertrages
10. Alternative 5: Ersetzung der Abfindung durch ein sog. Übergangsgeld

1. Vorbemerkungen zu den Regelungsmöglichkeiten von Dauer und Kündigung des Anstellungsvertrages

Für die vertragliche Festlegung der Dauer des Anstellungsverhältnisses bzw. den Voraussetzungen seiner Beendigung bestehen **zwei grundlegend unterschiedliche Regelungsalternativen**, zwischen denen sich die Gesellschaft und der Geschäftsführer entscheiden müssen: Zum einen kann der **Anstellungsvertrag auf unbestimmte Dauer mit beiderseitigem Recht zur Kündigung** geschlossen werden (vgl. Alternative 1 des Vertragsmusters). Zum anderen kann der **Anstellungsvertrag auf fest bestimmte Dauer** geschlossen werden, so dass er mit Ablauf der vereinbarten Vertragsdauer endet (vgl. Alternative 2 des Vertragsmusters). Für die Wahl zwischen diesen beiden Regelungsalternativen ist folgender wesentlicher Unterschied zu beachten: in dem **Abschluss des Anstellungsvertrages auf eine bestimmte Dauer** liegt grundsätzlich der **Ausschluss der ordentlichen Kündigung** für die vereinbarte Vertragsdauer.[327] Beide Parteien bleiben daher an den Anstellungsvertrag bis zum Ablauf der vereinbarten Vertragsdauer gebunden, es sei denn, dass ein die außerordentliche Kündigung rechtfertigender „wichtiger Grund" i.S.v. § 626 BGB vor Ablauf der Vertragsdauer eintritt (zu dessen Voraussetzungen vgl. nachfolgend Erl. 7). Welche Regelungsalternative im Anstellungsvertrag verwendet werden soll, hängt somit davon ab, ob zwischen Gesellschaft und

Geschäftsführer eine feste Bindung für eine bestimmte Dauer eingegangen werden soll oder ob sich beide Parteien die Möglichkeit vorbehalten wollen, den Anstellungsvertrag unter Einhaltung bestimmter Kündigungsfristen jederzeit lösen zu können. Zu dieser Ausgangsfrage, welche der beiden in Betracht kommenden Regelungsalternativen gewählt werden soll, ist aus Sicht des Geschäftsführers festzustellen, dass aus Gründen der Sicherung seines Anstellungsverhältnisses die Vereinbarung einer festen Vertragsdauer angestrebt werden sollte, während der eine ordentliche Kündigung ausgeschlossen bleibt. Da der Geschäftsführer nämlich gemäß § 14 Abs. 1 Nr. 1 KSchG vom persönlichen Geltungsbereich des Kündigungsschutzgesetzes ausgeschlossen ist (vgl. hierzu S. 43), kann – abgesehen von dem in der Praxis sehr selten anzutreffenden Ausnahme-Fall einer vertraglich vereinbarten Geltung des gesetzlichen Kündigungsschutzes (vgl. hierzu S. 43) – sein Anstellungsverhältnis ohne Vorliegen eines gesetzlichen Kündigungsgrundes i.S.v. § 1 Abs. 2 KSchG und ohne Anspruch auf eine Abfindung nach §§ 9, 10 KSchG von Seiten der Gesellschaft gekündigt werden. Aufgrund dieser Ausgangslage besteht für den Geschäftsführer die einzige Möglichkeit, einen gewissen Bestandsschutz für sein Anstellungsverhältnis zu gewährleisten in der Vereinbarung des Anstellungsvertrages auf eine feste Vertragsdauer, während der ihm – bis auf die Ausnahmefälle einer außerordentlichen Kündigung aus „wichtigem Grund" – nicht gekündigt werden kann.

Neben den beiden Haupt-Beendigungstatbeständen der Kündigung oder des Ablaufs der vereinbarten Vertragsdauer sind als weitere Beendigungstatbestände die Fälle des Erreichens der Altersgrenze oder des Eintritts einer Berufsunfähigkeit des Geschäftsführers zu nennen. Für den Fall, dass dem Geschäftsführer eine Versorgungszusage erteilt wurde, begründen die beiden vorgenannten Fälle in aller Regel einen Anspruch des Geschäftsführers auf Gewährung der Alters- bzw. Invaliditäts-Versorgungsleistungen. Im Hinblick hierauf wurde in allen Alternativen zu § 16 des Vertragsmusters eine Regelung des Inhalts vorgenommen, wonach diese Versorgungsfälle eine sog. aufschiebende Bedingung darstellen, bei deren Eintritt der Anstellungsvertrag automatisch endet, ohne dass es einer Kündigung durch eine der beiden Vertragsparteien bedarf. Schließlich ist als weitere – und in der Praxis sehr häufig erfolgende – Form der Beendigung des Geschäftsführer-Anstellungsvertrages der **Abschluss einer Aufhebungsvereinbarung** zu nennen. Insbesondere in solchen Fällen, bei denen der Anstellungsvertrag auf eine längere Dauer geschlossen wurde, von den Parteien jedoch eine vorzeitige Beendigung angestrebt wird, bedarf es des Abschlusses einer solchen Aufhebungsvereinbarung, welche im einzelnen die Konditionen (Freistellung des Geschäftsführers; Festlegung der ihm noch zu zahlenden Vergütungen, Abfindung etc.) regelt, unter denen die vorzeitige Beendigung des Anstellungsvertrages erfolgen soll. Der Inhalt einer solchen Aufhebungsvereinbarung bestimmt sich nach den im konkreten Einzelfall jeweils regelungsbedürftigen Punkten; im Anhang II (= S. 214) wird ein Vertragsmuster für eine solche Aufhebungsvereinbarung vorgestellt, welches die typischerweise erfolgenden Regelungen enthält.

2. Organstellung und Anstellungsvertrag

Die **Beendigung des Anstellungsvertrages** ist – unabhängig davon, ob sie durch Kündigung oder Ablauf der Vertragsdauer erfolgt – grundsätzlich **zu trennen von der Beendigung der Organstellung** des Geschäftsführers, welche mit der Abberufung durch die Gesellschaft oder Amtsniederlegung durch den Geschäftsführer erfolgt. Danach besteht keine gesetzliche Automatik des Inhalts, wonach die Beendigung der Organstellung zugleich die Beendigung des Anstellungsvertrages zur Folge hat, ebenso wenig wie die Beendigung des Anstellungsvertrages unmittelbar zur Beendigung der Organstellung führt.[328] Wie bereits in den Vorbemerkungen (vgl. S. 29) dargelegt, steht der Geschäftsführer in einer Doppelstellung einerseits als Vertretungsorgan der Gesellschaft und andererseits als deren Angestellter, wobei diese beiden Stellungen grundsätzlich unabhängig voneinander bestehen, so dass ohne entsprechende vertragliche Verknüpfung weder aus einer Beendigung der Organstellung unmittelbar Rechtswirkungen für das Anstellungsverhältnis folgen noch umgekehrt eine solche Wechselwirkung vom Anstellungsverhältnis auf die Organstellung des Geschäftsführers ausgeht. Da jedoch die dem Geschäftsführer eingeräumte Organstellung zur Vertretung der Gesellschaft und der zur Wahrnehmung dieses Amtes erfolgende Abschluss des Anstellungsvertrages eine aus gesellschaftsrechtlichen und dienstvertraglichen Bestandteilen zusammengesetzte Einheit bilden, auf deren Grundlage der Geschäftsführer tätig wird, sollte bei der Abfassung des Anstellungsvertrages darauf geachtet werden, dass ein Auseinanderfallen der Stellung des Geschäftsführers als Vertretungsorgan der Gesellschaft und dem hierfür geschlossenen Anstellungsvertrag vermieden wird. Zur Herbeiführung einer solchen **vertraglichen Verknüpfung von Organstellung und Anstellungsvertrag** des Geschäftsführers kommen mehrere Regelungsformen in Betracht: die in der Praxis am häufigsten angewandte Form besteht in der Aufnahme einer vertraglichen Regelung, wonach die Abberufung des Geschäftsführers zugleich die Rechtswirkung einer Kündigung des Anstellungsvertrags zum nächst zulässigen Zeitpunkt auslöst; eine entsprechende Regelung wurde sowohl in Abs. (3) von Alt. 1 als auch Abs. (3) von Alternative 2 aufgenommen. Als weitere Gestaltungsform kommt die Aufnahme einer sog. Koppelungsklausel in Betracht, durch welche die Geltung des Anstellungsvertrages unter die auflösende Bedingung einer Abberufung des Geschäftsführers gestellt wird. Diese Gestaltungsform ist für den Geschäftsführer mit hohen Risiken verbunden und hinsichtlich der Frage ihrer rechtlichen Zulässigkeit bzw. der inhaltlichen Anforderungen sehr umstritten; die Einzelheiten hierzu werden in nachfolgender Erl. 8 zu Alternative 3 von § 16 des Vertragsmusters behandelt, die eine solche Koppelungsklausel vorstellt.

3. Alternative 1: Anstellungsvertrag auf unbestimmte Dauer

Alternative 1 behandelt den Fall, dass der Anstellungsvertrag auf unbestimmte Dauer mit beiderseitigem Recht zur ordentlichen Kündigung geschlossen werden soll. Für die Bemessung der durch Abs. (2) festzulegenden Kündigungsfrist wurde eine Frist von 6 Monaten zum Halbjahres- oder Jahresende gewählt, um damit insbesondere dem Geschäftsführer im Fall der Kündigung einen angemessenen Zeitraum einzuräumen, bis zur Beendigung des Vertrages eine adäquate neue Anstellung zu finden. Als **gesetzliche Mindestkündigungsfrist** ist sowohl gegenüber dem Fremd-Geschäftsführer als auch bei Gesellschafter-Geschäftsführern die für Arbeitsverhältnisse geltende **Kündigungsfrist gemäß § 622 BGB** zu wahren, die einen zeitlich gestaffelten Anstieg der Kündigungsfrist entsprechend der Dauer des Anstellungsverhältnisses vorsieht (vgl. § 622 Abs. 2 BGB).[329] Die gesetzliche Mindestkündigungsfrist wird jedoch in aller Regel weder für die Gesellschaft noch für den Geschäftsführer eine zufriedenstellende Lösung bedeuten, da sie zu kurz ist, um den aus einer Kündigung resultierenden Handlungsbedarf für die Gesellschaft (Suche eines qualifizierten Nachfolgers) und den Geschäftsführer (Suche einer adäquaten Anschluss-Position) in zeitlicher Hinsicht zu lösen. Bei der in Abs. (2) zu § 16 des Vertragsmusters vorgesehenen Kündigungsfrist von 6 Monaten zum Halbjahres- oder Jahresende handelt es sich um eine auf den Erfahrungen aus der Praxis basierende allgemeine Richtschnur, von welcher je nach den konkreten Umständen des Einzelfalls nach oben oder unten abzuweichen ist. Für die Anlaufphase des Anstellungsverhältnisses, welche insbesondere von Seiten der Gesellschaft der Erprobung des Geschäftsführers bzw. seiner Qualifikationen dient, wird in der Praxis auch eine kürzere Kündigungsfrist bestimmt, um für den Fall, dass sich die bei Vertragsabschluss bestehenden Erwartungen nicht erfüllen sollten, die Möglichkeit einer baldigen Lösung des Anstellungsvertrages zu haben und nicht den Geschäftsführer über eine längere Zeit unter Fortzahlung seiner Bezüge freistellen zu müssen. In einer solchen Verkürzung der Kündigungsfrist während der Anlaufphase des Anstellungsverhältnisses liegt andererseits für den Geschäftsführer ein nicht unerhebliches Risiko, seine gerade erst angetretene neue Stelle bereits nach kurzer Zeit wieder zu verlieren, ohne ausreichend Gelegenheit für die erforderliche Suche nach einer neuen Anstellung zu haben. Insbesondere in denjenigen Fällen, bei denen der Geschäftsführer aus einem ungekündigten Anstellungsverhältnis bei seinem bisherigen Arbeitgeber ausgeschieden ist, um in die Dienste der Gesellschaft einzutreten, wird er verständlicherweise häufig auf die **Vereinbarung einer Mindestvertragsdauer** bestehen, **vor deren Ablauf eine ordentliche Kündigung ausgeschlossen ist**, da für ihn andernfalls das Risiko des Stellenwechsels zu groß ist. Um einem solchen Interesse gerecht zu werden, wurde in Abs. (2) noch Satz 2 hinzugefügt, durch den bestimmt ist, dass eine ordentliche Kündigung erstmals mit Wirkung zu einem von den Vertragsparteien noch festzulegenden Zeitpunkt ausgesprochen werden darf.

4. Zuständigkeit für Ausspruch und Entgegennahme der Kündigung

Die Zuständigkeit für eine Kündigung durch die Gesellschaft liegt aufgrund des bereits in den Vorbemerkungen (S. 52 ff.) dargelegten Zusammenhangs zwischen Organstellung und Anstellungsvertrag bei demjenigen Organ der Gesellschaft, das für die Bestellung des Geschäftsführers zuständig ist (sog. Annexkompetenz). Dies ist in der Regel die Gesellschafterversammlung, wobei im Fall einer unter das MitbestG fallenden GmbH die gesetzliche Zuständigkeitsverlagerung auf den Aufsichtsrat zu beachten ist. Bei einer nicht durch das MitbestG erfassten GmbH kann die Zuständigkeit durch Satzung auch auf ein anderes Organ als die Gesellschafterversammlung (z.B. einen Beirat o.ä.) übertragen werden. Vor Ausspruch einer **Kündigung durch die Gesellschaft** ist daher sorgfältig zu prüfen, dass sie **durch das Organ der Gesellschaft** erfolgt, **welches für die Bestellung und Abberufung zuständig ist.** Wurde die Kündigung durch ein unzuständiges Organ der Gesellschaft ausgesprochen und fehlt daher ein Beschluss des zuständigen Organs, so ist eine solche Kündigung zwingend rechtsunwirksam.[330] Die Unwirksamkeit der Kündigung kann auch nicht durch eine nachträgliche Genehmigung des zuständigen Organs geheilt werden.[331] Vielmehr muss das zuständige Organ einen entsprechenden Beschluss fassen und eine hierauf gestützte neue Kündigung gegenüber dem Geschäftsführer aussprechen. Die Nichtbeachtung der Zuständigkeit für die Kündigung auf Seiten der Gesellschaft kann insbesondere dann erhebliche finanzielle Konsequenzen haben, wenn bis zum Beschluss der Kündigung durch das zuständige Organ und deren Ausspruch die vertraglich festgelegten Fristen verstrichen sind, so dass die neue Kündigung erst zum nächst möglichen Beendigungszeitpunkt ausgesprochen werden kann, bis zu welchem an den Geschäftsführer die vertragsgemäßen Bezüge daher weiterzuzahlen sind.

Will der Geschäftsführer gegenüber der Gesellschaft eine Kündigung aussprechen, so muss dies grundsätzlich gegenüber dem hierfür zuständigen Organ erfolgen, wofür die vorstehend bereits dargelegten Grundsätze gelten. Ist danach die Gesellschafterversammlung für die Entgegennahme der Kündigung zuständig, so kann dies zu praktischen Problemen führen, da die Gesellschafterversammlung keine durchgehend empfangs- bzw. zugangsbereite Institution ist und andererseits die Einberufung einer Gesellschafterversammlung zur bloßen Entgegennahme der Kündigung des Geschäftsführers unverhältnismäßig aufwendig wäre. Im Hinblick hierauf wurde durch Abs. (6) Satz 2 des Vertragsmusters bestimmt, dass für die Kündigung eines Geschäftsführers grundsätzlich der Vorsitzende des zuständigen Organs der Gesellschaft zuständig ist und in dessen Verhinderungsfall sein Stellvertreter.

Schließlich wird durch Abs. (6) des Vertragsmusters das **Erfordernis der Schriftform der Kündigung** aufgestellt. Dies entspricht dem in § 19 Abs. (2) des Vertragsmusters vorgesehenen generellen Schriftform-Erfordernis, welches daher erst recht für den besonders wichtigen Fall der Kündigung gelten muss. In diesem Zusammenhang ist zu beachten, dass das gesetzliche Schriftform-Erfordernis des § 623 BGB nur für Arbeitsverhältnisse, nicht jedoch den Anstellungsvertrag eines Geschäftsführers gilt.[332]

5. Alternative 2: Anstellungsvertrag auf bestimmte Dauer

Alternative 2 zu § 16 des Vertragsmusters regelt den Fall, dass der Anstellungsvertrag auf bestimmte Dauer abgeschlossen werden soll. Die hieraus resultierende Rechtsfolge, dass für die vereinbarte Dauer des Vertrages beiderseits das Recht zur ordentlichen Kündigung ausgeschlossen ist, wurde durch Abs. (2) des Vertragsmusters nochmals ausdrücklich festgeschrieben. Wenn der mit der Wahl dieser Gestaltungsform verfolgte Zweck allein darin besteht, dem Geschäftsführer einen vertraglichen Kündigungsschutz für die vereinbarte Dauer des Vertrages einzuräumen, so kann Abs. (2) von § 16 des Vertragsmusters auch dahingehend abgeändert werden, dass nur für die Gesellschaft eine ordentliche Kündigung während der Dauer des Anstellungsvertrages ausgeschlossen wird. In diesem Fall sollte die Gesellschaft allerdings darauf achten, dass die für den Geschäftsführer zulässige ordentliche Kündigung unter eine solche Frist gestellt wird, dass ihr ausreichend Zeit für die Suche nach einem qualifizierten Nachfolger bleibt.

Für die **Bemessung der Vertragsdauer** bestehen keine gesetzlichen Mindest- oder Höchstgrenzen. Danach kann der Anstellungsvertrag grundsätzlich auch auf die Lebenszeit des Geschäftsführers geschlossen werden, was in der Praxis jedoch nur sehr selten und wenn überhaupt dann bei Gesellschafter-Geschäftsführern von Familiengesellschaften vorkommt. Die in einem solchen Fall abgeschlossene lebenslange Vertragsbindung, während der eine ordentliche Kündigung ausgeschlossen ist, erfährt jedoch für die Person des Geschäftsführers insofern eine wesentliche Einschränkung als zu seinen Gunsten die Vorschrift des § 624 BGB eingreift: danach kann bei einem auf Lebenszeit oder für längere Zeit als fünf Jahre eingegangenen Anstellungsverhältnis der Dienstverpflichtete nach Ablauf von fünf Jahren mit einer Kündigungsfrist von 6 Monaten kündigen. Der auf Lebenszeit des Geschäftsführers geschlossene Anstellungsvertrag gibt diesem somit einen lebenslangen Bestandsschutz seines Anstellungsvertrages, welcher nur im Fall einer außerordentlichen Kündigung aus „wichtigem Grund" von Seiten der Gesellschaft durchbrochen werden kann, während ihm selbst das Recht zur Kündigung nach Maßgabe des § 624 BGB bleibt. Von diesem Sonderfall abgesehen ist bei Abschluss eines Anstellungsvertrages auf bestimmte Dauer **in der Praxis ein zeitlicher Rahmen von 2–5 Jahren** anzutreffen, wobei der Umfang, in welchem dieser Rahmen ausgeschöpft wird, jeweils vom Grad des gegenseitigen Kennens und Vertrauens in eine erfolgreiche Zusammenarbeit abhängt. Allgemeingültige Empfehlungen für die Bemessung der Vertragsdauer können daher nicht abgegeben werden, da es auf die konkreten Umstände des jeweiligen Einzelfalls ankommt. Für den Personenkreis der Fremd-Geschäftsführer ist in der Praxis häufig eine gestufte Regelung der Vertragsdauer anzutreffen, wonach der Anstellungsvertrag zunächst für eine kürzere Vertragsdauer (z.B. 2–3 Jahre) abgeschlossen wird und erst bei einer weiteren Verlängerung über diese erste Vertragsperiode hinaus eine Fortsetzung des Anstellungsvertrages auf längere Dauer (z.B. 5 Jahre) erfolgt.

6. Regelung zur Verlängerung bei Ablauf der Vertragsdauer

Auch im Fall des auf bestimmte Dauer abgeschlossenen Anstellungsvertrages besteht sowohl für die Gesellschaft als auch den Geschäftsführer das Bedürfnis, rechtzeitig vor Ablauf der vereinbarten Dauer von der anderen Vertragspartei zu erfahren, ob das Anstellungsverhältnis über den Beendigungszeitpunkt hinaus fortgesetzt wird, da man sich andernfalls auf die Beendigung des Anstellungsvertrages und die hieraus folgenden Konsequenzen rechtzeitig einstellen muss. Diesem Bedürfnis wird in der Vertragspraxis durch Aufnahme von **Verlängerungsklauseln** in dem Anstellungsvertrag Rechnung getragen. Hierbei ist zwischen folgenden Formen solcher Verlängerungsklauseln zu unterscheiden:

Auf einfacher Stufe stehen die sog. **„Sprechklauseln"**, wonach sich die Parteien bis zu einem bestimmten Zeitpunkt vor Ablauf der Vertragsdauer wechselseitig davon in Kenntnis setzen sollen, ob sie eine Fortsetzung des Anstellungsvertrages über den Ablauf der Vertragsdauer hinaus beabsichtigen. Solche „Sprechklauseln" sind in aller Regel rechtlich unverbindlich und dienen primär der gegenseitigen Abstimmung zwischen Gesellschaft und Geschäftsführer. In diesem Fall liegt es an derjenigen Vertragspartei, die baldige Rechtssicherheit über die Fortsetzung des Anstellungsvertrages herbeiführen will, auf den Abschluss einer Ergänzungsvereinbarung zu drängen, in welcher dann rechtsverbindlich die Konditionen für die Fortsetzung des Anstellungsvertrages (Dauer, etwaige Vergütungsänderungen etc.) festgelegt werden. Bis zum Abschluss einer solchen Ergänzungsvereinbarung bleibt für beide Parteien jedoch ein erhebliches Maß an Rechtsunsicherheit. Um gerade dies zu vermeiden wird anstelle sog. „Sprechklauseln" in der Praxis häufig eine **vertragliche Regelung im Sinne einer Verlängerungsautomatik** getroffen, wonach sich der Anstellungsvertrag zwingend um eine bereits festgelegte Dauer verlängert, wenn nicht von einer der beiden Vertragsparteien bis zu einem bestimmten Zeitpunkt eine Kündigung ausgesprochen wird. Der Sache nach handelt es sich hierbei um keine echte Kündigung, sondern um eine **Nichtverlängerungsanzeige** gegenüber der anderen Vertragspartei, durch welche der Eintritt der vertraglichen Automatik im Sinne einer Verlängerung des Vertrages ausgeschlossen wird. In Abs. (1) zu § 16 des Vertragsmusters wurde die vertragliche Regelung in Form einer Verlängerungsautomatik vorgesehen. Der Grund hierfür liegt insbesondere darin, dass durch eine solche Verlängerungsautomatik beide Parteien angehalten werden, rechtzeitig vor Ablauf des Vertrages in rechtsverbindlicher Form Klarheit darüber zu schaffen, ob eine Fortsetzung des Vertrages eintreten soll. Durch eine solche Verlängerungsautomatik wird die Entscheidungsfreiheit beider Parteien nicht eingeschränkt, da sie bis zu dem vertraglich festgelegten Zeitpunkt frei darüber entscheiden können, ob sie zu einer Fortsetzung des Anstellungsvertrages bereit sind oder dies ablehnen, so dass der Vertrag mit Ablauf der vereinbarten Dauer endet.

7. Voraussetzungen einer außerordentlichen Kündigung

Unabhängig davon, ob man sich bei der Vertragsgestaltung für Alternative 1 (= Abschluss des Vertrages auf unbestimmte Dauer mit beiderseitigem Recht zur ordentlichen Kündigung) oder für Alt. 2 (= Abschluss des Vertrages auf fest bestimmte Dauer) entscheidet, bleibt für beide Parteien das Recht zur außerordentlichen Kündigung nach § 626 BGB. Nach gefestigter Rechtsprechung des BGH[333] darf dieses aus § 626 BGB folgende gesetzliche Recht zur außerordentlichen Kündigung durch die vertraglichen Regelungen im Anstellungsvertrag nicht unzumutbar eingeschränkt und erst recht nicht ausgeschlossen werden (vgl. in diesem Zusammenhang für den Fall der vertraglichen Festlegung einer Abfindung für den Fall der Kündigung nachfolgend Erl. 9 = S. 186). Soweit in Alternative 1 und Alternative 2 des Vertragsmusters zu § 16 bestimmt wurde, dass das Recht für beide Parteien zur außerordentlichen Kündigung aus wichtigem Grund von den übrigen dort getroffenen Regelungen unberührt bleibt, so handelt es sich insoweit um eine deklaratorische Feststellung der ohnehin durch die Rechtsprechung vorgegebenen Grenzen der Vertragsgestaltung. Für die Prüfung, ob die inhaltlichen Anforderungen einer außerordentlichen Kündigung erfüllt sind, gilt nach der Rechtsprechung[334] ein **zweistufiger Prüfungsmaßstab**: danach ist auf 1. Stufe zu prüfen, ob im konkreten Fall ein solcher Sachverhalt vorliegt, welcher geeignet ist, einen **„wichtigen Grund" i. S. v. § 626 Abs. 1 BGB** im Sinne einer fristlosen Beendigung des Anstellungsvertrages zu rechtfertigen. Sofern dies zutrifft, ist sodann auf 2. Stufe eine **umfassende Interessenabwägung** vorzunehmen, bei welcher unter Berücksichtigung der konkreten Umstände des jeweiligen Einzelfalls zu prüfen ist, ob eine Fortsetzung des Anstellungsverhältnisses bis zum Ablauf der ordentlichen Kündigungsfrist bzw. bis zum Ablauf der vereinbarten Vertragsdauer der kündigenden Vertragspartei unzumutbar ist. Innerhalb dieser Interessenabwägung sind bei einer durch die Gesellschaft beabsichtigten außerordentlichen Kündigung gegenüber dem Geschäftsführer die Schwere seiner Pflichtverletzungen gegenüber der beanstandungslos erfüllten Dienstzeit, seinem Lebensalter und der ihn im Fall der fristlosen Beendigung des Anstellungsverhältnisses treffenden sozialen Folgen gegeneinander abzuwägen. Ein allgemeingültiger Maßstab für die Bestimmung der Grenze, ab welcher von einer Unzumutbarkeit auszugehen ist, kann es aufgrund der auf die Umstände des jeweiligen Einzelfalles abstellenden Prüfung verständlicherweise nicht geben, so dass vor Ausspruch einer außerordentlichen Kündigung sorgfältig zu prüfen ist, ob für den konkreten Sachverhalt die beiden vorstehend genannten Voraussetzungen erfüllt sind. Im folgenden wird unter a) für die Kündigung durch die Gesellschaft und unter b) für die Kündigung durch den Geschäftsführer ein Überblick zu praxisrelevanten durch die Rechtsprechung entschiedenen Fällen gegeben, so dass hieraus Anhaltspunkte für die eigene kündigungsrechtliche Prüfung des jeweiligen Einzelfalls entnommen werden können. Zusätzlich zu den durch § 626 Abs. 1 BGB normierten materiell-rechtlichen Voraussetzungen einer außerordentlichen Kündigung ist die durch § 626 Abs. 2 BGB bestimmte

2-Wochen-Frist zu beachten, deren Anwendung in der Praxis nachfolgend unter c) näher erläutert wird.

a) **Kündigung durch die Gesellschaft.** Für das Vorliegen eines „wichtigen Grundes" bedarf es in aller Regel einer schweren Pflichtverletzung des Geschäftsführers, durch welche das für eine Fortsetzung des Anstellungsverhältnisses erforderliche Vertrauen schwerwiegend erschüttert oder gar zerstört wurde. Dies hat die Rechtsprechung für folgende Fälle angenommen:

- Missbräuchliche Ausnutzung von Betriebs- und Geschäftsgeheimnissen für eigene Zwecke, insbesondere Aufnahme einer verdeckten Wettbewerbstätigkeit gegen die Gesellschaft.[335]
- Angebot des Geschäftsführers, sich in einer wichtigen Auseinandersetzung der Gesellschaft auf die Seite des Gegners zu schlagen, um dort eine gut dotierte Position zu erlangen.[336]
- Schwere Verletzung der Verpflichtung zur ordnungsgemäßen Buchführung, die zur Aufstellung unzutreffender Bilanzen mit fälschlich überhöhten Ergebnissen führt.[337]
- Einreichung unzutreffender oder gefälschter Spesenabrechnungen, wobei für diese Fälle zu beachten ist, dass eine offen ausgewiesene Abrechnung solcher Spesen, welche die Gesellschaft für nicht erstattungsfähig hält, in aller Regel keinen „wichtigen Grund" i. S. v. § 626 Abs. 1 BGB darstellt, da es in diesem Fall an einer Täuschung durch den Geschäftsführer fehlt, so dass das Vertrauensverhältnis hierdurch grundsätzlich nicht zerstört ist.[338]
- Veranlassung untergebener Mitarbeiter zur Auszahlung von Tantieme-Beträgen, auf die kein vertraglicher Anspruch besteht, ohne dass ein entsprechender Beschluss der Gesellschafterversammlung erfolgt ist.[339]
- Einsatz von Mitarbeitern und Sachleistungen der Gesellschaft für private Zwecke.[340]
- Tiefgreifendes Zerwürfnis zwischen den Geschäftsführern, welches ein Zusammenwirken innerhalb der Geschäftsführung zum Wohl der Gesellschaft bei objektiver Betrachtung nicht mehr erwarten lässt.[341]
- Diffamierende Äußerungen über einen Gesellschafter gegenüber außenstehenden Dritten.[342]
- Schweres fachliches Versagen, wobei jedoch Leistungsmängel von geringerem Umfang oder einmaliges schwereres Versagen eines langjährig beanstandungslos tätigen Geschäftsführers in der Regel keinen „wichtigen Grund" bedeutet.[343]
- Insolvenzverschleppung durch Verletzung der Insolvenzantragspflicht trotz objektiv feststellbarem Eintritt einer Überschuldung oder Zahlungsunfähigkeit der Gesellschaft.[344]
- Niederlegung des Geschäftsführer-Amtes, ohne dass die Gesellschaft durch eigenes Verschulden hierfür einen Grund gesetzt hat.[345]

Die vorstehend aufgeführten Beispiele, in welchen die Rechtsprechung einen „wichtigen Grund" i. S. v. § 626 Abs. 1 BGB bejaht hat, sind dadurch gekennzeichnet, dass es sich hierbei um schwerwiegende Pflichtverletzungen des Geschäftsführers handelt, durch welche das Vertrauen der Gesellschaft in seine persönliche Loyalität sowie seine fachliche Zuverlässigkeit in schwerem Maße erschüttert, in aller Regel sogar zerstört wird. Diese auf schweren Pflichtverletzungen beruhenden Fälle bilden den weit überwiegenden Anwendungsbereich außerordentlicher Kündigungen durch die Gesellschaft. In Ausnahmefällen können jedoch auch unverschuldete personenbedingte Gründe, wie z.B. eine lang anhaltende und unheilbare Krankheit des Geschäftsführers, welche ihm die Ausübung seiner Tätigkeit dauerhaft unmöglich macht, einen „wichtigen Grund" i.S.v. § 626 BGB für eine außerordentliche Kündigung der Gesellschaft begründen.[346] Betriebsbedingte Gründe scheiden für eine außerordentliche Kündigung durch die Gesellschaft grundsätzlich aus, es sei denn, der wirtschaftliche Niedergang der Gesellschaft wurde durch schwerwiegende Pflichtverletzungen des Geschäftsführers herbeigeführt, so dass er den existenzgefährdenden Zustand der Gesellschaft letztlich zu verantworten hat.[347] Auch die Eröffnung des Insolvenzverfahrens über das Vermögen der Gesellschaft bedeutet keinen „wichtigen Grund" i.S.v. § 626 Abs. 1 BGB, vielmehr kann der Insolvenzverwalter, auf den gemäß § 80 Abs. 1 InsO die Vertretungsbefugnis übergeht, nur nach § 113 Abs. 1 InsO unter Einhaltung der dort bestimmten Kündigungsfrist (vgl. § 113 Abs. 1 Satz 2 InsO) das Anstellungsverhältnis gegenüber dem Geschäftsführer kündigen.[348]

Für die vorstehend behandelten Fälle der schweren Pflichtverletzungen des Geschäftsführers, welche in aller Regel den Anwendungsbereich des § 626 BGB ausmachen, stellt sich die Frage, ob vor Ausspruch der außerordentlichen Kündigung durch die Gesellschaft eine vorherige Abmahnung gegenüber dem Geschäftsführer zu erfolgen hat. Der BGH hat diese Frage bereits in seiner Rechtsprechung[349] vor der Schuldrechtsnovelle verneint und auch nach der Schuldrechtsnovelle an dieser **Rechtsprechung** festgehalten,[350] wonach **vor Ausspruch einer außerordentlichen Kündigung gegenüber dem Geschäftsführer keine vorherige Abmahnung erforderlich** ist. Zur Begründung hierfür verweist der BGH darauf, dass in diesen Fällen vom Vorliegen „besonderer Umstände" i.S.v. § 323 Abs. 2 Nr. 3 BGB auszugehen ist, auf den durch § 314 Abs. 2 Satz 2 BGB ausdrücklich verwiesen wird.

b) Kündigung durch den Geschäftsführer. Das Vorliegen eines „wichtigen Grundes" für eine fristlose Kündigung durch den Geschäftsführer erfordert eine schwerwiegende Vertragsverletzung durch die Gesellschaft, wozu insbesondere der Entzug der vertraglich vereinbarten Geschäftsführung- und Vertretungsbefugnis zählt, weshalb eine von Seiten der Gesellschaft erfolgende **Abberufung** des Geschäftsführers vor Ablauf der Vertragsdauer diesem **regelmäßig** einen „wichtigen Grund" für eine außerordentliche Kündigung gibt.[351] Eine nachträgliche Beschränkung der Geschäftsführungsbefugnisse stellt eine die außerordentliche Kündigung rechtfertigende Vertragsverletzung dar, wenn die nachträglich erfolgten Beschränkungen in den Kernbereich der dem Geschäftsführer vertraglich zustehenden Geschäftsführungsbefugnisse eingreifen.[352] Die Verletzung braucht nicht unbedingt durch die Gesellschafterversammlung bzw. das auf Seiten der Gesellschaft zuständige Organ zu erfolgen, vielmehr kann nach der Rechtsprechung[353] auch bei unberechtigten und in beleidigender Form erfolgenden Vorwürfen eines Mit-

Geschäftsführers für den hiervon betroffenen Geschäftsführer ein „wichtiger Grund" für eine außerordentliche Kündigung entstehen. Als weiteren Fall eines „wichtigen Grundes" für eine außerordentliche Kündigung durch den Geschäftsführer ist die Weisung zu gesetzeswidrigem Handeln durch die Gesellschafterversammlung bzw. das auf Seiten der Gesellschaft zuständige Organ anerkannt. Dagegen begründet eine schwere wirtschaftliche Krise der Gesellschaft für sich genommen keinen „wichtigen Grund" für eine außerordentliche Kündigung durch den Geschäftsführer, es sei denn, dass ihm die erforderliche Unterstützung durch die Gesellschaft versagt wird und er unter unzumutbaren Bedingungen das ihn persönlich treffende gesetzliche Haftungsrisiko weiter tragen müsste.[354]

c) 2-Wochen-Frist. Sowohl für die außerordentliche Kündigung durch die Gesellschaft als auch eine vom Geschäftsführer erfolgende außerordentliche Kündigung ist die durch § 626 Abs. 2 BGB normierte 2-Wochen-Frist zu beachten. Danach **muss die Kündigung innerhalb einer Frist von 2 Wochen erfolgen, nachdem der Kündigungsberechtigte von den für die Kündigung maßgebenden Tatsachen Kenntnis erlangt hat.** Für die Wahrung der 2-Wochen-Frist kommt es auf den Zugang der Kündigungserklärung beim Kündigungsempfänger an. Da es sich bei der 2-Wochen-Frist um eine **gesetzliche Ausschlussfrist** handelt, kann nach ihrem Ablauf auf die betreffenden Tatsachen keine außerordentliche Kündigung mehr gestützt werden. Soweit es um den Ausspruch einer außerordentlichen Kündigung durch den Geschäftsführer geht, treten regelmäßig keine Schwierigkeiten bei der Berechnung der 2-Wochen-Frist auf, da in diesen Fällen für den Fristbeginn auf denjenigen Zeitpunkt abzustellen ist, zu welchem der Geschäftsführer diejenigen Umstände erfahren hat, auf welche die von ihm ausgesprochene Kündigung gestützt wird.

Demgegenüber treten in der Praxis bei einer außerordentlichen Kündigung durch die Gesellschaft häufig Probleme bei der Feststellung der 2-Wochen-Frist ein, welche deshalb von entscheidender Bedeutung für die Gesellschaft ist, da bei Versäumung der 2-Wochen-Frist die betreffenden Kündigungsgründe verwirkt sind, was bei Anstellungsverträgen mit langer Restlaufzeit zu erheblichen finanziellen Belastungen der Gesellschaft durch Fortzahlung der Bezüge oder einer deutlich erhöhten Abfindung zur Herbeiführung einer vorzeitigen Beendigung des Anstellungsvertrages führen kann. Nach der Rechtsprechung des BGH sind für die Berechnung der 2-Wochen-Frist bei einer von Seiten der Gesellschaft erfolgenden außerordentlichen Kündigung folgende Grundsätze zu beachten:

• Da für die Kündigung des Anstellungsvertrages grundsätzlich die Gesellschafterversammlung zuständig ist (vgl. S. 174), liegt eine die **2-Wochen-Frist** in Gang setzende Kenntnis des Kündigungsberechtigten nach § 626 Abs. 2 Satz 2 BGB **ab dem Zeitpunkt** vor, **zu welchem die Gesellschafter in einer ordnungsgemäß einberufenen Gesellschafterversammlung über den Kündigungssachverhalt unterrichtet wurden,** und zwar auch dann, wenn einzelne Gesellschafter nicht zur Gesellschafterversammlung erschienen sind, jedoch ordnungsgemäß geladen wurden.[355] Liegt die Zuständigkeit kraft Gesetzes (MitbestG) beim Aufsichtsrat oder aufgrund satzungsmäßiger Zuweisung bei einem Beirat, so beginnt die 2-Wochen-Frist mit dem Zeitpunkt zu laufen, zu welchem den Mitgliedern dieses Organs in einer ordnungsgemäß einberufenen Sitzung der Kündigungssachverhalt vorgetragen wurde. Da die Kündigungsberechtigung bei einem aus mehreren Mitgliedern bestehenden Gremium liegt, begründet weder die Kenntnis einzelner Mitglieder vom Kündigungssachverhalt noch die Kenntnis des Vorsitzenden des Gremiums den Beginn der 2-Wochen-Frist.[356] Unter ausdrücklicher Aufgabe seiner früheren Rechtsprechung hat der BGH 1998[357] entschieden, dass selbst dann, wenn alle Mitglieder des Gremiums über unterschiedliche Informationsquellen bereits vor der Sitzung über den Kündigungssachverhalt Kenntnis erlangt haben, für den Beginn der 2-Wochen-Frist auf die Erörterung des Kündigungssachverhalts in der Sitzung des Gremiums abzustellen ist. Zur Begründung hierfür verweist der BGH darauf, dass das Zusammentreten des Gremiums nicht nur zum Zwecke der Information seiner Mitglieder, sondern zum Zwecke der gemeinsamen Beratung und anschließenden Beschlussfassung erfolgt, da die Entscheidung darüber, ob aufgrund der bekannt gewordenen Tatsachen eine außerordentliche Kündigung erfolgen soll, nur durch das Gremium kollektiv getroffen werden kann.

- Das Abstellen für den Beginn der Frist des § 626 Abs. 2 BGB auf den Zusammentritt der Gesellschafterversammlung bzw. dem für die Kündigung zuständigen Organ der Gesellschaft bedeutet jedoch nicht, dass mit der Behandlung des Sachverhalts und der Entscheidung über den Ausspruch einer außerordentlichen Kündigung zugewartet werden dürfte. Wie der BGH nämlich in dem bereits vorgenannten Urteil 1998[358] entschieden hat, ist eine **Gesellschafterversammlung** bzw. eine Sitzung des zuständigen Organs von den einberufungsberechtigten Mitgliedern **umgehend nach Kenntniserlangung von einem möglichen Kündigungssachverhalt einzuberufen.** Wird die Einberufung der Gesellschafterversammlung bzw. dem für die Kündigung zuständigen Gremium unangemessen verzögert, so muss sich die Gesellschaft nach dem Urteil des BGH hinsichtlich der Ausschlussfrist so behandeln lassen, als wäre die Gesellschafterversammlung mit der gebotenen Beschleunigung einberufen worden.
- Besondere Probleme können in der Praxis eintreten, wenn lediglich ein Geschäftsführer vorhanden ist und dieser sich – trotz eines entsprechenden Verlangens nach § 50 Abs. 1 GmbHG – weigert, eine Gesellschafterversammlung gemäß § 49 Abs. 1 GmbHG einzuberufen. Wenn die **Gesellschafter** nicht ohnehin aufgrund entsprechender Satzungsregelung zur Einberufung einer Gesellschafterversammlung unmittelbar berechtigt sind, so müssen sie in einem solchen Fall von dem ihnen durch § 50 Abs. 3 GmbHG eingeräumten **Selbsthilferecht zur Einberufung einer Gesellschafterversammlung** Gebrauch machen. Hierbei ist nach der Rechtsprechung jedoch zu beachten, dass dieses Selbsthilferecht nur dann wirksam ausgeübt werden kann, wenn dem Verlangen nach Einberufung einer Gesellschafterversammlung nicht binnen angemessener Frist entsprochen wurde. Wird von den Gesellschaftern vor Ablauf einer solchen angemessenen Frist eine

Gesellschafterversammlung einberufen, so ist ein dort gefasster Beschluss zur außerordentlichen Kündigung nichtig, da die Voraussetzungen des § 50 Abs. 3 GmbHG nicht erfüllt sind und es deshalb an einer ordnungsgemäßen Ladung zu der Gesellschafterversammlung fehlt.[359] Die Rechtsunsicherheit, wann eine angemessene Frist verstrichen ist, so dass die Gesellschafter zur Einberufung einer Gesellschafterversammlung in Wahrnehmung ihres Selbsthilferechts gemäß § 50 Abs. 3 GmbHG berechtigt sind, hat der BGH in seinem Urteil vom 15.6.1998 durch eine klare zeitliche Grenze beendet: danach ist regelmäßig der Zeitraum von 1 Monat zur Erfüllung der Einberufungspflicht durch den Geschäftsführer angemessen, so dass nach fruchtlosem Ablauf eines Monats die Gesellschafter berechtigt sind, nach § 50 Abs. 3 GmbHG eine Gesellschafterversammlung einzuberufen.

- Besonderheiten für die Berechnung der 2-Wochen-Frist sind bei einer sog. **Verdachtskündigung** zu beachten. In diesen Fällen liegt der „wichtige Grund" für die außerordentliche Kündigung in dem durch objektive Tatsachen begründeten Verdacht schwerwiegender Pflichtverletzungen durch den Geschäftsführer, welche das Vertrauensverhältnis so nachhaltig erschüttern, dass der Gesellschaft eine Fortsetzung des Anstellungsverhältnisses nicht mehr zuzumuten ist.[360] Aufgrund der Besonderheit einer solchen Verdachtskündigung ist abweichend von dem ansonsten geltenden Grundsatz, wonach der Geschäftsführer zu den Kündigungsvorwürfen nicht angehört werden muss, **zusätzliche Voraussetzung** für die Wirksamkeit der Kündigung, **dass der Geschäftsführer vor Ausspruch der Kündigung angehört wurde,** um ihm Gelegenheit zu geben, den gegen ihn bestehenden Verdacht durch entlastende Tatsachen auszuräumen.[361] Für die Berechnung der **2-Wochen-Frist** folgt hieraus, dass die Frist **erst nach erfolgter Anhörung des Geschäftsführers** zu laufen beginnt.[362] Auch insoweit ist jedoch zu beachten, dass die Anhörung des Geschäftsführers sowie evtl. noch erforderliche Aufklärungsmaßnahmen mit der gebotenen Beschleunigung durchgeführt werden müssen, da sich die Gesellschaft hinsichtlich der 2-Wochen-Frist andernfalls so stellen lassen muss, als wären die vor Ausspruch der Kündigung noch erforderlichen Aufklärungsmaßnahmen mit der gebotenen Beschleunigung durchgeführt worden.[363]

- Besondere **Vorsicht ist bei einem Hinausschieben** des Ausspruchs **der Kündigung zum Zwecke der Verhandlungen über eine einvernehmliche Beendigung** des Anstellungsverhältnisses geboten. Zwar liegt grundsätzlich keine unangemessene Verzögerung der Einberufung der Gesellschafterversammlung vor, wenn zunächst noch der Versuch unternommen wird, eine einvernehmliche Trennung von dem Geschäftsführer herbeizuführen.[364] Nach aller Erfahrung in der Praxis läuft die Gesellschaft jedoch erhebliche Gefahr, dass ihr im späteren Kündigungsrechtsstreit die Versäumung der 2-Wochen-Frist unter Hinweis darauf entgegengehalten wird, dass die Bemühungen um eine einvernehmliche Trennung lediglich als Vorwand dafür genommen worden seien, die Verzögerung des Ausspruchs der Kündigung zu überdecken. Um ein solches Risiko – mit den bereits eingangs aufgezeigten Folgen von erheblicher finanzieller Bedeutung – zu vermeiden, sollte daher nach gesicherter Kenntnis über alle für den Kündigungssachverhalt wesentlichen Umstände die Gesellschafterversammlung bzw. die Sitzung des zuständigen Gremiums einberufen und die fristlose Kündigung ausgesprochen werden. Die Herbeiführung einer einvernehmlichen Trennung wird hierdurch nicht etwa ausgeschlossen, sondern bleibt weiterhin möglich, wobei es ohnehin in der Praxis durchaus üblich ist, nach einer zunächst aus Gründen der Wahrung der 2-Wochen-Frist erfolgten Kündigung im Wege eines anschließenden Vergleichs eine einvernehmliche Regelung zur Beendigung des Anstellungsverhältnisses herbeizuführen.

Da die Gesellschaft aufgrund der 2-Wochen-Frist zu einem raschen Handeln gezwungen ist, sobald die Gesellschafterversammlung bzw. das zuständige Gremium auf der Grundlage der ermittelten Fakten über die Kündigung beraten und beschlossen haben, kommt es in der Praxis recht häufig vor, dass im späteren Kündigungsrechtsstreit weitere Gründe noch nachgeschoben werden sollen, welche nicht Gegenstand der Erörterungen der Gesellschafterversammlung bzw. des zuständigen Gremiums waren. Zu dieser **Problematik des Nachschiebens von Kündigungsgründen** sind in der Rechtsprechung folgende Grundsätze entwickelt worden:

- Diejenigen Sachverhalte, welche bereits vor Ausspruch der Kündigung eingetreten sind und der Gesellschafterversammlung bzw. dem für die Kündigung zuständigen Organ bekannt waren, können grundsätzlich wegen des Ablaufs der 2-Wochen-Frist nicht zur Begründung der Kündigung in einem späteren Kündigungsrechtsstreit herangezogen werden. Allerdings lässt die Rechtsprechung[365] eine ergänzende Berücksichtigung solcher Vorgänge im Rahmen der Interessenabwägung nach § 626 Abs. 1 BGB zu, sofern ein nicht verfristeter Kündigungsgrund von entsprechendem Gewicht gegeben ist. Dies gilt insbesondere dann, wenn ein enger sachlicher Zusammenhang zwischen dem nicht durch Fristablauf verwirkten Kündigungsgrund und dem ergänzend geltend gemachten, für sich jedoch genommen verfristeten, Vorgang besteht.[366]
- Diejenigen Vorgänge, welche zum Zeitpunkt des Ausspruchs der Kündigung bereits geschehen waren, jedoch erst nach Ausspruch der Kündigung bekannt wurden, dürfen grundsätzlich im Kündigungsrechtsstreit zur Rechtfertigung der außerordentlichen Kündigung nachgeschoben werden.[367] Hierfür ist allerdings Voraussetzung, dass die Gesellschafterversammlung bzw. das zuständige Gremium einen entsprechenden Beschluss fasst, die ausgesprochene Kündigung ergänzend auf den zusätzlich bekannt gewordenen Sachverhalt zu stützen.[368]
- Solche Umstände, die erst nach Ausspruch der Kündigung eingetreten sind, können schon deshalb im Kündigungsrechtsstreit nicht zur Rechtfertigung der außerordentlichen Kündigung nachgeschoben werden, da für die gerichtliche Prüfung der Kündigung auf die Sach- und Rechtslage zum Zeitpunkt ihres Ausspruchs abzustellen ist. Es können daher nur solche Gründe nachgeschoben werden, welche bereits zum Zeitpunkt der Kündigungserklärung vorlagen.[369]

d) Hilfsweise ordentliche Kündigung. Aus Gründen rechtlicher Vorsorge sollte die fristlose Kündigung in aller Regel mit einer hilfsweisen ordentlichen

Kündigung zum nächst zulässigen Termin verbunden werden. Bei einer solchen Beschlussfassung durch die Gesellschafterversammlung bzw. das zuständige Gremium kann sich die Gesellschaft für den Fall, dass das Gericht in einem späteren Kündigungsrechtsstreit die hohen Anforderungen des § 626 Abs. 1 BGB für nicht erfüllt hält, zumindest darauf berufen, dass das Anstellungsverhältnis des Geschäftsführers durch die hilfsweise ordentliche Kündigung zum nächst zulässigen Zeitpunkt beendet wurde. Eine solche hilfsweise ordentliche Kündigung sollte insbesondere dann erfolgen, wenn bis zum voraussichtlichen Abschluss eines gerichtlichen Kündigungsrechtsstreits über die außerordentliche Kündigung die Frist für den Ausspruch einer ordentlichen Kündigung bzw. die Frist für eine sog. Nichtverlängerungsanzeige abgelaufen wäre. Unterbleibt eine Beschlussfassung im Sinne einer hilfsweisen ordentlichen Kündigung bzw. Nichtverlängerungsanzeige, so kann sich die Gesellschaft im Fall des Unterliegens mit der außerordentlichen Kündigung nur dann auf eine Beendigung des Anstellungsverhältnisses durch ordentliche Kündigung berufen, wenn die Voraussetzungen gemäß § 140 BGB für eine **Umdeutung der außerordentlichen in eine ordentliche Kündigung** gegeben sind. Dies ist nach der Rechtsprechung[370] nur dann der Fall, wenn nach der Sachlage davon auszugehen ist, dass die ordentliche Kündigung dem Willen des Kündigenden entspricht und dieser Wille in seiner Erklärung auch gegenüber dem Kündigungsempfänger hinreichend deutlich zum Ausdruck gekommen ist. Neben der Prüfung der Kündigungserklärung sind auch die für eine Kündigung maßgebenden Satzungsbestimmungen zu prüfen, da in der Rechtsprechung[371] anerkannt ist, dass eine Umdeutung von einer außerordentlichen in eine ordentliche Kündigung ausgeschlossen ist, wenn die (satzungs-)rechtlichen Voraussetzungen für eine ordentliche Kündigung nicht erfüllt waren.

8. Alternative 3: Anstellungsvertrag unter der auflösenden Bedingung der Abberufung des Geschäftsführers

Alternative 3 zu § 16 des Vertragsmusters behandelt die Fallgestaltung, bei welcher der Bestand des Anstellungsvertrages an die Organstellung gekoppelt wird, mit der Folge, dass bei Wegfall der Organstellung (durch Abberufung oder Amtsniederlegung) zugleich auch der Anstellungsvertrag endet. Rechtstechnisch wird eine solche **Koppelung des Anstellungsvertrages an die Organstellung** dadurch hergestellt, dass der Anstellungsvertrag unter die auflösende Bedingung gestellt wird, wonach er mit Wegfall der Organstellung des Geschäftsführers ebenfalls endet. Entsprechend dieser Systematik wurde in Abs. (2) von Alternative 3 bestimmt, dass die Abberufung des Geschäftsführers oder dessen Amtsniederlegung die Beendigung des Anstellungsvertrages unabhängig von den zu Vertragsdauer getroffenen Regelungen auslöst. Da mit dem Wegfall der Organstellung des Geschäftsführers die auflösende Bedingung (§ 158 Abs. 2 BGB) eintritt, unter welche sein Anstellungsvertrag gestellt wurde, folgt aus dieser Automatik unmittelbar die Beendigung seines Anstellungsvertrages.

Der BGH hat in seinem Urteil vom 21.6.1999[372] die grundsätzliche Zulässigkeit einer solchen Koppelung des Anstellungsvertrages an die Organstellung bestätigt. **Aus Sicht des Geschäftsführers** ist jedoch zu beachten, dass eine **solche Vertragsgestaltung** für ihn ein **außerordentlich hohes Risiko** bedeutet, da ihm der Bestandsschutz für seinen Anstellungsvertrag praktisch vollkommen entzogen wird. Insbesondere dann, wenn die Satzung der Gesellschaft keine Einschränkungen für die Zulässigkeit einer Abberufung enthält, so dass es bei der gesetzlichen Regelung des § 38 Abs. 1 GmbHG verbleibt, wonach die Abberufung jederzeit und frei zulässig ist, läuft die Koppelung des Anstellungsvertrages an die Organstellung im Ergebnis darauf hinaus, dass der Bestand des Anstellungsvertrages zur Disposition durch die Gesellschafterversammlung bzw. dem zuständigen Gremium gestellt wird, da diese jederzeit und ohne Vorliegen sachlicher Gründe den Geschäftsführer abberufen und damit den vorgegebenen Automatismus im Sinne einer Beendigung des Anstellungsvertrages auslösen können. Zur Einschränkung der hierin liegenden Gefahr einer rechtsmissbräuchlichen Ausnutzung von Koppelungsregelungen durch die Gesellschaft hat der BGH bereits im Jahr 1989[373] entschieden, dass dann, wenn die Abberufung erfolgt, ohne dass sachliche Gründen hierfür vorliegen, die hierdurch ausgelöste Beendigung des Anstellungsvertrages erst mit Ablauf der gesetzlichen Mindestkündigungsfrist eintritt, da andernfalls durch die Koppelungsregelung sowohl die hohen Anforderungen des § 626 BGB (vgl. hierzu vorstehend unter Erl. 7) als auch die gesetzlichen Mindestkündigungsfristen umgangen werden könnten. In den Urteilen von 1997[374] und 1999[375] ist der BGH noch einen wesentlichen Schritt weitergegangen und hat eine solche durch Koppelung an die Abberufung des Geschäftsführers eintretende Beendigung seines Anstellungsvertrages nur unter der Voraussetzung zugelassen, dass dies mit den übrigen zur Beendigung des Anstellungsvertrages getroffenen Regelungen in Einklang zu bringen ist. In dem Sachverhalt, welcher dem Urteil vom 1.12.1997 zugrunde lag, war im Anstellungsvertrag des Geschäftsführers bestimmt, dass eine Kündigung mit einer Frist von 6 Monaten zum Ende eines Kalenderjahres zu erfolgen hat; der BGH (a.a.O.) verweist darauf, dass diese vertragliche Kündigungsregelung leerlaufen würde, wenn man daneben die sofortige Beendigung des Anstellungsvertrages aufgrund einer Abberufung des Geschäftsführers zulassen würde. Noch gravierender können sich die nachteiligen Folgen für den Geschäftsführer in denjenigen Fällen auswirken, bei welchen der Anstellungsvertrag auf fest bestimmte Dauer abgeschlossen wurde. Hat der Geschäftsführer nämlich gerade im Interesse seiner Absicherung den Anstellungsvertrag auf eine fest bestimmte Dauer abgeschlossen, während der eine ordentliche Kündigung ausgeschlossen ist (vgl. S. 175), so könnte dieser vertragliche Bestandsschutz quasi durch die Hintertür wieder entzogen werden, indem eine Koppelungsklausel in den Anstellungsvertrag aufgenommen wird, wonach im Fall einer Abberufung des Geschäftsführers der Vertrag bereits vorzeitig endet. Aus der BGH-Rechtsprechung sowie den vorstehend dargelegten Missbrauchsgefahren folgt für die Vertragspraxis, dass für die Fälle, in denen die Beendigung der Organstellung des Geschäftsführers einen eigenständigen Beendigungstatbestand begründen soll, dies

sowohl in den Verhandlungen als auch insbesondere in den Regelungen zur
Beendigung des Anstellungsvertrages so deutlich zum Ausdruck gebracht und
hervorgehoben werden muss, dass für den Geschäftsführer die in der Koppelungsklausel liegenden Risiken erkennbar sind. Dies folgt auch im Hinblick
auf die in der Einführung (S. 2) bereits angesprochene AGB-Kontrolle nach
§§ 305 ff. BGB, unter deren Schutz die Fremd-Geschäftsführer sowie die minderheitlich beteiligten Gesellschafter-Geschäftsführer fallen. Eine in den
Regelungen zur Vertragsdauer „versteckte Koppelungsklausel" ist danach
sowohl wegen Verstoß gegen das aus § 307 Abs. 1 Satz 2 BGB folgende
Transparenzgebot als auch wegen Verstoß gegen § 305c BGB unwirksam.
Wenn eine Koppelungsklausel unter Beachtung der Anforderungen der AGB-
Kontrolle in den Anstellungsvertrag aufgenommen werden soll, so muss sie
innerhalb der Systematik der zur Vertragsdauer getroffenen Regelungen un-
missverständlich als selbständige Beendigungs-Alternative hervorgehoben
werden, welche unabhängig von den anderen zur Vertragsdauer getroffenen
Regelungen eingreifen kann, so dass für den Geschäftsführer unmissver-
ständlich erkennbar ist, dass durch die Koppelungsklausel der vertragliche
Bestandsschutz leerlaufen kann. Aus diesem Grund wurde in Alternative 3
zu § 16 des Vertragsmusters

– zunächst in Abs. (1) die Regelung zur Vertragsdauer (3 Jahre) getroffen
– und im folgenden Abs. (2) ausdrücklich bestimmt, dass im Fall der Abberufung des Geschäftsführers der Anstellungsvertrag „unabhängig von der
  in vorstehendem Abs. (1) geregelten Vertragsdauer" mit Ablauf von 3 Monaten nach dem auf die Abberufung folgenden Monatsende endet, ohne
  dass es des Ausspruchs einer Kündigung bedarf.

Bei einer solchen Vertragsgestaltung ist für den Geschäftsführer bei sorgfältiger Prüfung des Vertrages erkennbar, auf welches Risiko er sich mit einer
Koppelungsklausel einlässt. In aller Regel wird ein Geschäftsführer nicht bereit sein, dieses Risiko einzugehen, es sei denn, dass die Koppelung der Vertragsbeendigung an die Abberufung mit finanziellen Entschädigungsleistun-
gen vertraglich verknüpft wird (z. B. Zahlung einer Abfindung in Höhe der
Bezüge, welche zwischen der vorzeitigen Beendigung durch Abberufung und
dem Ablauf der vereinbarten Vertragsdauer noch angefallen wären), so dass
wenigstens wirtschaftlich ein Ausgleich für die nachteilige Vertragsgestaltung
erfolgt.

9. Alternative 4: Zusage einer Abfindung bei Beendigung des Anstellungsvertrages

Durch Alternative 4 zu § 16 des Vertragsmusters erfolgt eine Ergänzung durch
die Zusage der Zahlung einer Abfindung. Die in Abs. (5) von Alternative 4
vorgesehene Regelung kann sowohl bei Abschluss des Anstellungsvertrages
auf unbestimmte Dauer mit beiderseitigem Recht zur Kündigung (= Alternative 1) als auch bei Abschluss des Anstellungsvertrages auf feste Dauer (= Alternative 2) in die Vertragsregelung aufgenommen werden. Im 1. Fall erfolgt die
Abfindung bei Kündigung durch die Gesellschaft, im 2. Fall bei einer Mittei-

lung durch die Gesellschaft, wonach der Anstellungsvertrag nicht über die
vereinbarte Vertragsdauer verlängert werde. Da der Geschäftsführer durch
§ 14 Abs. 1 Nr. 1 KSchG vom Geltungsbereich des KSchG ausgeschlossen ist
(vgl. S. 43) besteht für ihn grundsätzlich keine Möglichkeit, im Wege eines ar-
beitsgerichtlichen Kündigungsschutzverfahrens eine Abfindung entsprechend
den §§ 9, 10 KSchG für den Verlust seines Arbeitsplatzes zu erlangen. Aus diesem Grund wird in der Praxis – mit zunehmender Tendenz – eine **vertragliche
Abfindungsregelung** zugunsten des Geschäftsführers getroffen, sofern das Anstellungsverhältnis aus von ihm nicht zu vertretenden Gründen von Seiten der
Gesellschaft gekündigt oder nicht verlängert wird. Hierbei ist jedoch zu beachten, dass eine Kündigung durch die Gesellschaft keines Kündigungsgrundes i. S. v. § 1 Abs. 2 KSchG bedarf, so dass nicht danach differenziert werden
kann, ob die Kündigung aus betriebsbedingten oder verhaltensbedingten
Gründen i. S. v. § 1 Abs. 2 KSchG erfolgt ist. Da somit kein gesetzlicher Prüfungsmaßstab besteht, muss unmittelbar durch den Anstellungsvertrag eine
klare Regelung für das Entstehen des Abfindungsanspruchs sowohl dem
Grunde als auch der Höhe nach getroffen werden. Auf der anderen Seite muss
jedoch zugleich ausgeschlossen werden, dass der Geschäftsführer auch in solchen Fällen die Abfindung beansprucht, in welchen er durch Pflichtverletzungen die Kündigung bzw. Nichtverlängerungsmitteilung der Gesellschaft verursacht hat. Diese doppelte Funktion wurde in Abs. (5) wie folgt verwirklicht:
durch Satz 1 wird bestimmt, dass der Geschäftsführer grundsätzlich bei Kündigung durch die Gesellschaft die Abfindung erhält. Durch Satz 2 werden die
Berechnungsgrundlagen für die Ermittlung der Abfindung bzw. dem für die
Abfindung maßgebenden durchschnittlichen Monatsbezug geregelt. Durch
Satz 3 wird sodann bestimmt, dass die vorstehende Regelung jedoch für den
Fall nicht gilt, dass die Kündigung der Gesellschaft aufgrund erheblicher Leis-
tungsmängel oder Pflichtverletzungen des Geschäftsführers erfolgte. Für das
Vorliegen dieses Ausnahmetatbestandes obliegt damit der Gesellschaft die
Darlegungslast, so dass dem Geschäftsführer sowohl die vorgeworfenen
Pflichtverletzungen als auch deren Maßgeblichkeit für die Kündigung durch
die Gesellschaft nachgewiesen werden müssen, um den Ausschluss des ansonsten bestehenden Abfindungsanspruchs zu begründen. Die durch Abs. (5)
Satz 3 vorgenommene **Beschränkung des Abfindungsanspruchs auf die Fälle
einer vom Geschäftsführer nicht verschuldeten Beendigung** des Anstellungsvertrages ist aus folgendem Grund auch im Interesse des Geschäftsführers geboten: nach gefestigter BGH-Rechtsprechung,[376] stellt die vertragliche Zusage
einer Abfindung für jeden Fall einer Beendigung des Anstellungsvertrages eine
unzulässige Einschränkung des gesetzlichen Rechts der Gesellschaft zur außerordentlichen Kündigung nach § 626 BGB dar und ist deshalb nach § 134
BGB nichtig. Zur Vermeidung dieser Rechtsfolge muss deshalb in der vertraglichen Abfindungsregelung mindestens bestimmt werden, dass der Anspruch
auf Abfindung in den Fällen einer außerordentlichen Kündigung durch die
Gesellschaft ausgeschlossen ist.
Da keine gesetzliche Verpflichtung der Gesellschaft zur Zahlung von Abfindungen besteht, auch wenn die Beendigung des Anstellungsvertrages auf
ihre Veranlassung zurückgeht, bleibt es letztlich eine **Frage der Verhandlun-**

gen bzw. der Stellung des Geschäftsführers in den Vertragsverhandlungen, **ob und in welchem Umfang** er eine **vertragliche Abfindungsregelung** durchsetzen kann. Für die Höhe derartiger Abfindungen gibt es keinen allgemeingültigen Maßstab, wobei es jedoch üblich und zweckgerecht ist, die Abfindung entsprechend der Dauer der zurückgelegten Dienstzeit zu bemessen. Dementsprechend wurde in Abs. (5) von Alternative 3 vorgesehen, dass für die Berechnung der Abfindung zwei durchschnittliche Monatsbezüge pro Dienstjahr zugrunde zu legen sind, wobei diese Berechnungsfaktoren von den Parteien selbstverständlich ebenfalls entsprechend den Gegebenheiten des konkreten Einzelfalls verändert werden können.

10. Alternative 5: Ersetzung der Abfindung durch ein sog. Übergangsgeld

Durch Alt. 5 zu § 16 des Vertragsmusters erfolgt eine Ersetzung der in Alternative 4 geregelten Abfindung durch die Zusage eines sog. Übergangsgeldes an den Geschäftsführer. Aus dessen Sicht stellt die Zusage eines Übergangsgeldes häufig im Vergleich zur Abfindung die wirkungsvollere Absicherung gegenüber den Risiken dar, die bei Beendigung des Anstellungsvertrages eintreten können. Im Gegensatz zur Abfindung, die retrospektiv auf der Grundlage der zurückgelegten Dienstzeit ermittelt wird, ist das **Übergangsgeld** zukunftsgerichtet und **soll den Geschäftsführer für einen bestimmten Zeitraum nach Beendigung des Anstellungsvertrages finanziell absichern.** In Abs. (4) von Alternative 5 wurde als Zeitraum, für welchen eine solche Absicherung des Geschäftsführers erfolgt, eine Dauer von 12 Monaten zugrunde gelegt. Diese Frist kann jedoch von den Vertragsparteien entsprechend den Gegebenheiten im konkreten Einzelfall reduziert oder verlängert werden. Ansonsten folgt die Systematik der Regelung zum Übergangsgeld dem vorstehend (Erl. 9) dargelegten Aufbau der Abfindungsregelung: durch Satz 1 von Abs. (4) wird der grundsätzliche Anspruch des Geschäftsführers auf Gewährung von Übergangsgeld geregelt und hinsichtlich der Höhe auf das zuletzt bezogene Festgehalt fixiert. Durch Satz 2 wird die erforderliche Ausnahme getroffen, wonach die vorstehende Regelung dann nicht gilt, wenn die Nichtverlängerung bzw. Kündigung der Gesellschaft aufgrund erheblicher Leistungsmängel oder Pflichtverletzungen des Geschäftsführers erfolgte. Durch Satz 3 wird vorsorglich noch eine Anrechnungsregelung getroffen, wonach sich der Geschäftsführer auf das Übergangsgeld einen aus anderweitiger beruflicher Tätigkeit erzielten Verdienst in einer von den Parteien festzulegenden Höhe anrechnen lassen muss. In der Praxis wird für den Fall, dass der ausgeschiedene Geschäftsführer innerhalb der für das Übergangsgeld maßgebenden Frist eine neue Tätigkeit aufnimmt, auch eine vollständige Einstellung dieser Leistung bestimmt. Dies kann jedoch dazu führen, dass der Geschäftsführer von der Aufnahme einer wesentlich geringer vergüteten Tätigkeit allein deshalb Abstand nimmt, um nicht seinen Anspruch auf Übergangsgeld zu verlieren. Um dies zu vermeiden, kann es daher auch im wirtschaftlichen Interesse der Gesellschaft liegen, die Aufnahme einer beruflichen Tätigkeit zuzulassen, freilich mit der Folge, dass die hieraus resultierenden Einkünfte zu einem bestimmten Prozentsatz auf das

Übergangsgeld anzurechnen sind und daher die finanziellen Belastungen der Gesellschaft reduzieren.

Bei der Vertragsgestaltung ist unbedingt **darauf zu achten, dass die Zusage eines Übergangsgeldes in die Regelungen zur Vertragsbeendigung, nicht jedoch in die Versorgungsregelungen aufgenommen** wird. Der Grund hierfür liegt darin, dass im Fall einer Aufnahme des Übergangsgeldes in den Katalog der Versorgungsleistungen nach der Rechtsprechung[377] die Ablehnung dieser Leistungen nur bei Vorliegen der außerordentlich hohen Voraussetzungen zulässig ist, welche an den Widerruf vertraglich zugesagter Versorgungsleistungen gestellt werden (vgl. hierzu Erl. 11 zu § 17 des Vertragsmusters = S. 204 f.). Durch die Zusage des Übergangsgeldes in den Regelungen zur Beendigung des Anstellungsvertrages wird demgegenüber zum Ausdruck gebracht, dass es sich hierbei um eine abfindungsähnliche Entschädigungsleistung für den Verlust des Arbeitsplatzes handelt. Für solche Leistungen ist allgemein anerkannt, dass ihre Gewährung ausgeschlossen werden kann, wenn der Betroffene die Beendigung des Anstellungsvertrages selbst schuldhaft verursacht hat.

§ 17
Versorgungszusage

- Alternative 1 (Muster bei Erteilung einer unmittelbaren Versorgungszusage durch die Gesellschaft):
(1) Der Geschäftsführer hat Anspruch auf Versorgungsleistungen durch die Gesellschaft bei
   a) Eintritt einer Berufs- oder Erwerbsunfähigkeit während der Dauer dieses Anstellungsvertrages;
   b) Eintritt in den Ruhestand mit Vollendung des 65. Lebensjahres.
(2) Der Anspruch auf Versorgungsleistungen gemäß Abs. (1) lit. a) ist von Beginn des vorliegenden Anstellungsvertrages an unverfallbar. Der Anspruch auf Versorgungsleistungen gemäß Abs. (1) lit. b) ist unverfallbar, sobald die gesetzlichen Voraussetzungen des BetrAVG für den Eintritt der Unverfallbarkeit erfüllt sind.

- Variante (1) (Muster für ratierlich ansteigende Versorgungsanwartschaft):
(3) Die monatlichen Versorgungsbezüge betragen ...... % des monatlichen Gehalts gemäß § 6 Abs.(1) zum Zeitpunkt der Beendigung des Anstellungsvertrages und erhöhen sich für jedes vollendete Dienstjahr des Geschäftsführers um ...... %, höchstens jedoch auf einen Prozentsatz von ...... % des monatlichen Gehalts.

- Variante (2) (Muster bei Zusage fester Versorgungsbezüge):
(3) Die monatlichen Versorgungsbezüge betragen ...... EUR. Im Fall des Ausscheidens des Geschäftsführers vor Erreichen der Altersgrenze bestimmt sich die Höhe der Versorgungsanwartschaft gemäß § 2 Abs. 1 BetrAVG.

(4) Auf diese Versorgungsbezüge werden Versorgungsleistungen, welche der Geschäftsführer aus Versorgungszusagen vorheriger Arbeitgeber erhält, zu ...... % angerechnet. Darüber hinausgehende Versorgungsleistungen privater Versicherungsträger werden angerechnet, soweit sie mindestens zur Hälfte auf Beiträgen oder Zuschüssen der Gesellschaft beruhen.

(5) Die Zahlung der Versorgungsbezüge erfolgt jeweils zum Monatsende, beginnend mit dem Monat, welcher auf den Eintritt des Versorgungsfalles folgt. Erzielt der Geschäftsführer nach Eintritt eines Versorgungsfalles anderweitige Einkünfte aus selbständiger oder unselbständiger Tätigkeit, so sind diese Einkünfte auf die Versorgungsbezüge anzurechnen, soweit sie zusammen mit den Versorgungsbezügen das vor dem Ausscheiden des Geschäftsführers maßgebende Gehalt gemäß § 6 Abs. (1) übersteigen. Der Geschäftsführer ist verpflichtet, der Gesellschaft unaufgefordert Auskunft über die Höhe anderweitiger Einkünfte aus solchen Tätigkeiten zu erteilen und die Auskünfte auf entsprechendes Verlangen durch geeignete Unterlagen zu belegen.

- Variante (1) (Muster bei Übernahme der gesetzlichen Anpassungsregelung):

(6) Die Versorgungsbezüge werden nach Eintritt des Versorgungsfalles unter Beachtung der gesetzlichen Bestimmungen des BetrAVG angepasst.

- Variante (2) (Muster im Fall einer Ersetzung der gesetzlichen Anpassungsregelung durch eine andere Bezugsgröße):

(6) Die Versorgungsbezüge werden nach Eintritt des Versorgungsfalles jährlich zum 1. Juli um den Prozentsatz der Gehaltssteigerung der höchsten Tarifstufe für die ......-*Industrie Baden-Württemberg* angehoben.

(7) Der Anspruch auf die vorstehenden Versorgungsleistungen kann ganz oder teilweise widerrufen werden, wenn der Geschäftsführer in grober Weise gegen seine Pflichten verstoßen hat, so dass der Gesellschaft eine Aufrechterhaltung der Versorgungsleistungen nicht zugemutet werden kann. Dies gilt insbesondere, sofern der Gesellschaft schwere Schäden durch den Geschäftsführer zugefügt wurden.

- Alternative 2 (Muster bei Durchführung der Versorgungszusage in Form des Abschlusses einer Direktversicherung zugunsten des Geschäftsführers):

(1) Zur Alters-, Berufsunfähigkeits- und Hinterbliebenenversorgung des Geschäftsführers schließt die Gesellschaft auf das Leben des Geschäftsführers eine Lebensversicherung mit einem unwiderruflichen Bezugsrecht ab. Die Versicherungssumme beträgt ...... EUR. Während der Dauer dieses Anstellungsvertrages werden die Versicherungsprämien von der Gesellschaft zusätzlich zu den Bezügen gemäß § 6 dieses Vertrages gezahlt. Die Versicherungsprämien zählen zur steuerpflichtigen Vergütung des Geschäftsführers. Die Versicherungssumme wird mit Vollendung des 65. Lebensjahres oder dem Eintritt einer Berufs- oder Erwerbsunfähigkeit oder dem Tod des Geschäftsführers zur Zahlung fällig. Bezugsberechtigt aus der Versicherung sind im Erlebensfall der Geschäftsführer, im Todes-

fall die von ihm bestimmten Personen oder bei Fehlen einer solchen Bestimmung seine Erben.

(2) Endet der Anstellungsvertrag vor Erreichen der Altersgrenze gemäß
Abs. (1), ohne dass der Versicherungsfall des Todes oder einer Berufs-
oder Erwerbsunfähigkeit vorliegt, so wird die Gesellschaft die zugunsten
des Geschäftsführers abgeschlossene Direktversicherung auf ihn übertragen, sofern zum Zeitpunkt der Beendigung des Anstellungsvertrages die
Frist für den Eintritt der gesetzlichen Unverfallbarkeit gemäß dem Betr-
AVG erfüllt ist.

§ 18
Witwen- und Waisenversorgung

(1) Verstirbt der Geschäftsführer, so erhält seine Ehefrau eine Witwenrente
in Höhe von 60 % der Versorgungsbezüge, welche dem Geschäftsführer
zum Todeszeitpunkt zustanden bzw. im Fall einer zum Todeszeitpunkt
eingetretenen Berufs- oder Erwerbsunfähigkeit nach § 17 zugestanden
hätten.

(2) Der Anspruch auf Witwenrente steht unter der Voraussetzung, dass die
Ehe des Geschäftsführers zum Zeitpunkt seines Todes mindestens 5 Jahre bestand und im Todesfall noch besteht. Der Anspruch erlischt mit Ablauf des Monats, in welchem die Witwe stirbt oder wieder heiratet.

(3) Die unterhaltsberechtigten Kinder des Geschäftsführers erhalten bis zur
Vollendung des 27. Lebensjahres eine Waisenrente in Höhe von 10 %
der Versorgungsbezüge, welche dem Geschäftsführer zum Todeszeitpunkt zustanden bzw. im Fall einer zum Todeszeitpunkt eingetretenen
Berufs- oder Erwerbsunfähigkeit gemäß § 17 zugestanden hätten. Werden die Kinder durch den Tod des Geschäftsführers zu Vollwaisen oder
werden sie zu solchen durch späteren Tod der Ehefrau des Geschäftsführers, so erhalten sie das Doppelte der Waisenrente bis zur Vollendung
des 27. Lebensjahres.

(4) Witwen- und Waisenrenten dürfen zusammen den Betrag der Versorgungsbezüge nicht übersteigen, welcher dem Geschäftsführer gemäß § 17
zustünde. Übersteigt die Summe der Witwen- und Waisenrente diesen
Betrag, so werden die Renten anteilig gekürzt. Erlischt für einen der versorgungsberechtigten Hinterbliebenen der Anspruch, so werden die Renten der verbliebenen versorgungsberechtigten Hinterbliebenen im Rahmen der vorstehenden Gesamtversorgung anteilig angepasst.

(5) Die Zahlung der Witwen- und Waisenrenten beginnt mit Ablauf der Frist
gemäß § 8 Abs.(1) und erfolgt jeweils zum Monatsende.

1. Vorbemerkungen zur Versorgungszusage

Es besteht **keine gesetzliche Verpflichtung der Gesellschaft zur Erteilung einer Versorgungszusage** an den Geschäftsführer, in welcher sich die Gesellschaft zu einer Alters-, Berufsunfähigkeits- und Hinterbliebenenversorgung verpflichtet. Für die unter den Geltungsbereich des BetrAVG fallenden Geschäftsführer (vgl. hierzu nachfolgend Erl. 2) besteht insoweit eine Ausnahme, da sie gemäß § 1a Abs. 1 Satz 1 BetrAVG von der Gesellschaft verlangen können, dass von ihrer Vergütung ein Betrag von bis zu 4 % der Bemessungsgrundlage der Rentenversicherung durch **Entgeltumwandlung** für ihre betriebliche Altersversorgung verwandt wird. Da diese Altersversorgung jedoch nicht von der Gesellschaft, sondern durch den Geschäftsführer selbst finanziert wird, verbleibt es somit bei dem Grundsatz, dass die Gesellschaft in ihrer Entscheidung darüber frei ist, ob eigene finanzielle Mittel zur Dotierung einer Versorgungszusage für den Geschäftsführer eingesetzt werden sollen. In der Praxis findet sich in der überwiegenden Zahl der Fälle eine Versorgungszusage der Gesellschaft, welche für den Geschäftsführer insbesondere deshalb von Bedeutung ist, da er allein mit den Leistungen der gesetzlichen Sozialversicherungsträger den während seiner beruflichen Tätigkeit erreichten Lebensstandard regelmäßig nicht halten kann, so dass dem durch die Gesellschaft zugesagten Ruhegeld als dritter Säule neben der gesetzlichen Rentenversicherung sowie der privaten Eigenvorsorge eine wesentliche Versorgungsfunktion für den Geschäftsführer zukommt.

Die beiden für eine **Versorgungszusage** vorgestellten Varianten wurden im Vertragsmuster bereits **unmittelbar in den Anstellungsvertrag** des Geschäftsführers aufgenommen. In gleicher Weise vertretbar ist jedoch ein solches Vorgehen, bei Abschluss des Anstellungsvertrages zunächst noch keine Versorgungszusage zu erteilen **oder** die Erteilung der Versorgungszusage erst **zu einem späteren Zeitpunkt** der Vertragsdauer in Aussicht zu stellen. Soll zunächst noch keine Versorgungszusage an den Geschäftsführer erteilt werden, so sind die §§ 17, 18 aus dem Anstellungsvertrag herauszunehmen; die dort vorgeschlagenen Formulierungen können dann bei späterer Erteilung der

Versorgungszusage entsprechend verwendet werden. Sofern in der Weise vorgegangen werden soll, dass die Erteilung der Versorgungszusage zwar noch nicht bei Abschluss des Anstellungsvertrages erfolgt, jedoch zu einem bestimmten Zeitpunkt in Aussicht gestellt wird, so kann dies durch die Aufnahme einer sog. **Wartefrist**[378] realisiert werden, **nach deren Ablauf die Erteilung der Versorgungszusage eintritt.** Eine solche Wartefrist ist jedoch **streng zu unterscheiden von der Unverfallbarkeitsfrist** (vgl. hierzu Erl. 4 lit. b) = S. 197): während die Wartefrist die Frage betrifft, zu welchem Zeitpunkt die Erteilung der Versorgungszusage eintritt und damit die Versorgungsanwartschaft überhaupt erst begründet wird, geht es bei der Unverfallbarkeitsfrist um die Frage, nach welcher Dauer des Bestehens der Versorgungszusage der hieraus resultierende Versorgungsanspruch unverfallbar wird, d.h. auch bei vorzeitigem Ausscheiden des Geschäftsführers in dem bis zu diesem Zeitpunkt erdienten Umfang aufrechterhalten bleibt und daher bei späterem Eintritt des Versorgungsfalls (z.B. Erreichen der Altersgrenze) zu erfüllen ist.

Als Gestaltungsformen der Versorgungszusage werden unter Alt. 1 die **unmittelbare Versorgungszusage durch die Gesellschaft** und unter Alt. 2 die **Direktversicherung** vorgestellt, bei welcher die Gesellschaft für den Geschäftsführer einen Lebensversicherungsvertrag abschließt. Für die Entscheidung, in welcher Form die Versorgungszusage erteilt werden soll, ist folgender Unterschied zwischen diesen beiden Gestaltungsformen zu beachten: während bei der Direktversicherung sowohl die Höhe der Beiträge der Gesellschaft als auch die spätere Versorgungsleistung an den Geschäftsführer in aller Regel betragsmäßig feststehen (Zahlung einer bestimmten Versicherungssumme), unterliegt die unmittelbare Versorgungszusage einer zweifachen Steigerungsdynamik: zum einen der bis zum Versorgungsfall eintretenden Steigerung des Gehalts, welches die Bemessungsgrundlage für das Ruhegeld bildet, da in aller Regel auf die zum Zeitpunkt des Ausscheidens bezogene (Fest-)Vergütung für die Berechnung des Ruhegehaltes abgestellt wird (vgl. hierzu im einzelnen nachfolgend unter Erl. 6 lit. b) = S. 199). Zum anderen tritt eine Dynamisierung durch die nach Eintritt des Versorgungsfalles vorzunehmenden Anpassungen des Ruhegeldes ein, welche sich nach der hierfür vertraglich festgelegten Anpassungsregelung bestimmen (vgl. hierzu im einzelnen nachfolgend unter Erl. 9 = S. 202 f.) andernfalls für den Personenkreis der unter das BetrAVG fallenden Geschäftsführer nach Maßgabe der gesetzlichen Anpassungsregelung des § 16 BetrAVG. Aus Sicht der Gesellschaft ist die Wahl der Direktversicherung die finanziell langfristig überschaubarere Lösung. Aus Sicht des Geschäftsführers ist dagegen die unmittelbare Versorgungszusage attraktiver, da sein Ruhegeld nicht auf den zum Zeitpunkt der Erteilung der Versorgungszusage maßgebenden Betrag festgeschrieben wird, sondern sowohl bis zum Versorgungsfall als auch nach dessen Eintritt dynamisch ansteigt.

2. Geltung des BetrAVG

Beide Alternativen der Versorgungszusage wurden unter Beachtung der durch das **Gesetz zur Verbesserung der betrieblichen Altersversorgung** (im folgenden: BetrAVG) gestellten Anforderungen erstellt, da das BetrAVG für den nachfolgend genannten – weit überwiegenden – Personenkreis von Geschäftsführern gilt. Hierbei ist jedoch zu beachten, dass aus dem BetrAVG keine gesetzliche Verpflichtung zur Erteilung einer Versorgungszusage folgt, vielmehr greift dieses Gesetz nur unter der Voraussetzung ein, dass eine Versorgungszusage erteilt wurde, für deren Inhalt und Bestandsschutz sodann die gesetzlichen Bestimmungen des BetrAVG gelten. Während die arbeitsrechtlichen Gesetze zum weit überwiegenden Teil in ihrem persönlichen Geltungsbereich auf die Arbeitnehmer beschränkt sind, werden die Geschäftsführer durch § 17 Abs. 1 Satz 2 BetrAVG – in dem nachfolgend dargelegten Rahmen – in den persönlichen Geltungsbereich des BetrAVG einbezogen: diese **Einbeziehung unter das BetrAVG gilt** uneingeschränkt **für den Personenkreis der Fremd-Geschäftsführer,** deren Versorgungszusage daher in vollem Umfang dem gesetzlichen Schutz des BetrAVG unterliegt.[379] Für den Personenkreis der **Gesellschafter-Geschäftsführer** ist demgegenüber **zwischen Mehrheits- und Minderheits-Gesellschaftern zu differenzieren:** derjenige Gesellschafter-Geschäftsführer, der über eine 50 %ige oder höhere Beteiligung am Gesellschaftskapital verfügt, fällt nicht unter den durch § 17 Abs. 1 Satz 2 BetrAVG erweiterten Schutzbereich dieses Gesetzes,[380] da er aufgrund seiner Mehrheitsbeteiligung innerhalb der Gesellschaft eine unternehmerähnliche Stellung einnimmt. Die ihm als Versorgungsbezüge zugesagten Leistungen sind wirtschaftlich als Ergebnis seiner unternehmerischen Tätigkeit (sog. „Unternehmerlohn") zu qualifizieren, für den kein Schutz nach dem BetrAVG besteht. Demgegenüber fällt der Gesellschafter-Geschäftsführer, der lediglich über eine Minderheitsbeteiligung am Gesellschaftskapital verfügt, grundsätzlich unter den Schutz des BetrAVG,[381] da die ihm erteilte Versorgungszusage das Ergebnis von Dienstleistungen für ein mehrheitlich von anderen geführtes Unternehmen darstellt. Eine Ausnahme von diesem Grundsatz macht der BGH[382] jedoch für den Fall, dass mehrere minderheitlich beteiligte Gesellschafter-Geschäftsführer bei einem gemeinsamen Vorgehen kraft ihrer Stimmenmehrheit in der Lage sind, die Entscheidungen innerhalb der Gesellschaft gegenüber den anderen Gesellschaftern in ihrem Sinne durchzusetzen. In diesem Fall sollen auch die minderheitlich beteiligten Gesellschafter-Geschäftsführer aufgrund ihrer bei gemeinsamem Vorgehen eintretenden Leitungsmacht innerhalb der Gesellschaft aus dem persönlichen Schutzbereich des BetrAVG fallen. Die Annahme einer solchen Leitungsmacht kraft Zusammenrechnung von Geschäftsanteilen mehrerer minderheitlich beteiligter Gesellschafter-Geschäftsführer kommt nach der Rechtsprechung[383] jedoch nur dann in Betracht, wenn es sich um eine „nicht ganz unwesentliche" Beteiligung handelt; eine solche „nicht ganz unwesentliche" Beteiligung soll ab einem Anteil von 10 % an der Gesellschaft gegeben sein. Diese Rechtsprechung ist jedoch zu recht auf erhebliche Kritik[384] gestoßen, da allein der Umstand, dass ein minderheitlich beteiligter Gesellschafter-Geschäftsführer lediglich potentiell zur Herbeiführung einer Mehrheitsentscheidung in der Gesellschafter-Versammlung beitragen kann, ihn nicht auf die gleiche Stufe wie den beherrschenden Gesellschafter-Geschäftsführer stellt, der bereits ohne weiteres durch die Ausübung seiner Mehrheit in der Gesellschafterversammlung die Entscheidungen in seinem Sinne herbeiführen kann.

3. Voraussetzungen für die steuerliche Anerkennung einer Versorgungszusage bei Gesellschafter-Geschäftsführern

Da die Erteilung einer Versorgungszusage unter die Gesamt-Vergütungsleistungen der Gesellschaft fällt, sind die zur Prüfung der steuerlichen Angemessenheit maßgebenden Kriterien auch im Hinblick auf die Versorgungszusage anzuwenden. Zu diesem Zwecke ist auf die bereits unter Erl. 3 zu § 6 = S. 114 erfolgte Darlegung der Kriterien für die **Prüfung der steuerlichen Angemessenheit**, und hierbei insbesondere auf den **3-stufigen Prüfungsmaßstab** zu verweisen, welcher nach dem **BMF-Schreiben vom 14.10.2002** anzuwenden ist. Die an den Gesellschafter-Geschäftsführer zugesagten Versorgungsleistungen sind auf den 3 Stufen dieses Maßstabes jeweils auf ihre steuerliche Angemessenheit zu überprüfen. Die Beachtung der Grenzen für die steuerliche Angemessenheit der Versorgungsleistungen ist aus Sicht der Gesellschaft deshalb von erheblicher Bedeutung, da bei Erteilung einer überhöhten Versorgungszusage nach der Rechtsprechung[385] die Rückstellungen nur in Höhe einer solchen Pensionsanwartschaft anerkannt werden, welche sich bei Erteilung einer steuerlich angemessenen Versorgungszusage ergeben würde. Ebenso wie bei den weiteren Vergütungsleistungen wird auch für die Prüfung der steuerlichen Angemessenheit der Versorgungszusage darauf abgestellt, ob auch bei einem Geschäftsführer, der nicht zugleich Gesellschafter ist, unter den betrieblichen und wirtschaftlichen Gegebenheiten der Gesellschaft eine Versorgungszusage in der gegenüber dem Gesellschafter-Geschäftsführer erfolgten Höhe erteilt worden wäre (sog. Fremdvergleich). Aus der Rechtsprechung des BFH sind folgende speziell für die Angemessenheitsprüfung der Versorgungszusage entwickelte Prüfungskriterien hervorzuheben:
- Grundlegende Voraussetzung für die steuerliche Anerkennung ist die **Erdienbarkeit der Pension** zum Zeitpunkt der Zusage. Hierzu hat der BFH[386] entschieden, dass die Erteilung einer Versorgungszusage an einen Gesellschafter-Geschäftsführer eine verdeckte Gewinnausschüttung darstellt, wenn der Zeitraum zwischen der Erteilung der Zusage und dem vorgesehenen Eintritt in den Ruhestand weniger als 10 Jahre beträgt oder wenn dieser Zeitraum zwar mindestens 3 Jahre beträgt, der Gesellschafter-Geschäftsführer aber keine Dienstzeit von mindestens 12 Jahren aufweist. Damit hat der BFH für das Kriterium der Erdienbarkeit der Versorgungszusage erkennbar auf die zum Zeitpunkt dieses Urteils geltenden Voraussetzungen für den Eintritt der gesetzlichen Unverfallbarkeit einer Versorgungszusage abgestellt. Knüpft man für das Kriterium der Erdienbarkeit der Pension an der gesetzlichen Frist an, die zur Erfüllung der gesetzlichen

Unverfallbarkeit der Versorgungsanwartschaft erfüllt werden muss, so
wäre es konsequent, aufgrund der zwischenzeitlich erfolgten gesetzlichen
Neuregelung an der durch § 1b BetrAVG normierten 5-Jahres-Frist anzu-
knüpfen. Nach der Rechtsprechung des BFH[387] ist die Erdienbarkeit einer
Pensionszusage grundsätzlich zu verneinen, wenn der Gesellschafter-
Geschäftsführer bereits das 60. Lebensjahr überschritten hat.

- Weitere Voraussetzung für die steuerliche Anerkennung ist die **Üblichkeit
  der Versorgungszusage.** Dieses Kriterium ist nicht nur hinsichtlich des Umfangs, sondern auch des Zeitpunkts der Erteilung der Versorgungszusage
  zu beachten. Während der BFH in seiner früheren Rechtsprechung[388] die
  Üblichkeit einer unmittelbar bei Abschluss des Anstellungsvertrages erteilten Versorgungszusage verneint hat, da zunächst die Bewährung des Geschäftsführers in eine ausreichend bemessenen Probezeit erforderlich sei,
  wurde im weiteren Urteil vom 18.8.1999[389] eine erhebliche Lockerung
  vorgenommen und die Erteilung einer Versorgungszusage auch ohne vorherige Erprobung des neu angestellten Gesellschafter-Geschäftsführers
  steuerlich anerkannt, wenn die Gesellschaft aus eigener Erfahrung Kenntnisse über die Befähigung des Geschäftsführers habe und die Ertragserwar-
  tungen aufgrund ihrer bisherigen unternehmerischen Tätigkeit hinreichend
  deutlich abschätzen könne.
- Schließlich ist insbesondere auf die **Angemessenheit der Höhe der Pensionsleistungen** abzustellen. Nach der Rechtsprechung des BFH[390] wird hierbei
  als Obergrenze für die Angemessenheit einer Pension der Prozentsatz von
  75 % der Bezüge aus aktiver Tätigkeit angesehen (Verbot der Überversor-
  gung). Für die Prüfung dieser 75 %-Grenze ist auf die Gesamtversorgung
  unter Einbeziehung der Leistungen aus der gesetzlichen Rentenversicherung abzustellen.[391]
- Wurde anhand der vorstehend dargelegten Kriterien die steuerliche Angemessenheit der Versorgungszusage festgestellt, so sind aufgrund des 3-
  stufigen Prüfungsmaßstabes des BMF-Schreibens die **Versorgungsleistungen im Rahmen der 3. Stufe in die Prüfung der steuerlichen Angemessenheit der Gesamt-Bezüge des Gesellschafter-Geschäftsführers einzubeziehen.** Hierfür gelten die bereits in Erl. 3 lit. c) zu § 6 = S. 115 dargelegten
  Kriterien.

4. Alternative 1: Unmittelbare Versorgungszusage durch die Gesellschaft

a) In der unter Alternative 1 vorgestellten unmittelbaren Versorgungszusage
durch die Gesellschaft werden dem Geschäftsführer durch Abs. (1) von § 17
des Vertragsmusters die Versorgungsleistungen für den **Fall des altersbedingten Ausscheidens** sowie für den **Fall einer Invalidität** (Berufs- oder Erwerbsunfähigkeit) zugesagt. Der Todesfall bzw. die für diesen Fall zugesagte Hinterbliebenenversorgung (Witwen- und Waisenrente) erfolgt gesondert im
anschließenden § 18.

Für den Versorgungsfall des altersbedingten Ausscheidens wurde in Abs. (1)
lit. b) auf die Vollendung des 65. Lebensjahres abgestellt, wobei in der Praxis

eine zunehmende Tendenz einer Altersabsenkung festzustellen ist, die z. T. bis zur Vollendung des 60. Lebensjahres reicht. Die Frage, ab welchem Alter die Versorgungsbezüge einsetzen sollen, ist letztlich Verhandlungssache und stellt häufig aus Sicht des Geschäftsführers einen wesentlichen Bestandteil des Gesamt-Pakets der Leistungen dar, welche er vor seinem Eintritt in die Gesellschaft sorgfältig prüfen muss.

b) Durch Abs. (2) von § 17 des Vertragsmusters wird die Frage der **Unverfallbarkeit der Versorgungsanwartschaft** geregelt. Hierbei wurde wie folgt differenziert:

- Für den **Fall des Ausscheidens vor Erreichen der Altersgrenze** wurde durch Abs. (2) Satz 2 bestimmt, dass eine Unverfallbarkeit eintritt, sobald die hierfür bestehenden gesetzlichen Voraussetzungen erfüllt sind. Nach § 1b Abs. 1 BetrAVG tritt die **gesetzliche Unverfallbarkeit** ein, wenn die **Versorgungszusage mindestens 5 Jahre bestanden hat** (zur Höhe der Versorgungsanwartschaft vgl. nachfolgend die Erl. 5).
- Die Frist des § 1b BetrAVG stellt den gesetzlichen Schutz dar, welcher bei Ausgestaltung der Versorgungszusage nicht unterschritten werden darf. Dagegen ist es rechtlich zulässig, im Rahmen der Versorgungszusage solche Regelungen zu treffen, die günstiger als die gesetzlichen Regelungen sind. In diesem Sinne wurde hinsichtlich der zugesagten Invaliditätsleistung verfahren, indem durch Abs. (2) Satz 1 **vertraglich eine kürzere Unverfallbarkeit** bestimmt wurde, wonach diese Versorgungsleistungen von Beginn des Anstellungsvertrages an unverfallbar sind. Dies erscheint im Hinblick darauf gerechtfertigt, dass das Invaliditätsrisiko für den Geschäftsführer von Beginn seiner Tätigkeit an besteht, so dass es vertretbar erscheint, ihn hiergegen bereits unmittelbar von Vertragsbeginn an abzusichern.

5. Grundsätze für die inhaltliche Regelung der Versorgungszusage

Für die inhaltliche Ausgestaltung der Versorgungszusage ist zwischen den mehrheitlich an der Gesellschaft beteiligten Gesellschafter-Geschäftsführer einerseits und den Fremd-Geschäftsführern sowie den lediglich minderheitlich beteiligten Gesellschafter-Geschäftsführern andererseits zu differenzieren:

a) Die mehrheitlich beteiligten Gesellschafter-Geschäftsführer fallen nicht unter den persönlichen Geltungsbereich des BetrAVG (vgl. S. 194), so dass insoweit ein weiter Gestaltungsrahmen besteht, welcher zivilrechtlich den aus § 242 BGB folgenden Grenzen unterliegt und in steuerlicher Hinsicht den durch die BFH-Rechtsprechung (vgl. vorstehend Erl. 3) entwickelten Maßstäben zur Prüfung der steuerlichen Angemessenheit.[392]

b) Für die unter den persönlichen Geltungsbereich des BetrAVG fallenden Geschäftsführer stellt sich die **Frage, ob** bei der Ausgestaltung der Versorgungszusage (z. B. Berechnung der Höhe der Versorgungsanwartschaft bei vorzeitigem Ausscheiden; Anpassung von Versorgungsleistungen) **von den ge-**

setzlichen Bestimmungen des BetrAVG abgewichen werden kann. Hierzu ist
eine – für die Beratung in der Vertragspraxis schwer einzuschätzende – Di-
vergenz zwischen der Rechtsprechung des BGH und des BAG festzustellen.
Während der BGH in seiner Rechtsprechung[393] ein Abweichen von gesetzlichen Bestimmungen des BetrAVG im Hinblick auf § 17 Abs. 3 BetrAVG für
unzulässig hält, so dass eine hiervon abweichende Regelung in der Versorgungszusage nach § 134 BGB nichtig ist, kann nach Auffassung des BAG[394]
bei Versorgungszusagen für Geschäftsführer in dem Umfang von den gesetzlichen Bestimmungen des BetrAVG abgewichen werden, wie dies den Tarifvertragsparteien im Rahmen von tariflichen Versorgungsregelungen gestattet
ist. Die Auffassung des BAG lässt sich zwar mit dem Wortlaut des § 17
Abs. 3 Satz 1 BetrAVG kaum vereinbaren, da nach dieser Vorschrift allein
den Tarifvertragsparteien eine Abweichung von den dort genannten Vorschriften des BetrAVG gestattet ist. Stellt man auf den dieser Vorschrift
zugrundeliegenden Normzweck ab, so lässt sich durchaus auch für Versorgungszusagen an Geschäftsführer die Auffassung vertreten, dass Abweichungen in dem durch § 17 Abs. 3 Satz 1 BetrAVG gestatteten Rahmen zulässig
sind.[395] In Anbetracht der divergierenden Rechtsprechung sowie unter Berücksichtigung des Umstandes, dass die Zuständigkeit für Rechtsstreitigkei-
ten zwischen Geschäftsführern und der Gesellschaft bei den Zivilgerichten
und damit letztinstanzlich beim BGH liegt, erscheint ein Abweichen von den
gesetzlichen Bestimmungen des BetrAVG jedenfalls so lange als eher riskant,
bis der BGH seine Rechtsprechung im Sinne einer Unabdingbarkeit der gesetzlichen Bestimmungen des BetrAVG (noch) nicht aufgegeben hat. Auch
dann, wenn man sich bereits vor einer solchen Klärung durch den BGH entschließen sollte, im Rahmen von § 17 Abs. 3 BetrAVG von den dort genannten gesetzlichen Bestimmungen abzuweichen, so ist in jedem Fall folgende
Grenze zu beachten: durch die Abweichungen dürfen diejenigen Vorschriften, welche zum Schutz unverfallbarer Versorgungsansprüche auch einem
Eingriff der Tarifvertragsparteien nach § 17 Abs. 3 BetrAVG entzogen sind,
im Ergebnis nicht ausgehöhlt werden. Dies ist am Beispiel einer Abweichung
von den gesetzlichen Vorschriften für die Berechnung einer unverfallbaren
Versorgungsanwartschaft wie folgt zu verdeutlichen: da nach § 17 Abs. 3
BetrAVG u. a. von der Vorschrift des § 2 BetrAVG abgewichen werden kann,
welche die Höhe der unverfallbaren Anwartschaft bei vorzeitigem Ausscheiden regelt, könnte in der Versorgungszusage eine deutlich geringere Versorgungsanwartschaft im Fall des vorzeitigen Ausscheidens geregelt werden, als
dies bei Anwendung der gesetzlichen Vorschrift der Fall wäre. Da jedoch die
Vorschrift des § 1b BetrAVG, welche die gesetzliche Unverfallbarkeit von
Versorgungsanwartschaften regelt, nicht im Katalog derjenigen Vorschriften
des § 17 Abs. 3 Satz 1 BetrAVG aufgeführt ist, von denen abgewichen werden kann, würde eine übermäßige Absenkung der Versorgungsanwartschaft
im Fall des vorzeitigen Ausscheidens im Ergebnis letztlich deren gesetzlich
garantierte Unverfallbarkeit wirtschaftlich aushöhlen. Im Hinblick hierauf
ist bei Wahrnehmung der durch die BAG-Rechtsprechung eröffneten Abweichung von den gesetzlichen Vorschriften im Rahmen von § 17 Abs. 3
BetrAVG eher Vorsicht geboten.[396]

6. Grundsätze für die Bemessung der Versorgungsbezüge

a) Für die Bemessung der Versorgungsbezüge bestehen keine Mindest- oder Höchstgrenzen. In der Praxis hat sich eine Obergrenze von 75 % der während der aktiven Zeit bezogenen Vergütung herausgebildet, wobei jedoch häufig auch ein geringerer Versorgungsgrad anzutreffen ist. Für das Erreichen des im konkreten Einzelfall angestrebten Versorgungsgrades ist auf die **Gesamtversorgung** abzustellen, welche sich aus der **Altersrente der gesetzlichen Rentenversicherung** und dem in Ergänzung hierzu tretenden **Ruhegeld der Gesellschaft** zusammensetzt. Daraus ergeben sich für die Gestaltung der Versorgungszusage folgende zwei Alternativen: (1) Das Ruhegeld wird auf der Basis des für die Gesamtversorgung angestrebten Betrages zugesagt, hierauf werden jedoch die Leistungen der gesetzlichen Rentenversicherung angerechnet. (2) Das Ruhegeld wird von vornherein nur in Höhe desjenigen Betrages zugesagt, welcher neben die Leistungen der gesetzlichen Rentenversicherung treten soll, so dass sich insoweit eine Anrechnungsklausel erübrigt. In § 17 Abs. (3) des Vertragsmusters wurde entsprechend der zweiten Alternative vorgegangen und keine Gesamtversorgung fixiert, auf welche die Leistungen der gesetzlichen Rentenversicherung anzurechnen sind, sondern unmittelbar die Versorgungsleistungen auf den prozentualen Betrag des zuletzt bezogenen Gehalts (Variante 1) bzw. den Betrag festgelegt, welcher als monatliche Versorgungsleistung durch die Gesellschaft erbracht werden soll (Variante 2). Dass demgegenüber von einer Ausgestaltung im Sinne einer Gesamtversorgung Abstand genommen wurde hat folgenden Grund: im Zuge der Einschränkungen der Leistungen aus der gesetzlichen Rentenversicherung, mit denen auch weiterhin zu rechnen ist, tritt bei einer Gesamtversorgung notwendigerweise eine entsprechende Erhöhung des durch die Gesellschaft zu erbringenden Anteils an der Gesamtversorgung ein, da der Fortbestand des durch die Versorgungszusage festgeschriebenen Gesamtversorgungsgrades (z.B. 75 %) nur dadurch erreicht werden kann, indem die Versorgungsleistungen der Gesellschaft um den Anteil erhöht werden, um welchen die Leistungen der gesetzlichen Rentenversicherung sinken.

b) In Abs. (3) von § 17 des Vertragsmusters werden für die Bemessung der monatlichen Versorgungsbezüge folgende zwei Alternativen vorgestellt:
- In Variante (1) werden die monatlichen Versorgungsbezüge zunächst auf einen Sockelbetrag festgelegt, welcher mit jedem durch den Geschäftsführer vollendeten Dienstjahr um einen bestimmten Prozentsatz ansteigt, wobei jedoch eine Deckelung auf einen Höchst-Prozentsatz vorgenommen wurde.
- In Variante (2) wird demgegenüber ein **Festbetrag** für die monatlichen Versorgungsleistungen bestimmt. Bei der Ermittlung eines solchen Festbetrages ist auf das bei Beendigung des Anstellungsvertrages voraussichtlich erreichte Gehaltsniveau abzustellen und ausgehend hiervon der Betrag zu ermitteln, welcher als monatliche Versorgungsleistung angemessen erscheint.

In Variante (1) wurde hinsichtlich des prozentualen Sockelbetrages allein
auf das Festgehalt gemäß § 6 Abs. (1) des Vertragsmusters abgestellt. Dies
entspricht der überwiegenden Praxis, wonach die **variable Vergütung aus der
Bemessungsgrundlage für die Berechnung der Versorgungsleistungen auszuklammern** ist. Dies hat mehrere Gründe: mit der variablen Vergütung wird in
aller Regel bezweckt, den Geschäftsführer am Gewinn zu beteiligen, welchen
die Gesellschaft unter seiner Führung erzielt hat. Dies verbietet jedoch, diese
Gewinnbeteiligung zur Berechnungsgrundlage und damit Bestandteil einer
später auf unbestimmte Dauer zu erbringenden Versorgungsleistungen zu machen. Hierdurch würde sich die Gesellschaft auch in erhebliche wirtschaftliche
Risiken begeben, da z. B. im Fall eines Ausscheidens des Geschäftsführers nach
2–3 Boom-Jahren eine unter Einbeziehung der variablen Vergütung erfolgende Berechnung der Versorgungsbezüge zu ebenso zufällig wie unverhältnismäßig hohen Versorgungsleistungen führen könnte, an welche die Gesellschaft auch dann gebunden bliebe, wenn ihre wirtschaftliche Lage sich stark
rückläufig entwickelt. Aus diesem Grund ist daher auch Vorsicht gegenüber
solchen Regelungen geboten, welche die variable Vergütung in ihrem Durch-
schnittswert während der letzten 3 Jahre vor dem Ausscheiden des Geschäftsführers in die Berechnungsgrundlage der Versorgungsleistungen ein-
beziehen.

c) Für den **Fall des Ausscheidens des Geschäftsführers vor Erreichen der Al-
tersgrenze** bedarf es einer Regelung zur Ermittlung der anteiligen Höhe seiner
Versorgungsanwartschaft. In Variante 2 zu Abs. (3) wird auf die **gesetzliche
Regelung des § 2 Abs. 1 BetrAVG** verwiesen: danach erfolgt eine ratierliche
Berechnung der unverfallbaren Versorgungsanwartschaft im Verhältnis der
tatsächlich zurückgelegten Dienstzeit gegenüber der bis zum Erreichen der
Altersgrenze möglichen Dienstzeit. In Variante 1 zu Abs. (3) wurde von einer
Übernahme dieser gesetzlichen Regelung zur Ermittlung der anteiligen Versorgungsanwartschaft aus folgendem Grund abgesehen: nach der dort geregelten Systematik steigt die Versorgungsanwartschaft mit jedem vom Geschäftsführer vollendeten Dienstjahr um einen bestimmten Prozentsatz, so
dass bereits hierdurch das Prinzip eines ratierlichen Anstiegs der Versorgungsanwartschaft realisiert wurde. Hierbei ist allerdings zu beachten, dass
es sich nur um eine Teil-Ratierlichkeit handelt, da die jährlichen Prozentsätze
auf dem Sockelbetrag aufsetzen, welcher im Fall eines vorzeitigen Ausscheidens des Geschäftsführers nicht ratierlich gekürzt wird. Je nach der Höhe
des Sockelbetrags kann es daher auch bei dieser Variante angezeigt erscheinen, ergänzend die gesetzliche Regelung des § 2 Abs. 1 BetrAVG zur Anwendung zu bringen.

7. Anrechnung sonstiger Versorgungsleistungen

In Abs. (4) von § 17 des Vertragsmusters wird die Frage der Anrechnung
sonstiger Versorgungsleistungen geregelt. Eine Anrechnung der Leistungen
aus der gesetzlichen Rentenversicherung ist hierbei bewusst unterblieben, da
aus den vorstehend unter Erl. 6 dargelegten Gründen die Versorgungszusage

nicht im Rahmen einer Gesamtversorgung erfolgt, sondern sich allein auf die
von der Gesellschaft zu erbringenden Versorgungsleistungen konzentriert, so
dass konsequenterweise keine Anrechnung der gesetzlichen Rentenleistungen
vorzunehmen war. Hinsichtlich der Versorgungsleistungen, welche der Geschäftsführer aus Versorgungszusagen vorheriger Arbeitgeber erhält, erscheint eine zumindest anteilige Anrechnung gerechtfertigt, jedenfalls dann,
wenn die Versorgungsleistungen – z.B. durch einen verhältnismäßig hohen
Sockelbetrag – auf ein hohes Niveau gehoben wurden. Eine solche Anrechnung Versorgungsleistungen früherer Arbeitgeber erscheint insbesondere
auch im Hinblick auf die nach Abs. (2) vorgesehene unmittelbare vertragliche Unverfallbarkeit der Invaliditätsleistungen gerechtfertigt. Hinsichtlich
sonstiger Versorgungsleistungen, welche der Geschäftsführer durch private
Versicherungsträger erhält, wird üblicherweise eine Anrechnung vorgenommen, soweit sie mindestens zur Hälfte auf Beiträgen oder Zuschüssen der
Gesellschaft beruhen.

8. Anrechnung anderweitiger Einkünfte

In Abs. (5) Satz 2 von § 17 des Vertragsmusters wurde eine Regelung zur
Anrechnung solcher Einkünfte aufgenommen, welche der Geschäftsführer
aus aktiver Tätigkeit nach Eintritt des Versorgungsfalles erzielt. Hierbei geht
es insbesondere um die Anrechnung solcher Einkünfte, welche der Geschäftsführer nach Erreichen der Altersgrenze während des Bezugs von Ruhegeld
erzielt. Wenn sich die Gesellschaft die Möglichkeit einer solchen Anrechnung
vorbehalten will, ist eine **ausdrückliche Regelung zur Anrechnung der während des Ruhegeldbezuges erzielten Einkünfte aus aktiver Tätigkeit erforderlich**, da andernfalls bei Fehlen einer solchen Anrechnungsklausel nach der
Rechtsprechung[397] davon auszugehen ist, dass sich der Geschäftsführer solche Einkünfte nicht auf das Ruhegeld anrechnen lassen muss. Das Auszeh-
rungsverbot gemäß § 5 Abs. 2 BetrAVG steht einer solchen Anrechnung
nicht entgegen, da dieses nur für anderweitige Versorgungsbezüge eingreift,
während es sich hier um anderweitige Einkünfte aus aktiver Tätigkeit nach
Eintritt eines Versorgungsfalles geht. Es ist daher in der Rechtsprechung[398]
anerkannt, dass die Anrechnung von Einkünften aus anderweitiger Tätigkeit
auf das Ruhegeld in der Versorgungszusage vereinbart werden kann. Eine
solche Anrechnung wird in der Praxis insbesondere für diejenigen Einkünfte
vorgenommen, welche der Geschäftsführer bei Eintritt eines vorzeitigen Versorgungsfalles (z.B. Berufsunfähigkeit) erzielt. Für diese Fälle wird häufig
eine Befristung der Dauer der Anrechnung bis zum Zeitpunkt des Erreichens
der durch die Versorgungszusage festgelegten Altersgrenze vorgenommen.
Das Erreichen der Altersgrenze für den Bezug des Ruhegeldes stellt jedoch
keine Obergrenze dar, ab der eine Anrechnung anderweitiger Einkünfte ausgeschlossen wäre. Vielmehr kann eine Anrechnung auch in diesen Fällen erfolgen, was insbesondere dann gerechtfertigt erscheint, wenn die Altersgrenze für den Bezug des Ruhegeldes abgesenkt wurde. In Abs. (5) Satz 2 des
Vertragsmusters wurde eine vermittelnde Lösung des Inhalts vorgenommen,

wonach eine Anrechnung der aus aktiver Tätigkeit erzielten Einkünfte erfolgt, sofern diese zusammen mit dem Ruhegeld das zuletzt bezogene Festgehalt des Geschäftsführers übersteigen. Damit wird dem Geschäftsführer die Möglichkeit eingeräumt, in einem solchen Umfang noch tätig zu werden, dass er seinen vor Eintritt in den Ruhestand erreichten finanziellen Lebensstandard halten kann. Sofern die Tätigkeit des Geschäftsführers jedoch über diesen Rahmen hinausgeht (z. B. Aufnahme einer umfangreichen Beratungstätigkeit), so erscheint eine Anrechnung bereits deshalb vertretbar, da es in diesen Fällen am Vorliegen eines Versorgungsbedarfs für einen solchen Geschäftsführer fehlen dürfte. Da die erforderlichen Rückstellungen für die Erbringung der Ruhegeld-Leistungen durch die Gesellschaft bis zum Ausscheiden des Geschäftsführers gebildet wurden, ist in der Praxis auch die Auffassung anzutreffen, dass – jedenfalls ab dem Erreichen der für das Ruhegeld maßgebenden Altersgrenze – keine Anrechnung erfolgten und es dem Geschäftsführer überlassen bleiben soll, ob und wenn ja in welchem Umfang von seiner Seite noch Tätigkeiten nach Eintritt in den Ruhestand wahrgenommen werden. Sofern mit dem Geschäftsführer kein nachvertragliches Wettbewerbsverbot vereinbart wurde, welches auch für den Fall des ruhestandsbedingten Ausscheidens gilt (vgl. S. 161) sollte von Seiten der Gesellschaft allerdings erwogen werden, eine Anrechnungsklausel zu dem Zweck in die Versorgungszusage aufzunehmen, um damit zumindest die aus einer konkurrierenden Tätigkeit des in Ruhestand getretenen Geschäftsführers erzielten Einkünfte auf seine Versorgungsbezüge anrechnen zu können.

9. Anpassung des Ruhegeldes

In Abs. (6) von § 17 des Vertragsmusters werden die in Betracht kommenden Regelungen zur Anpassung der Versorgungsleistungen vorgestellt. Hinsichtlich der Anwendung dieser Regelungen ist grundlegend zu beachten, dass eine **Verpflichtung zur Überprüfung und Anpassung der Versorgungsbezüge erst nach Eintritt des Versorgungsfalls** einsetzt, wohingegen im Anwartschaftsstadium noch keine Anpassungsverpflichtung besteht.[399] Für die Anpassungsregelung in der Versorgungszusage kommen folgende zwei Alternativen in Betracht:

- Entsprechend Variante (1) zu Abs. (6) kann eine **Übernahme der gesetzlichen Anpassungsregelung gemäß § 16 BetrAVG** vorgenommen werden. Nach § 16 Abs. 1 BetrAVG hat alle 3 Jahre eine Anpassungsüberprüfung zu erfolgen, bei welcher die Belange des Versorgungsempfängers und die wirtschaftliche Lage der Gesellschaft zu berücksichtigen sind und nach billigem Ermessen darüber zu entscheiden ist, ob und wenn ja in welchem Umfang eine Anpassung der Versorgungsbezüge vorzunehmen ist. Hierbei ist grundlegende Voraussetzung für eine Anpassung, dass aus den künftig zu erwartenden Erträgen der Gesellschaft die Mehrkosten gedeckt werden können, welche sich aus dem festgestellten Anpassungsbedarf ergeben.[400] Dagegen ist die Gesellschaft nicht verpflichtet, zur Durchführung einer Anpassung der Versorgungsbezüge in die Vermögenssubstanz des Unternehmens einzugreifen. Nach § 16 Abs. 2 BetrAVG gilt die gesetzliche Anpassungsverpflichtung als erfüllt, wenn die von der Gesellschaft vorgenommene Anpassung nicht geringer ist als der Anstieg des Verbraucherpreisindex für Deutschland oder die Entwicklung der Nettovergütung der vergleichbaren aktiven Geschäftsführer während des 3-Jahres-Zeitraums. Schließlich entfällt nach § 16 Abs. 3 BetrAVG die gesetzliche Anpassungsverpflichtung, wenn die Gesellschaft sich gegenüber dem Geschäftsführer verpflichtet hat, die Versorgungsleistungen um mindestens 1 % jährlich anzupassen. Ist die Gesellschaft eine solche Verpflichtung eingegangen, so hat die Mindestanpassung auch dann zu erfolgen, wenn unter Zugrundelegung des vorstehend dargelegten Prüfungsmaßstabes nach § 16 Abs. 1 BetrAVG keine Anpassung der Versorgungsbezüge geboten wäre.

- Anstelle der gesetzlichen Regelung kann jedoch auch eine **vertragliche Anpassungsregelung** durch die Versorgungszusage erfolgen, wonach sich die Versorgungsbezüge entsprechend den Vergütungssteigerungen einer in Bezug genommenen Besoldungs- oder Tarifregelung erhöhen. Dementsprechend wurde in Variante (2) zu Abs. (6) eine solche vertragliche Anpassungsklausel vorgesehen, welche den Anstieg der Versorgungsbezüge an den Prozentsatz der Gehaltssteigerung der höchsten Tarifstufe des für die Gesellschaft einschlägigen Tarifvertrages koppelt. Hierbei ist jedoch zu beachten, dass eine solche Regelung im Sinne einer Anpassungsautomatik entsprechend den Tarifsteigerungen ein erhebliches Risiko für die Gesellschaft bedeutet, das Ruhegeld auch bei angespannter wirtschaftlicher Lage entsprechend den Tarifsteigerungen anheben zu müssen. Sofern dieses Risiko vermieden werden soll, ist daher auf die gesetzliche Regelung des § 16 BetrAVG zurückzugreifen, da hiernach eine Anpassung der Versorgungsbezüge nur dann vorzunehmen ist, wenn der finanzielle Mehrbedarf aus den zu erwartenden Erträgen der Gesellschaft gedeckt werden kann.

10. Insolvenzsicherung der Versorgungsleistungen

Für die unter den persönlichen Geltungsbereich des BetrAVG fallenden Geschäftsführer (vgl. hierzu vorstehend S. 194) gilt die **gesetzliche Insolvenzsicherung nach § 7 BetrAVG**. Danach besteht für den versorgungsberechtigten Geschäftsführer gegenüber dem Träger der Insolvenzsicherung (= Pensions-Sicherungs-Verein aG Köln) ein Anspruch auf Übernahme der Versorgungsleistungen, wenn über das Vermögen der Gesellschaft das Insolvenzverfahren eröffnet wurde oder einer der durch § 7 Abs. 1 Satz 4 Nr. 1–3 BetrAVG gleichgestellten Tatbestände eintritt. Tritt einer der Insolvenztatbestände bereits vor dem Versorgungsfall ein, so greift gemäß § 7 Abs. 2 BetrAVG die Insolvenzsicherung für die Anwartschaft auf die zugesagten Versorgungsleistungen ein, sofern für die Versorgungsanwartschaft zum Zeitpunkt des Eintritts des Insolvenzfalls die gesetzliche Unverfallbarkeitsfrist nach § 1b BetrAVG erfüllt war. Hieraus folgt zugleich, dass sich eine Verkürzung der gesetzlichen Frist durch Vereinbarung einer geringer bemessenen vertraglichen Unverfallbarkeitsfrist nur im Verhältnis zur Gesellschaft auswirkt, hierdurch jedoch nicht eine vorgezogene Eintrittspflicht des Pensions-Sicherungs-Vereins als Träger der gesetzlichen Insolvenzsicherung herbeigeführt werden kann. Durch § 7 Abs. 3 BetrAVG werden die im Rahmen der gesetzlichen Insolvenzsicherung vom Pensions-Sicherungs-Verein zu übernehmenden Versorgungsleistungen in ihrer Höhe auf das Dreifache der im Zeitpunkt der ersten Fälligkeit geltenden Beitragsbemessung der gesetzlichen Rentenversicherung begrenzt. Ein gesetzlicher Leistungsausschluss besteht nach § 7 Abs. 5 BetrAVG, soweit nach den Umständen des Falles die Annahme gerechtfertigt ist, dass der alleinige oder überwiegende Zweck der Versorgungszusage oder ihrer Anhebung darin bestand, später den Träger der gesetzlichen Insolvenzsicherung in Anspruch nehmen zu können. Diese Annahme ist insbesondere dann gerechtfertigt, wenn bei Erteilung der Versorgungszusage oder ihrer Anhebung im Hinblick auf die wirtschaftliche Lage der Gesellschaft davon auszugehen war, dass sie die zugesagten Versorgungsleistungen nicht erbringen kann.

In der Vergangenheit wurde in die Versorgungszusagen regelmäßig eine Klausel des Inhalts aufgenommen, wonach sich die Gesellschaft vorbehält, die Versorgungsleistungen zu kürzen oder einzustellen, wenn sich die bei Erteilung der Versorgungszusagen maßgebenden wirtschaftlichen Verhältnisse so nachhaltig verändert haben, dass der Gesellschaft die Aufrechterhaltung der zugesagten Versorgungsleistungen nicht mehr zugemutet werden kann. Durch diesen Vorbehalt sollte die Möglichkeit zur Kürzung oder dem Widerruf der Versorgungsleistungen bei Eintritt einer sog. wirtschaftlichen Notlage der Gesellschaft geschaffen werden. Dies war so lange gesetzeskonform, als zu den Fällen der Eintrittspflicht des Pensions-Sicherungs-Vereins nach § 7 Abs. 1 BetrAVG auch der Tatbestand einer wirtschaftlichen Notlage zählte, so dass bei Vorliegen der hierfür erforderlichen Voraussetzungen die Versorgungsleistungen ebenfalls durch den Pensions-Sicherungs-Verein übernommen wurden. Nachdem jedoch mit Wirkung ab 1.1.1999 die **wirtschaftliche Notlage** der Gesellschaft **kein Fall der gesetzlichen Insolvenzsicherung** mehr darstellt und daher keine Eintrittspflicht des Pensions-Sicherungs-Vereins auslöst, ist der **früher verwandte Widerrufsvorbehalt nicht mehr zulässig,** wonach die Gesellschaft in Fällen wirtschaftlicher Notlage zur Kürzung oder Einstellung der Versorgungsleistungen berechtigt war.[401] Die Gesellschaft bleibt somit auch für diesen Fall an die zugesagten Versorgungsleistungen gebunden.

11. Kürzung/Widerruf der Versorgungsleistungen

Der in Abs. (7) von § 17 des Vertragsmusters vorgesehene Kürzungs- und Widerrufsvorbehalt kommt nur bei Vorliegen folgender zwei Voraussetzungen in Frage:

– durch den Geschäftsführer müssen während seiner aktiven Dienstzeit **besonders schwerwiegende Pflichtverletzungen** begangen worden sein,
– durch welche eine wirtschaftliche **Existenzgefährdung der Gesellschaft** verursacht wurde.

Hinsichtlich der Schwere der Pflichtverletzungen wird durch die Rechtsprechung[402] ein außerordentlich hoher Maßstab angelegt, wonach die Pflichtverletzungen sogar noch über das Maß hinausgehen müssen, welches für einen „wichtigen Grund" i. S. v. § 626 Abs. 1 BGB zur außerordentlichen Kündigung erfüllt werden muss. Danach kommen nur solche Pflichtverletzungen für eine Kürzung oder gar den vollständigen Widerruf der Versorgungsleistungen in Betracht, die so schwerwiegend sind, dass sich die erbrachten Dienste des Geschäftsführers bei retrospektiver Betrachtung als wertlos, wenn nicht gar schädigend für die Gesellschaft herausstellen, so dass eine gleichwohl erfolgende Geltendmachung der Versorgungsleistungen rechtsmissbräuchlich wäre. Eine noch weitergehende Einschränkung der Kürzungs- und Widerrufsmöglichkeit folgt aus der zweiten Voraussetzung, welche zusätzlich zu der besonders schwerwiegenden Pflichtverletzung gegeben sein muss: danach verlangt die Rechtsprechung,[403] dass die Gesellschaft durch die Pflichtverletzungen des Geschäftsführers in eine existenzbedrohende Lage gebracht wurde. Nach aller Erfahrung in der Praxis kann dieser Nachweis nur selten gebracht werden, insbesondere dann, wenn die Gesellschaft einer größeren Unternehmensgruppe zugehört. Dies kann zu dem ausgesprochen unbefriedigenden Ergebnis führen, dass an den Geschäftsführer selbst dann Versorgungsleistungen in beträchtlicher Höhe zu erbringen sind, wenn festgestellt wurde, dass er durch schwerste – und oft auch strafrechtlich relevante – Pflichtverletzungen während seiner aktiven Dienstzeit hohe Schäden zu Lasten der Gesellschaft verursacht hat.[404]

Eine weitergehende vertragliche Fassung des Kürzungs- und Widerrufsvorbehalts, welcher der Gesellschaft bereits bei Vorliegen von Pflichtverletzungen geringerer Schwere das Recht zur Kürzung oder dem Widerruf der Versorgungsleistungen einräumt, ist gegenüber den unter das BetrAVG fallenden Geschäftsführern (vgl. S. 194) ausgeschlossen bzw. wäre rechtsunwirksam, da ansonsten über eine solche weite Fassung der Kürzungs- und Widerrufsklausel der durch das BetrAVG gesetzlich garantierte Bestandsschutz unverfallbarer Versorgungsansprüche oder Versorgungsanwartschaften unterlaufen werden könnte. Für den Personenkreis der nicht unter das BetrAVG fallenden Geschäftsführern ist ein Kürzungs- und Widerrufsvorbehalt in den Grenzen des § 242 BGB rechtlich zulässig. In der Praxis wird häufig die – gegenüber dieser Gruppe von Geschäftsführern rechtlich zulässige – Koppelung vorgenommen, wonach der Anspruch auf die Versorgungsleistungen entfällt, wenn der Anstellungsvertrag aus einem durch den Geschäftsführer verschuldeten „wichtigen Grund" i. S. v. § 626 Abs. 1 BGB durch die Gesellschaft gekündigt wurde. Die rechtliche Zulässigkeit einer solchen Klausel hat der BGH[405] ausdrücklich bestätigt.

12. Witwen- und Waisenrente (§ 18)

In § 18 Abs. (1) des Vertragsmusters wurde für die Höhe der **Witwenrente** auf die sog. „große Witwenrente" der gesetzlichen Rentenversicherung gemäß § 46 Abs. 2 SGB VI in Höhe von 60 % der Versorgungsbezüge abgestellt, welche dem Geschäftsführer zum Todeszeitpunkt zustand bzw. im Fall einer zum Todeszeitpunkt eingetretenen Invalidität zugestanden hätte. Durch

Abs. (2) Satz 1 wurde eine sog. Spätehenklausel aufgenommen, wonach der Anspruch auf Witwenrente unter der Voraussetzung steht, dass die Ehe des Geschäftsführers zum Zeitpunkt seines Todes mindestens 5 Jahre bestand. Durch Abs. (2) Satz 2 wurde eine sog. Wiederheiratsklausel aufgenommen, wonach der Anspruch auf Witwenrente mit Ablauf des Monats erlischt, in welchem die Ehefrau des Geschäftsführers wieder heiratet.

Hinsichtlich der **Waisenrente** wurde ebenfalls an der für die gesetzliche Rentenversicherung bestehenden Regelung (§ 48 SGB VI) mit der Maßgabe angeknüpft, dass die Versorgungsbezüge mit 10 % für Halbwaisen und 20 % für Vollwaisen festgelegt wurde. Schließlich wurde durch Abs. (4) eine summenmäßige Begrenzung von Witwen- und Waisenversorgung auf den Betrag vorgenommen, welcher dem Geschäftsführer als eigene Versorgung gemäß § 17 zustünde. Für den Fall des Übersteigens dieser Obergrenze ist durch Satz 2 eine anteilige Kürzung der Witwen- und Waisenrenten vorgesehen.

13. Alternative 2: Direktversicherung

In Alternative 2 zu § 17 des Vertragsmusters wurde anstelle der unmittelbaren Versorgungszusage durch die Gesellschaft eine Alters-, Berufsunfähigkeits- und Hinterbliebenenversorgung durch **Abschluss einer Direktversicherung** zugunsten des Geschäftsführers vorgesehen. Voraussetzung für diese Form der Versorgungszusage ist der Abschluss des Versicherungsvertrages durch die Gesellschaft als Versicherungsnehmerin, wobei das aus dem Versicherungsvertrag resultierende Bezugsrecht dem Geschäftsführer bzw. im Todesfall seinen Hinterbliebenen zusteht. Für die Höhe der Versicherungssumme, über welche die Direktversicherung zugunsten des Geschäftsführers abgeschlossen wird, bestehen keine Mindest- oder Höchstgrenzen, wobei die Versicherungssumme freilich so bemessen werden sollte, dass sie den neben der gesetzlichen Rentenversicherung prognostizierten Versorgungsbedarf des Geschäftsführers angemessen abdeckt. Hinsichtlich der **Unverfallbarkeit** der Ansprüche aus einer zugunsten des Geschäftsführers abgeschlossenen Direktversicherung wird durch § 1b Abs. 2 BetrAVG bestimmt, dass die Gesellschaft nach Ablauf der gesetzlichen Unverfallbarkeitsfrist (§ 1b Abs. 1 BetrAVG) das Bezugsrecht des Geschäftsführers bei Beendigung des Anstellungsverhältnisses nicht mehr gegenüber dem Versicherungsunternehmen widerrufen darf. Da durch das BetrAVG nur der Widerruf einer unverfallbaren Versorgungsanwartschaft aus der Direktversicherung ausgeschlossen ist, die Gesellschaft jedoch nicht zur **Übertragung der Direktversicherung bei einem vorzeitigen Ausscheiden** des Geschäftsführers verpflichtet ist, wurde durch Abs. (2) der Alternative 2 zu § 17 des Vertragsmusters bestimmt, dass die Gesellschaft zur Übertragung der Direktversicherung auf den Geschäftsführer verpflichtet ist, sofern zum Zeitpunkt der Beendigung des Anstellungsvertrages die gesetzliche Unverfallbarkeitsfrist erfüllt ist. Der Geschäftsführer kann in diesem Fall die Direktversicherung auf eigene Kosten fortführen.

§ 19
Ausschlussfristen

(1) Alle beiderseitigen Ansprüche aus dem Anstellungsverhältnis und solche, die mit dem Anstellungsverhältnis in Verbindung stehen, verfallen, wenn sie nicht innerhalb von drei Monaten nach Fälligkeit gegenüber der anderen Partei in Textform geltend gemacht wurden. Von dieser Ausschlussfrist nicht erfasst sind solche Ansprüche, die auf vorsätzlich begangenen Pflichtverletzungen beruhen.

(2) Lehnt die Partei den geltend gemachten Anspruch ab oder erklärt sie sich nicht innerhalb von zwei Wochen nach der Geltendmachung des Anspruchs, so verfällt dieser, wenn er nicht innerhalb weiterer drei Monate nach der Ablehnung bzw. dem Fristablauf gerichtlich geltend gemacht wird.

Erläuterungen

1. AGB-Kontrolle der Regelung zur Ausschlussfrist
2. Grenzen der Ausschlusswirkung
3. 2-Stufigkeit der Ausschlussklausel
4. Erfordernis der gerichtlichen Geltendmachung

1. AGB-Kontrolle der Regelung zur Ausschlussfrist

Die bereits in der Einführung (S. 2) angesprochene AGB-Kontrolle der Regelungen in Geschäftsführer-Anstellungsverträgen hat besondere Bedeutung für solche Vertragsklauseln, mit denen eine Ausschlussfrist für die Geltendmachung von Ansprüchen aus dem Anstellungsverhältnis festgelegt werden. Für die Wirksamkeit vertraglicher Ausschlussfristen sind folgende Grundsätze zu beachten:

- Die Aufnahme einer Regelung in den Anstellungsvertrag, durch welche vertragliche Ausschlussfristen gesetzt werden, stellt keine „überraschende Klausel" i.S.v. § 305c Abs. 1 BGB dar. Auch wenn sich in der Vertragspraxis die Aufnahme von Ausschlussfristen in Geschäftsführer-Verträgen noch nicht so durchgesetzt hat, wie dies für Arbeitsverträge der Fall ist, so stellt eine Ausschlussfrist keine untypische Ausnahme oder gar einen „Fremdkörper" in einem Geschäftsführer-Anstellungsvertrag dar. Vielmehr ist auch für das Geschäftsführer-Anstellungsverhältnis der Zweck von Ausschlussfristen gegeben, wonach im Interesse der Klarheit und Rechtssicherheit für die Geltendmachung von Ansprüchen entsprechend Ausschlussfristen vereinbart werden.
- Für die Regelung der Ausschlussfristen gilt in besonderem Maße das **Transparenzgebot** (§ 307 Abs. 1 S. 2 BGB), wonach sowohl der Eintritt als auch die Rechtsfolgen der Ausschlussfrist klar formuliert und diejenigen Maßnahmen angegeben werden müssen, welche vorzunehmen sind, um den Eintritt der Ausschlusswirkung zu vermeiden. Aus diesem Grund sind nach der Rechtsprechung[406] solche Klauseln wegen mangelnder Transpa-

renz unwirksam, welche dem Beginn der Ausschlussfrist sowohl an die Entstehung als auch die Fälligkeit des Anspruchs knüpfen, ohne klarzustellen, wann die Frist frühestens zu laufen beginnt. In § 19 Abs. (1) des Vertragsmusters wurde für den Beginn der Ausschlussfrist auf die Fälligkeit des Anspruchs abgestellt, was anerkanntermaßen zulässig und in der Praxis auch üblich ist.

- Da in einer **Ausschlussfrist von weniger als 3 Monaten** nach der Rechtsprechung[407] eine **unangemessene Benachteiligung i. S. v. § 307 Abs. 2 BGB** liegt, wurde in § 19 Abs. (1) des Vertragsmusters diese von der Rechtsprechung gezogene 3-Monats-Grenze für die Geltendmachung der Ansprüche auf 1. Stufe gesetzt. In Geschäftsführer-Verträgen kann jedoch auch eine längere Ausschlussfrist angezeigt sein, um damit zu vermeiden – z. B. im Bereich der variablen Vergütung – dass der Geschäftsführer allein aus Gründen der Fristwahrung seine Ansprüche gegenüber der Gesellschaft geltend machen muss, bevor die Prüfung der ordnungsgemäßen Berechnung der variablen Vergütung abgeschlossen ist.
- Nach der Rechtsprechung[408] sind **einseitige Ausschlussfristen**, welche allein für den Angestellten, nicht jedoch die Gesellschaft, gelten **unzulässig** und daher rechtsunwirksam, da auch hierin eine unangemessene Benachteiligung i. S. v. § 307 Abs. 1 BGB liegt. Dies gilt in gleicher Weise auch für Geschäftsführer-Verträge. Sofern Ausschlussfristen in den Anstellungsvertrag aufgenommen werden sollen, so müssen sie daher mit Wirkung für beide Vertragsparteien gelten.

Im Hinblick auf die gesetzliche Neuregelung des § 309 Nr. 13 BGB, welche für Vertragsabschlüsse ab dem 30.9.2016 gilt, wurde für die auf 1. Stufe erforderliche Geltendmachung statt der früher geforderten Schriftform nunmehr lediglich die Textform vorgesehen, um bei den unter die AGB-Kontrolle fallenden Geschäftsführer-Verträgen ein Unwirksamkeitsrisiko im Hinblick auf ein zu strenges Formerfordernis der Geltendmachung zu vermeiden.

2. Grenzen der Ausschlusswirkung

Durch eine vertragliche Ausschlussfrist können **keine Ansprüche ausgeschlossen** werden, bei denen es um Haftung **für vorsätzlich begangene Pflichtverletzungen** geht. Dies folgt bereits unmittelbar aus § 276 Abs. 3 BGB. Dementsprechend wurde auch § 19 Abs. (1) des Vertragsmusters dahingehend eingeschränkt, dass die Ausschlussfrist nicht für solche Ansprüche gilt. Diese Klarstellung ist deshalb geboten, da in der Rechtsprechung zwischen BAG[409] und BGH[410] Uneinigkeit hinsichtlich der Rechtsfolgen einer solchen Klausel besteht, welche nicht den Vorsatz-Ausschluss enthält. Während das BAG von einer Teil-Nichtigkeit solcher Klauseln ausgeht, so dass sie im verbleibenden Umfang aufrechterhalten werden, geht der BGH von einer Gesamt-Nichtigkeit der Klausel aus.

Durch eine Ausschlussfrist werden nach der BGH-Rechtsprechung[411] nicht nur die vertraglichen, sondern auch die gesetzlichen Ansprüche erfasst. Dies erlangt besondere Bedeutung im Bereich der Schadensersatzansprüche, da durch eine Ausschlussfrist in der Regel nicht nur vertragliche Haftungsansprüche, sondern auch die auf der gesetzlichen Haftung gemäß § 43 Abs. 1 GmbHG beruhenden Schadensersatzansprüche erfasst sind.

3. 2-Stufigkeit der Ausschlussfristen

In § 19 des Vertragsmusters wurde eine 2-stufige Ausschlussfrist vorgesehen, welche auf 1. Stufe die Geltendmachung der Ansprüche in Textform verlangt und für den Fall einer Ablehnung oder des fruchtlosen Fristablaufs sodann auf 2. Stufe die gerichtliche Geltendmachung der Ansprüche erfordert, um deren Verfall zu vermeiden. Dabei ist für die Vertragsgestaltung zu beachten, dass eine solche 2-stufige Ausschlussfrist die anspruchsstellende Partei notwendigerweise in eine gerichtliche Klage zwingt, wenn innerhalb der 2. Frist keine Einigung über die Behandlung des geltend gemachten Anspruchs erzielt werden kann. Aus diesem Grund werden in der Praxis zum Teil solche Ausschlussfristen vereinbart, welche lediglich außergerichtliche Geltendmachung zur Wahrung der Ansprüche verlangen. Auch wenn eine 2-stufige Ausschlussfrist vereinbart wurde, so kann zur Vermeidung einer gerichtlichen Auseinandersetzung, welche insbesondere im laufenden Anstellungsverhältnis eine erhebliche Belastung für beide Parteien darstellt – in der Weise vorgegangen werden, so dass ein Verzicht auf die Rüge der Ausschlussfrist vereinbart wird, wie dies in der Praxis auch bei drohender Verjährung durch einen entsprechenden Verjährungsverzicht erfolgt.

Für den Bereich der Schadensersatzansprüche, welche die Gesellschaft gegen einen Geschäftsführer verfolgen will, ist auf die bereits vorstehend (S. 208) zitierte Rechtsprechung zu verweisen, wonach die Geltendmachung bereits dann erfolgen muss, wenn gesicherte Kenntnis über den Anspruchsgrund besteht, so dass die Frist nicht erst dann beginnt, wenn auch die Höhe des Schadensersatzanspruchs ermittelt wurde. Die Gesellschaft darf deshalb in solchen Fällen mit der Geltendmachung ihrer Schadensersatzansprüche nicht bis zu einer Bezifferung abwarten, welche gerade in komplex gelagerten Haftungsfällen erhebliche Dauer in Anspruch nehmen kann.

4. Erfordernis der gerichtlichen Geltendmachung

Wurde entsprechend dem Vertragsmuster in § 19 eine 2-stufige Ausschlussfrist in den Vertrag aufgenommen, so stellt sich in den Fällen einer fristlosen Kündigung häufig die Frage, ob neben der Klage auf Feststellung des Fortbestandes des Anstellungsvertrages – im Wege der Klageerweiterung – auch die Vergütungsansprüche zur Wahrung der gerichtlichen Ausschlussfrist geltend gemacht werden müssen, welche sich im Fall der Unwirksamkeit der fristlosen Kündigung für den Geschäftsführer ergeben. Aus Gründen rechtlicher Vorsorge ist eine solche gerichtliche Geltendmachung dringend zu empfehlen, auch wenn die Rechtsprechung[412] grundsätzlich davon ausgeht, dass von der gerichtlichen Geltendmachung des Fortbestandes des Anstellungsverhältnisses zugleich auch die hieraus folgenden Vergütungsansprüche miterfasst sind. Im Fall einer fristlosen Kündigung wird ein Geschäftsführer ohnehin aus prozesstaktischen Gründen neben der Klage auf Feststellung des Fortbestandes seines Anstellungsverhältnisses die aus §§ 592 ff. ZPO folgende Möglichkeit einer beschleunigten Durchsetzung seiner Vergütungsansprüche im Wege einer Urkundsklage in Betracht ziehen.

§ 20
Schlussbestimmungen

(1) Der vorliegende Anstellungsvertrag unterliegt dem Recht der Bundesrepublik Deutschland.
(2) Sämtliche Änderungen und/oder Ergänzungen dieses Anstellungsvertrages bedürfen zu ihrer Rechtswirksamkeit der Schriftform.
(3) Sollte eine Bestimmung dieses Anstellungsvertrages ganz oder teilweise rechtsunwirksam oder undurchführbar sein oder werden, so wird hierdurch die Wirksamkeit der übrigen Bestimmungen dieses Anstellungsvertrages nicht berührt. Die Parteien sind in einem solchen Fall verpflichtet, die rechtsunwirksame oder undurchführbare Bestimmung durch eine rechtlich zulässige bzw. durchführbare Bestimmung zu ersetzen, welche dem wirtschaftlich verfolgten Zweck der unwirksamen bzw. undurchführbaren Bestimmung am nächsten kommt.

Mannheim, den …… Juni 2016

…………………………………   …………………………………
XY-GmbH, vertr. durch die   Dipl.-Kfm. ……
Gesellschafterversammlung
Alternative:
XY-GmbH, vertr.
durch den Aufsichtsrat, dieser
vertr. durch seinen Vorsitzenden,
Herrn ……

Anhang I

Muster einer Geschäftsordnung
für die Geschäftsführung der ......-GmbH

Gemäß § ...... der Satzung in der Fassung vom ...... führen die Geschäftsführer gemeinsam die Geschäfte der Gesellschaft nach Maßgabe der Gesetze und der Satzung der Gesellschaft. Zur Regelung der Zuständigkeits- und Aufgabenbereiche und dem Verfahren der Beschlussfassung innerhalb der Geschäftsführung wurde durch Beschluss der Gesellschafterversammlung vom ...... der Geschäftsführung folgende Geschäftsordnung gegeben:

§ 1

(1) Die Geschäftsführung besteht aus sämtlichen Geschäftsführern der Gesellschaft.
(2) Die Geschäftsführung hat die Geschäfte der Gesellschaft nach Maßgabe der Gesetze, der Satzung und dieser Geschäftsordnung zu führen.

§ 2

(1) Die Geschäfte werden von den Geschäftsführern gesamtverantwortlich nach einheitlicher Zielsetzung geführt.
(2) Die Geschäftsführung untergliedert sich in die Geschäftsbereiche:
  • ...... z.B.
  • Organisation und Verwaltung
  • Einkauf/Verkauf, Finanzwesen
  • Produktion und Technik
  • Forschung und Entwicklung
  • ......
  Die Aufteilung der Geschäftsbereiche zwischen den Geschäftsführern erfolgt durch die Gesellschaft und kann jederzeit durch Beschluss der Gesellschafterversammlung geändert werden.
(3) Unbeschadet der in Abs. (1) bestimmten Gesamtverantwortung der Geschäftsführer ist jeder Geschäftsführer für alle seinen Geschäftsbereich betreffenden Maßnahmen und Geschäfte zuständig. Hiervon ausgenommen sind solche Angelegenheiten, welche gemäß § 3 der gemeinsamen Beschlussfassung sämtlicher Geschäftsführer unterliegen. Jeder Geschäftsführer ist gehalten, die Interessen seines Geschäftsbereichs dem Gesamtwohl der Gesellschaft unterzuordnen.
(4) Jeder Geschäftsführer hat sich über die in den anderen Geschäftsbereichen erfolgenden Maßnahmen und Geschäfte unterrichtet zu halten. Zu diesem Zweck haben sich die Geschäftsführer gegenseitig über die Ent-

wicklung und Lage ihrer Geschäftsbereiche regelmäßig zu informieren und wesentliche Geschäftsvorfälle sowie solche Vorgänge, welche für das Unternehmen von Bedeutung sind, unverzüglich den übrigen Geschäftsführern mitzuteilen.

§ 3

Der einstimmigen Entscheidung sämtlicher Geschäftsführer unterliegen alle Angelegenheiten grundsätzlicher oder wesentlicher Bedeutung der Gesellschaft. Dies sind insbesondere:

- Geschäftsführungsmaßnahmen, die nicht einen bestimmten Geschäftsbereich oder mehrere Geschäftsbereiche betreffen;
- Geschäftsführungsmaßnahmen, die gemäß § ...... der Satzung der Einholung der vorherigen Zustimmung durch die Gesellschafterversammlung bedürfen;
- die Aufstellung des Jahresabschlusses (Bilanz sowie Gewinn- und Verlustrechnung) und des Geschäftsberichts;
- Geschäftsführungsmaßnahmen, für die einer der Geschäftsführer die Entscheidung der Geschäftsführung beantragt.

§ 4

(1) Die Geschäftsführung tritt mindestens einmal im Monat zu einer gemeinsamen Sitzung zusammen. Zu diesen Sitzungen können auch außerhalb der Geschäftsführung stehende Angehörige der Gesellschaft (Gesellschafter, Abteilungsleiter, Betriebsratsmitglieder o. a.) als Gäste geladen werden.

(2) Die Beschlüsse der Geschäftsführung werden grundsätzlich auf Sitzungen getroffen, zu denen mindestens 2 Wochen zuvor geladen werden muss. Diese Einladungsfrist gilt nicht für die Beschlussfassung über solche Maßnahmen, welche keinen Aufschub dulden; in solchen Fällen kann der Vorsitzende der Geschäftsführung jederzeit eine Sitzung einberufen.

(3) Sitzungsabwesende Geschäftsführer können ihre Stimmen fernmündlich, schriftlich, fernschriftlich, per E-Mail oder per Telefax abgeben. Fernmündliche Stimmabgaben sind unverzüglich schriftlich zu bestätigen.

(4) Über Maßnahmen aus dem Geschäftsbereich eines in der Sitzung nicht anwesenden Geschäftsführers soll nur entschieden werden, wenn zu erwarten ist, dass er auch in der nächsten Sitzung verhindert sein wird und die Maßnahme keinen Aufschub duldet.

(5) Über die in den Sitzungen der Geschäftsführung gefassten Beschlüsse ist ein Protokoll zu fertigen, das vom Vorsitzenden der Geschäftsführung und dem für die Sitzung bestellten Protokollführer zu unterzeichnen ist. Sämtlichen Geschäftsführern ist unverzüglich eine Kopie des Protokolls zu übermitteln.

§ 5

(1) Durch Beschluss der Gesellschafterversammlung wird einer der Geschäftsführer zum Vorsitzenden der Geschäftsführung bestimmt.

(2) Dem Vorsitzenden der Geschäftsführung obliegt neben der Führung seines Geschäftsbereichs die Wahrnehmung folgender Aufgaben:

- die Koordinierung der Geschäftsbereiche und sämtlicher wesentlicher Vorgänge mit den Gesamtzielen und Plänen des Unternehmens. Hierzu kann er von den anderen Geschäftsführern jederzeit Auskünfte über Angelegenheiten ihrer Geschäftsbereiche verlangen oder bestimmen, dass er über bestimmte Maßnahmen im Voraus unterrichtet wird;

- das Unternehmen in der Öffentlichkeit, insbesondere gegenüber Behörden, Verbänden, Wirtschaftsorganisationen, Gewerkschaften und Publikationsorganen zu repräsentieren. Der Vorsitzende der Geschäftsführung kann diese Aufgaben für bestimmte Arten von Angelegenheiten oder im Einzelfall auf einen anderen Geschäftsführer übertragen;

- die Federführung im mündlichen und schriftlichen Verkehr mit der Gesellschafterversammlung und den einzelnen Gesellschaftern. Der Vorsitzende der Geschäftsführung hat vierteljährlich die Gesellschafterversammlung über den Gang der Geschäfte und die Lage des Unternehmens schriftlich zu unterrichten;

- im Fall eines Kompetenzkonflikts zwischen einzelnen Geschäftsführern eine Entscheidung zu treffen.

......, den ......

Anhang II

Muster einer Aufhebungsvereinbarung

zwischen

...... GmbH, vertreten durch die Gesellschafterversammlung
– im Folgenden „Gesellschaft" genannt –
und
Herrn ......

§ 1

Die Gesellschaft und Herr ...... sind darin einig, dass das zwischen ihnen bestehende Anstellungsverhältnis gemäß Anstellungsvertrag vom ...... mit Ablauf des ...... endet.

§ 2

(1) Herr ...... wird am ...... sein Amt als Geschäftsführer der Gesellschaft niederlegen und mit diesem Tag aus der Geschäftsführung der Gesellschaft ausscheiden.

(2) Herr ...... wird ebenfalls am ...... sein Amt als Geschäftsführer in den Tochtergesellschaften ...... niederlegen und auch aus deren Geschäftsführung ausscheiden.

(3) Herr ...... wird bis spätestens ...... seine in Aufsichtsgremien, Organisationen und Verbänden innegehaltenen Ämter, welche ihm aufgrund seiner Funktion als Geschäftsführer der Gesellschaft übertragen wurden, niederlegen und sich dafür einsetzen, dass ein von der Gesellschaft ihm gegenüber benannter Vertreter seine Nachfolge im jeweiligen Amt übernehmen kann.

§ 3

(1) Herr ...... wird mit Wirkung ab ...... bis zur Beendigung des Anstellungsvertrages von sämtlichen Dienstpflichten unter Fortzahlung der vertragsgemäßen Bezüge bei gleichzeitiger Verrechnung auf offenstehende und künftig entstehende Urlaubsansprüche freigestellt.

oder

Herr ...... wird mit Wirkung ab ...... bis zur Beendigung des Anstellungsvertrages von sämtlichen Dienstpflichten freigestellt. Während der

Dauer der Freistellung werden Herrn ...... die nachfolgend genannten
Bezüge gewährt:

- monatliches Gehalt gemäß § 6 Abs. (1) des Anstellungsvertrages;
- Mindesttantieme gemäß § 6 Abs. (3) des Anstellungsvertrages;
- Zuschuss zur Kranken- u. Pflegeversicherung gemäß § 9 Abs. (2) des
  Anstellungsvertrages.
- Beiträge zur Unfallversicherung gemäß § 9 Abs. (4) des Anstellungs-
  vertrages;

(2) Für das Geschäftsjahr ...... wird die Herrn ...... gemäß § 6 Abs. (3) des
Anstellungsvertrages vom ...... zustehende variable Vergütung nach
Feststellung des Jahresabschlusses durch die Gesellschafterversammlung
gezahlt, ohne dass aus Anlass der Freistellung eine Kürzung erfolgt.

oder

Für das Geschäftsjahr ...... erhält Herr ...... zur Abgeltung etwaiger Ansprüche auf variable Vergütung gemäß § 6 Abs. (3) des Anstellungsvertrages einen Pauschalbetrag in Höhe von Euro ...... brutto, welcher mit
dem ...... zur Zahlung fällig ist.

(3) Erzielt Herr ...... während der Dauer seiner Freistellung anderweitige
Einkünfte aus selbständiger, unselbständiger oder sonstiger Erwerbstätigkeit, so werden diese Bezüge auf die gemäß vorstehendem Abs. (1)
durch die Gesellschaft zu zahlenden Leistungen angerechnet.

oder

Erzielt Herr ...... während der Dauer seiner Freistellung anderweitige
Einkünfte aus selbständiger, unselbständiger oder sonstiger Erwerbstätigkeit, so werden diese Bezüge in Höhe von 50 % auf die gemäß vorstehendem Abs. (1) durch die Gesellschaft zu zahlenden Leistungen angerechnet.

§ 4

Die Gesellschaft zahlt an Herrn ...... für den durch die Beendigung des Anstellungsvertrages eintretenden Verlust seines Arbeitsplatzes eine Abfindung
in Höhe von Euro ...... brutto unter Beachtung der für eine Abfindung geltenden steuerlichen Bestimmungen. Die auf den Abfindungsbetrag entfalle-
nen Steuern werden von Herrn ...... getragen und von der Gesellschaft unmittelbar an die Finanzverwaltung abgeführt. Die Abfindung ist mit der
Beendigung des Anstellungsvertrages zur Zahlung fällig. Sollte Herr ...... zu
diesem Zeitpunkt verstorben sein, so steht die Abfindung seinen Erben zu.

oder

Die Gesellschaft zahlt an Herrn ...... für den durch die Beendigung des Anstellungsvertrages eintretenden Verlust seines Arbeitsplatzes eine Abfindung
in Höhe von Euro ...... brutto unter Beachtung der für eine Abfindung geltenden steuerlichen Bestimmungen. Herrn ...... wird das Recht eingeräumt,

den Anstellungsvertrag zu einem vor dem in § 1 dieser Aufhebungsvereinbarung vereinbarten Zeitpunkt zu beenden. Eine solche vorzeitige Beendigung hat durch schriftliche Erklärung zu erfolgen und ist nur auf das Ende eines Monats zulässig. Macht Herr ...... von diesem Recht Gebrauch, so endet der Anstellungsvertrag zu dem von ihm genannten Monatsende. In diesem Fall erhöht sich die Abfindung gemäß Satz 1 für jeden Monat der vorzeitigen Beendigung um ...... Euro. Die um diesen Betrag erhöhte Abfindung ist zum Zeitpunkt der vorgezogenen Beendigung des Anstellungsvertrages zur Zahlung fällig.

§ 5

(1) Herrn ...... bleibt der ihm überlassene Dienstwagen Marke ...... amtl. Kennzeichen: ......, bis zum Ablauf des Anstellungsvertrages zur privaten Nutzung überlassen. Die Kosten für Steuern und Versicherung sowie die Kosten für nachgewiesene Reparatur- und Wartungsarbeiten bis zum Betrag von Euro ....../Jahr werden von der Gesellschaft getragen. Alle übrigen Kosten der Nutzung des Dienstwagens sind von Herrn ...... zu tragen.

oder

Herr ...... hat den ihm überlassenen Dienstwagen Marke ......, amtl. Kennzeichen: ......, einschließlich der Wagenpapiere bis spätestens ...... an die Gesellschaft zurückzugeben.

(2) Herrn ...... wird das Recht eingeräumt, den ihm überlassenen Dienstwagen Marke ...... bis längstens ...... zum Buchwert von der Gesellschaft käuflich zu erwerben. Die Gesellschaft trägt jedoch keine Gefahr für eine zwischenzeitlich eintretende Beschädigung oder Zerstörung des durch Herrn ...... genutzten Dienstwagens.

§ 6

Das nachvertragliche Wettbewerbsverbot gemäß § 15 Abs. (2)–(9) des Anstellungsvertrages vom ...... wird in vollem Umfang mit Wirkung für beide Seiten aufgehoben.

oder

Das nachvertragliche Wettbewerbsverbot gemäß § 15 Abs. (2)–(9) des Anstellungsvertrages vom .... bleibt nach Ablauf des Anstellungsvertrages in vollem Umfang mit Wirkung für beide Seiten bestehen.

§ 7

Herr ...... ist verpflichtet, das ihm von der Gesellschaft gemäß Darlehensvertrag vom ...... gewährte Darlehen in Höhe des bei Beendigung des Anstellungsverhältnisses noch offenstehenden Darlehensbetrages zzgl. Zinsen an die Gesellschaft zurückzuzahlen. Die Gesellschaft ist berechtigt, bei Abrechnung der Abfindung gemäß § 4 dieser Vereinbarung den von Herrn ...... noch zu erstattenden Betrag von dem nach Abzug der Steuern verbleibenden Netto-Betrag der Abfindung in Abzug zu bringen.

§ 8

(1) Herr ...... verpflichtet sich, auch während der Dauer seiner Freistellung und nach Beendigung des Anstellungsvertrages über alle ihm aus seiner Tätigkeit für die Gesellschaft bekanntgewordenen Betriebs- und Geschäftsgeheimnisse, auch soweit sie sich auf die Tochtergesellschaften ...... beziehen, Stillschweigen gegenüber Dritten zu wahren und sie nicht für eigene Zwecke einzusetzen.

(2) Herr ...... wird bis spätestens ...... sämtliche die Angelegenheiten der Gesellschaft betreffenden Gegenstände und Unterlagen, insbesondere Schlüssel, Bücher, Modelle, Aufzeichnungen jeder Art einschließlich etwaiger Abschriften oder Kopien, welche sich noch in seinem Besitz befinden, vollständig an die Gesellschaft herausgeben.

§ 9

(1) Die Gesellschaft erteilt Herrn ...... bis spätestens ...... eine schriftliche Auskunft über den bei Beendigung des Anstellungsvertrages erreichten Stand seiner unverfallbaren Versorgungsanwartschaft aus der Versorgungszusage vom ....

oder

Es besteht Einigkeit darin, dass Herrn ...... eine unverfallbare Versorgungsanwartschaft aus der ihm erteilten Versorgungszusage vom ...... zusteht. Für die Berechnung des Ruhegeldes ist von versorgungsfähigen Bezügen in Höhe von Euro ..../Monat auszugehen; diese sind bis zum Eintritt des Versorgungsfalles nach Maßgabe der Gehaltssteigerung der höchsten Tarifstufe für Angestellte der ...... anzupassen.

oder

Es besteht Einigkeit darin, dass Herr ...... mit Vollendung seines 60. Lebensjahres ein monatliches Ruhegeld in Höhe von Euro ..../Monat erhält. Dieses Ruhegeld ist nach Maßgabe der Gehaltssteigerung der höchsten Tarifstufe für Angestellte der ...... anzupassen. Im Übrigen gelten sämtliche Bestimmungen der Versorgungszusage vom ...... unverändert weiter.

(2) Die Gesellschaft verpflichtet sich, die zugunsten von Herrn ...... bei der XY-Versicherungsgesellschaft bestehende Direktversicherung (Versicherungsschein-Nr.: ......) zum Zeitpunkt der Beendigung des Anstellungs-

vertrages auf Herrn ...... zu übertragen und alle hierfür erforderlichen Erklärungen abzugeben, damit Herr ...... diese Versicherung auf eigene Kosten fortführen kann. Etwaige durch die Übertragung der Versicherung anfallenden Kosten werden hälftig geteilt.

§ 10

(1) Die Gesellschaft erteilt Herrn ...... ein qualifiziertes Zeugnis, welches dessen Tätigkeit vollständig wiedergeben und eine uneingeschränkt positive Leistungsbeurteilung enthalten wird. Herr ...... wird zu diesem Zwecke den Entwurf eines entsprechenden Zeugnisses bei der Gesellschaft einreichen.

oder

Die Gesellschaft verpflichtet sich, Herrn ...... ein qualifiziertes Zeugnis gemäß dem in der Anlage zu dieser Vereinbarung beigefügten Entwurf zu erteilen.

(2) Die Gesellschaft wird das Ausscheiden von Herrn ...... aus der Geschäftsführung gegenüber der Presse und den Verbandsorganen gemäß der in der Anlage zu dieser Vereinbarung beigefügten Presseerklärung bekannt geben.

§ 11

(1) Mit Erfüllung der vorstehenden Bestimmungen dieser Aufhebungsvereinbarung sind sämtliche gegenseitigen Ansprüche der Gesellschaft und Herrn ...... aus dem Anstellungsverhältnis und dessen Beendigung. Hiervon ausgenommen bleiben Schadensersatzansprüche, die sich aus einem vorsätzlichen und strafrechtlich relevanten Verhalten der anderen Partei ergeben. Ebenso unberührt bleiben die in diesem Aufhebungsvertrag geregelten nachvertraglichen Ansprüche der Parteien, insbesondere die Vergütungsansprüche von Herrn ....

(2) Mit Erfüllung der vorstehenden Bestimmungen dieser Aufhebungsvereinbarung sind zugleich sämtliche Ansprüche von Herrn ...... gegenüber den Tochtergesellschaften ...... abgegolten und ein etwaiges mit diesen Tochtergesellschaften bestehendes Anstellungsverhältnis beendet.

Mannheim, den ......

....
(Gesellschaft)   (Geschäftsführer)

Erläuterungen

1. Vorbemerkung

Wegen der Einzelheiten zu den bei Abschluss einer Aufhebungsvereinbarung zu beachtenden gesetzlichen Bestimmungen und den sowohl von der Gesellschaft als auch dem Geschäftsführer anzustellenden taktischen Erwägungen für die Verhandlungen über die Aufhebungsvereinbarung sowie den hieraus folgenden Gestaltungsmöglichkeiten muss an dieser Stelle auf den in der Reihe „Beck'sche Musterverträge" in 5. Aufl. 2011 erschienenen Band 9 (Bengelsdorf Aufhebungsvertrag und Abfindungsvereinbarungen) sowie die umfassende Darstellung der Besonderheiten beim Ausscheiden von Geschäftsführern im Handbuch von Bauer/Krieger/Arnold „Arbeitsrechtliche Aufhebungsverträge" 9. Aufl. 2014 Abschn. D S. 382 ff. verwiesen werden. Die nachfolgenden Erläuterungen sind daher auf eine knappe Zusammenfassung der für eine Aufhebungsvereinbarung wesentlichen Punkte beschränkt, wobei es insbesondere darum geht, die spezifischen Regelungsprobleme aufzuzeigen, welche in der Praxis bei der Abfassung von Aufhebungsvereinbarungen zur Beendigung von Anstellungsverträgen mit Geschäftsführern auftreten.

2. Beendigung des Anstellungsvertrages

Hinsichtlich der Frage des Zeitpunktes der Beendigung des Anstellungsvertrages besteht in aller Regel von Seiten der Gesellschaft ein Interesse an einer möglichst baldigen Beendigung. Hierauf kann der Geschäftsführer für den Fall eingehen, dass er bereits eine neue Position in Aussicht hat oder davon überzeugt ist, eine solche kurzfristig antreten zu können. Der Vorteil für den Geschäftsführer bei einer frühzeitigen Beendigung des Anstellungsvertrages liegt darin, dass er hierbei eine höhere Abfindung als bei späterer Beendigung des Anstellungsvertrages erzielen kann, da bei der Ermittlung der Abfindung grundsätzlich die bis zum Ablauf der Vertragsdauer noch anfallenden Vergütungen abgegolten werden, so dass wegen der längeren Abgeltungsdauer bei frühzeitiger Beendigung sich regelmäßig eine höhere Abfindung ergibt. Trotz dieser finanziellen Anreize wird derjenige Geschäftsführer, der mit einem erheblichen Risiko bei der Suche nach einer adäquaten Anschlussposition rechnen muss, es häufig vorziehen, die Beendigung des Anstellungsvertrages auf einen solchen Zeitpunkt hinauszuschieben, welcher ihm ausreichend Gelegenheit für die Stellensuche lässt und für einen längeren Zeitraum seine wirtschaftliche Absicherung durch Fortzahlung der vertragsgemäßen Bezüge gewährleistet. Nach welchen Gesichtspunkten von Seiten des Geschäftsführers die Verhandlungen über eine Aufhebungsvereinbarung zu führen sind, lässt sich somit nicht generell bestimmen, vielmehr ist eine sorgfältige Beurteilung aufgrund der konkreten Umstände des Einzelfalls vorzunehmen.

Ein Kombinationsmodell, bei welchem der Geschäftsführer sowohl die Sicherheit einer ausreichend lang bemessenen Restlaufzeit des Anstellungsvertrages als auch der Möglichkeit einer Kapitalisierung bei vorzeitigem Erfolg in seiner Stellensuche hat, besteht darin, dass
– der Zeitpunkt der Beendigung des Anstellungsverhältnisses in § 1 der Aufhebungsvereinbarung auf einen relativ späten Zeitpunkt gelegt wird
– und der Geschäftsführer sich entsprechend der 2. Alternative zu § 4 der Aufhebungsvereinbarung das Recht einräumen lässt, das Anstellungsverhältnis durch einseitige schriftliche Erklärung bereits zu einem früheren Zeitpunkt zu beenden, wobei sich in diesem Fall die Abfindung für jeden Monat der vorzeitigen Beendigung um einen bezifferten oder prozentual festzulegenden Betrag der monatlichen Bezüge erhöht, welche durch die vorzeitige Beendigung des Anstellungsverhältnisses entfallen.

Aus Sicht der Gesellschaft ist verständlicherweise davon auszugehen, dass der Geschäftsführer von einer solchen Auflösungsoption nur und erst dann Gebrauch machen wird, wenn er eine neue Stelle gefunden hat. Da sich der Geschäftsführer bei Fehlen einer solchen Auflösungsoption jedoch die Einkünfte nach § 615 Satz 2 BGB auf seine vertragsgemäßen Bezüge bei der Gesellschaft anrechnen lassen muss, welche er aus anderweitiger Tätigkeit erzielt, wird die Gesellschaft in solchen Fällen zumindest einen erheblichen Abschlag hinsichtlich der zu kapitalisierenden Bezüge geltend machen. Eine gänzliche Ablehnung der Auflösungsoption ist dagegen auch aus Sicht der Gesellschaft wirtschaftlich nicht opportun, da solche Auflösungsoptionen nach aller Erfahrung in der Praxis auch dazu führen, dass sich ein Geschäftsführer entschließt, eine geringer dotierte anderweitige Stelle vorzeitig anzutreten, da die Summe der dortigen Einkünfte und der kapitalisierten Bezüge im Rahmen der Auflösungsoption für ihn immer noch günstiger ist, als ein Festhalten am Anstellungsvertrag bis zum Ablauf der vereinbarten Dauer. In einem solchen Fall tritt somit eine „win-win-Situation" ein, da der Geschäftsführer einen finanziellen Vorteil aus der anteiligen Kapitalisierung der für die Restlaufzeit noch anfallenden Bezüge erzielt und die Gesellschaft den nicht kapitalisierten Anteil der Bezüge bis zum Ablauf der Vertragsdauer einspart.

3. Freistellung des Geschäftsführers

Liegt zwischen dem Abschluss der Aufhebungsvereinbarung und der hierin festgelegten Beendigung des Anstellungsvertrages noch ein längerer Zeitraum, so erfolgt in aller Regel eine Freistellung des Geschäftsführers von seinen Dienstpflichten, wie dies auch durch § 3 des Musters vorgesehen ist. Bei den unter die Sozialversicherungspflicht fallenden Geschäftsführern (vgl. hierzu S. 55 ff.) musste in der Vergangenheit darauf geachtet werden, dass eine lediglich widerrufliche Freistellung vorgenommen wurde, da andernfalls das Risiko bestand, dass das Vorliegen eines versicherungspflichtigen Beschäftigungsverhältnisses für die Dauer der Freistellung verneint wurde. Inzwischen hat das BSG jedoch mit Urteil vom 24.9.2008.[413] entschieden, dass bei Abschluss einer Vereinbarung, in welcher das Ende eines Anstellungsverhältnisses festgelegt wird und bis zu diesem Zeitpunkt eine Freistellung von sämtlichen Dienstpflichten erfolgt, auch für den Freistellungszeitraum vom Vorliegen eines sozialversicherungspflichtigen Beschäftigungsverhältnisses auszugehen ist. Danach kann auch für die unter die Sozialversicherungspflicht fallenden Geschäftsführer wieder eine unwiderrufliche Freistellung im Aufhebungsvertrag vereinbart werden kann. Für den **Fall einer Freistellung** ist **dringend zu empfehlen**, in der Aufhebungsvereinbarung **klare Regelungen über die während des Freistellungszeitraums noch fortzuzahlenden Bezüge** zu treffen. Grundsätzlich stehen dem Geschäftsführer auch für die Dauer einer von Seiten der Gesellschaft ihm gegenüber erfolgten Freistellung sämtliche vertragsgemäßen fixen und variablen Bezüge zu. Dies gilt auch für die vertragsgemäß zustehenden Sachbezüge, wie z.B. die Stellung des Dienstwagens mit der Befugnis zur Privatnutzung, sofern im Anstellungsvertrag nicht ausdrücklich etwas Abweichendes vereinbart wurde (vgl. Alternative 2 zu § 10 Abs. (6) und hierzu Erl. 5 = S. 138). Hinsichtlich der variablen Vergütung wird häufig unter dem Gesichtspunkt der Freistellung des Geschäftsführers von seinen Dienstpflichten eine Herabsetzung dieser Vergütung vorgenommen oder deren Höhe von vornherein pauschaliert, um spätere Auseinandersetzungen (ggf. mit dem Erfordernis einer Rechnungslegung durch die Gesellschaft) von vornherein auszuschließen. Dementsprechend wurde in der 2. Alternative zu § 3 Abs. (2) des Musters eine entsprechende Regelung aufgenommen, welche die Zahlung eines Pauschalbetrages zur Abgeltung der Ansprüche des Geschäftsführers auf die ihm noch zustehende variable Vergütung vorsieht.

In gleicher Weise sollte durch die Aufhebungsvereinbarung ausdrücklich die **Frage der Anrechnung anderweitiger Einkünfte** geregelt werden, welche der Geschäftsführer ggf. durch die Aufnahme von Tätigkeiten während des Freistellungszeitraums erzielt. Hierfür wurden in § 3 Abs. (3) zwei Alternativen vorgesehen, nämlich eine vollständige Anrechnung (= Alternative 1) sowie eine lediglich anteilige Anrechnung in Höhe von 50 % (= Alternative 2). In der Praxis wird häufig bei einer Freistellung des Geschäftsführers auch vollständig auf die Anrechnung anderweitiger Einkünfte während des Freistellungszeitraums verzichtet.

4. Abfindung

Die Abfindung, welche von der Gesellschaft an den Geschäftsführer als Ausgleich für die vorzeitige Beendigung des Anstellungsvertrages bzw. die hierdurch entfallenden Bezüge gezahlt wird, unterliegt der Steuerpflicht, nicht jedoch der Beitragspflicht zur Sozialversicherung, da es sich bei einer Entschädigung für den Verlust des Arbeitsplatzes um kein beitragspflichtiges Arbeitsentgelt handelt.[414] Soweit die Vergütungen des Geschäftsführers der Beitragspflicht zur Sozialversicherung unterliegen, kann hieraus eine Versuchung erwachsen, rückständige oder bis zur Beendigung des Anstellungsverhältnisses noch anfallende Bezüge in die Abfindung einzubeziehen. Hiervon ist jedoch dringend abzuraten, da nach der Rechtsprechung[415] für die sozialversicherungsrechtliche Prüfung nicht auf die Bezeichnung der in einer Auf-

hebungsvereinbarung ausgewiesenen Beträge abzustellen ist, vielmehr unter
Berücksichtigung der gesamten aus Anlass der Beendigung des Anstellungsverhältnisses getroffenen Regelungen zu prüfen ist, ob die dort ausgewiesene
Abfindung tatsächlich dem Ausgleich für den Verlust des Arbeitsplatzes gilt.
Hiergegen wird insbesondere dann eine starke Vermutung sprechen, wenn
die dem Geschäftsführer bis zum Zeitpunkt des Abschlusses der Aufhebungsvereinbarung noch zustehenden vertragsgemäßen Bezüge in einem auffälli-
gen Missverhältnis reduziert wurden (z. B. Wegfall der gesamten variablen
Vergütung) und dafür die Abfindung deutlich erhöht wurde.

Hinsichtlich der Bemessung der Abfindung ist auf die Sach- und Rechtslage im konkreten Einzelfall abzustellen, so dass verständlicherweise keine allgemeingültigen Maßstäbe angewandt werden können. Im Fall eines auf feste
Dauer abgeschlossenen Anstellungsvertrages stellen die bis zum Ablauf des
Vertrages noch anfallenden fixen und variablen Vergütungen jedoch in aller
Regel die finanzielle Obergrenze aus Sicht der Gesellschaft dar. Ein Überschreiten dieser Grenze wird nur in besonders gelagerten Ausnahmefällen
vertretbar sein, in denen dem Geschäftsführer weitergehende Rechtsansprü-
che (z. B. Rückkehr-Zusage in ein Arbeitsverhältnis als leitender Angestellter nach Ablauf des Geschäftsführer-Anstellungsvertrages) zustehen, welche
durch die Aufhebungsvereinbarung im Sinne einer vollständigen Trennung
der Parteien abgegolten werden sollen. Andernfalls besteht für die Vertreter
der Gesellschaft nach dem Mannesmann-Urteil des BGH[416] das Risiko, dass
es sich bei der Abfindung um eine sog. kompensationslose Anerkennungs-
prämie handelt, soweit sie über die bis zum Ablauf der Vertragsdauer max.
noch anfallenden Bezüge hinausgeht. Innerhalb des vorstehend dargelegten
Rahmens der bis zum Ablauf der Vertragsdauer bzw. dem Ablauf der vertraglichen Kündigungsfrist noch anfallenden Bezüge ist neben den bereits in
Erl. 2 behandelten Gesichtspunkten in rechtlicher Hinsicht zu prüfen, ob für
die Gesellschaft eine Chance zur vorzeitigen Beendigung des Anstellungsvertrages besteht. Dies betrifft insbesondere diejenigen Fälle, in denen das Vorliegen eines „wichtigen Grundes" i. S. v. § 626 Abs. 1 BGB für eine außerordentliche Kündigung in Betracht kommt. In solchen Fällen ist auch der
Geschäftsführer gut beraten, die Frage einer raschen einvernehmlichen Beendigung des Anstellungsverhältnisses mit einer Abfindung gegenüber den
Chancen, zugleich jedoch auch den Risiken eines Prozesses über die von der
Gesellschaft in Aussicht gestellte Kündigung abzuwägen. Dies gilt freilich in
gleicher Weise für die Gesellschaft, da auch auf ihrer Seite die Prozessrisiken
sorgfältig gegenüber den in der Verhandlung stehenden Abfindungsbeträgen
abzuwägen sind.

5. Wettbewerbsverbot

Besteht nach dem Anstellungsvertrag ein nachvertragliches Wettbewerbsverbot, so ist von Seiten der Gesellschaft im Rahmen der Verhandlungen über
die Aufhebungsvereinbarung anhand der bereits in Erl. 2 zu § 15 = S. 151
genannten Kriterien nochmals sorgfältig zu prüfen, ob die Notwendigkeit

besteht, an diesem Wettbewerbsverbot festzuhalten. Ist dies nicht der Fall, so muss darauf geachtet werden, dass das nachvertragliche Wettbewerbsverbot durch die Aufhebungsvereinbarung beiderseits aufgehoben wird, wie dies in Alternative 1 zu § 6 des Musters für die Aufhebungsvereinbarung vorgenommen wurde. Von dem Ausspruch eines Verzichts der Gesellschaft auf das nachvertragliche Wettbewerbsverbot ist demgegenüber abzuraten, da dies die Verpflichtung zur Zahlung der Karenzentschädigung für die im Anstellungsvertrag festgelegte Dauer nach Ausspruch des Verzichts begründet (vgl. S. 153).

6. Ausschluss gegenseitiger Ansprüche

Durch die in § 11 des Musters für eine Aufhebungsvereinbarung enthaltene Abgeltungsklausel wird von Seiten der Gesellschaft zugleich auf etwaige gegenüber dem Geschäftsführer bestehende Schadensersatzansprüche verzichtet (vgl. S. 208). Hierfür bedarf es entsprechend der für die Entlastung des Geschäftsführers geltenden Bestimmung des § 46 Nr. 5 GmbHG eines Beschlusses der Gesellschafterversammlung, welche ohnehin für den Abschluss der Aufhebungsvereinbarung mit dem Geschäftsführer zuständig ist (vgl. S. 53).

Anhang III

Muster einer Change-of-Control-Vereinbarung

Ergänzungsvereinbarung

zum Anstellungsvertrag

zwischen

XY-GmbH, vertr. durch den Aufsichtsrat
– nachfolgend „Gesellschaft" genannt –

und

Herrn Dipl.-Kfm. ……
– nachfolgend „Geschäftsführer" genannt –

In Ergänzung zum Anstellungsvertrag vom …… schließen die Parteien für den Fall eines Change-of-Control folgende Vereinbarung:

§ 1
Change-of-Control

Der Tatbestand eines Change-of-Control, welcher zur Geltung der in dieser Vereinbarung getroffenen Bestimmungen führt, liegt bei Eintritt der folgenden Fälle vor:

- Alternative 1:
(1) Übernahme der Mehrheit der Geschäftsanteile an der XY-GmbH durch einen neuen Gesellschafter

- Alternative 2 (Muster bei Anknüpfung am Kontroll-Begriff des § 29 Abs. 2 WpÜG):
(1) Übernahme von mindestens 30 % der Geschäftsanteile an der XY-GmbH durch einen neuen Gesellschafter.

(2) Die in dieser Vereinbarung getroffenen Regelungen gelten nicht, wenn der Tatbestand gemäß Abs. (1) aufgrund einer rechtlichen Umstrukturierung innerhalb der XY-Unternehmensgruppe eintritt, so dass der neue Gesellschafter i. S. v. Abs. (1) weiterhin der XY-Unternehmensgruppe zugehört.

§ 2
Sonderkündigungsrecht

- Alternative 1 (Begründung des Sonderkündigungsrechts allein aufgrund des Eintritts eines Change-of-Control):

(1) Im Fall des Eintritts eines Change-of-Control gemäß vorstehendem § 1 steht dem Geschäftsführer ein Sonderkündigungsrecht zur Beendigung des Anstellungsvertrages nach Maßgabe von Abs. (2) unabhängig von den in § 16 des Anstellungsvertrages getroffenen Regelungen zu.

- Alternative 2 (Anknüpfung des Sonderkündigungsrechts an die zusätzliche Voraussetzung wesentlicher Änderungen im Zuständigkeitsbereich des Geschäftsführers innerhalb eines bestimmten Zeitraums nach dem Change-of-Control):

(1) Für den Fall, dass der Geschäftsführer innerhalb eines Zeitraums von 12 Monaten nach Vollzug eines Change-of-Control im Sinne von § 1 von seinem Amt als Geschäftsführer abberufen wird oder wesentliche Änderungen hinsichtlich seiner bisherigen Aufgaben und Zuständigkeiten vorgenommen werden, steht ihm ein Sonderkündigungsrecht zur Beendigung des Anstellungsvertrages nach Maßgabe von Abs. (2) unabhängig von den in § 16 des Anstellungstvertrages getroffenen Regelungen zu.

(2) Das Sonderkündigungsrecht kann innerhalb einer Frist von ...... Monaten ab Eintritt der hierfür bestimmten Voraussetzungen gemäß Abs. (1) durch den Geschäftsführer ausgeübt werden. Macht der Geschäftsführer von dem Sonderkündigungsrecht Gebrauch, so kann er den Anstellungs-vertrag – einschließlich der hierzu getroffenen Ergänzungsvereinbarun-gen – mit einer Frist von ...... Monaten zum Monatsende kündigen. Zu diesem Zeitpunkt hat der Geschäftsführer zugleich sein Amt als Mitglied der Geschäftsführung der Gesellschaft sowie etwaige weitere Ämter in den mit der Gesellschaft verbundenen Unternehmen niederzulegen.

§ 3
Abgeltung der Bezüge und vertraglichen Leistungen

(1) Macht der Geschäftsführer von dem Sonderkündigungsrecht Gebrauch, so erhält er ...... % der festen und variablen Bezüge gemäß § 6 Abs. (1) und Abs. (3), welche zwischen der vorzeitigen Beendigung des Anstel-lungsvertrages und dem Ablauf der vereinbarten Vertragsdauer noch an-gefallen wären. Hinsichtlich der variablen Bezüge gemäß § 6 Abs. (3) ist der durchschnittliche Betrag auf Basis der vorangegangenen 3 Jahre zu ermitteln und zeitanteilig für die Dauer zwischen der vorzeitigen Beendi-gung und dem vereinbarten Ablauf der Vertragsdauer zu zahlen.

(2) Hinsichtlich der weiteren vertragsgemäßen Leistungen der Gesellschaft (Stellung eines Dienstswagens, Zahlung der Beiträge für die zugunsten des Geschäftsführers abgeschlossenen Versicherungen etc.) erfolgt keine

weitergehende Abgeltung für den Zeitraum bis zum Ablauf der vereinbarten Vertragsdauer. Diese Leistungen enden mit Ablauf der vorzeitigen
Beendigung des Anstellungsvertrages.

(3) Hinsichtlich der Versorgungsbezüge gemäß §§ 17, 18 des Anstellungsvertrages wird die Gesellschaft den Geschäftsführer so stellen, wie wenn der
Anstellungsvertrag bis zum Ablauf der vereinbarten Vertragsdauer fortbestanden hätte.

§ 4
Sonstige Regelungen

(1) Die Ausübung des Sonderkündigungsrechts gemäß dieser Vereinbarung
begründet kein Recht des Geschäftsführers im Sinne von § 15 Abs. (8)
des Anstellungsvertrages zur Lösung des nachvertraglichen Wettbewerbsverbots. Sofern zwischen den Parteien keine anderslautende Vereinbarung getroffen wird, bleibt das nachvertragliche Wettbewerbsverbot entsprechend den in § 15 Abs. (2)–(9) getroffenen Bestimmungen
bestehen.

(2) Alle übrigen im Anstellungsvertrag sowie den Ergänzungsvereinbarungen
für den Fall einer Beendigung des Anstellungsvertrages getroffenen Regelungen (insbes. Verschwiegenheitspflicht, Verpflichtung zur Rückgabe
von Arbeitsmitteln u. Unterlagen) gelten entsprechend für den Fall einer
durch Ausübung des Sonderkündigungsrechts herbeigeführten Beendigung des Anstellungsvertrages.

Mannheim, den ...... März 2016

....

XY-GmbH, vertr. durch den Aufsichtsrat   Dipl.-Kfm. ......

Erläuterungen

1. Vorbemerkung	4. Kapitalisierung der Bezüge
2. Definition des Change-of-Control	5. Wettbewerbsverbot
3. Sonderkündigungsrecht bei Eintritt des Change-of-Control	

1. Vorbemerkung

Bei den im Bereich von Aktiengesellschaften zunehmend im Vordringen befindlichen Change-of-Control-Vereinbarungen geht es um eine vertragliche
Absicherung der Vorstandsmitglieder für den Fall einer Übernahme der Gesellschaft durch einen neuen Mehrheitsaktionär. Die aus einer solchen Un-
ternehmensübernahme folgenden Risiken stellen sich jedoch nicht nur für
die Vorstandsmitglieder einer AG, sondern in gleicher Weise auch für die Geschäftsführer einer GmbH. Aus diesem Grund wird auch in diesem Bereich –

wenn auch bisher eher selten – zum Instrument einer Change-of-Control-Regelung gegriffen, um den Geschäftsführer gegen die Risiken eines Gesellschafter-Wechsels abzusichern. Dabei ist in rechtlicher Hinsicht jedoch vorab klarzustellen, dass ein Gesellschafter-Wechsel innerhalb der GmbH den Fortbestand des mit dem Geschäftsführer bestehenden Anstellungsvertrages unberührt lässt. Wurde z.B. mit dem Geschäftsführer ein Anstellungsvertrag auf bestimmte Dauer geschlossen, und kommt es bereits kurz nach Vertragsabschluss zu einem Gesellschafterwechsel, so bleibt die Gesellschaft an den Anstellungsvertrag bis zum Ablauf der vereinbarten Dauer gebunden. Dies gilt auch dann, wenn es aufgrund des Gesellschafterwechsels innerhalb des für den Abschluss des Anstellungsvertrages zuständigen Organs (z.B. Aufsichtsrat) zu einem personellen Revirement kommt, da der Aufsichtsrat durch den neuen Anteilseigener mit Personen seines Vertrauens besetzt wird. Gerade hierin liegt jedoch der maßgebende Grund für den Abschluss einer Change-of-Control-Regelung, da nach aller Erfahrung in der Praxis ein solcher Wechsel auf Seiten der Gesellschafter bzw. innerhalb des für die Geschäftsführer zuständigen Organs der Gesellschaft atmosphärische und inhaltliche Spannungen mit den bisherigen Geschäftsführern auslösen kann. Dies trifft insbesondere für diejenigen Fälle zu, in denen es auch zu Änderungen in der personellen Besetzung der Geschäftsführung sowie der Zuständigkeiten durch die neuen Gesellschafter kommt. Da die Möglichkeiten eines rechtlichen Vorgehens gegen solche Eingriffe in den bisher bestehenden Aufgaben- und Zuständigkeitsbereich eingeschränkt sind (vgl. S. 66) und häufig nicht die hohen Anforderungen erfüllen, welche an einen „wichtigen Grund" i.S.v. § 626 BGB und die Unzumutbarkeit einer weiteren Fortsetzung der Tätigkeit gestellt werden, besteht für den Geschäftsführer ein legitimes Interesse, sich durch Abschluss einer Change-of-Control-Vereinbarung gegen solche Risiken eines Gesellschafterwechsels abzusichern.

2. Definition des Change-of-Control

Der Abschluss einer Change-of-Control-Vereinbarung erfordert zunächst eine klare Definition, welche Anforderungen an eine Veränderung auf Gesellschafter-Seite für das begriffliche Vorliegen eines Change-of-Control gestellt werden. Dabei kann der Ein- und Austritt von Minderheitsgesellschaftern grundsätzlich keinen Fall des Change-of-Control begründen, da diese in aller Regel nicht in der Lage sind, einen bestimmenden Einfluss innerhalb des für die Geschäftsführer zuständigen Organs der Gesellschaft (insbesondere Gesellschafterversammlung) zu erlangen. Für eine klare Definition des Change-of-Control bieten sich folgende zwei Alternativen an:
- Entsprechend Alternative 1 zu § 1 des Vertragsmusters kann darauf abgestellt werden, dass es einer Übernahme der Mehrheit der Geschäftsanteile durch den neuen Gesellschafter bedarf.
- Statt dessen kann jedoch entsprechend Alternative 2 zu § 1 des Vertragsmusters auch an der gesetzlichen Definition des § 29 Abs. 2 WpÜG angeknüpft werden, wonach von einer Kontrolle bei dem Halten von mindes-

tens 30 Prozent der Stimmrechte auszugehen ist. Auch wenn das WpÜG
für einen Gesellschafterwechsel innerhalb einer GmbH nicht unmittelbar
anwendbar ist, so folgt aus dieser gesetzlichen Definition doch ein wichtiger Anhaltspunkt, ab welcher Beteiligungsquote der Gesetzgeber von einer
so wesentlichen Stellung innerhalb der Gesellschaft ausgeht, dass die gesetzlichen Übernahme-Vorschriften zur Anwendung kommen.

Unabhängig davon, für welche der beiden vorgenannten Alternativen man
sich entscheidet, sollte auf jeden Fall die in § 1 Abs. (2) getroffene Einschränkung vorgenommen werden, wonach kein Fall eines Change-of-Control vorliegt, wenn es im Rahmen einer rechtlichen Umstrukturierung innerhalb der
jeweiligen Unternehmensgruppe zu einem Gesellschafter-Wechsel kommt. In
der Praxis werden bei einer solchen Umstrukturierung häufig die operativen
Gesellschaften einer Unternehmensgruppe aus strategischen oder steuerlichen Gründen mit anderen zur Unternehmensgruppe gehörenden Gesellschaften nach dem UmwG verschmolzen oder die Geschäftsanteile auf eine
neu gebildete Sparten-Holding übertragen. In all diesen Fällen kommt es
zwar zu einem Gesellschafter-Wechsel, gleichwohl bleibt die Gesellschaft innerhalb der bisherigen Unternehmensgruppe, so dass die in den Vorbemerkungen aufgezeigten Risiken bei solchen Umstrukturierungsfällen in aller
Regel nicht eintreten. Aus diesem Grund erscheint es gerechtfertigt, solche
Fälle aus dem Anwendungsbereich der Change-of-Control-Regelung auszunehmen. Fehlt eine solche Ausnahme-Regelung, so läuft die Gesellschaft das
Risiko, dass der Geschäftsführer die sich aus der Change-of-Control-Vereinbarung ergebenden Rechte bei einer rein konzerninternen Umstrukturierung
ausübt. Dies kann insbesondere dann für die Gesellschaft fatale Folgen haben, wenn allein der bloße Gesellschafter-Wechsel zur Ausübung der Son-
derrechte des Geschäftsführers berechtigt (vgl. hierzu nachfolgend Alternative 1 zu § 2).

3. Sonderkündigungsrecht bei Eintritt des Change-of-Control

Bei der vertraglichen Festlegung der Rechtsfolgen, welche sich bei Eintritt eines Change-of-Control ergeben, geht es insbesondere um
– die Begründung eines Sonderkündigungsrechtes zugunsten des Geschäftsführers
– verbunden mit einer Kapitalisierung der vertragsgemäßen Bezüge, welche
  bis zum Ablauf der Vertragsdauer bzw. dem nächst zulässigen Kündi-
  gungszeitpunkt noch angefallen wären (vgl. hierzu Erl. 4).
Bei der Frage, welche Anforderungen an die Ausübung des Sonderkündigungsrechts durch den Geschäftsführer zu stellen sind, kommen folgende
zwei Alternativen in Betracht:
– Entsprechend Alternative 1 zu § 2 des Vertragsmusters kann das Sonderkündigungsrecht allein schon durch den bloßen Change-of-Control, d.h.
  den Gesellschafter-Wechsel ausgelöst werden.
– Statt dessen kann die Ausübung des Sonderkündigungsrechts jedoch auch
  an die zusätzliche Voraussetzung geknüpft werden, dass es aufgrund des

Gesellschafter-Wechsels zu wesentlichen Änderungen im Zuständigkeits-
und Aufgabenbereich des Geschäftsführers oder gar dessen Abberufung
kommt.
Für die Entscheidung zwischen diesen beiden Alternativen sind folgende
Gesichtspunkte zu berücksichtigen: wie bereits einleitend in der Vorbemerkung dargelegt wurde, soll durch eine Change-of-Control-Regelung der Geschäftsführer gegen die Risiken abgesichert werden, welche sich aus einem
Gesellschafter-Wechsel ergeben können. Dies lässt es jedoch angezeigt erscheinen, dass diese Risiken nicht nur theoretisch, sondern tatsächlich eingetreten sein müssen, um das Sonderkündigungsrecht auszulösen. Lässt man
demgegenüber den bloßen Gesellschafter-Wechsel bereits für die Ausübung
des Sonderkündigungsrechts genügen, so kann dies dazu führen, dass ein Geschäftsführer selbst dann unter Kapitalisierung seiner Bezüge ausscheidet,
wenn der neue Gesellschafter ihm ausdrücklich versichert, seinen Zuständigkeitsbereich unangetastet zu lassen und ihn sogar eindringlich darum bittet,
in seiner Funktion zu verbleiben. Wurde das Sonderkündigungsrecht in der
Change-of-Control-Regelung jedoch an den bloßen Gesellschafter-Wechsel
geknüpft, so kann dies in der Praxis dazu führen, dass eine solche Klausel
durch den Geschäftsführer dazu instrumentalisiert wird, gegenüber dem
neuen Gesellschafter zusätzliche Forderungen aufzustellen, an deren Erfüllung die Nichtausübung des Sonderkündigungsrechts bzw. das Verbleiben in
der Gesellschaft geknüpft wird (z. B. Zahlung einer „Bleibe-Prämie"; Erhöhung der Vergütung; Verlängerung der Vertragslaufzeit etc.). Aus Sicht der
Gesellschaft ist daher in aller Regel die Alternative 2 zu § 2 zu favorisieren.
Aus Sicht des Geschäftsführers vermittelt freilich die Alternative 1 die größere Entscheidungsfreiheit und hat darüber hinaus gegenüber der Alternative 1
den Vorzug, dass für den Geschäftsführer keine Unwägbarkeiten eintreten,
ab welchem Grad der Eingriffe durch den neuen Gesellschafter von wesentlichen Änderungen in seinen bisherigen Zuständigkeitsbereich zu sprechen ist.
Sofern sich die Gesellschaft im Hinblick hierauf entschließt, dem Geschäftsführer die wesentlich weitergehende Alternative 1 in der Change-of-Control-
Regelung zuzugestehen, ist in diesem Fall jedoch eine Einschränkung bei der
Kapitalisierung der Bezüge vorzunehmen.[417]
Hinsichtlich des verfahrensmäßigen Prozedere für die Ausübung des Sonderkündigungsrechts bedarf es in der Change-of-Control-Regelung klarer
Regelungen, innerhalb welcher Fristen der Geschäftsführer das Sonderkündigungsrecht auszuüben hat. Dementsprechend wurde durch § 2 Abs. (2) bestimmt, dass das Sonderkündigungsrecht nur innerhalb einer bestimmten
Frist nach Eintritt der hierfür maßgebenden Voraussetzungen ausgeübt werden kann. Sofern entsprechend der 2. Alternative zu § 2 Abs. (1) für das
Sonderkündigungsrecht nicht nur der bloße Gesellschafterwechsel ausreicht,
sondern zusätzlich noch wesentliche Änderungen im Zuständigkeitsbereich
des Geschäftsführers erforderlich sind, sollte die Ausübungsfrist auf einen
längeren Zeitraum bemessen werden, da nach aller Erfahrung in der Praxis
derartige Änderungen nicht unmittelbar mit dem Gesellschafterwechsel ein-
hergehen, sondern häufig erst nach einer gewissen Orientierungsphase durch
den neuen Gesellschafter erfolgen. Sofern man jedoch entsprechend Alterna-

tive 1 zu § 2 Abs. (1) den bloßen Gesellschafterwechsel genügen lässt, kann die Frist kürzer bemessen werden.

4. Kapitalisierung der Bezüge

Nach § 3 des Vertragsmusters ist für den Fall einer Ausübung des Sonder-kündigungsrechts durch den Geschäftsführer eine Kapitalisierung seiner Bezüge vorgesehen, welche andernfalls bis zum Ablauf der vereinbarten Vertragsdauer noch angefallen wären. Hierbei sind insbesondere folgende Punkte zu regeln:

- Zunächst bedarf es der grundlegenden Entscheidung, ob die Kapitalisierung nur auf Basis der festen Bezüge oder unter Einbeziehung der variablen Vergütung erfolgen soll. Da es bei einer Change-of-Control-Regelung um eine Abgeltung der Bezüge geht, welche der Geschäftsführer andernfalls bis zum Ablauf der vereinbarten Vertragsdauer erhalten hätte, werden in aller Regel die variablen Bezüge in die Kapitalisierung einbezogen. Dementsprechend wurde auch in Abs. (1) von § 3 des Vertragsmusters verfahren. Hinsichtlich der Berechnung der variablen Vergütung liegen zum Zeitpunkt der Ausübung des Sonderkündigungsrechts verständlicherweise keine verlässlichen Daten über die künftige Entwicklung vor, so dass die Kapitalisierung entweder auf Basis einer Schätzung der künftigen variablen Vergütung (z.B. auf Grundlage eines vom Aufsichtsrat genehmigten Business-Plans für die künftigen Geschäftsjahre) ermittelt werden muss oder dadurch, indem die durchschnittliche variable Vergütung der vergangenen Dienstjahre zugrunde gelegt wird. In § 3 Abs. (1) Satz 2 des Vertragsmusters wurde eine Regelung entsprechend der 2. Alternative vorgenommen.
- Hinsichtlich der Frage, in welcher Höhe die bis zum Ablauf der Vertragsdauer noch anfallenden Vergütungen kapitalisiert werden, bestehen keine festen Grenzen. Da nach dem Selbstverständnis, auf welchem eine Change-of-Control-Regelung beruht, grundsätzlich ein Ersatz für die Vertragserfüllung erfolgen soll, entspricht eine weitgehende Kapitalisierung der bis zum Ablauf der Vertragsdauer noch anfallenden Bezüge einer weit verbreiteten Praxis. Aus Sicht der Gesellschaft lässt sich jedoch ein gewisser Abschlag unter Hinweis darauf vertreten, dass eine Vorfälligkeit der Vergütungen eintritt und durch die Kapitalisierung ein Ausschluss der Anrechnung anderweitiger Einkünfte erfolgt, welche der Geschäftsführer nach Ausübung des Sonderkündigungsrechts bis zum Ablauf der vereinbarten Vertragsdauer durch Aufnahme einer neuen Tätigkeit erzielen kann.
- Aus Sicht des Geschäftsführers sind bei Abschluss der Change-of-Control-Regelung die Auswirkungen des Sonderkündigungsrechts auf seine Versorgungsbezüge zu beachten. Da der Geschäftsführer finanziell weitgehend so gestellt werden soll, wie er bis zum Ablauf der Vertragsdauer gestanden hätte, entspricht es der überwiegenden Praxis, dass in der Change-of-Control-Vereinbarung eine Regelung des Inhalts erfolgt, wonach der Geschäftsführer hinsichtlich seiner Versorgungsanwartschaft so gestellt wird,

wie wenn der Anstellungsvertrag bis zum Ablauf der vereinbarten Vertragsdauer fortbestanden hätte. Dies hat insbesondere zur Folge, dass die bis zum Ablauf der Vertragsdauer noch eintretenden dienstzeitabhängigen Steigerungen der Versorgungsanwartschaft zu berücksichtigen sind. In diesem Sinne wurden durch § 3 Abs. (3) die Auswirkungen eines vorzeitigen Ausscheidens auf die Versorgungszusage geregelt.

5. Wettbewerbsverbot

Wurde mit dem Geschäftsführer ein nachvertragliches Wettbewerbsverbot im Anstellungsvertrag vereinbart – wie dies in § 15 Abs. (2)–(9) des Vertragsmusters erfolgt ist – so bedarf es in der Change-of-Control-Regelung einer Klarstellung dazu, ob die Ausübung des Sonderkündigungsrechtes mit einer außerordentlichen Kündigung gleichgestellt wird, was zur Folge hätte, dass der Geschäftsführer sich zugleich auch von dem nachvertraglichen Wettbewerbsverbot lossagen könnte (vgl. § 15 Abs. (8) des Vertragsmusters). Hiervon ist aus Sicht der Gesellschaft dringend abzuraten, da andernfalls ein erhebliches Risiko besteht, dass ein Geschäftsführer den Gesellschafterwechsel dazu nutzt, um unter weitgehender Kapitalisierung seiner Bezüge unmittelbar zu einem Konkurrenzunternehmen überzutreten. Um den Eintritt eines solchen Falles zu vermeiden wurde durch § 4 Abs. (1) in Anhang III eine ausdrückliche Klarstellung des Inhalts vorgenommen, wonach die Ausübung des Sonderkündigungsrechtes für den Geschäftsführer kein Recht begründet, sich von dem bestehenden nachvertraglichen Wettbewerbsverbot loszusagen. Sollte die Gesellschaft zum Zeitpunkt der Ausübung des Sonderkündigungsrechtes zwischenzeitlich zu der Überzeugung gelangt sein, dass aus einem Übertritt des Geschäftsführers zu einem Konkurrenzunternehmen keine wesentlichen Risiken folgen, so bleibt ihr immer noch die Möglichkeit, entweder mit dem Geschäftsführer aus Anlass seines Ausscheidens eine Aufhebung des nachvertraglichen Wettbewerbsverbots zu vereinbaren oder auf die Einhaltung des nachvertraglichen Wettbewerbsverbots zu verzichten (vgl. hierzu § 15 Abs. (7) des Vertragsmusters).

D. Weiterführende Hinweise zu Literatur und Rechtsprechung

1. BAG Urt. v. 19.5.2010 – 5 AZR 253/09, NZA 2010, 930 (940/941); In der Komm.-Lit. bejahen die Stellung des Fremd-Geschäftsführers als „Verbraucher" i. S. v. § 13 BGB und die hieraus folgende AGB-Kontrolle gemäß §§ 305 ff. BGB: Micklitz in: MüKo-BGB Rz. 58 zu § 13 BGB; Kannowski in: Staudinger Komm. zum BGB Rz. 33 zu § 13 BGB; Jaeger in: MüKo GmbHG Rz. 273 zu § 35 GmbHG; Schneider/Hohenstatt in: Scholz Rz. 323 zu § 35 GmbHG; Janert BB 2013, 3016 (3019); Fischer NJW 2011, 2329 (2332); Hümmerich NZA 2009, 709 (710); a. A. jedoch, wonach eine AGB-Kontrolle mangels „Verbraucher"-Status des Geschäftsführers ausscheidet: Zöllner/Noack in: Baumbach/Hueck Rz. 172 zu § 35 GmbHG; Krause in: Clemenz/Kraft/Krause AGB-Arbeitsrecht Rz. 114 der Einf.
2. Ständige Rspr. vgl. zuletzt BAG Urt. v. 25.5.2005 – 5 AZR 572/04 NZA 2005, 1111 (1114); BAG Urt. v. 12.1.2005 – 5 AZR 364/04 NZA 2005, 465 (468); aus der einhelligen Komm.-Lit. vgl. Preis in: Erf.Komm. Rz. 104 zu §§ 305–310 BGB; Palandt/Grüneberg Rz. 6 zu § 306 BGB.
3. Ständige Rspr. BGH Urt. 24.11.1980 – II ZR 182/79, NJW 1981, 757 (758); BGH Urt. v. 14.11.1983 – II ZR 33/83 NJW 1984, 733 (734); BGH Urt. v. 10.5.2010 – II ZR 70/90 – NZG 2010 827 (828). Die Trennungstheorie wird auch durch das BAG in seiner Rspr. vertreten vgl. hierzu BAG Urt. v. 25.10.2007 – 6 AZR 1045/06 NZA 2008, 168 (169). Die Trennungstheorie entspricht der ganz h. M. der Komm.-Lit. (Paefgen in: Ulmer/Habersack/Löbbe Rz. 32 zu § 35 GmbHG; Schneider/Hohenstatt in: Scholz Rz. 251 zu § 35 GmbHG; Kleindiek in: Lutter/Hommelhoff Rz. 2 in Anh. zu § 6 GmbHG; Roth/Altmeppen Rz. 44 zu § 6 GmbHG; a. A. Baums Der Geschäftsleitervertrag S. 3 ff., der die sog. „Einheitstheorie" vertritt, welche sich jedoch nicht mit der durch § 38 Abs. 1 GmbHG durch den Gesetzgeber zum Ausdruck gebrachten Trennung zwischen Organstellung und Anstellungsvertrag vereinbaren lässt.
4. Zöllner in: Baumbach/Hueck Rz. 34a zu § 46 GmbHG; Hüffer/Schürnbrand in: Ulmer/Habersack/Löbbe Rz. 86 zu § 46 GmbHG; Scholz/Schmidt Rz. 72 zu § 46 GmbHG, der zutreffend hervorhebt, dass durch die Formulierung der einschlägigen Satzungsregelung klargestellt werden muss, ob es sich um ein sog. „Präsentationsorgan" handelt, so dass die Beschluss-Zuständigkeit der Gesellschafterversammlung unberührt bleibt oder ob es sich um ein sog. „Kreationsorgan" handelt, das selbst für die Beschlussfassung über die Bestellung zuständig ist.
Sofern das Organ der Gesellschaft, auf welches die Bestellungskompetenz übertragen wurde, funktionsunfähig ist, tritt eine Rückfallzuständigkeit der Gesellschafterversammlung ein (Zöllner in: Baumbach/Hueck Rz. 34a zu § 46 GmbHG).
5. Hüffer/Schürnbrand in: Ulmer/Habersack/Löbbe Rz. 86 zu § 46 GmbHG; Scholz/Schmidt Rz. 72 zu § 46 GmbHG; Zöllner in: Baumbach/Hueck Rz. 33 zu § 46 GmbHG, der allerdings zutreffend darauf verweist, dass die Satzung ein Vorschlagsrecht für die Geschäftsführer, ebenso wie andere Gesellschafter oder Gesellschafter-Stämme vorsehen kann.
6. BGH Urt. v. 24.9.1990 – II ZR 167/89 NJW 1991, 691 (692); so auch die einhellige Meinung innerhalb der Komm.-Lit. (Zöllner in: Baumbach/Hueck Rz. 83 zu § 47 GmbHG; Hüffer/Schürnbrand in: Ulmer/Habersack/Löbbe Rz. 182 zu § 47 GmbHG; nach übereinstimmender Auffassung findet § 47 Abs. 4 Satz 2 Alt. 1 GmbHG auf den Fall der Bestellung eines Gesellschafters zum Geschäftsführer keine Anwendung, da § 47 Abs. 4 GmbHG von seinem Normzweck nicht für mitgliedschaftliche Rechtsakte innerhalb der Gesellschaft, sondern allein für sog. Außengeschäfte ohne körperschaftsrechtlichen Charakter gilt.
Der BGH verweist in dem vorstehend zitierten Urteil (NJW 1991, 691 (692)) zugleich darauf, dass ein Gesellschafter, der von anderen Gesellschaftern zu ihrer Vertretung in

der Gesellschafterversammlung bevollmächtigt wurde, aus Gründen des Selbstkontrahierungsverbots (§ 181 BGB) daran gehindert ist, mit den Stimmen der vollmachtgebenden Gesellschafter seine eigene Bestellung zum Geschäftsführer zu beschließen; nach BGH (a. a. O.) liegt allein in der Erteilung der Vollmacht keine Befreiung vom Selbstkontrahierungsverbot des § 181 BGB.

7. BGH Urt. v. 12.7.1993 – II ZR 65, 92 NJW-RR 1993, 1253 (1254).

8. BGH Urt. v. 12.7.1993 – II ZR 65/93 NJW RR 1993, 1253 (1254). Im Fall einer beabsichtigten Anfechtung ist darauf zu achten, dass die Anfechtungsklage innerhalb einer Frist von 1 Monat nach der Beschlussfassung erfolgt. Zwar findet die für eine Anfechtungsklage innerhalb der AG nach § 246 Abs. 1 AktG geltende 1-Monats-Frist auf die GmbH keine entsprechende Anwendung, nach der Rechtsprechung (BGH Urt. v. 1.6.1987 – II ZR 128/86 NJW 1987, 2514/2515) hat diese Frist jedoch eine „Leitbildfunktion", mit der Folge, dass die Monatsfrist grundsätzlich nur dann überschritten werden darf, sofern der Gesellschafter „durch zwingende Umstände gehindert" oder es ihm unzumutbar war, die Anfechtungsklage früher zu erheben (BGH a. a. O.). Die Komm.-Lit. Zöllner in: Baumbach/Hueck Rz. 145 in Anh. zu § 47 GmbHG; Raiser in Ulmer/Habersack/Löbbe Rz. 202 in Anh. zu § 47 GmbHG folgt dieser Rechtsprechung, wonach die 1-Monats-Frist als „Regelfrist" gilt, die im Normalfall einzuhalten ist, aber begründete Ausnahmen gestattet. Um das Risiko einer Verfristung zu vermeiden sollte daher innerhalb der 1-Monats-Frist die Anfechtungsklage erhoben werden, da an das Vorliegen „zwingender Umstände" oder einer „Unzumutbarkeit" der Erhebung einer Klage innerhalb der 1-Monats-Frist strenge Anforderungen gestellt werden.

9. Thüsing Arbeitsrechtlicher Diskriminierungsschutz Rz. 134; Jaeger in: MüKo-GmbHG Rz. 263a zu § 35 GmbHG; a. A. jedoch Schröder/Diller NZG 2006, 228 (230), die jedoch verkennen, dass keine Einschränkung des persönlichen Geltungsbereichs von § 6 Abs. 3 AGG auf Fremd-Geschäftsführer durch den Gesetzgeber vorgenommen wurde.

10. BGH Urt. v. 23.4.2012 – II ZR 163/10 – NZA 2012, 797 (798).

11. Zustimmend Thüsing in MüKo-BGB Rz. 7 zu § 2 AGG; Jaeger in: MüKo-GmbHG Rz. 263d zu § 35 GmbHG; Schneider/Hohenstatt in: Scholz Rz. 328 zu § 35 GmbHG; Horstmeier GmbHR 2007, 125 (127).

12. Preis/Sagan ZGR 2013, 26 (61/62); Hohenstatt/Naber ZIP 2012, 1989 (1991); Lingemann/Weingarth DB 2012, 2325 (2327); Hoefs/Rentsch DB 2012, 2733 (2734).

13. Jaeger in: MüKo-GmbHG Rz. 263d zu § 35 GmbHG; Paefgen in: Ulmer/Habersack/ Löbbe Rz. 256 zu § 35 GmbHG; Bauer/Krieger Rz. 34 zu § 6 AGG.

14. Zu den Anforderungen, welche für den auf 1. Stufe des § 22 AGG erforderlichen Indizien-Beweis gestellt werden, um die Vermutungswirkung zu begründen und damit die Beweislast-Umkehr auszulösen, wonach der Gesellschaft die volle Beweislast für das Nichtvorliegen einer diskriminierenden Benachteiligung obliegt, vgl. Thüsing Arbeitsrechtlicher Diskriminierungsschutz Rz. 666 ff.; Schlachter in: Erf.Komm. zum ArbR Rz. 3 ff. zu § 22 AGG; Bauer/Krieger Rz. 8 ff. zu § 22 AGG; Benecke DB 2011, 934 (935/936).

15. BGH Urt. v. 23.4.2012 – II ZR 163/10 NZA 2012, 797 (799); ebenso in der Komm.-Lit.: Jaeger in: MüKo-GmbHG Rz. 266 zu § 35 GmbHG; Paefgen in: Ulmer/Habersack/Löbbe Rz. 262 zu § 35 GmbHG; Schneider/Hohenstatt in: Scholz Rz. 345 zu § 35 GmbHG; Reufels/Molle NZA RR 2011, 281 (285); a. A. Eßer/ Baluch NZG 2007, 321 (325).

16. OLG Karlsruhe Urt. v. 13.9.2011 – 17 U 99/10 DB 2011, 2256 (2257): danach indiziert bereits die Überschrift einer Stellenbeschreibung mit „Geschäftsführer" eine geschlechtsspezifische Diskriminierung wegen Weglassen des Zusatzes „-/in" oder des Vermerks „m/w".

17. Nach BAG Urt. v. 22.7.2010 – 8 AZR 1012/08 NZA 2011, 93 (99/100) können sich aus Statistiken zwar grundsätzlich Indizien für eine geschlechtsbezogene Diskriminierung ergeben, wobei jedoch allein aus dem Umstand, dass in den Oberen Hierarchie-Ebenen des Unternehmens ein deutlich geringerer Frauenanteil vorliegt als im Gesamtunternehmen noch keine Indizwirkung für eine geschlechtsbezogene Diskriminierung von Frauen bei Beförderungsentscheidungen folgt. Dagegen liegt nach LAG Brandenburg Urt. v. 26.11.2008 – 15 Sa 517/08 NZA 2009, 43 ein ausreichendes Indiz i. S. v. § 22 AGG für eine Geschlechtsdiskriminierung bei einer Beförderung auf Führungspositionen vor,

wenn sämtliche 27 Führungspositionen der Gesellschaft mit Männern besetzt sind, obwohl die Frauen ⅔ der Gesamtbelegschaft stellen.

18. Zu den Regelungen und Auswirkungen des Gesetzes für die gleichberechtigte Teilhabe von Frauen und Männern in Führungspositionen vgl. Müller-Bonanni/Forst GmbHR 2005, 621 ff.; Teichmann-Rüb BB 2015, 259 ff.; Hohenstatt/Willemsen/Naber ZIP 2014, 2220 ff.; Ohmann-Sauer/Langemann NZA 2014, 1120 ff.

19. Für die Anwendung der EuGH-Rspr. zu Quotenregelungen bei der Behandlung von Frauenquoten im Rahmen von § 5 AGG: Jaeger in: MüKo-GmbHG Rz. 265 zu § 35 GmbHG; Schneider/Hohenstatt in: Scholz Rz. 332 zu § 35 GmbHG. Nach dem EuGH-Urt. v. 11.11.1997 – RS C-409/95 NZA 1997, 1337 (1338/1339) sind Quotenregelungen im Rahmen von Auswahlverfahren zulässig, sofern sichergestellt ist, dass das Auswahlverfahren auf der Grundlage objektiver Kriterien für die zur Besetzung anstehende Position erfolgt und der zugunsten weiblicher Bewerber eingeräumte Vorrang entfällt, wenn männliche Bewerber hinsichtlich eines oder mehrerer der für die zu besetzende Position maßgebenden objektiven Kriterien eine überwiegende Eignung aufweisen. Im Ergebnis folgt hieraus der Grundsatz, dass weiblichen Bewerbern bei gleicher fachlicher Eignung der Vorrang eingeräumt werden darf.

20. Jaeger in: MüKo-GmbHG Rz. 264c zu § 35 GmbHG; Schneider/Hohenstatt in: Scholz Rz. 336 zu § 35 GmbHG.

21. Jaeger in: MüKo-GmbHG Rz. 264d zu § 35 GmbHG; Paefgen in: Ulmer/Habersack/Löbbe Rz. 259 zu § 35 GmbHG; Schneider/Hohenstatt in: Scholz Rz. 341 zu § 35 GmbHG. Schlachter in: Erf.Komm. Rz. 11 zu § 10 AGG, die weitergehend darauf verweist, dass nach § 10 S. 3 Nr. 5 AGG pensionsbezogene Altersgrenzen auch dann gestattet sind, wenn es sich nicht um gesetzliche, sondern vertraglich zugesagte Ruhestandsbezüge handelt. Nach Auffassung von Kleindiek in: Lutter/Hommelhoff Rz. 46 in Anh. zu § 6 GmbHG soll im Hinblick auf die erhöhten Anforderungen, denen die Tätigkeit eines Geschäftsführers unterliegt, eine vertragliche Höchstaltersgrenze deutlich unterhalb des Alters für die gesetzliche Regelaltersgrenze zulässig sein.

22. Thüsing in: MüKo-BGB Rz. 28 zu § 15 AGG; Thüsing Arbeitsrechtlicher Diskriminierungsschutz Rz. 543; Lingemann in: Prütting/Wegen/Weinrich Rz. 5 zu § 15 AGG; Bauer/Krieger Rz. 27 zu § 15 AGG; Stoffels RdA 2009, 204 (213); Deinert DB 2007, 398 (400). Die Berufung auf die Möglichkeit einer Kündigung zum nächstzulässigen Termin stellt keine – erneute – Benachteiligung dar, vielmehr beruft sich die Gesellschaft insoweit zulässigerweise auf ein rechtmäßiges Alternativverhalten (hierauf verweisen zutreffend Bauer/Krieger Rz. 28 zu § 15 AGG).

23. Für die Berechnung der Entschädigung sind alle Vergütungsbestandteile und geldwerten Sachbezüge zugrunde zu legen, welche dem/r abgelehnten Bewerber/in im Fall des Abschlusses eines Anstellungsvertrages zugestanden hätte vgl. Bauer/Krieger Rz. 36 zu § 15 AGG. Auf die Vergütungserwartung des Bewerbers kommt es dagegen nicht an vgl. LAG Hamburg Beschl. v. 3.4.2013 – 4 Ta 4/13 Beck RS 2013, 71686. Bestehen bei der Gesellschaft keine einheitlichen Vergütungen für Geschäftsführer, so ist eine Schätzung des Verdienst entsprechend § 287 ZPO vorzunehmen.

24. Auch wenn das GmbHG keine ausdrückliche Regelung enthält wird die Mitwirkung im Sinne einer Annahme der Bestellung durch den zum Geschäftsführer berufenen Kandidaten als unverzichtbare Voraussetzung für die Begründung der Geschäftsführer-Stellung angesehen vgl. Hüffer/Schürnbrand in: Ulmer/Habersack/Löbbe Rz. 56 zu § 46 GmbHG; Zöllner in: Baumbach/Hueck Rz. 35 zu § 46 GmbHG.

25. BGH Urt. 20.10.2008 – II ZR 107/07 DB 2008, 2641/2642. Von der Erteilung einer solchen Generalhandlungsvollmacht unberührt bleibt das Recht des betroffenen Geschäftsführers, die ihm gegenüber ausgesprochene Abberufung (die in der Regel mit dem Ausspruch einer Kündigung verbunden ist) nach Maßgabe von § 174 S. 1 BGB zurückzuweisen, sofern ihm keine Original-Vollmachtsurkunde vorgelegt wurde. Eine solche Zurückweisung ist nach § 174 S. 2 BGB jedoch dann ausgeschlossen, wenn der Vollmachtgeber (hier: Alleingesellschafter) den anderen Teil (hier: Geschäftsführer) von der Bevollmächtigung in Kenntnis gesetzt hatte. Der BGH weist in seinem Urteil (a. a. O.) darauf hin, dass eine Zurückweisung der Kündigung nach § 242 BGB rechtsmissbräuchlich sein kann, wenn der Geschäftsführer in Angelegenheiten seines Anstellungs-

verhältnisses mit dem Bevollmächtigten kooperiert hat, ohne die Vorlage der Original-Vollmachtsurkunde anzufordern.

26. Zu den Fallgruppen für eine Abberufung aus „wichtigem Grund" i. S. v. § 38 Abs. 2 GmbHG vgl.: Stephan/Tieves in MüKo-GmbHG Rz. 85 ff. zu § 38 GmbHG; Paefgen in: Ulmer/Habersack/Löbbe Rz. 99 ff. zu § 38 GmbHG; Roth/Altmeppen Rz. 38 ff. zu § 38 GmbHG.

27. BGH Urt. 14.10.1991 – II ZR 239/90 NJW-RR 1992, 292. Hat die Gesellschaft schwerwiegende Pflichtverletzungen des Geschäftsführers zunächst nicht zum Anlass einer Abberufung genommen, kommt es jedoch in der Folgezeit zu weiteren Pflichtverletzungen, so sind bei einer daraufhin erfolgenden Abberufung nach OLG Karlsruhe Urt. 4.5.1999 – 8 U 153/97 NZG 2000, 264 (268) für die Abwägungsentscheidung bzgl. des Vorliegens eines „wichtigen Grundes" auch die älteren bereits durch Verwirkung überholten Vorfälle ergänzend zu berücksichtigen.

Nach der Rechtsprechung des BGH (Urt. v. 14.10.1991 – II ZR 239/90 NJW-RR 1992, 293/294) ist sowohl für die Abberufung als auch die Kündigung aus „wichtigem Grund" das Nachschieben von Abberufungs- und Kündigungsgründen im Rechtsstreit über die Wirksamkeit der Abberufung/Kündigung zulässig, und zwar unabhängig davon, ob diese Gründe zum Zeitpunkt der Abberufung/Kündigungserklärung bekannt oder unbekannt waren; der BGH (a. a. O.) verweist jedoch darauf, dass das Nachschieben solcher Abberufungs- und Kündigungsgründe einer vorherigen Beschlussfassung des hierfür zuständigen Organs (in der Regel: Gesellschafterversammlung) bedarf, wenn die nachgeschobenen Gründe noch nicht Gegenstand der ursprünglichen Beschlussfassung über die Abberufung oder Kündigung waren; vgl. hierzu auch Roth/Altmeppen Rz. 44 zu § 38 GmbHG. Nach OLG Stuttgart Urt. v. 30.3.1994 – 3 U 154/93 NJW-RR 1995, 295 (296/297) kann die Abberufung eines Geschäftsführers aus „wichtigem Grund" auch auf solche Vorkommnisse gestützt werden, die zeitlich nach dem Abberufungsbeschluss liegen, aber im Rahmen einer Gesamtbeurteilung die Fortsetzung der Geschäftsführer-Tätigkeit als bereits im Zeitpunkt der Abberufung unzumutbar erscheinen lassen.

28. OLG Stuttgart Beschl. v. 13.4.1994 – 2 U 303/93 GmbHR 1995, 228 (229); Drescher in: MüKo-GmbHG Rz. 162 zu § 47 GmbHG; Hüffer/Schürnbrand in: Ulmer/Habersack/Löbbe Rz. 186 zu § 47 GmbHG.

29. BGH Urt. 20.12.1982 – II ZR 110/82 NJW 1983, 938 (939); OLG Düsseldorf Urt. v. 7.1.1994 – 16 U 104/32 GmbHR 1994, 884 (886); OLG Karlsruhe Urt. v. 4.5.1989 – 8 U 155/97 NZG 2000, 264 (265); Zöllner/Noack in: Baumbach/Hueck Rz. 34 zu § 38 GmbHG; Roth/Altmeppen Rz. 62 zu § 47 GmbH; Drescher in: MüKo-GmbHG Rz. 162 zu § 47 GmbHG; Hüffer/Schürnbrand in: Ulmer/Habersack/Löbbe, die zutreffend darauf verweisen, dass Einigkeit im Ergebnis besteht, während in der Begründung z.T. auf § 47 Abs. 4 S. 2 Alt. 1 GmbHG und von anderen auf den Grundsatz verwiesen wird, dass niemand durch seine Stimmausübung solche Maßnahmen verhindern darf, die sich „aus wichtigem Grund" gegen ihn richten.

30. BGH Urt. v. 20.12.1982 – II ZR 110/82 NJW 1983, 938 (939); Hüffer/Schürnbrand in: Ulmer/Habersack/Löbbe Rz. 188 zu § 47 GmbHG; Bayer in: Lutter/Hommelhoff Rz. 40 zu § 47 GmbHG; Drescher in: MüKo-GmbHG Rz. 163 zu § 47 GmbHG; a. A. jedoch Schmidt in: Scholz Rz. 76 zu § 46 GmbHG; Koppensteiner/Gruber in Rowedder/Schmidt-Leithoff Rz. 77 zu § 47 GmbHG.

31. BGH Urt. v. 3.5.1999 – II ZR 119/98 NJW 1999, 2115 (2116); BGH NZG 2008, 317 (318); Hüffer/Schürnbrand in: Ulmer/Habersack/Löbbe Rz. 195 zu § 47 GmbHG.

32. BGH Urt. 11.2.2008 – II ZR 187/06 NZG 2008, 317 (319); Zöllner/Noack in: Baumbach/Hueck Rz. 45 zu § 38 GmbHG; Stephan/Tieves in: MüKo-GmbHG Rz. 131 zu § 38 GmbHG; Kleindiek in: Lutter/Hommelhoff Rz. 27 zu § 38 GmbHG.

33. BGH Urt. v. 13.11.1995 – II ZR 288/94 NJW 1996, 259; BGH Urt. v. 1.3.1999 – II ZR 205/98 NZG 1999, 498/499; Zöllner/Noack Rz. 46 zu § 38 GmbHG, die zutreffend darauf verweisen, dass der häufigste Anwendungsfall solcher Klagen die Streitigkeiten über den Stimmrechtsausschluss des abzuberufenden Gesellschafter-Geschäftsführers darstellen, bei welchem der Leiter der Gesellschafterversammlung kein förmliches Beschlussergebnis festgestellt hat.

34. BGH Urt. v. 1.3.1999 – II ZR 205/98 NZG 1999, 498/499; BGH Urt. v. 11.2.2008 – II ZR 187/06 NZG 2008, 317 (318); Stephan/Tieves Rz. 126/127 zu § 38 GmbHG.

35. Zur Übersicht möglicher Nichtigkeitsgründe vgl. die Aufstellung bei Goette Die GmbH § 7 Rz. 85 ff. mit umfangreichen Rspr.-Nachweisen.

36. BGH Urt. v. 11.2.2008 – II ZR 187/06 NZG 2008, 317 (319); Stephan/Tieves in: MüKo-GmbHG Rz. 133 zu § 38 GmbHG; Kleindieck in: Lutter/Hommelhoff Rz. 28 zu § 38 GmbHG; Fischer BB 2013, 2819 (2825).

37. Zöllner/Noack in: Baumbach/Hueck Rz. 70 ff. zu § 38 GmbHG; Stephan/Tieves in: MüKo-GmbHG Rz. 164 ff. zu § 38 GmbHG; die zutreffend darauf verweisen, dass in solchen Fällen bei Streit zwischen den Gesellschaftern über die Abberufung die Frage auftritt, ob einzelnen Gesellschaftern ein – im Wege der einstweiligen Verfügung durchsetzbarer – Unterlassungsanspruch zusteht, was grundsätzlich nur in Ausnahmefällen in Betracht kommt vgl. hierzu OLG Naumburg Urt. v. 21.11.2013 – 1 U 105/13 GmbHR 2014, 714 (715); OLG München Urt. v. 10.12.2012 – 23 U 4354/12 GmbHR 2013, 714 (715).

38. Nach der Rechtsprechung (BGH Urt. v. 14.7.1980 – II ZR 161/79 NJW 1980, 2415 (2416)) darf aus der gesetzlichen Regelung des § 38 Abs. 1 GmbHG, welche es der Gesellschaft gestattet, die Bestellung des Geschäftsführers jederzeit zu widerrufen, nicht etwa „seitenverkehrt" auf ein korrespondierendes Recht des Geschäftsführers geschlossen werden, jederzeit sein Geschäftsführeramt niederzulegen. Hierfür verweist der BGH darauf, dass das Recht zur jederzeitigen Abberufung des Geschäftsführers nur deshalb der Gesellschaft eingeräumt ist, um sich erforderlichenfalls gegen die Gefahren der nach § 37 Abs. 2 GmbHG unbeschränkbaren Vertretungsmacht (vgl. hierzu Erl. 2 zu § 1) durch Entzug der Organstellung schützen zu können. Eine dementsprechende Schutzbedürftigkeit bestehe für den Geschäftsführer nicht.

39. BGH Urt. v. 8.2.1993 – II ZR 58/92 NJW 1993, 1198 (1199)); der BGH hat in diesem Urteil seine bisherige Rechtsprechung (BGH NJW 1980, 2415 (2416)) erweitert, welche lediglich auf die Prüfung des objektiven Vorliegens wichtiger Gründe verzichtete, vom Geschäftsführer jedoch verlangte, dass er sich für die sofortige Niederlegung seines Amtes auf wichtige Gründe beruft, wohingegen nach dem Urteil vom 8.2.1993 (a.a.O.) auch auf die Behauptung eines wichtigen Grundes durch den Geschäftsführer für die sofortige Niederlegung des Amtes verzichtet wird. Zur Begründung hierfür verweist der BGH (a.a.O.) auch insoweit auf das Gebot der Rechtssicherheit, welche nicht davon abhängen könne, ob und wenn ja mit welchem Inhalt der Geschäftsführer eine Begründung für die Niederlegung seines Geschäftsführeramtes abgebe. Dieser Rechtsprechung des BGH folgt auch die ganz einhellige Komm.-Lit. vgl. u. a. Stephan/Tieves in: MüKo-GmbHG Rz. 54 zu § 38 GmbHG; Zöllner/Noack in: Baumbach/Hueck Rz. 86 zu § 38 GmbHG; Roth/Altmeppen Rz. 77 zu § 38 GmbHG.

40. Der BGH urt. v. 14.7.1980 – II ZR 161/79 NJW 1980, 2415 (2416) verweist ausdrücklich darauf, dass für die Frage der Berechtigung der Amtsniederlegung die beiderseitigen Interessen gegeneinander abgewogen werden müssen, wobei allein die den Geschäftsführer bei einem Verbleiben in seiner Stellung treffenden gesetzlichen Pflichten und eine bei deren Verletzung eingreifende Haftung für sich genommen noch keinen Grund zur Amtsniederlegung geben. Aus diesem Grund berechtigt auch der drohende Zusammenbruch des Unternehmens als solcher noch nicht zur Amtsniederlegung; dies ist jedoch nach der Rechtsprechung (BGH NJW 1978, 1435) dann der Fall, wenn dem Geschäftsführer die in dieser Lage erforderliche Unterstützung durch die Gesellschafter versagt wird oder er von ihnen gar zu gesetzes- oder pflichtwidrigem Vorgehen gedrängt wird. Im Fall einer unberechtigten Amtsniederlegung durch den Geschäftsführer bestehen u. U. Schadensersatzansprüche der Gesellschaft nach § 43 GmbHG und wegen Verletzung des Anstellungsvertrages sowie ein Recht zur Kündigung aus wichtigem Grund, sofern der Geschäftsführer nicht bereits seinerseits mit der Amtsniederlegung eine Kündigung des Anstellungsvertrages ausgesprochen hatte.

41. OLG München Beschl. v. 29.5.2012 – 31 Wx 188/12 NZG 2012, 739; OLG Köln Beschl. v. 1.2.2008 – 2 Wx 3/08 NZG 2008, 340; OLG Dresden Beschl. v. 18.12.2014 – 5 W 1326/14 NZG 2015 391 f.; Paefgen in: Ulmer/Habersack/Löbbe Rz. 272 zu § 38 GmbHG; Kleindieck in: Lutter/Hommelhoff Rz. 43 zu § 38 GmbHG; Koppensteiner/Gruber in: Rowedder/Schmidt-Leithoff Rz. 35 zu § 38 GmbHG.

42. OLG München Beschl. v. 29.5.2012 – 31 Wx 188/12 NZG 2012, 739; zum Fortbestand der bisherigen Rspr. auch nach der Einfügung in § 35 Abs. 1 GmbHG durch das MoMiG vgl. Stephan/Tieves in: MüKo-GmbHG Rz. 59 ff. zu § 38 GmbHG.

43. BGH Urt. v. 6.11.1995 II ZR 181/94 DStR 1995, 1967; Liebscher in: MüKo-GmbHG Rz. 121 zu § 46 GmbHG; Zöllner/Noack in: Baumbach/Hueck Rz. 99 zu § 38 GmbHG; Schmidt in: Scholz Rz. 82 zu § 46 GmbHG.

44. Ständige Rspr. vgl. BGH Urt. v. 9.2.1978 – II ZR 189/76, NJW 1978 1435 (1436); BGH Urt. v. 29.1.1981 – II ZR 92/80 NJW 1981, 1270; BGH Urt. v. 10.1.2000 – II ZR 251/98 NJW 2000, 1864 (1865); BGH Urt. v. 10.5.2010 – II. ZR 70/09 NZG 2010, 827 (828). Die h. M. der Komm.-Lit. folgt der BGH-Rspr. vgl. Zöllner/Noack in Baumbach/Hueck Rz. 172 zu § 35 GmbHG; Paefgen in: Ulmer/Habersack/Löbbe Rz. 245 zu § 35 GmbHG; Roth/Altmeppen Rz. 73 zu § 6 GmbHG; Kleindieck in: Lutter/Hommelhoff Rz. 3 in Anh. zu § 6 GmbHG.

45. BAG Urt. v. 24.11.2005 – 2 AZR 611/04 NZA 2006, 366 (367); BAG Beschl. v. 6.5.1999 – 5 AZR 22/98 NZA 1999, 839; die arbeitsrechtliche Komm.-Lit. folgt dieser BAG-Rspr. vgl. Preis in: Erf.Komm zum ArbR Rz. 137 zu § 611 BGB; Richardi/Fischinger in: Staudinger Komm. Rz. 330 ff. vor §§ 611 ff. BGB; Reinfelder RdA 2016, 87 (92).

46. BAG Urt. v. 26.5.1999 – 5 AZR 664/98 NZA 1999, 987 (989); zur Kritik an diesem vom BAG entwickelten Prüfungsmaßstab der sog. „arbeitsbegleitenden Weisungen" vgl. Jaeger in: MüKo-GmbHG Rz. 279 zu § 35 GmbH; Paefgen in: Ulmer/Habersack/Löbbe Rz. 254 zu § 35 GmbHG; Lohr NZG 2011 828 (829).

47. EuGH Urt. v. 9.7.2015 – C 229/14 NZA 2015, 861 (862/863); der EuGH knüpft in seinem Urt. v. 9.7.2015 an den bereits im Danosa-Urt. v. 11.11.2010 – C 232/09 NZA 2011, 143 (145/146) an. Zur Kritik am EuGH-Urt. v. 9.7.2015 vgl. Lunk/Hildebrand NZA 2016, 129 ff.

48. Preis/Sagan ZGR 2013, 26 (47 f); Wank EWiR 2011, 27 (28); Reiserer DB 2011, 2262 (2265); Fischer NJW 2011, 2329 (2331).

49. OLG Düsseldorf Urt. v. 16.10.2012 – 6 U 47/12 BB 2013, 1403 (1405). Auf die unterschiedlichen Regelungen zum „Arbeitnehmer"-Begriff in den Unionsrichtlinien verweisen insbes.: Jaeger MüKo-GmbHG Rz. 280 zu § 35 GmbHG; Vielmeier NJW 2014, 2678 (2679); Rebhahn EuZA 2012, 3 (5) ff.; Forst GmbHR 2012, 821 (823).

50. Vgl. die Übersichten zu den arbeitsrechtlichen Schutzvorschriften, deren Anwendung für Geschäftsführer vollständig ausgeschlossen, teilweise oder vollständig erfolgt bei Jaeger in: MüKo-GmbHG Rz. 283 ff. zu § 35 GmbHG; Paefgen in: Ulmer/Habersack/Löbbe Rz. 246 ff. zu § 35 GmbHG; Schneider/Hohenstatt in: Scholz Rz. 278 ff. zu § 35 GmbHG; Zöllner/Noack in: Baumbach/Hueck Rz. 177 ff. zu § 35 GmbHG.

51. BGH Urt. v. 10.5.2010 – II. ZR 70/09 NZG 2010, 827 (828); die vom BGH vertretene Zulässigkeit einer privatautonomen Vereinbarung über die Geltung des Kündigungsschutzes für den Geschäftsführer-Anstellungsvertrag entspricht auch der ganz einhelligen Komm.-Lit. vgl. Jaeger in: MüKo-GmbHG; Paefgen in: Ulmer/Habersack/Löbbe Rz. 249 zu § 37 GmbHG; Schneider/Hohenstatt in: Scholz Rz. 459 zu § 35 GmbHG; Kiel in: Erf.Komm. zum Arbeitsrecht Rz. 8 zu § 14 KSchG; a. A. jedoch Bauer/Arnold ZIP 2010, 709 (713).

52. Zu den Auswirkungen bei vereinbarter Geltung des Kündigungsschutzes auf die Anwendung der gesetzlichen Kündigungsgründe (personenbedingt, verhaltensbedingt, betriebsbedingt) gegenüber Geschäftsführern vgl. Jaeger in MüKo-GmbHG Rz. 406 zu § 35 GmbHG; Jaeger DStR 2010, 2312 ff.; Stagat NZA 2010, 975 ff.

53. Gefestigte Rspr. des BAG vgl. u. a. Urt. v. 12.1.2006 – 2 AZR 179/05 NZA 2006, 980 (985); Griebeling/Rachor in: Gem.-Komm. zum KSchG und kündigungsrechtlichen Vorschriften Rz. 402 zu § 1 KSchG.

54. Wurde in dem Anstellungsvertrag die Geltung des KSchG vereinbart, ohne dass die Stellung eines Auflösungsantrags durch die Gesellschaft eingeschränkt wurde, so ist der Geschäftsführer als „leitender Angestellter" i. S. v. § 14 Abs. 2 KSchG zu behandeln, so dass der Auflösungsantrag durch die Gesellschaft keiner Darlegung von Konten bedarf. Dies führt notwendigerweise dazu, dass das Arbeitsgericht bei einer Kündigung, für welche kein gesetzlicher Kündigungsgrund vorliegt, auf entsprechenden Antrag der Gesellschaft eine Abfindung im Rahmen von § 10 KSchG festsetzt; im Hinblick hierauf bietet sich als Alternative zur Vereinbarung des Kündigungsschutzes eine unmittelbare Ver-

einbarung von Abfindungen an (vgl. hierzu Alt. 4 zu § 16 des Vertragsmusters); vgl. hierzu Jaeger in: MüKo-GmbHG Rz. 407 zu § 35 GmbHG; Kiel in: Erf.Komm. zum ArbR Rz. 8 zu § 14 KSchG.

55. BAG Beschl. v. 23.8.2011 – 10 AZB 51/10 GmbHR 2011, 1200 (1202); BAG Beschl. v. 15.3.2011 – 10 AZB 32/10 NZA 2011, 874 (875); LAG Rheinland-Pfalz Beschl. v. 28.6.2012 – 3 Ta 72/12, AE 2012, 241; Müller-Glöge in: Erf.Komm. zum ArbR Rz. 5 zu § 623 BGB; Fischer NJW 2003, 2417 (2419).

56. BAG Urt. v. 24.10.2013 – 2 AZR 1078/12 NZA 2014, 540 (Rz. 542); soweit in der Lit. (Niebler/Schmiedl NZA RR 2001, 281 (285); Nägele BB 2001, 305 (308)) einschränkend die Auffassung vertreten wird, die spätere Berufung auf die fehlende Schriftform der Beendigung des Arbeitsverhältnisses könne treuwidrig und daher ausgeschlossen sein, so ist dies grundsätzlich abzulehnen, da der Schutz- und Normzweck des § 623 BGB hierdurch unterlaufen werden könnte (vgl. hierzu auch Jaeger in: MüKo-GmbHG Rz. 287 zu § 235 GmbHG).

57. BAG Urt. v. 24.10.2013 – 2 AZR 1078/12 NZA 2014, 540 (542); BAG Beschl. v. 3.2.2009 – 5 AZB 100/08 NZA 2009, 669 (670); BAG Urt. v. 19.7.2007 – 6 AZR 774/06 NZA 2007, 1095 (1997); BAG Urt. v. 14.6.2006 – 5 AZR 592/05 NZA 2006, 1154 (1156); dieser BAG-Rspr. folgt sowohl die h.M. der arbeitsrechtlichen Komm.-Lit. (vgl. Rost in: Gem.-Komm. zum KSchG und kündigungsrechtlichen Vorschriften Rz. 12 zu § 14 KSchG; Müller-Glöge in: Erf.Komm. zum ArbR Rz. 5a zu § 623 BGB; v. Hoyningen-Huene/Linck Rz. 11 zu § 14 KSchG) als auch die Komm.-Lit. zum GmbHG (vgl. Jaeger in: MüKo-GmbHG Rz. 288 zu § 35 GmbHG; Schneider/Hohenstatt in: Scholz Rz. 270 zu § 35 GmbHG; Paefgen in: Ulmer/Habersack/Löbbe Rz. 323 zu § 35 GmbHG).

58. BAG Urt. v. 24.10.2013 – 2 AZR 1078/12 NZA 2014, 540 (542); Reinfelder RdA 2016, 87 (93).

59. BAG Urt. v. 19.7.2007 – 6 AZR 774/06 NZA 2007, 1095 (1097).

60. Jaeger in: MüKo-GmbHG Rz. 289 zu § 35 GmbHG; Paefgen in: Ulmer/Habersack/Löbbe Rz. 234 zu § 35 GmbHG; Zöllner/Noack in: Baumbach/Hueck Rz. 173 zu § 35 GmbHG; a.A. jedoch Weingarth GmbHR 2016, 571 (574/575); Hümmerich/Schmidt-Westpfahl DB 2007, 222 (224).

61. BAG Beschl. v. 25.6.1997 – 5 AZB 41/96 NZA 1997, 1363 (1364); LAG Köln Beschl. v. 12.1.2012 – 12 Ta 274/11 – AE 2012, 241; Jaeger in: MüKo-GmbHG Rz. 291 zu § 35 GmbHG; Zöllner/Noack in: Baumbach/Hueck Rz. 179 zu § 35 GmbHG. NZA 1998, 963 (964/965).

62. BGH Urt. v. 10.1.2000 – II ZR 251/98 NZG 2000, 654 (655); Jaeger in: MüKo-GmbHG Rz. 292 zu § 35 GmbHG; Schneider/Hohenstatt in: Scholz Rz. 268 zu § 35 GmbHG; Zöllner/Noack in: Baumbach/Hueck Rz. 179 zu § 35 GmbHG.

63. BAG Beschl. v. 26.10.2012 – 10 AZB 60/12 NZA 2013, 54 (55); BAG Urt. v. 5.6.2008 – 2 AZR 754/06 NZA 2008, 1002 (1003), Rost in: Gem.Komm. zum KSchG und kündigungsrechtlichen Vorschriften Rz. 10 zu § 14 KSchG; Reinfelder RdA 2016, 87 (92).

64. BAG Urt. v. 5.6.2008 – 2 AZR 754/06 NZA 2008, 1002 (1004); Jaeger in: MüKo-GmbHG Rz. 293 zu § 35 GmbHG; Schneider/Hohenstatt in: Scholz Rz. 458 zu § 35 GmbHG.

65. BAG Beschl. v. 8.9.2015 – 9 AZB 21/15 NZA 2015, 1342 (1343); zu dieser Änderung der BAG-Rspr. zu § 5 Abs. 1 S. 3 ArbGG vgl. bereits BAG Beschl. v. 22.10.2014 – 10 AZB 46/14 NZA 2015, 60 (61/62); BAG Beschl. v. 3.12.2014 – 10 AZB 98/14 NZA 2015, 180 (181/182).

66. Nach gefestigter Rechtsprechung seit BAG Urt. v. 17.1.1985 – 2 AZR 96/84 NZA 1986, 68; vgl. zuletzt BAG Beschl. v. 3.12.2014 – 10 AZB 98/15 NZA 2015, 180 (181) und einhelliger Komm.-Lit. vgl. Koch in: Erf.Komm. zum ArbR Rz. 6 zu § 5 ArbGG, hat § 5 Abs. 1 S. 3 ArbGG die Rechtswirkung einer sog. negativen gesetzlichen Fiktion, wonach für Geschäftsführer gesetzlich fingiert wird, dass sie allein aufgrund ihrer Organstellung „nicht als Arbeitnehmer gelten". Hieraus folgert das BAG (a.a.O.), dass diese Vorschrift einer inhaltlichen Auslegung nicht zugänglich ist, sondern auch diejenigen Geschäftsführer allein wegen ihrer Organstellung vom Zugang zur Arbeitsgerichtsbarkeit ausschließt, bei denen aufgrund besonderer Umstände (vgl. hierzu das unter Fn. 46 zitierte BAG-Urt. v. 26.5.1999) ausnahmsweise ein „Arbeitsverhältnis" gegeben ist.

67. Das BAG hat insbesondere in seinem Beschl. v. 22.10.2014 – 10 AZB 46/14 NZA 2015, 60 (61/62) die verfahrensrechtliche Wirkung der Vorschrift des § 5 Abs. 1 S. 3 ArbGG

hervorgehoben, wonach dem Geschäftsführer allein aufgrund seiner Organstellung der Zugang zur Arbeitsgerichtsbarkeit verwehrt ist – folgerichtig hat das BAG entschieden, dass mit der Abberufung diese allein an der Organstellung anknüpfende Sperrwirkung entfällt. Dies hat insoweit jedoch lediglich zur Folge, dass der Geschäftsführer nicht mehr von vorneherein vom Zugang der Arbeitsgerichtsbarkeit ausgeschlossen ist, sondern seine Ansprüche dort geltend machen kann, wenn zwischen ihm und der Gesellschaft ein „Arbeitsverhältnis" gegeben ist (vgl. hierzu insbes. Grobys GmbHR 2015, 1211 (1213)), der zutreffend von einer zweistufigen Prüfung spricht, wonach auf 1. Stufe für die Sperrwirkung des § 5 Abs. 1 S. 3 ArbGG ausgeräumt sein muss und auf 2. Stufe dann das Vorliegen eines Arbeitsverhältnisses nach den hierfür geltenden statusbegründenden Voraussetzungen darzulegen ist.

68. BAG Beschl. v. 20.8.2003 – 5 AZB 79/02 NJW 2003, 3290 (3291/3292); OLG München Beschl. v. 10.4.2003 – 7 W 656/03 DB 2003, 1503 (1504); Jaeger in: MüKo-GmbHG Rz. 294 zu § 35 GmbHG; Schneider/Hohenstatt in: Scholz Rz. 275 zu § 35 GmbHG; Süßbrich/Rütz in: Braun/Wisskirchen Hdb Konzernarbeitsrecht Rz. 264.

69. BAG Beschl. v. 20.8.2003 – 5 AZB 79/02 NJW 2003, 3290 (3291/3292); Der BAG-Rspr. folgen Jaeger in: MüKo-GmbHG (vgl. Fn. 69); Schneider/Hohenstatt in Scholz (vgl. Fn. 69); Süßbrich/Rütz in: Braun/Wisskirchen Hdb Konzernarbeitsrecht Absch. D II. 1 Rz. 257.

70. BAG Urt. v. 25.10.2007 – 6 AZR 1045/06 NZA 2008, 168 (169); Jaeger in MüKo-GmbHG Rz. 252 u. 295 zu § 35 GmbHG; Schneider/Hohenstatt in: Scholz Rz 271 zu § 35 GmbHG; Paefgen in: Ulmer/Habersack/Löbbe Rz. 322 zu § 35 GmbHG; Deilmann/Dornbach NZG 2016, 201 (204/205).

71. Das BAG hat in seinem Urt. v. 25.10.2007 – 6 AZR 1045/06 NZA 2008, 168 (169)) klargestellt, dass in den Fällen der sog. Drittanstellung nicht automatisch vom Vorliegen eines „Arbeitsverhältnisses" auszugehen ist, vielmehr nach den für die Abgrenzung zwischen Dienstverhältnis/Arbeitsverhältnis geltenden Grundsätzen zu prüfen ist, ob ein so weitgehendes Maß an Weisungsgebundenheit vorliegt, dass ein „Arbeitsverhältnis" gegeben ist; vgl. hierzu auch Jaeger in: MüKo-GmbHG Rz. 253 zu § 35 GmbHG; Paefgen in: Ulmer/Habersack/Löbbe Rz. 322 zu § 35 GmbHG; Süßbrich/Rütz in: Braun/Wisskirchen Hdb Konzernarbeitsrecht Absch. D II. 1 Rz. 253.

72. BGH Urt. v. 3.7.2000 – II ZR 282/98 NJW 2000, 2983 (2984); OLG Düsseldorf Urt. v. 10.10.2003 – 17 U 35/03 NZG 2004, 478 (479); die Zuständigkeit der Gesellschafterversammlung kraft Annexkompetenz zum Abschluss des Anstellungsvertrages mit dem Geschäftsführer entspricht auch der ganz einhelligen Komm.-Lit; vgl. Jaeger in: MüKo-GmbHG Rz. 254 zu § 35 GmbHG; Hüffer/Schürnbrand in: Ulmer/Habersack/Löbbe Rz. 61 u. 62 zu § 46 GmbHG; Zöllner/Noack in Baumbach/Hueck Rz. 167 zu § 35 GmbHG; Roth/Altmeppen Rz. 79 zu § 36 GmbHG; Kleindiek in: Lutter/Hommelhoff Rz. 6 in Anh. zu § 6 GmbHG; Fleischer/Wedemann GmbHR 2010, 449 (450).

73. BGH Urt. v. 3.7.2000 – II ZR 282/98 NJW 2000, 2983; BGH Urt. v. 16.1.1995 – II ZR 290/93 NJW 1995, 1158 (1159); Komm.-Lit. folgt dieser BGH-Rspr. vgl. Jaeger in MüKo-GmbHG Rz. 277 zu § 35 GmbHG; Schneider/Hohenstatt in: Scholz Rz. 347 zu § 35 GmbHG; Paefgen in: Ulmer/Habersack/Löbbe Rz. 341 zu § 35 GmbHG; Zöllner/Noack in: Baumbach/Hueck Rz. 170 zu § 35 GmbHG; Roth/Altmeppen Rz. 76 zu § 6 GmbHG.

74. BGH Urt. v. 15.4.2014 – II ZR 44/13 NZG 2014, 780 (781). BGH Beschl. v. 9.1.2007 – II ZR 267/05, NZG 2007, 1174 (1175); Jaeger in MüKo-GmbHG Rz. 256 zu § 35 GmbHG; Süßbrich/Rütz in: Braun/Wisskirchen Hdb Konzernarbeitsrecht Absch. D II. 2. Rz. 266.

75. BGH Urt. v. 25.3.1991 – II ZR 169/90 NJW 1991, 1680 (1681); Paefgen in: Ulmer/Habersack/Löbbe Rz. 325 zu § 35 GmbHG; Zöllner/Noack in: Baumbach/Hueck Rz. 169 zu § 35 GmbHG.

76. Die Geltung des Schriftform-Erfordernisses gemäss § 623 BGB ist in der Lit. umstritten: die wohl h. M. (Ermann/Belling Rz. 4 zu § 623 BGB; Bauer/Krieger ZIP 2004, 1247 (1250); Zimmer BB 2003, 1175 (1177)) lehnt eine analoge Anwendung des § 623 BGB unter Hinweis auf den klaren Gesetzeswortlaut ab, wonach das Schriftform-Erfordernis nur für die Beendigung von Arbeitsverhältnissen gilt. Für diese Auffassung spricht das zu § 613 a BGB ergangene BAG-Urteil v. 13.2.2003 – 8 AZR 654/01 NZA 2003, 552 (554/555), in welchem das BAG die analoge Anwendung dieser Vorschrift unter Hinweis dar-

auf abgelehnt hat, dass nach dem Gesetzeswortlaut lediglich der Übergang von Arbeitsverhältnissen bei einer Betriebsübertragung bestimmt sei. Nach anderer Auffassung (Spilger in: Gemeinschaftskomm. zum KSchG und kündigungsrechtlichen Vorschriften Rz. 41 zu § 623 BGB) soll § 623 BGB auf den am Kapital der Gesellschaft nicht beteiligten Fremd-Geschäftsführer gelten, da für diesen Personenkreis auch die für Arbeitsverhältnisse geltenden Kündigungsfristen des § 622 BGB analog angewendet würden. Nach einer dritten Auffassung (Müller/Glöge in: Erf.Komm. zum ArbR Rz. 2 zu § 623 BGB) soll § 623 BGB für GmbH-Geschäftsführer Anwendung finden, wenn sie in einem Arbeitsverhältnis stünden. Bis zu einer höchstrichterlichen Klärung dieser Frage ist in der Praxis dringend zu empfehlen, die Beendigung eines Geschäftsführer-Anstellungsvertrages (sei es durch Kündigung oder durch Aufhebungsvereinbarung) in schriftlicher Form vorzunehmen, sofern nicht ohnehin der Anstellungsvertrag ein Schriftform-Erfordernis enthält.

77. Ständige Rechtsprechung vgl. BFH Urt. v. 12.6.1997 – I R 14/96 NJW 1997, 3190 Spitaler/ Niemann Angemessenheit der Bezüge geschäftsführender Gesellschafter einer GmbH Rz. 275 ff.
Nach der Rechtsprechung des BFH nimmt der Gesellschafter-Geschäftsführer einen beherrschenden Status im steuerrechtlichen Sinne regelmäßig ein, wenn er eine Beteiligung am Stammkapital der GmbH von mehr als 50 % hält. Ein beherrschender Status kann nach den beiden vorstehend zitierten Urteilen des BFH jedoch auch bei einer Beteiligung von 50 % und geringerem Beteiligungsbesitz vorliegen, wenn besondere Umstände (wie z. B. besondere Regelungen im Gesellschaftsvertrag, sonstige vertragliche Vereinbarungen mit weiteren Gesellschaftern) hinzukommen, aufgrund derer der Gesellschafter in der Lage ist, seinen Willen in der Gesellschaft durchzusetzen. Dies kann auch dann anzunehmen sein, wenn der als Geschäftsführer tätige Gesellschafter zusammen mit einer ihm nahestehenden Person einen beherrschenden Einfluss auf die Gesellschaft ausüben kann: so hat z. B. der BFH Urt. v. 3.4.1974 – I R 291/71 BStBl 1974, 497/498 einen beherrschenden Status bei einem Gesellschafter mit einer Beteiligung von 20 % angenommen, dessen Ehefrau eine Beteiligung von 55 % hielt und ihm die uneingeschränkte Geschäftsführungsbefugnis übertragen hatte.
Nach der Rechtsprechung des BFH ist bei Fehlen einer im Voraus getroffenen und eindeutig bestimmten Vergütung eine spätere Zahlung steuerlich nicht nur dann als verdeckte Gewinnausschüttung zu behandeln, wenn sie unmittelbar an den beherrschenden Gesellschafter-Geschäftsführer geht, sondern auch dann, wenn Bezieher der Leistungen eine dem beherrschenden Gesellschafter-Geschäftsführer nahestehende Person ist und die Leistung einen Vorteil für ihn auslöst.
Eine steuerliche Behandlung der durch die Gesellschaft erfolgten Zahlungen als verdeckte Gewinnausschüttung bei Fehlen einer im Voraus getroffenen und eindeutig bestimmten Vergütungsvereinbarung erfolgt nach der Rechtsprechung des BFH nur für den Personenkreis der als Geschäftsführer tätigen beherrschenden Gesellschafter. Für die nicht beherrschenden Gesellschafter ist dagegen lediglich zu prüfen, ob die nachträglich erfolgten Zahlungen angemessen sind (zum Erfordernis der Angemessenheit vgl. Erl. 2 zu § 7 des Vertragsmusters).

78. Ständige Rechtsprechung des BFH vgl. Urt. v. 12.6.1997 – I R 14/96 NJW 1997, 31/90. Aus der Lit. vgl. Lange Das Nachzahlungsverbot GmbHR 1991 S. 427 ff.; Spitaler/Niemann vgl. Fn. 77 Rz. 275 ff.

79. Vgl. die Übersicht bei Rolfs in: Erf.Komm. zum ArbR Rz. 20 ff. zu § 7 SGB IV; aus der Lit.: Hilmann/Stadtfeld Sozialversicherungspflicht von Geschäftsführern GmbHR 2004, 1207 ff.; Klose Die Sozialversicherungspflicht von GmbHG-Geschäftsführern GmbHR 2012 1097 ff.; Stück Der GmbH-Geschäftsführer im Sozialrecht GmbHR 2007, 1099; Reiserer Der GmbHG-Geschäftsführer in der Sozialversicherung BB 1999, 2026 ff.; Winkler Die Sozialversicherungspflicht des GmbH-Geschäftsführers DStR 1997, 289; Bross Sozialversicherungsfreiheit von Geschäftsführern in Familiengesellschaften DB 2014, 2651.

80. BSG Urt. v. 14.12.1999 – B 2 U 48/98 R GmbHR 2000, 618 (619); BSG Urt. v. 18.4.1991 – 7 RAr 32/90 NZA 1991, 869 (879); Jaeger in: MüKo-GmbHG Rz. 298 zu § 35 GmbHG; Paefgen in: Ulmer/Habersack/Löbbe Rz. 300 zu § 35 GmbHG.

81. BSG Urt. v. 18.4.1991 – 7 RAr 32/90 NZA 1991, 869 (870); Jaeger in: MüKo-GmbHG Rz. 299 zu § 35 GmbHG; Zöllner/Noack in: Baumbach/Hueck Rz. 181 zu § 35 GmbHG; Freckmann DStR 2008, 52 (57).

82. BSG Urt. v. 14.12.1999 – B 2 U 48/98 R GmbHR 2000, 618 (619); Jaeger in: MüKo-GmbHG Rz. 300 zu § 35 GmbHG; Paefgen in: Ulmer/Habersack/Löbbe Rz. 302 zu § 35 GmbHG; Zöllner/Noack in: Baumbach/Hueck Rz. 181 zu § 35 GmbHG; Freckmann DStR 2008, 52 (57).

83. BSG Urt. v. 11.11.2015 – B 12 KR 13/14 GmbHR 2016, 528 (531/532). In dem vom BSG entschiedenen Fall hatte die mit 40 % beteiligte Gesellschafter-Geschäftsführerin mit ihrem Ehemann, der 60 % der Geschäftsanteile hielt, ein Stimmbindungsvertrag abgeschlossen, welcher ihr die Stimmführerschaft sicherte. Nach Auffassung des BSG folgte aus diesem Stimmbindungsvertrag jedoch keine dominierende Stellung der minderheitlich beteiligten Gesellschafter-Geschäftsführerin; zur Begründung hierfür verweist das BSG darauf, dass der Stimmbindungsvertrag aus wichtigem Grund durch den Mehrheitsgesellschafter hätte gekündigt werden können, so dass er sich anschließend bei den Entscheidungen in der Gesellschaft wieder gegenüber der Minderheits-Gesellschafterin hätte durchsetzen können. Dass es zu einer solchen außerordentlichen Kündigung tatsächlich nicht gekommen ist, sei für die Beurteilung des sozialversicherungsrechtlichen Status nicht relevant, da es aus Gründen der Vorhersehbarkeit für die Frage der Versicherungspflicht auf die maßgebenden Umstände zu Beginn der Tätigkeit ankomme und zu diesem Zeitpunkt eine Kündigung des Stimmbindungsvertrages nicht ausgeschlossen werden konnte; vgl. hierzu auch Bernsdorff DB 2014, 1551 ff.

84. BSG Urt. v. 25.1.2006 – B 12 KR 30/40 R ZIP 2006, 678 (680): danach kommt es nicht darauf an, ob der minderheitlich beteiligte Geschäftsführer von seinen Veto-Rechten aufgrund der satzungsgemäßen Sperrminorität tatsächlich Gebrauch macht, vielmehr genügt allein schon das rechtliche Bestehen einer solchen Sperrminorität; so auch LSG Baden-Württemberg Urt. v. 30.11.2005 – L 3 AL 1416/05 ZIP 2006, 298 (299); vgl. auch Rolfs in: Erf.Komm. zum Arbeitsrecht Rz. 22 zu § 7 SGB IV.

85. BSG Urt. v. 29.8.2012 – B 12 KR 25/10 R BB 2013, 894 (895): danach ist grundsätzlich von den bestehenden vertraglichen bzw. satzungsgemäßen Regelungen auszugehen, wobei Abweichungen hiervon nur dann für das Eingreifen der Sozialversicherungspflicht zu berücksichtigen sind, wenn sie im Rahmen des rechtlich Zulässigen tatsächlich vollzogen wurden; vgl. hierzu auch Bischopink in seiner Anmerkung BB 2013, 896.

86. BSG Urt. v. 6.3.2003 – B 11 AL 25/02 GmbHR 2004, 494 (496); Urt. v. 20.1.1990 – 11 RAr 47/88 NZA 1990, 950 (951); Jaeger in: MüKo-GmbHG Rz. 301 zu § 35 GmbHG; Schneider/Hohenstatt in: Scholz Rz. 514 zu § 35 GmbHG; Paefgen in: Ulmer/Habersack/Löbbe Rz. 301 zu § 35 GmbHG; Zöllner/Noack Rz. 181 zu § 35 GmbHG.

87. BSG Urt. v. 14.12.1999 – B 2 U 48/98 R GmbHR 2000, 618 (619): es handelte sich insofern um einen Ausnahmefall, da der Ehemann die Geschäftsführung wahrnahm und die Ehefrau, die Gesellschafterin war, sich vollständig aus dem Betrieb der Gesellschaft heraushielt. Von diesem – für die Praxis sehr ungewöhnlichen Ausnahmefall können daher keine weiterführenden Einschränkungen für die Sozialversicherungspflicht von Fremd-Geschäftsführern abgeleitet werden.

88. BGH Urt. v. 10.5.2010 – II ZR 70/90 NZG 2010, 827 (828) der Vorrang der Satzung gegenüber dem Anstellungsvertrag ist auch in der einhelligen Komm.-Lit. anerkannt; vgl. Jaeger in: MüKo-GmbHG Rz. 274 zu § 35 GmbHG. Schneider/Hohenstatt in: Scholz Rz. 296 zu § 35 GmbHG.

89. Mennicke Zum Weisungsrecht der Gesellschafter und der Folgepflicht des Geschäftsführers in der mitbestimmungsfreien GmbH, NZG 2000, 622 ff.; Konzen, Geschäftsführung, Weisungsrecht und Verantwortlichkeit in der GmbH und GmbH & Co. KG, NJW 1989, 2977 (2979). Das Eingreifen der Weisungsgebundenheit des Geschäftsführers setzt jedoch einen Beschluss der Gesellschafterversammlung voraus, während die Weisung einzelner Gesellschafter rechtlich unbeachtlich bleibt. Dies gilt auch im Fall einer Weisung durch den Mehrheitsgesellschafter; auch wenn dieser in der Lage ist, in der Gesellschafterversammlung einen Beschluss zur Weisung des Geschäftsführers herbeizuführen, kann auf die Beschlussfassung aus Gründen des Schutzes der Minderheitsgesellschafter nicht verzichtet werden (Konzen a. a. O.).

90. OLG Frankfurt Urt. v. 7.2.1997 – 24 U 88/95 ZIP 1997, 450 (451/452): in dem Sachverhalt, welcher diesem Urteil zugrunde lag, hatte die Alleingesellschafterin dem Geschäftsführer solche Weisungen erteilt, welche offensichtlich wirtschaftlich nachteilig für die Gesellschaft waren, jedoch aus steuerlichen Gründen (Verlagerung von Gewinnen ins Ausland) verfolgt wurden. Der Geschäftsführer hatte unter Berufung auf das Wohl der Gesellschaft und deren Arbeitnehmer die Ausführung der Weisung verweigert. Das OLG Frankfurt (a. a. O.) stellt in seiner Entscheidung fest, dass das wirtschaftliche Wohl der Gesellschaft als solches nicht unter dem Schutz der Rechtsordnung stehe und daher auch keine rechtliche Grenze für die Ausübung des Weisungsrechts darstelle. Die Grenzen für Weisungen der Gesellschafterversammlung liege dort, wo gegen zwingende rechtliche Bestimmungen verstoßen werde oder rechtlich geschützte Drittinteressen berührt würden; Letzteres sei dann der Fall, wenn die Erfüllung der Weisung gleichbedeutend damit wäre, die Gesellschaft sehenden Auges in die Insolvenz zu führen und damit zwangsläufig die Gläubiger der Gesellschaft zu schädigen; vgl. hierzu auch Schneider/Schneider in: Scholz Rz. 58 ff. zu § 37 GmbHG m. w. Nachw. aus Rechtsprechung und Literatur.
91. Paefgen in: Ulmer/Habersack/Löbbe Rz. 138 zu § 35 GmbHG; Zöllner/Noack in: Baumbach/Hueck Rz. 120 zu § 35 GmbHG.
92. BGH Urt. v. 6.3.1975 – II ZR 80/73 NJW 1975, 1117 (1118); Zöllner/Noack in: Baumbach/Hueck Rz. 121 zu § 35 GmbHG.
93. BGH Urt. v. 12.12.1960 – II ZR 255/59 NJW 1961, 506 (507); Stephan/Tieves in: MüKo-GmbHG Rz. 157 zu § 35 GmbHG; Paefgen in: Ulmer/Habersack/Löbbe Rz. 116 zu § 35 GmbHG.
94. Schneider/Schneider in: Scholz Rz. 25 zu § 37 GmbHG; Roth/Altmeppen Rz. 33 zu § 37 GmbHG; Kleindiek in: Lutter/Hommelhoff Rz. 28 zu § 37 GmbHG.
95. BGH Urt. v. 25.2.1991 – II ZR 76/90 NJW 1991, 1681 (1682): der BGH hat in diesem Urteil eine die Zustimmungspflicht der Gesellschafterversammlung auslösende Änderung der Geschäftspolitik für einen Sachverhalt bejaht, in welchem der Geschäftsführer einer mit Entwicklung und Vertrieb von DV-Programmen befassten GmbH die ausschließlich Kooperation mit dem alleinigen Hardware-Hersteller lockerte und für einen Teil des Programms zu Testzwecken einen anderen Hardware-Hersteller beauftragte. Die Rechtsprechung des BGH (a. a. O.), welche von einer Zuständigkeit der Gesellschafterversammlung für „außergewöhnliche Geschäfte" und eine „grundlegende Änderung der Geschäftspolitik" ausgeht und hieran die Zustimmungspflicht knüpft, wird von einem Teil der Komm.-Lit. (Paefgen in: Ulmer/Habersack/Löbbe Rz. 18 zu § 37 GmbHG; Schneider/Schneider in: Scholz Rz. 10 zu § 35 GmbHG; Kleindiek in: Lutter/Hommelhoff Rz. 8 zu § 37 GmbHG) bejaht, von einem anderen Teil der Komm.-Lit. (insbesondere Zöllner/Noack in: Baumbach/Hueck Rz. 13 ff. zu § 37 GmbHG; Koppensteiner/Gruber in: Rowedder/Schmidt-Leithoff Rz. 8 zu § 37 GmbHG) heftig kritisiert, da diese Begriffe aufgrund ihrer Unschärfe nicht justitiabel seien und in unzulässiger Weise über die gesetzlich normierten Zuständigkeiten der Gesellschafterversammlung zusätzliche ungeschriebene Zuständigkeiten begründen würden; differenzierend Stephan/Tieves in: MüKo-GmbHG Rz. 64 zu § 37 GmbH, wonach für die Abgrenzungsproblematik auf den jeweiligen Einzelfall abzustellen ist.
96. Zu welchen gravierenden Haftungsfolgen für den Geschäftsführer die Überschreitung der vertraglich geregelten Grenzen seiner Geschäftsführungsbefugnis führen können, belegt besonders eindrucksvoll das Urteil des KG Berlin Urt. v. 17.12.2004 – 14 U 226/03 GmbHR 2005, 477 ff.: danach besteht bei Überschreitung der Kompetenzen für den Geschäftsführer kein Ermessens- und Beurteilungsspielraum, wie er ansonsten im Bereich der Geschäftsführer-Haftung (vgl. hierzu Erl. 3 zu § 3) bei der Vornahme mit Risiken behafteter Geschäfte anerkannt ist. Die Haftung des Geschäftsführers entfällt auch dann nicht, wenn ihm bei der Durchführung der Geschäftsführungsmaßnahmen kein Verschulden zur Last fällt, da für die Ersatzpflicht allein darauf abgestellt wird, ob durch das Geschäft als solches die Kompetenzgrenzen überschritten wurden. Schließlich soll es dem Geschäftsführer sogar verwehrt sein, bei Inanspruchnahme auf Erstattung der durch die Gesellschaft aufgewandten finanziellen Mittel die geldwerten Vorteile gegenzurechnen, welche der Gesellschaft durch das – in Überschreitung der Kompetenzgrenzen ausgeführte – Geschäft zugeflossen sind.

97. BGH Beschl. v. 10.12.2007 – II ZR 289/06 NZG 2008, 316/317: in dem Sachverhalt, welcher diesem Urteil zugrunde lag, hatte der Geschäftsführer zwar keine Zustimmung der Gesellschafterversammlung zur Veräußerung des Grundstücks eingeholt, bei der im Vorjahr durchgeführten Gesellschafterversammlung hatten die Gesellschafter jedoch bereits ihr grundlegendes Interesse an einer etwaigen Veräußerung des Grundstücks signalisiert. Die Verletzung der innergesellschaftlichen Kompetenzordnung durch die Geschäftsführer erschien daher „in einem milderen Licht" (BGH a. a. O.). In aller Regel wird die Durchführung eines außergewöhnlichen Geschäftes ohne Zustimmung der Gesellschafterversammlung einen „wichtigen Grund" i. S. v. § 626 Abs. 1 BGB für eine außerordentliche Kündigung konstituieren, es sei denn, dass besondere Umstände im konkreten Einzelfall vorlagen, wonach der Geschäftsführer berechtigterweise von einer Zustimmung durch die Gesellschafter ausgehen durfte.

98. BGH Urt. v. 20.9.1962 – II ZR 209/61 NJW 1962, 2344 (2347); ob sich der Gesellschafter bei Abschluss des Rechtsgeschäfts der Beschränkung der Vertretungsmacht des Geschäftsführers bewusst war, ist grundsätzlich unbeachtlich, da er als Gesellschafter den Inhalt der Satzung der Gesellschaft sowie deren Beschlüsse zu kennen hat. Eine Ausnahme hiervon wird jedoch für den Gesellschafter einer sog. Publikumsgesellschaft gemacht, der typischerweise nicht an der Satzung der Gesellschaft mitgewirkt hat, sondern dessen gesellschaftsrechtliche Beteiligung auf eine Kapitalanlage beschränkt ist (vgl. Zöllner/Noack in: Baumbach/Hueck Rz. 41 zu § 37 GmbHG).

99. BGH Beschl. v. 10.4.2006 – II ZR 337/05 NZG 2006, 626 f. OLG Hamm Urt. v. 22.8. 2005 – 5 U 69/05 NZG 2006 (827/828); Zöllner/Noack in: Baumbach/Hueck Rz. 48 zu § 37 GmbHG; Paefgen in: Ulmer/Habersack/Löbbe Rz. 87 zu § 37 GmbHG; Roth/Altmeppen Rz. 43 zu § 37 GmbHG; zurückhaltend gegenüber der BGH-Rspr. zur Einschränkung des Grundsatzes der unbeschränkten Vertretungsmacht des Geschäftsführers in Missbrauchsfällen Stephan/Tieves in: MüKo-GmbHG Rz. 179 ff. zu § 137 GmbHG.

100. Schneider/Schneider in: Scholz Rz. 66 u. 67 zu § 37 GmbHG.

101. Aus diesem Grund eines vorrangigen Interesses der Gesellschaft an der D&O-Versicherung ist deshalb für die Vorstandsmitglieder einer AG anerkannt (Fleischer in: Spindler/Stilz Rz. 93 zu § 93 AktG. Mertens/Cahn in: Kölner Komm. Rz. 242 zu § 93 AktG. Dreher AG 2008, 429 (437); Kiethu BB 2003, 537 (539), dass die von der Gesellschaft gezahlten Beiträge für die D&O-Versicherung keinen geldwerten Vorteil i.S. von Bezügen gemäß § 87 Abs. 1 AktG für die Vorstandsmitglieder darstellen.

102. BGH Urt. v. 20.2.1995 – II ZR 143/93 NJW 1995, 1290. Fleischer in MüKo-GmbHG Rz. 48 zu § 43 GmbHG; Zöllner/Noack in: Baumbach/Hueck Rz. 9 zu § 43 GmbHG; Kleindiek in: Lutter/Hommelhoff Rz. 10 zu § 43 GmbHG; Paefgen in: Ulmer/Habersack/Löbbe Rz. 39 zu § 43 GmbHG, der im Hinblick auf die von der Größe und den jeweiligen Branchen-Anforderungen der Gesellschaft abhängigen Anforderungen an die Sorgfaltspflicht des Geschäftsführers von einem „relativen Verhaltensstandard" spricht.

103. OLG Zweibrücken Urt. v. 22.12.1998 – 8 U 98/98 NZG 1999, 506 (507); LG Köln NJW-RR 2000, 1056 f.; Paefgen in: Ulmer/Habersack/Löbbe Rz. 19 zu § 43 GmbHG; Zöllner/Noack in: Baumbach/Hueck Rz. 9 zu § 43 GmbHG; Roth/Altmeppen Rz. 3 zu § 43 GmbHG; Kleindiek in: Lutter/Hommelhoff Rz. 6 zu § 43 GmbHG.

104. Zöllner/Noack in: Baumbach/Hueck Rz. 11 zu § 43 GmbHG; Paefgen in: Ulmer/Habersack/Löbbe Rz. 38 zu § 43 GmbHG. Nach h. M. innerhalb der Komm.-Literatur (Zöllner/Noack in: Baumbach/Hueck Rz. 9 zu § 43 GmbHG; Paefgen in: Ulmer/Habersack/Löbbe Rz. 42 zu § 43 GmbHG) findet die BAG-Rechtsprechung zur Haftungserleichterung bei Wahrnehmung sog. gefahrgeneigter Arbeit keine entsprechende Anwendung für die Geschäftsführer (a. A. Brox/Walker DB 1985, 1469 (1477) die hiergegen einwenden, dass die Haftungserleichterung, welche zugunsten eines leitenden Angestellten eingreife, in gleicher Weise auch für einen Geschäftsführer gelten müsse).

105. BGH Urt. v. 21.4.1997 – II ZR 175/95 NJW 1997, 1926 (1927/1928); Zöllner/Noack in: Baumbach/Hueck Rz. 22 zu § 43 GmbHG; Kleindiek in: Lutter/Hommelhoff Rz. 16 zu § 43 GmbHG; Roth/Altmeppen Rz. 8 zu § 43 GmbHG; Fleischer in: MüKo-GmbHG Rz. 82 zu § 43 GmbHG.

106. Zöllner/Noack in: Baumbach/Hueck Rz. 22/22a zu § 43 GmbHG; Fleischer in: MüKo-GmbHG Rz. 85 zu § 43 GmbHG; der zutreffend darauf verweist, dass die Maßgeblich-

keit der ex-Ante-Perspektive unmittelbar aus dem Haftungsmaßstab des analog heranzuziehenden § 93 Abs. 1 S. 2 AktG folgt, welcher darauf abstellt, ob der Geschäftsführer bei seiner unternehmerischen Entscheidung vernünftigerweise annehmen durfte, auf der Grundlage angemessener Informationen zum Wohl der Gesellschaft zu handeln; aus diesem Grund ist eine nachträgliche Prüfung auf Grundlage eines objektiven Maßstabs abzulehnen; einschränkend zum Prinzip der Ex-Ante-Beurteilung jedoch Paefgen in: Ulmer/Löbbe/Habersack Rz. 121 zu § 43 GmbHG.

107. BGH Urt. v. 14.7.2008 – II ZR 202/07 NZG 2008, 751 (752); BGH Urt. v. 4.11.2002 – II ZR 224/00 NJW 2003, 358 (359); OLG München Urt. v. 8.7.2015 – 7 U 3130/04 AG 2016, 332 (333); OLG Stuttgart Urt. v. 26.5.2003 – 5 U 160/02 GmbHR 2003, 835 (836); Fleischer in: MüKo-GmbHG Fz. 80 zu § 43 GmbHG; Paefgen in: Ulmer/Habersack/Löbbe Rz. 111 zu § 43 GmbHG; Roth/Altmeppen Rz. 9 zu § 43 GmbHG und Kleindiek in: Lutter/Hommelhoff Rz. 16 zu § 43 GmbHG.

108. BGH Urt. v. 14.7.2008 – II ZR 202/07 NZG 2008, 751/752: Wendet man die in Leitsatz 1 dieses Urteils genannten Anforderungen konsequent an, welche der Geschäftsführer nach Auffassung des BGH erfüllt haben muss, um überhaupt in den Bereich des Haftungsprivilegs des unternehmerischen Ermessenes zu gelangen, so resultiert hieraus für den Geschäftsführer ein nicht unerhebliches Risiko, dass ihm diese Haftungserleichterung bereits deshalb versagt bleibt, da ihm von Seiten der Gesellschaft später entgegengehalten werden kann, nicht alle verfügbaren Informationsquellen ausgeschöpft und die hierbei erkennbaren Vor- und Nachteile sorgfältig abgeschätzt zu haben.

109. Eine Übersicht zu den durch die BGH- und OLG-Rechtsprechung entschiedenen Fällen, in denen eine Verletzung der Sorgfaltspflicht bei geschäftlichen und unternehmerischen Entscheidungen des Geschäftsführers angenommen wurde, geben Fleicher in: MüKo-GmbHG Rz. 92 ff. zu § 43 GmbHG; Zöllner/Noack in Baumbach/Hueck Rz. 24 ff. zu § 43 GmbHG.

110. BGH Urt. v. 21.4.1997 – II ZR 175/95 NJW 1997, 1926 (1928); Fleischer in: MüKo-GmbHG Rz. 93 zu § 43 GmbHG.

111. OLG Jena, Urt. v. 8.8.2000 – 8 U 1387/98 NZG 2001, 86 (87); Schneider in: Scholz Rz. 100 zu § 43 GmbHG.

112. BGH Urt. v. 4.7.1977 – II ZR 150/75 NJW 1977, 2311 (2312); Roth/Altmeppen Rz. 16 zu § 43 GmbHG.

113. OLG Düsseldorf, Urt. v. 9.12.2009 – 6 W 45/09 ZIP 28, 32. Koppensteiner/Gruber in: Rowedder/Schmidt/Leithoff Rz. 18 zu § 43 GmbHG; Lutter ZIP 2009, 197 (199); kritisch hierzu jedoch Fleischer in MüKo-GmbHG 94 zu § 43 Rz. 94 zu § 43 GmbHG, der zutreffend darauf verweist, dass man diesen Grundsatz nicht mit „voller Strenge" durchhalten kann, da bei Abstellen auf ein „worste-case"-Szenario viele unternehmerische Maßnahmen unterbleiben müssten, welche bei abstrakter Betrachtung sich letztlich auch existenzgefährdend für das Unternehmen entwickeln könnten, weshalb Fleischer für eine konkrete Risiko-Beurteilung im Einzelfall plädiert.

114. OLG Jena, Urt. v. 1.9.1998 – 5 U 1816/97 NZG 1999, 121 (122); vgl. hierzu auch Schneider in: Scholz Rz. 113 zu § 43 GmbHG, der zutreffend darauf verweist, dass bei wichtigen geschäftlichen Entscheidungen eine vorherige Unterrichtung und Einholung der Zustimmung durch die Gesellschafterversammlung umso mehr angezeigt ist, je stärker sich die Gesellschaft in einer schwierigen wirtschaftlichen Lage befindet.

115. BGH Urt. v. 4.11.2002 – II ZR 224/00 NZG 2003, 81 (82/83); OLG Oldenburg Urt. v. 13.7.2000 – 1 U 35/00 GmbHR 1002, 76; Schneider in: Scholz Rz. 112 zu § 43 GmbHG.

116. OLG Koblenz, Urt. v. 30.11.2006 – 6 U 330/06 Beck RS 2007, 01040; LG Wiesbaden Urt. v. 3.5.2013 – 1 O 229/12 Beck RS 2013, 09090; Fleischer in: MüKo-GmbHG Rz. 101 zu § 43 GmbHG; Schneider in: Scholz Rz. 109 zu § 43 GmbHG.

117. BGH Beschl. v. 18.2.2008 – II ZR 62/07 NJW-RR 2008, 905; Fleischer in: MüKo-GmbHG Rz. 92 zu § 43 GmbHG; Schneider in: Scholz Rz. 102 zu § 43 GmbHG.

118. BGH Urt. v. 28.10.1971 – II ZR 49/90 WM 1971, 1548 (1549): in dem dort entschiedenen Sachverhalt hatte ein Vorstandsmitglied einer AG bei einem Auftrag in Millionenhöhe das vom Leiter der kaufmännischen Abteilung vorbereitete Angebot ohne nähere Überprüfung unterzeichnet und daher übersehen, dass bei der Zusammenstellung der Einzelkalkulationen ein rechnerisches Versehen unterlaufen war, so dass der Angebotspreis

um 800.000,00 DM zu niedrig angegeben wurde. Der BGH (a. a. O.) hat hierin eine zum Schadensersatz führende Sorgfaltspflichtverletzung angenommen, da dem Vorstand auch bei einer überschlägigen Nachprüfung der Kalkulationsfehler hätte auffallen müssen (woraus folgt, dass der Geschäftsführer/Vorstand keine detaillierte Prüfung der einzelnen Positionen eines Angebots vornehmen muss). Nach OLG Köln Urt. v. 11.7.2000 – 15 U 181/99 GmbHR 2000, 942 hat der Geschäftsführer vor der Bestellung von ausschließlich zum Weiterverkauf an bestimmte Abnehmer vorgesehenen Waren sich davon zu vergewissern, dass entsprechende Bestellungen dieser Abnehmer vorliegen.

119. BGH Urt. v. 16.2.1981 – II ZR 49/80 WM 1981, 440 (441), wonach die Gewährung von Warenkrediten in sechsstelliger Höhe an ein unbekanntes Unternehmen eine Verletzung der kaufmännischen Sorgfaltspflicht darstellt; ebenso: OLG Thüringen Urt. v. 8.8.2000 – 8 U 1387/98 GmbHR 2001, 243; BGH Urt. v. 21.12.1979 – II ZR 244/78 NJW 1980, 1629 für den Fall der Gewährung eines Darlehens ohne Stellung von Kreditsicherheiten in angemessenem Umfang.

120. BGH Urt. v. 3.12.2001 – II ZR 308/99 ZIP 2002, 213 (214), wonach Kredite grundsätzlich nicht ohne übliche Sicherheiten gewährt werden dürfen und zudem für die ordnungsgemäße Bewertung der Sicherheiten sowie die Beachtung evtl. bestehender Beleihungsobergrenzen Sorge zu tragen ist; die Gewährung eines nicht durch Sicherheiten gedeckten Darlehens kommt ausnahmsweise in Betracht, wenn der Kreditnehmer über eine zweifelsfreie Bonität verfügt (vgl. OLG Celle Beschl. v. 25.5.2011 – 3 U 65/11 AG 2011, 711 (713) oder die Gesellschaft ein besonderes Interesse an der Kreditvergabe hat, weil der Kreditnehmer ein wichtiger Kunde ist (vgl. OLG Frankfurt Urt. v. 25.10.2011 – 5 U 27/10 Beck RS 2011, 27373.

121. BGH Urt. v. 14.7.2008 – II ZR 202/07 NZG 2008, 751 (752); OG Oldenburg Urt. v. 22.6.2006 – 1 U 34/03 NZG 2007, 434 (436).

122. Zu den Haftungsfolgen für den Geschäftsführer bei Unterlassen einer due diligence vor einem Unternehmenskauf vgl. insbesondere OLG Oldenburg, Urt. v. 22.6.2006 – 1 U 34/03 NZG 2007, 434 (438); aus der Lit. vgl. Fleischer in: MüKo-GmbHG Rz. 100 zu § 43 GmbHG; Roth/Altmeppen Rz. 15 zu § 43 GmbHG; Böttcher NZG 2007, 481 ff.; Werner GmbHR 2007, 678 ff.; van Venrooy GmbHR 2008, 1 ff. Zur Frage einer Haftung des Geschäftsführers im Fall eines sog. share-deal gegenüber dem Veräußerer der Geschäftsanteile bei unvollständiger und unrichtiger Informationserteilung, welche zur Ermittlung eines zu geringen Kaufpreises führt vgl. Berg NZG 2008, 641 ff.

123. BGH Beschl. v. 13.9.2010 – 1 StR 220/09 NJW 2011, 88 (92); BGH Urt. v. 27.8.2010 – 2 StR 111/09 NZG 2010, 1190 (1192); Schneider in: Scholz Rz. 74 zu § 43 GmbHG; Paefgen in: Ulmer/Habersack/Löbbe Rz. 49 zu § 43 GmbHG; Kleindiek in: Lutter/Hommelhoff Rz. 12 zu § 43 GmbHG; Koppensteiner/Gruber in: Rowedder/Schmidt-Leithoff Rz. 10 zu § 43 GmbHG.

124. Fleischer in: MüKo-GmbHG Rz. 30 zu § 43 GmbHG; Zöllner/Noack in: Baumbach/Hueck Rz. 23 zu § 43 GmbHG; Roth/Altmeppen Rz. 6 zu § 43 GmbHG; Schneider in: Scholz Rz.. 75 zu § 43 GmbHG; Kleindiek in: Lutter/Hommelhoff Rz. 9 zu § 43 GmbHG.

125. OLG Karlsruhe Urt. v. 31.7.2013 – 7 U 184/12 NZG 2013, 1177 (1178); Fleischer in MüKo-GmbHG Rz. 31 zu § 43 GmbHG; Schneider in: Scholz Rz. 78 zu § 43 GmbHG.

126. Nach dem Urt. des LAG Düsseldorf v. 20.1.2015 – 16 Sa 459/14 BB 2015, 1018 (1021 – 1023) kann die Gesellschaft eine nach § 81 GWB durch das Bundeskartellamt wegen kartellwidriger Absprachen verhängte Geldbuße nicht im Wege des Schadensersatzes nach § 43 GmbHG vom Geschäftsführer erstattet verlangen. Zur Begründung hierfür verweist das LAG Düsseldorf darauf, dass zwar von dem Grundsatz auszugehen ist, wonach der Geschäftsführer einer GmbH im Innenverhältnis für alle Schäden gegenüber der Gesellschaft hafte, die aufgrund der von ihm begangenen Verletzungen gesetzlicher Vorschriften im Außenverhältnis entstanden sind. Gleichwohl sei eine „zivilrechtliche Weitergabe" des gegen die Gesellschaft verhängten Bußgeldes im Innenverhältnis gegenüber dem Geschäftsführer nach § 43 GmbHG ausgeschlossen, da Normadressat des § 81 GWB das Unternehmen ist, so dass eine Abwälzung der gegen das Unternehmen verhängten Buße auf den Geschäftsführer das Sanktionssystem des Kartellrechts entwerten und insbesondere dem Zweck des Kartellrechts widerspräche, da die Geldbuße den Unternehmensträger treffen müsse, um dessen zukünftiges Verhalten im

Sinne einer Beachtung der kartellrechtlichen Vorschriften zu beeinflussen; kritisch zum Urt. des LAG Düsseldorf Reuter BB 2016, 1283 (1292). Dagegen hat das OLG Düsseldorf im Urt. v. 13.11.2013 – VI U (Kart. 11/13 Beck RS 2013, 21406) über §§ 830, 840 BGB eine gesamtschuldnerische Haftung des Geschäftsführers wegen Mitwirkung an der kartellrechtswidrigen Vereinbarung bejaht; zur Kritik an diesem Urteil vgl. Hack/Goncalves DB 2014, 2581/2582. Generell zur Frage, ob die gegen eine Gesellschaft verhängten Bußgelder einen gegenüber dem Geschäftsführer nach § 43 GmbHG erstattungsfähigen Schaden darstellen können: Binder/Kraayvanger BB 2015, 1219 (1224 ff.). Zu der weitergehenden Frage, ob sog. „profitablen Pflichtverletzungen", welche im Ergebnis zu Vermögensvorteilen für die Gesellschaft führten, nach den Grundsätzen der sog. Vorteilsausgleichung diese „windfall-profits" einem Schadensersatzanspruch der Gesellschaft entgegensetzen kann, vgl. Fleischer in: MüKo-GmbHG Rz. 45 ff. zu § 43 GmbHG.

127. Die Pflicht zur Einrichtung einer Compliance-Organisation wurde für die Vorstände einer AG entwickelt, da nach der dort einschlägigen Vorschrift des § 91 Abs. 2 AktG ausdrücklich bestimmt ist, dass der Vorstand geeignete Maßnahmen zu treffen hat, damit gefährdende Entwicklungen früh erkannt werden, insbesondere ein Überwachungssystem einzurichten hat; zum Umfang der Compliance-Pflichten eines Vorstandsmitglieds vgl. LG München I Urt. v. 10.12.2013 – 5 HK O 1387/10 NZG 2014, 345 ff. Die Frage der Übertragbarkeit dieser Compliance-Pflichten auf Geschäftsführer einer GmbH ist in der Komm.-Lit. (vgl. Fleischer in: MüKo-GmbHG Rz. 145 zu § 43 GmbHG; Zöllner/Noack in Baumbach/Hueck Rz. 17 zu § 43 GmbHG, Kiethe GmbHR 2007, 393 (397 f.) im Einzelnen streitig, wobei Einigkeit darin besteht, dass bei GmbH's mit einer vergleichbaren Struktur und Größenordnung sowie einem entsprechenden Gefahrenpotential die Compliance-Pflichten für Geschäftsführer in vergleichbarem Umfang wie bei Vorständen einer AG bestehen. Zu den Anforderungen bei der Einführung und Umsetzung eines Compliance-Systems in der GmbH vgl. Stück GmbHR 2016, 561 ff. Vgl. in diesem Zusammenhang auch: OLG Jena Urt. v. 12.8.2009 – 7 U 224/07 NZG 2010, 226 zur Pflicht des Geschäftsführers einer Muttergesellschaft, ein effizientes Kontrollsystem bei der Tochtergesellschaft einzurichten, um die Zahlung auf Scheinrechnungen zu vermeiden; weiterführend zur Haftung von Geschäftsführern bei Compliance-Verstößen in Konzernen Schockenhoff ZHR 2016, 197–232.

128. Fleischer in MüKo-GmbHG Rz. 147 zu § 43 GmbHG; Zöllner/Noack in: Baumbach/Hueck Rz. 68a zu § 35 GmbHG; Meyer Greve BB 1009, 2555 (2556); Schneider ZIP 2003, 645 (649 f).

129. Fleischer in MüKo-GmbHG Rz. 151 zu § 43 GmbHG; Schneider in: Scholz Rz. 96d zu § 43 GmbHG; Kiethe GmbHR 2007, 393 (397).

130. Fleischer in MüKo-GmbHG Rz. 141 zu § 43 GmbHG; die „Oberaufsicht" verbleibt in allen Fällen beim Geschäftsführer; vgl. hierzu auch: LG München I Urt. v. 10.12.2013 – 5 HK O 1387/10 NZG 2014, 345 (347/348) Zutreffend verweist das LG München darauf, dass der Einwand des Vorstandes, es habe für ihn kein Weisungs- u. Durchgriffsrecht gegenüber den Mitarbeitern außerhalb seiner Abteilung gegeben, um Compliance-Verstöße abzustellen, nicht geeignet ist, den Pflichtverstoß auszuräumen, da dieser Einwand belegt, dass keine funktionierende Compliance-Organisation eingerichtet wurde, welche sowohl eine Berichtslinie „nach oben" als auch entsprechende Weisungs- und Durchgriffsrechte „nach unten" bei Bekanntwerden von Compliance-Verstößen erfordert.

131. BGH Urt. v. 9.5.1974 – II ZR 50/72 NJW 1974, 1468 zur ordnungsgemäßen Kassenführung; BGH Urt. v. 9.6.1980 – II ZR 187/79 WM 1980, 1190 zur ordnungsgemäßen Buchführung. Die Verletzung der Buchführungspflichten des Geschäftsführers kann neben der Haftung des Geschäftsführers auch einen „wichtigen Grund" zu seiner Abberufung sowie der fristlosen Kündigung des mit ihm bestehenden Anstellungsvertrages begründen vgl. hierzu OLG Rostock Urt. v. 19.10.1998 – 6 U 234/97 NZG 1999, 216/217.

132. BGH Urt. v. 26.11.1990 – II ZR 223/89 NJW-RR 1991, 485: In dem dieser Entscheidung zugrundeliegenden Sachverhalt hatte sich der Geschäftsführer mehrfach von den Angestellten der Gesellschaft die Tageseinnahmen persönlich aushändigen lassen, wobei aufgrund der vollkommen unzureichenden Buchführung später nicht mehr nachvollziehbar war, ob der Geschäftsführer diese Gelder der Gesellschaft zugeführt hatte. Für die-

sen Fall hat der BGH (a. a. O.) eine Umkehr der Darlegungs- und Beweislast bejaht, wonach nicht die Gesellschaft dem Geschäftsführer einen Kassenfehlbestand darlegen muss, vielmehr umgekehrt der Geschäftsführer nachweisen muss, dass er die Gelder der Gesellschaft zugeführt hat und daher kein Kassenfehlbestand eingetreten ist. Dies gilt nach BGH (a. a. O.) auch dann, wenn die – unzureichend geführten – Bücher keinen Kassenfehlbestand ausweisen vgl. hierzu auch OLG Frankfurt Urt. v. 18.3.1992 – 23 U 118/91 NJW-RR 1993, 546 (547).

Steht dagegen fest, dass die Einnahmen der Gesellschaft zugeflossen sind, so verbleibt es insoweit bei der Darlegungs- und Beweislast der Gesellschaft, welche für einen gegen den Geschäftsführer erhobenen Schadensersatzanspruch den Eintritt eines Kassen- oder Waren-Fehlbestandes i. S. einer Abweichung des tatsächlichen Ist-Bestandes vom buchmäßigen Soll-Bestand nachweisen muss vgl. hierzu BGH Urt. v. 8.7.1985 – II ZR 198/84 NJW 1986, 54 (55).

133. BGH Urt. v. 9.5.1974 – II ZR 50/72 NJW 1974, 1468; zur Verteilung von Darlegungs- und Beweislast bei buchungsmäßigem Fehlbestand an Geldmitteln oder Waren vgl. auch v. Gerkan, Die Beweislastverteilung beim Schadensersatzanspruch der GmbH gegen ihren Geschäftsführer ZHR 1990, 39 (46–48).

134. BGH Urt. v. 16.9.2002 – II ZR 107/01 NJW 2002, 3777 (3778); dem BGH folgt OLG Stuttgart Urt. v. 26.5.2003 – 5 U 160/02 GmbHR 2003, 835 (837).

135. BGH Urt. v. 16.9.2002 – II ZR 107/01 – NJW 2002, 3777 (3778).

136. Haas/Ziemons in: Michalski Rz. 14 zu § 43 GmbHG; Haas/Wiegand in: Krieger/Schneider Hdb Managerhaftung § 16 Rz. 56 ff.; Van Venrooy GmbHR 2004, 237 (245); Ebenroth/Lange GmbHR 1992, 69 (76).

137. Zöllner/Noack in: Baumbach/Hueck Rz. 46 zu § 43 GmbHG; Schneider in: Scholz Rz. 261 zu § 43 GmbHG; Roth/Altmeppen Rz. 118 zu § 43 GmbHG; Kleindiek in: Lutter/Hommelhoff Rz. 55 zu § 43 GmbHG, der jedoch einschränkend gegenüber der GmbH-Rechtsprechung darauf verweist, dass die Haftungsprivilegierung des Geschäftsführers nicht nur für den Bereich des § 43 Abs. 3 GmbHG, sondern auch alle weiteren spezifisch gläubigerschützenden Geschäftsführerpflichten ausgeschlossen sei; demgegenüber verweist Fleischer in: MüKo-GmbHG Rz. 310 zu § 43 GmbHG zutreffend darauf, dass über den – vom BGH von der Haftungsbeschränkung ausgenommenen – § 43 Abs. 3 GmbHG ein weitergehendes Dispositionsverbot im Interesse des Gläubigerschutzes nicht begründbar ist.

138. Schneider in: Scholz Rz.. 261 zu § 43 GmbHG; Fleischer in: MüKo-GmbHG Rz. 312 zu § 43 GmbHG, der darauf verweist, dass es keinen generellen Grundsatz gebe, wonach an die Dispositionsfreiheit bei einer ex-ante-Regelung strengere Maßstäbe angelegt werden, als bei einem ex-post-Erlass von der Haftung.

139. Vgl. die umfassende Darstellung der zur Haftungsbeschränkung des GmbH-Geschäftsführers vertretenen Auffassungen bei: Fleischer in: MüKo-GmbHG Rz. 301 ff. zu § 43 GmbHG; Schneider in: Scholz Rz. 258 ff. zu § 43 GmbHG; Zöllner/Noack in: Baumbach/Hueck Rz. 46 ff. zu § 43 GmbHG.

140. Hierauf verweisen zutreffend Koppensteiner/Gruber in: Rowedder/Schmidt-Leithoff Rz. 4 zu § 43 GmbHG; Zöllner/Noack in: Baumbach/Hueck Rz. 46 zu § 43 GmbHG.

141. Zöllner/Noack in: Baumbach/Hueck Rz. 46 zu § 43 GmbHG; Lohr NZG 2000, 1204 (1209).

142. BGH Urt. v. 16.9.2002 – II ZR 107/01 NJW 2002, 3777 (3778); OLG Stuttgart Urt. v. 26.5.2003 – 5 U 160/62 GmbHR 2003, 835 (837).

143. Koppensteiner/Gruber in: Rowedder/Schmidt-Leithoff Rz. 4 zu § 43 GmbHG; Diekmann/Marsch-Barner in: Münchener Hdb GesR Bd. III § 46 Rz. 4.

144. Fleischer in: MüKo-GmbHG Rz. 315 zu § 43 GmbHG; Zöllner/Noack in Baumbach/Hueck Rz. 5 zu § 43 GmbHG; Schneider in: Scholz Rz. 262 zu § 43 GmbHG; Werner GmbHR 2014, 792 (797).

145. Fleischer in: MüKo-GmbHG Rz. 317 zu § 43 GmbHG, der zutreffend darauf verweist, dass ein Gesellschafterbeschluss, durch welchen der Pflichten- und Sorgfaltsmaßstab des Geschäftsführers gegen die Stimmen einer Gesellschafterminderheit generell herabgesetzt wird, in der Regel treuwidrig und damit anfechtbar ist; so auch Kleindiek in: Lutter/Hommelhoff Rz. 57 zu § 43 GmbHG; Werner GmbHR 2014, 792 (797).

146. BGH Urt. v. 16.9.2002 – II ZR 107/01 NZG 2002, 1170 (1171).
147. BGH Beschl. v. 18.2.2008 – II ZR 62/07 NZG 2008, 314 (315/316).
148. BGH Beschl. v. 18.2.2008 – II ZR 62/07 NZG 2008, 314 (316, wonach die für den Beginn der Ausschlussfrist erforderliche „Kenntnis von den die Haftung begründenden Tatsachen" die Kenntnis der Tatsachen genügt, die eine Haftung des Geschäftsführers dem Grunde nach ergeben, wohingegen für die zur Wahrung der Ausschlussfrist erforderliche schriftliche Geltendmachung der Ansprüche eine Bezifferung nicht erforderlich ist, sondern eine Geltendmachung der Schadensersatzansprüche dem Grunde nach genügt. In die gleiche Richtung, jedoch nicht ganz so weitgehend, OLG Stuttgart, Urt. v. 26.5.2003 – Urt. v. 26.5.2003 – 5 U 160/02 GmbHR 2003, 835 (837), wonach die Ausschlussfrist zu laufen beginnt, sobald zu erkennen ist, aus welchem Sachverhalt und in welcher ungefähren Höhe eine Inanspruchnahme auf Schadensersatz in Betracht kommt.
149. Zöllner/Noack in: Baumbach/Hueck Rz. 33 zu § 43 GmbHG; Paefgen in: Ulmer/Habersack/Löbbe Rz. 215 zu § 43 GmbHG. Diese Haftungsfreistellung des Geschäftsführers greift jedoch nicht ein beim Handeln aufgrund eines nichtigen Gesellschafter-Beschlusses, wobei es in einem solchen Fall jedoch am Verschulden des Geschäftsführers fehlen kann, wenn er die Nichtigkeit des Beschlusses nicht erkennen konnte (vgl. Zöllner/Noack Rz. 35 zu § 43 GmbHG). Bei der Ausführung von Gesellschafter-Beschlüssen, die zwar keiner Nichtigkeit, sondern lediglich einer Anfechtbarkeit unterlagen, tritt die Haftungsfreistellung des Geschäftsführers ein, wenn mit der Anfechtung des Beschlusses nicht zu rechnen war, in jedem Fall aber nach Eintritt der Unanfechtbarkeit infolge des Fristablaufs. Ist die Frage einer Anfechtung des Beschlusses offen, so muss der Geschäftsführer abwägen, ob die Ausführung des Beschlusses im Hinblick auf eine evtl. noch erfolgende Anfechtung unterbleiben soll oder die Nachteile überwiegen, welche zu befürchten sind, wenn mit der Ausführung des Beschlusses bis zum Eintritt seiner Bestandskraft abgewartet würde; bei der Entscheidung hierüber steht dem Geschäftsführer ein Ermessensspielraum zu (vgl. Zöllner/Noack a. a. O.).
150. Nach der Rechtsprechung (BGH Urt. v. 20.5.1985 – II ZR 165/84 NJW 1986, 129 (130)) besteht kein einklagbarer Anspruch des Geschäftsführers auf Erteilung der Entlastung, da der Gesellschaft bei ihrer Entscheidung über die Erteilung der Entlastung ein breiter Ermessensspielraum zusteht, welcher sich der gerichtlichen Überprüfung entziehe; dagegen wird von einem Teil der Lit. (vgl. Zöllner in: Baumbach/Hueck Rz. 46 zu § 46 GmbHG; Hüffer/Schürnbrand in: Ulmer/Habersack/Löbbe Rz. 80 ff. zu § 46 GmbHG) ein Anspruch des Geschäftsführers auf Erteilung von Entlastung grundsätzlich bejaht, welchen er – selbstverständlich nur bei beanstandungsloser Geschäftsführung – im Wege der sog. Leistungsklage geltend machen kann.
151. BGH Urt. v. 20.5.1985 – II ZR 165/84 NJW 1986, 129 (130) Zöllner in: Baumbach/Hueck Rz. 41 zu § 46 GmbHG; Hüffer/Schürnbrand in: Ulmer/Habersack/Löbbe Rz. 73 zu § 46 GmbHG, der zutreffend darauf verweist, dass die Präklusionswirkung diejenigen Vorgänge bzw. hieraus resultierenden evtl. Haftungsansprüche ausschließt, die bei sorgfältiger Prüfung aufgrund der vom Geschäftsführer erteilten Rechenschaft (Rechnungslegung, ergänzenden Berichterstattung, vorgelegte Unterlagen) erkennbar waren.
152. Danach tritt eine Präklusionswirkung insbesondere dann nicht ein, wenn der Geschäftsführer seine Entlastung durch Irreführung oder Verschleierung der tatsächlichen Lage der Gesellschaft erschlichen hat vgl. Zöllner in: Baumbach/Hueck Rz. 41 zu § 46 GmbHG; Schmidt in: Scholz Rz. 94 zu § 46 GmbHG.
153. BGH Urt. v. 23.4.2012 – II ZR 252/10 WM 2012, 1034 (1039); zur Haftung des Geschäftsführers der Komplementär-GmbH einer GmbH & Co. KG gemäß § 43 Abs. 3 GmbHG für nach § 30 Abs. 1 GmbHG verbotene Auszahlungen aus dem Vermögen der Kommanditgesellschaft an einen Gesellschafter der Komplementär-GmbH vgl. BGH Urt. v. 9.12.2014 – II ZR 360/13 DB 2015, 369 (370/371).
154. Schmidt GmbHR 2008, 449 (453/454); Hölzle GmbHR 2007, 729 (731). Die Haftung des Geschäftsführers nach § 64 S. 3 GmbHG kann in der Praxis somit weit über die bisherige Haftung bei der Rückzahlung sog. kapitalersetzender Darlehen hinausgehen, da von der Haftung gemäß § 64 S. 3 GmbHG auch solche Zahlungen erfasst werden, die das zur Erhaltung des Stammkapitals erforderliche Gesellschaftsvermögen nicht antasten, gleichwohl aber die Zahlungsunfähigkeit der Gesellschaft herbeiführen.

155. BGH Urt. v. 9.12.2014 – II ZR 360/13 ZIP 2015, 322 (324).
156. BGH Urt. v. 24.10.1968 – II ZR 216/66 NJW 1969, 509 (510/511); BGH Urt. v. 15.12.1975 –
     II ZR 95/73 NJW 1976, 419/420; BGH Urt. v. 9.3.1981 – II ZR 54/80 NJW 1981, 1373 (1374).
     Hueck/Fastrich in: Baumbach/Hueck Rz. 48 wollen die Haftung gemäss § 11 Abs. 2
     GmbHG nicht nur bei Handeln für die künftige GmbH, sondern für jedes Handeln anwen-
     den, d. h. auch dann, wenn der Geschäftsführer namens der Vorgesellschaft gehandelt hat.
157. BGH Urt. v. 24.10.1968 – II ZR 216/6 NJW 1969, 509 (510/511); BGH Urt. v. 9.2.1970 –
     II ZR 182/68 NJW 1970, 1043 (1044); OLG Hamburg Urt. v. 18.10.1985 – 11 U 92/85 ZIP
     1985, 1488 (1489); Fastrich in: Baumbach/Hueck Rz. 47 zu § 11 GmbHG.
158. BGH Urt. v. 7.5.1984 – II ZR 276/83 NJW 1984, 2164/2165; nach einheiliger Komm.-
     Literatur (vgl. Hueck/Fastrich in: Baumbach/Hueck Rz. 50 zu § 11 GmbHG) greift § 11
     Abs. 2 GmbHG im sog. Vorgründungsstadium, d. h. vor Abschluss des notariellen Gesell-
     schaftsvertrages noch nicht ein.
159. BGH Urt. v. 9.3.1981 – II ZR 54/80 NJW 1981, 1373 (1374/1375); BGH Urt. v. 7.5.1984 –
     II ZR 276/83 NJW 1984, 2164/2165; BGH Beschl. v. 4.3.1996 – II ZR 123/84 NJW 1996,
     1210 (1212); so auch die einhellige Komm.-Literatur (vgl. Fastrich in: Baumbach/Hueck
     Rz. 53 zu § 11 GmbHG).
160. BGH Beschl. v. 4.3.1996 – II ZR 123/94 NJW-RR 1986, 1293; BGH Urt. v. 15.10.1996 –
     VI ZR 319/99 NJW 1997, 130 (132); Zöllner/Noack in: Baumbach/Hueck Rz. 26 zu § 43
     GmbHG; Paefgen in: Ulmer/Habersack/Löbbe Rz. 175a ff. zu § 35 GmbHG; Schneider
     in: Scholz Rz. 35 ff. zu § 43 GmbHG.
161. BGH Urt. v. 13.2.1975 – II ZR 92/73 NJW 1975, 977; BGH Urt. v. 13.6.1960 – II ZR 73/58
     NJW 1960, 1667; Hüffer/Schürnbrand in: Ulmer/Habersack/Löbbe Rz. 103 zu § 46
     GmbHG.
162. BGH Urt. v. 26.11.2007 – II ZR 161/06 NJW – RR 2008, 484; BGH Urt. v. 21.6.1999 – II
     ZR 47/98 NZG 1999; 1001; OLG Stuttgart Beschl. v. 20.11.2011 – 14 U 39/12 GmbHR
     2013, 472 (476); Liebscher in: MüKo-GmbHG Rz. 256 zu § 46 GmbHG; Hüffer/Schürn-
     brand in: Ulmer/Habersack/Löbbe Rz. 111 zu § 46 GmbHG; Schmidt in: Scholz Rz. 142
     zu § 46 GmbHG; Roth/Altmeppen Rz. 60 zu § 46 GmbHG.
163. BGH Urt. v. 10.2.1992 – II ZR 23/91 NJW-RR 1992, 800 (801).
164. BGH Urt. v. 12.6.1989 – II ZR 334/87 NJW-RR 1989, 1255 (1256); Paefgen in: Ulmer/
     Habersack/Löbbe Rz. 275 zu § 43 GmbHG; Zöllner/Noack in: Baumbach/Hueck Rz. 58
     zu § 43 GmbHG.
165. BGH Urt. v. 15.10.1996 – VI ZR 319/95 NJW 1997, 130 (131); BGH Urt. v. 15.10.1996 –
     VI ZR 327/95 NJW 1997, 133 (134); Zöllner/Noack in: Baumbach/Hueck Rz. 91 zu § 43
     GmbHG; Medicus GmbHR 2000, 7 (9). Der BGH (vgl. hierzu auch BGH Urt. v.
     9.1.2001 – VI ZR 407/99 NJW 2001, 969 (970 f.); BGH Urt. v. 11.12.2001 – VI ZR 350/00
     NJW 2002, 1123 f.) hat jedoch zugleich klargestellt, dass eine Haftung des Geschäfts-
     führers nicht eintritt, wenn ihm die Abführung der Sozialversicherungsbeiträge mangels
     hierfür verfügbarer finanzieller Mittel zum Zeitpunkt der Fälligkeit nicht möglich war.
166. Nach BGH Beschl. v. 14.7.2008 – II ZR 238/07 DB 2008, 2421/2422 haftet der wegen
     unterlassener Abführung der Arbeitnehmerbeiträge zur Sozialversicherung schadenser-
     satzpflichtige Geschäftsführer einer GmbH den Sozialversicherungsträgern jedoch nicht
     auf die Säumniszuschläge, da es sich bei den Säumniszuschlägen gemäss § 24 Abs. 1
     SGB IV um kein Schutzgesetz im Sinne des § 823 Abs. 2 BGB handelt.
167. BGH Urt. v. 14.5.2007 – II ZR 48/06 NZG 2007, 545 (546/547) vgl. zu diesem Urteil u. a.
     Tiedtke/Peterek GmbHR 2008, 617 ff.
168. BGH Beschl. v. 9.8.2005 – 5 StR 67/05 NZG 2005, 892-895 = NJW 2005, 3650–3653.
169. BGH Urt. v. 8.1.2001 – II ZR 88/99 NZG 2001, 361; BGH Urt. v. 18.4.2005 – II ZR 61/03
     NZG 2005, 600–602.
170. BGH Urt. v. 24.5.2005 – IX ZR 123/04 NJW 2005, 3062 (3065).
171. BGH Beschl. v. 21.8.2013 – 1 StR 665/12 NZI 2013, 970 (972).
172. OLG Düsseldorf Urt. v. 31.3.1999 – 12 U 176/97 NZG 1999, 944 (946); Lutter/Kleindiek
     in: Lutter/Hommelhoff Rz. 11 zu § 64 GmbHG; Schulze-Osterloh in: Baumbach/Hueck
     Rz. 13 zu § 64 GmbHG.
173. BGH Urt. v. 14.5.2007 – II ZR 48/06 NZG 2007, 545 (547); BGH Urt. v. 6.6.1994 – II ZR
     292/91 NJW 1994, 2220.

174. BGH Urt. v. 27.3.2012 – II ZR 171/10 WM 2012, 1124 (1127).
175. Nachdem die modifizierte 2-stufige Methode zur Überschuldungsprüfung gemäß dem Finanzmarktstabilisierungsgesetz bis zum 31.12.2013 befristet war, gilt seit dem 1.1.2014 wieder der bisherige Überschuldungsbegriff und die hierfür durch die Rspr. des BGH (Urt. v. 9.10.2006 – II ZR 303/05 ZIP 2006, 2171) entwickelte Überschuldungsprüfung im Sinne eines Regel-Ausnahme-Verhältnisses nach Maßgabe der gesetzlichen Systematik des § 19 Abs. 2 InsO.
176. Zu den Besonderheiten für die Insolvenzantragspflicht bei der GmbH & Co. KG vgl. LG Frankfurt Urt. v. 10.9.2013 – 3-09 O 96/13 NZI 2013, 986 (990) sowie die Anm. zu diesem Urt. v. Schäfer ZIP 2013, 2237 (2244).
177. Nach BGH Urt. v. 14.5.2007 – II ZR 48/06 NZG 2007, 545 (547) reicht für die Haftung des Geschäftsführers die Erkennbarkeit der Insolvenzreife aus. Unterlässt der Geschäftsführer gleichwohl die Stellung des Insolvenzantrages, so wird sein Verschulden vermutet – den Geschäftsführer trifft die Darlegungs- und Beweislast dafür, dass er seine Insolvenzantragspflicht nicht schuldhaft verletzt hat.
178. BGH Urt. v. 9.7.1979 – II ZR 118/77, NJW 1979, 1823 (1827); OLG Düsseldorf Urt. v. 20.12.2013 – 17 U 51/12 GmbHR 2015, 303 (306); OLG München Urt. v. 6.11.2013 – 7 U 571/13 GmbHR 2014, 139; Haas in: Baumbach/Hueck Rz. 123 zu § 64 GmbHG; Roth/Altmeppen Rz. 78 vor § 64 GmbHG; Lange GmbHR 2015, 1009/1010; Kruth NZI 2014, 981 (986); Strohn NZG 2011, 1161 (1162).
179. BGH Urt. v. 14,12,1951 – 2 StR 368/51 NJW 1952, 554; Roth/Altmeppen Rz. 80 vor § 64 GmbHG; Michalski/Nerlich Rz. 20 zu § 64 GmbHG a. A. jedoch Haas in: Baumbach/Hueck Rz. 115 zu § 64 GmbHG, wonach ein ausgeschiedener Geschäftsführer keinen Antrag auf Eröffnung des Insolvenzverfahrens stellen kann und daher nicht antragsverpflichtet sei. Eine bereits vor dem Ausscheiden des Geschäftsführers eingetretene Verletzung der Antragspflicht könne jedoch durch eine Amtsniederlegung nicht rückwirkend beseitigt werden.
180. Sowohl nach der Rspr. BGH Urt. v. 29.11.1999 – II ZR 273/98 NJW 2000, 668; OLG Oldenburg Beschl. v. 10.3.2004 – 1 W 2/04 ZIP 2004, 1315 (1316) und der h.M. der Komm.-Lit. (Haas in: Baumbach/Hueck Rz. 65 zu § 64 GmbHG; Kleindiek in: Lutter/Hommelhoff Rz. 7 zu § 64 GmbHG) wird durch § 64 Abs. 2 GmbHG jede Minderung des Aktivvermögens erfasst, unabhängig davon, ob es sich um Geldzahlungen oder die Übertragung von Waren oder Erbringung sonstiger Leistungen handelt.
181. BGH Urt. v. 6.6.1994 – II ZR 292/91 NJW 1994, 2220 (2222); BGH Urt. v. 7.11.1994 – II ZR 108/93 NJW 1995, 398 (399) und BGH Urt. v. 30.3.1998 – II ZR 146/96 ZIP 1998, 776 (777).
182. BGH Urt. v. 6.6.1994 – II ZR 292/91 NJW 1994, 2220 (2223); Kleindiek in: Lutter/Hommelhoff Rz. 73 in Anh. zu § 64 GmbHG; Haas in: Baumbach/Hueck Rz. 127 zu § 64 GmbHG; zur Berechnung des sog. Quotenschadens vgl. Haas Rz. 133.
183. BGH Urt. v. 6.6.1994 – II ZR 292/91 NJW 1994, 2220 (2223/2224); Kleindiek in: Lutter/Hommelhoff Rz. 74 in Anh. zu § 64 GmbHG; Haas in: Baumbach/Hueck Rz. 137 ff. zu § 64 GmbHG.
184. BGH Urt. v. 8.3.1999 – II ZR 159/98 NJW 1999, 2182 (2183).
185. BGH Urt. v. 26.6.1989 – II ZR 289/88 NJW 1989, 3277; OLG Saarbrücken Urt. v. 21.11.2006 – 4 U 49/06 NZG 2007, 105 (wobei nach Auffassung des OLG Zweibrücken eine Haftung des Geschäftsführers nach § 826 BGB auf Erstattung von Insolvenzgeld ausnahmsweise dann für möglich hält, wenn dargelegt werden kann, dass bei rechtzeitiger Stellung des Insolvenzantrages die Erbringung von Insolvenzausfallgeld an die Arbeitnehmer hätte vermieden werden können).
186. Ahlert Vertreterhaftung für Steuerschulden, insbesondere in der Unternehmenskrise ZIP 2009, 2368; Jochum Grundsätze der steuerlichen Geschäftsführerhaftung DStZ 2007, 335-340/561-566; Beckmann Neue finanzgerichtliche Rechtsprechung zur Haftung nach § 69 AO DB 2007, 994 ff.; Schuhmann Umsatzsteuerhaftung des GmbH-Geschäftsführers GmbHR 2006, 529 ff.; Kahlert Zur Haftung des GmbH-Geschäftsführers nach §§ 69, 34 AO EWiR 2006, 293 ff.; Laws/Stahlschmidt Geschäftsführerhaftung im der Insolvenz der GmbH im Rahmen des § 69 AO BB 2006, 1031 ff.; Schuhmann Haftung des Geschäftsführers bei Entrichtung von Steuern in der Krise der GmbH GmbHR 2008, 418 ff.; Prinz/Hick Hdb. Managerhaftung § 32.

187. Paefgen in Ulmer/Habersack/Löbbe Rz. 382 ff. zu § 43 GmbHG; Kleindiek in: Lutter/ Hommelhoff Rz. 100 ff. zu § 43 GmbHG.

188. BFH Urt. v. 5.6.2007 – VII R 65/05 GmbHR 2007, 1114; BFH Beschl. v. 9.12.2005 – VII B 124/05 GmbHR 2006, 610; BFH Urt. v. 20.4.1982 – VII ZR 96/79 GmbHR 1982, 242.

189. BFH Beschl. v. 9.12.2005 – VII B 124/05 GmbHR 2006, 610 (611); BFH Urt. v. 26.7. 1988 – VII R 83/87 DB 1988, 2238 (2239): der BFH hat in diesem Fall eine „grobe Fahrlässigkeit" i. S. v. § 69 Abs. 1 AO mit der Folge der persönlichen Haftung eines Geschäftsführers bejaht, der die Nettolöhne in voller Höhe an die Arbeitnehmer auszahlte und keine Lohnsteuer an das Finanzamt abführte; zum Grundsatz der anteiligen Teilung von Steuerschulden vgl. Crezelius in: Scholz Rz. 370 zu § 43 GmbHG.

190. BFH Urt. v. 27.2.2007 – VII R 67/05 GmbHR 2007, 999; vgl. hierzu auch Tiedtke/Peterek GmbHR 2008, 617 (619).

191. BGH Urt. v. 14.5.2007 – II ZR 48/06 NZG 2007, 545 (546/547) vgl. zu diesem Urteil u. a. Tiedtke/Peterek GmbHR 2008, 617 ff.

192. Bei dem zwischen Gesellschaft und Geschäftsführer geschlossenen Anstellungsvertrag handelt es sich nach h. M. (vgl. Zöllner/Noack in: Baumbach/Hueck Rz. 4 zu § 43 GmbHG) um keinen Vertrag mit Schutzwirkung zugunsten Dritter im Sinne der Gesellschafter der GmbH.

193. BGH Urt. v. 5.2.2007 – II ZR 84/05 NZG 2007, 426 (427); BGH Urt. v. 8.7.1996 – II ZR 258/95 NJW 1996, 2645. Der BGH hat in seinem Urteil vom 5.2.2007 (a. a. O.) klarstellend darauf verwiesen, dass die Rechtsscheinhaftung wegen Fortlassung des nach § 4 GmbHG vorgeschriebenen Formzusatzes ausschließlich den für die Gesellschaft auftretenden Vertreter, nicht jedoch die anderen Geschäftsführer trifft, welche gegenüber dem Gläubiger nicht gehandelt haben.

194. BGH Urt. v. 12.6.2012 – II ZR 256/11 NZG 2012, 989 (992): Die rechtliche Haftungsgrundlage des Geschäftsführers folgt danach aus einer analogen Anwendung von § 179 BGB.

195. BGH Urt. v. 3.10.1998 – XI ZR 157/88 NJW 1990, 389 (390); BGH Urt. v. 17.6.1991 – II ZR 171/90 NJW-RR 1991, 1241 (1242); BGH Urt. v. 21.3.1977 – II ZR 96/75 NJW 1977, 1233; so auch: BAG Urt. v. 12.4.2011 – 9 AZR 229/10 NZG 2011, 1422 (1423).

196. Der BGH Urt. v. 6.6.1994 – II ZR 292/91 NJW 1990, 2220 (2222) verlangt in seiner Rechtsprechung, dass die Erklärungen des Geschäftsführers von ihrer inhaltlichen Reichweite „im Vorfeld einer Garantiezusage" gegenüber dem Geschäftspartner liegen vgl. auch BGH Urt. v. 7.11.1994 – II ZR 108/93 NJW 1995, 398; OLG Koblenz Urt. v. 27.2.2003 – 5 U 917/02 NZG 2003, 776 (777); Zöllner/Noack in: Baumbach/Hueck Rz. 71 zu § 43 GmbHG; Paefgen in: Ulmer/Habersack/Löbbe Rz. 342 zu § 43 GmbHG; Altmeppen in: Hdb Managerhaftung 1. Teil § 7 II. 5. a) = Rz. 14/15.

197. BGH Urt. v. 6.6.1994 – II ZR 292/91 NJW 1994, 2220 (2221): der BGH hatte seine frühere Rechtsprechung, wonach für den Personenkreis der Allein- oder Mehrheitsgesellschafter ein die persönliche Haftung begründendes Eigeninteresse bejaht wurde, bereits zuvor (vgl. BGH NJW 1986, 586 (587/588)) aufgegeben, nachdem hiergegen zutreffend eingewandt wurde, dass diese Rechtsprechung der gesetzlichen Regelung des § 13 Abs. 2 GmbHG widerspreche, wonach eine persönliche Haftung des GmbH-Gesellschafters für die Verbindlichkeiten der Gesellschaft ausgeschlossen ist.

198. BGH Urt. v. 16.3.1992 – II ZR 152/91 DB 1992, 982 (983); Zöllner/Noack in: Baumbach/ Hueck Rz. 72 zu § 43 GmbHG; Paefgen in: Ulmer/Habersack/Löbbe Rz. 344 zu § 43 GmbHG.

199. BGH Urt. v. 6.6.1994 – II ZR 292/91 NJW 1994, 2220 (2221): der BGH verweist zur Begründung darauf, dass die von den Gesellschaftern gestellten Sicherheiten bei Eintritt einer wirtschaftlichen Krise der Gesellschaft dem Insolvenzrisiko unterliegen (hieran hat sich auch nach der im Rahmen des MoMiG erfolgten Verlagerung des Risikos der Rückzahlung sog. kapitalersetzender Darlehen in das Insolvenz- und Anfechtungsrecht nichts geändert vgl. hierzu Erl. 5 lit. a). Für den Personenkreis der Fremd-Geschäftsführer verweist der BGH (a. a. O.) zutreffend darauf, dass das für die Gesellschafter-Geschäftsführer festgestellte Ergebnis erst recht für die Fremd-Geschäftsführer gelten muss, da sie bei der Gewährung von Sicherheiten und Leistungen (z. B. Darlehen) zugunsten der Gesellschaft bereits das Insolvenzrisiko tragen und die Rückzahlung des von ihnen ge-

währten Darlehens insolvenzbedingt scheitert. Hierin erschöpfe sich jedoch das über-nommene Risiko, so dass eine darüber hinausgehende persönliche Haftung des Fremd-Geschäftsführers für Verbindlichkeiten der Gesellschaft nicht gerechtfertigt sei.

200. BGH Urt. v. 5.12.1989 – IV ZR 335/88 NJW 1990, 976 (977/978); dieses Urteil ist in der Komm.-Literatur (Zöllner/Noack in: Baumbach/Hueck Rz. 77 zu § 43 GmbHG; Paefgen in: Ulmer/Habersack/Löbbe Rz. 354-356 zu § 43 GmbHG; auf Kritik gestoßen, da der Geschäftsführer die Organisations- und Verkehrssicherungs-Pflichten nach seinem Anstellungsvertrag gegenüber der Gesellschaft zu erfüllen hat und sich diese Pflichten nicht über eine sog. Garantenstellung zugunsten von außenstehenden Gläubigern der Gesellschaft erweitern lassen (zu der Kritik an dem BGH-Urteil vgl. auch Lutter GmbHR 1997, 329 (334/335). Zutreffend verweist Paefgen (a. a. O.) darauf, dass es der Figur einer „Garantenstellung" auch rechtsstogmatisch nicht bedarf, da eine Außenhaftung bei der Verletzung von Rechtsgütern von Gläubigern der Gesellschaft unter den Voraussetzungen des § 31 BGB gegeben ist.

201. BGH Urt. v. 16.3.1992 – II ZR 152/91 ZIP 1992, 694 (695); BGH Urt. v. 28.5.2002 – II ZR 150/01 NJW 2002, 2777 (zu Warentermin- und Optionsgeschäften); Zöllner/Noack in: Baumbach/Hueck Rz. 86 zu § 43 GmbHG; Paefgen in: Ulmer/Habersack/Löbbe Rz. 370 zu § 43 GmbHG.

202. BGH Urt. v. 12.11.1979 – II ZR 174/77 NJW 1980, 589 (590); BGH Urt. v. 28.6.1982 – II ZR 121/81 NJW 1980, 1524 (1526/1527); BGH Urt. v. 28.6.1982 – II ZR 121/81 NJW 1982, 2869; BGH Urt. v. 10.2.1992 – II ZR 23/91 NJW-RR 1992, 800 (801); Breitfeld in: Reichert GmbH & Co. KG § 16 V 1. Rz. 148.

203. Bayer in: Lutter/Hommelhoff Rz. 4 zu § 46 GmbHG; Hüffer/Schürnbrand in: Ulmer/Habersack/Löbbe Rz. 1 zu § 46 GmbHG.

204. Zu den Zielen und Voraussetzungen für den Abschluss einer D&O-Versicherung vgl. im einzelnen Sieg in: Krieger/Schneider Hdb Managerhaftung § 15, umfassend zur D&O-Versicherung vgl. Lange D&O-Versicherung und Managerhaftung Hdb 2014.

205. OLG München Urt. v. 15.3.2005 – 25 U 3940/04 DB 2005, 1675/1676; Lange Hdb D&O-Versicherung u. Managerhaftung § 1 Rz. 38 zu § 21 Rz. 10; Böttcher NZG 2008, 645 (646/647).

206. Grundlegend hierzu: BGH Urt. v. 30.9.1992 – IV ZR 314/91 NJW 1993, 68/69; vgl. auch Voit Knappmann in: Prölss/Martin Rz. 129 zu § 149 GmbHG; Böttcher NZG 2008, 645 (647).

207. Schneider in: Scholz Rz. 443 zu § 43 GmbHG; Melot de Beauregard/Gleich NJW 2013, 824 (825); Franz DB 2011 1961.

208. Paefgen in: Ulmer/Habersack/Löbbe Rz. 475 zu § 35 GmbHG, wonach vom Grundsatz auszugehen ist, dass der Geschäftsführer seine volle Arbeitskraft in den Dienst der Gesellschaft zu stellen hat, so dass eine etwaige Abweichung hiervon im Sinne einer lediglich reduzierten Tätigkeit der gesonderten Vereinbarung bedarf. Dies kann z. B. dann angezeigt sein, wenn der Geschäftsführer nicht nur für eine, sondern mehrere zur Unternehmensgruppe gehörenden Gesellschaften tätig werden soll. In diesen Fällen empfiehlt es sich allerdings, eine vorsorgliche Regelung aufzunehmen, nach welchen Grundsätzen in den Fällen einer Aufgaben- bzw. Pflichten-Kollision zu verfahren ist.

209. Vgl. hierzu die Rspr.- u. Komm.-Lit.-Nachw. unter Fn. 1

210. BAG Urt. v. 9.5.2006 – 9 AZR 424/05 NZA 2007, 145 (147); BAG Urt. v. 11.4.2006 – 9 AZR 557/05 NZA 2006, 1149 (1152/1153); vgl. hierzu auch Preis in: Erfurter Komm. Rz. 55 zu §§ 305–310 BGB.

211. Vgl. hierzu die Rspr.- u. Komm.-Lit.-Nachw. unter FN 70.

212. Paefgen in: Ulmer/Habersack/Löbbe Rz. 511 zu § 35 GmbHG; Koppensteiner/Gruber in: Rowedder/Schmidt-Leithoff Rz. 106 zu § 35 GmbHG.

213. Das mit einem Arbeitnehmer vereinbarte absolute Nebentätigkeitsverbot ist nach der Rechtsprechung (BAG Urt. v. 24.3.2010 – 10 AZR 66/09 NZA 2010, 693 (694)) in verfassungskonformer Auslegung dahingehend einzuschränken, dass dem Arbeitnehmer eine solche Nebentätigkeit untersagt ist, durch welche die vertraglich geschuldete Leistung gegenüber dem Arbeitgeber beeinträchtigt würde; ein darüber hinausgehendes Verbot der Nebentätigkeit verstößt demgegenüber gegen die in Art. 12 GG verankerte Berufsfreiheit, welche es dem Arbeitnehmer erlaube, in der Zeit, für die er seine

Arbeitskraft dem Arbeitgeber nicht zur Verfügung stellen muss, eine Nebentätigkeit auszuüben.

214. OLG Frankfurt Urt. v. 22.12.2004 – 13 U 177/02 GmbHR 2005, 550 (554); Jaeger in: MüKo-GmbHG Rz. 302 zu § 35 GmbHG; Schneider/Hohenstatt in: Scholz Rz. 351 zu § 35 GmbHG; Zöllner/Noack in: Baumbach/Hueck Rz. 183 zu § 35 GmbHG; Baeck/Götze/Arnold NZG 2009, 1121 (1122).

215. BGH Urt. v. 14.5.1990 – II ZR 126/89 NJW 1990, 2625/2626; OLG Frankfurt Urt. v. 22.12.2004 – 13 U 177/02 GmbHR 2005, 550 (553-555): das OLG Frankfurt hebt in diesem Urteil hervor, dass aus der steuerrechtlichen Angemessenheit der Vergütung nicht auf die zivilrechtliche Angemessenheit geschlossen werden kann. In dem vom OLG Frankfurt zu entscheidenden Fall wurde einem Gesellschafter-Geschäftsführer sein bisheriges Festgehalt auf den 8fachen Betrag (von 213.600,00 DM auf 1.800.000,00 DM) erhöht, worin eine Verletzung der gesellschaftsrechtlichen Treuepflicht lag, zu deren Begründung das OLG Frankfurt ergänzend darauf verweist, dass hierdurch der überwiegende Teil des Gewinns der Gesellschaft zu Lasten der übrigen Gesellschafter für die Aufbringung der Festvergütung an den zugleich als Geschäftsführer tätigen Gesellschafter entzogen worden wäre.

216. BGH Urt. v. 14.5.1990 – II ZR 122/89 NJW-RR 1990, 1313 (1314). Die Anwendung des arbeitsrechtlichen Gleichbehandlungsgrundsatzes bei der Vergütung im Verhältnis von (Mit-)Geschäftsführern ist im einzelnen streitig: Für eine modifizierte Anwendung des arbeitsrechtlichen Gleichbehandlungsgrundsatzes, welche – insbesondere im Bereich der variablen Vergütung – eine Differenzierung zwischen den Geschäftsführern erlaubt sprechen sich aus: Jaeger in: MüKo-GmbHG Rz. 306 zu § 35 GmbHG; Paefgen in: Ulmer/Habersack/Löbbe Rz. 363 zu § 35 GmbHG; generell gegen eine Anwendung des arbeitsrechtlichen Gleichbehandlungsgrundsatzes im Verhältnis zwischen den Geschäftsführern dagegen: Zöllner/Noack in: Baumbach/Hueck Rz. 178 zu § 35 GmbHG.

217. BMF-Schreiben vom 14.10.2002 IV. A. 2 – S2742 – 62/02: NZG 2002, 1102/1103 = GmbHR 2002, 1152–1154.

218. BFH Urt. v. 6.5.2005 – I R 27/04 GmbHR 2005, 1143 (1144); Jaeger in: MüKo-GmbHG Rz. 310 zu § 35 GmbHG; Schneider/Hohenstatt in: Scholz Rz. 355 zu § 35 GmbHG; Paefgen in: Ulmer/Habersack/Löbbe Rz. 286 zu § 35 GmbHG.

219. BFH Urt. v. 27.3.2001 – I R 27/99 GmbHR 2001, 580 (582), wobei der BFH in diesem Urteil einschränkend darauf verweist, dass die Vereinbarung einer Nur-Tantieme in besonders gelagerten Ausnahmefällen sachgerecht und daher auch steuerlich anerkannt werden kann. Durch das BMF-Schreiben vom 1.2.2002 (GmbHR 2002, 291) wurden als solche Ausnahmefälle, in welchen eine Nur-Tantieme in Betracht kommt, die Gründungsphase der Gesellschaft sowie Phasen vorübergehender wirtschaftlicher Schwierigkeiten oder Tätigkeiten in stark risikobehafteten Geschäftszweigen angeführt.

220. BFH Urt. v. 6.4.2005 – I R 27/04 GmbHR 2005, 1143 (1144); vgl. zur Prüfung der Angemessenheit der Vergütungsbestandteile dem Grunde nach auf der 1. Prüfungsstufe auch Krupske GmbHR 2003, 208 (209).

221. BFH Urt. v. 19.3.1997 – I R 75/96 GmbHR 1997, 711; BFH Urt. v. 27.3.2001 – I R 40/00 GmbHR 2001, 777, wonach auch dann von einer gesellschaftsrechtlichen Veranlassung dem Grunde nach auszugehen ist, wenn mit mehreren Gesellschafter-Geschäftsführern eine Überstundenvergütung vereinbart wurde.

222. BFH Urt. v. 27.3.2001 – I R 27/99 GmbHR 2001, 580 (582) unter Bezugnahme auf das Grundsatz-Urteil des BFH v. 5.10.1994 – I R 50/94 GmbHR 1995, 385. Während der BFH für die steuerliche Angemessenheit auf das Verhältnis zwischen Tantieme ./. Festvergütung abstellt, wird im BMF-Schreiben vom 1.2.2002 BMF IV A 2 – S 2792 – 4/02 (GmbHR 2002, 291) auf das Verhältnis zwischen Tantieme ./. Gesamtbezügen des Gesellschafter-Geschäftsführers abgestellt, was für die Fälle ein höheres Tantieme-Volumen eröffnet, bei welchen neben der Festvergütung für die Dienstleistungen des Gesellschafter-Geschäftsführers erhebliche weitere Leistungen (insbesondere Pensionsleistungen) zugesagt sind.

223. Zur Berechnung der Angemessenheit vgl. das im BMF-Schreiben vom 14.10.2002 angeführte Beispiel: bei einer angemessenen Gesamtvergütung des Gesellschafter-Geschäftsführers von 600.000,00 EUR beträgt das Festgehalt 350.000,00 EUR/Jahr und

die Tantieme 250.000,00 EUR/Jahr. Da der für die steuerliche Angemessenheit zulässige Anteil der Tantieme an der Gesamtvergütung von 25 % sich auf 150.000,00 EUR beläuft, liegt in den darüber hinausgehenden 100.000,00 EUR, welche der Gesellschafter-Geschäftsführer als Tantieme erhält, eine verdeckte Gewinnausschüttung.

224. BMF-Schreiben vom 14.10.2002 NZG 2002, 1102. Krupske (GmbHR 2003, 208 (211)) verweist unter Bezugnahme auf die finanzgerichtliche Rechtsprechung darauf, dass bei kleineren Handwerksbetrieben die steuerliche Angemessenheit der Vergütung des im eigenen Betrieb tätigen Gesellschafter-Geschäftsführers bis zu 50 % über den Gehältern für die Meister und leitenden Angestellten liegen darf.

225. BMF-Schreiben vom 14.10.2002 NZG 2002, 1102 (1103); der BFH hat in seinem Urteil vom 27.4.2000 – I R 88/99 (BFH/NV 2001, 342) ebenfalls eine steuerliche Angemessenheit bejaht, wenn der Gesellschaft nach Abzug der Geschäftsführervergütungen noch ein Jahresüberschuss vor Ertragsteuern in mindestens gleicher Höhe wie die Geschäftsführervergütungen verbleibt, wobei diese Entscheidung nur zur Frage der steuerlichen Angemessenheit einer Gewinntantieme erging, so dass noch nicht höchstrichterlich geklärt ist, ob diese Rechtsprechung auch für das Verhältnis der Gesamtvergütung der Gesellschafter-Geschäftsführer gegenüber dem bei der Gesellschaft verbleibenden Gewinn anzuwenden ist.

226. BMF-Schreiben vom 14.10.2002 NZG 2002, 1102 (1103). Paefgen in: Ulmer/Habersack/Löbbe Rz. 288 zu § 35 GmbHG verweist zutreffend darauf, dass das sog. Halbteilungsprinzip und die schematischen Ansätze des BMF-Schreibens kritisch zu behandeln sind, da der BFH in ständiger Rechtsprechung hervorhebt, dass keine festen Regeln für die Angemessenheitsprüfung aufgestellt werden können, was durch die Notwendigkeit von Abweichungen in Fällen sprunghafter Gewinnentwicklung bestätigt werde.

227. BMF-Schreiben vom 14.10.2002 NZG 2002, 1102 (1103). Krupske GmbHR 2003, 208 (213) verweist zutreffend darauf, dass nach dem BMF-Schreiben sowohl bei ertragsschwachen als auch ertragsstarken Unternehmen letztlich der Branchen-Fremdvergleich die einzige Angemessenheitsgrenze bildet, weshalb sowohl die Finanzgerichte als auch die Finanzverwaltung zunehmend auf Daten branchenbezogener Gehaltsstrukturuntersuchungen zurückgreifen.

228. BMF-Schreiben vom 14.10.2002 NZG 2002, 1102 (1103); Paefgen in: Ulmer/Habersack/Löbbe Rz. 289 zu § 35 GmbHG; Krupske GmbHR 2003, 208 (213).

229. BFH Urt. v. 28.6.1989 – I R 89/85 GmbHR 1989, 475; Paefgen in: Ulmer/Habersack/Löbbe Rz. 292 zu § 35 GmbHG, der zutreffend darauf verweist, dass die Angemessenheitsprüfung letztlich eine Schätzung im Rahmen einer Bandbreite auf der Grundlage der durch den BFH und das BMF aufgestellten Kriterien hinausläuft.

230. BMF-Schreiben vom 14.10.2002 NZG 2002, 1102 (1103), wobei das BMF ausdrücklich darauf verweist, dass mit den genannten 20 % keine Einräumung einer steuerlichen Freigrenze verbunden ist.

231. BFH Urt. v. 12.10.1995 – I R 27/95 BB 1996, 250 (251); BFH Urt. v. 5.10.1994 – I R 50/94 GmbHR 1995, 385 (387); Jaeger in: MüKo-GmbHG Rz. 313 zu § 35 GmbHG; Schneider/Hohenstatt in: Scholz Rz. 355 zu § 35 GmbHG; Zu Berechnungsbeispielen vgl. Krupske GmbHR 2003, 208 (210); Harle/Kulemann GmbHR 2003, 941 ff.

232. BAG Urt. v. 24.6.2003 – 9 AZR 302/02 NZA 2003, 1145 (1146/1147). Die Vereinbarung einer Netto-Vergütung lässt die steuerrechtliche Verpflichtung der Gesellschaft gegenüber der Finanzverwaltung jedoch unberührt vgl. BFH DStR 2002, 675.

233. Die Grenzen des Ermessens der Gesellschaft im Rahmen der Anpassungsüberprüfung folgen aus § 315 Abs. 3 BGB, wobei es für einen Geschäftsführer nach aller Erfahrung in der Praxis außerordentlich schwer sein dürfte, die Verletzung der Ermessensgrenzen durch die Gesellschaft zu belegen. Eine höchstrichterliche Rechtsprechung zu den Ermessensgrenzen bei der Frage der Gehaltsanpassung besteht nicht, was seinen Grund darin hat, dass es sich hierbei um vergleichsweise geringfügige Differenzbeträge handeln würde, bei denen es auch aus Sicht des Geschäftsführers nicht gerechtfertigt erscheint, das Anstellungsverhältnis hiermit zu belasten oder gar in seinem Bestand zu gefährden.

234. Zuständig für die Erteilung von Ausnahmegenehmigungen ist das Bundesamt für Wirtschaft und Ausfuhrkontrolle. Die Voraussetzungen für eine Ausnahmegenehmigung bei langfristigen Zahlungen ergeben sich aus der PreisklauselVO.

235. BFH Urt. v. 12.6.1997 – I R 14/96 NJW 1997, 3190 (3191); BFH Urt. v. 28.4.1982 – IV R 51/79 GmbHR 1982, 286 (287); Jaeger in: MüKo-GmbHG Rz. 314 zu § 35 GmbHG; Schneider/Hohenstatt in: Scholz Rz. 356 zu § 35 GmbHG.

236. BFH Urt. v. 17.12.1997 – I R 70/97 GmbHR 1998, 647; Paefgen in: Ulmer/Habersack/ Löbbe Rz. 297 zu § 35 GmbHG.

237. Die Rechtsgrundlage für eine Kürzung der Bezüge der Geschäftsführer bei einer schweren wirtschaftlichen Krise der Gesellschaft ist umstritten: nach einer Auffassung (OLG Köln, Beschl. v. 6.11.2007 – 18 U 131/07 NZG 2008, 637; OLG Naumburg Urt. v. 16.4.2003 – 5 U 12/03 GmbHR 2004, 423 (424); Zöllner/Noack in: Baumbach/Hueck Rz. 187 zu § 35 GmbHG) wird von einer entsprechenden Anwendung des § 87 Abs. 2 AktG sowie der hierzu geltenden Rechtsprechung ausgegangen. Nach einer einschränkenden Auffassung (Paefgen in: Ulmer/Habersack/Löbbe Rz. 370 zu § 35 GmbHG; Kleindiek in: Lutter/Hommelhoff Rz. 34a in Anh. zu § 6 GmbHG) soll zwar grundlegend vom Maßstab des § 87 Abs. 2 AktG auszugehen sein, wobei jedoch strengere Anforderungen an einer Herabsetzung der Geschäftsführer-Vergütung als bei der Vorstandsvergütung zu stellen sind. Von einer dritten Auffassung (Jaeger in: MüKo-GmbHG Rz. 324 zu § 35 GmbHG, Schneider/Hohenstatt in: Scholz Rz. 371 zu § 35 GmbHG; Koppensteiner/Gruber in: Rowedder/Schmidt-Leithoff Rz. 98 zu § 35 GmbHG; Mohr GmbHR 2011 402 (403); Lunk/Stolz NZA 2010, 121 (123)) wird eine analoge Anwendung des § 87 Abs. 2 AktG grundsätzlich abgelehnt. Dieser Auffassung hat sich inzwischen auch der BGH in seinem Urt. v. 27.10.2015 – II ZR 269/14 NZG 2016, 264 (266) angeschlossen. Zur Begründung hierfür verweist der BGH auf die Gesetzesmaterialien des VorstAG, welche belegen, dass die gesetzlichen Regelungen des § 87 AktG auf den Personenkreis der GmbHG-Geschäftsführer nicht entsprechend anwendbar seien. Die unterschiedliche Behandlung von Geschäftsführern und Vorständen hinsichtlich ihrer Vergütung sei unmittelbar im Gesetz angelegt und schließe daher eine analoge Anwendung von § 87 AktG auf Geschäftsführer aus.

238. OLG Köln Beschl. v. 6.11.2007 – 18 U 131/07 – NZG 2008, 637: das OLG Köln verweist darauf, dass der Einwand des Geschäftsführers, wonach die Kürzung seiner Bezüge bei isolierter Betrachtung nicht dazu ausreichen würden, um eine Sanierung der Gesellschaft zu erreichen, deshalb rechtlich unerheblich ist, da keine isolierte Betrachtung vorzunehmen ist, sondern die Kürzung der Bezüge daraufhin zu überprüfen ist, ob sie im Gesamt-Rahmen der beschlossenen Einsparungen geeignet ist, die Sanierung der Gesellschaft herbeizuführen.

239. Paefgen in: Ulmer/Habersack/Löbbe Rz. 371 zu § 35 GmbHG; Tilmann/Schmidt GmbHR 1995, 796 (804); Hoffmann DStR 1995, 1209 (1212).

240. Jaeger in: MüKo-GmbHG, Rz. 314 zu § 35 GmbHG; Paefgen in: Ulmer/Habersack/ Löbbe Rz. 405 zu § 35 GmbHG; Marsch-Barner/Diekmann in: Münch. Hdb GesR III Rz. 29 zu § 43; Moor GmbHR 2011, 402 (405).

241. BGH Urt. v. 4.10.1976 – II ZR 204/74 WM 1976, 1226 (1227); Jaeger in MüKo-GmbHG Rz. 314 zu § 35 GmbHG, Schneider/Hohenstatt in: Scholz Rz. 359 zu § 35 GmbHG; Paefgen in: Ulmer/Habersack/Löbbe Rz. 406 zu § 35 GmbHG.

242. BGH Urt. v. 20.6.1994 – II ZR 90/93 NJW-RR 1994, 1315 (1317).

243. Nach BGH Urt. v. 3.7.2000 – II ZR 12/99 NJW 2000, 2998 (2999/3000) ist für die Frage einer Berücksichtigung der Auflösung von Rücklagen im Rahmen der Tantieme-Berechnung darauf abzustellen, ob die in die Rücklagen eingestellten Überschussanteile im Jahr der Rücklagen-Bildung anspruchsmindernd von der Berechnungsgrundlage für die Tantieme abgezogen wurden; in diesem Fall sind sie bei ihrer späteren Auflösung tantiemepflichtig, da andernfalls die auf diese Überschussanteile entfallende Tantieme dem Geschäftsführer vorenthalten bliebe. Umgekehrt entfällt eine Tantiemepflicht bei der späteren Auflösung der Rücklagen, wenn die in die Rücklagen eingestellten Überschussanteile im Jahr ihrer Entstehung nicht anspruchsmindernd von der Berechnungsgrundlage abgezogen wurden; vgl. hierzu auch Altmeppen ZIP 2000, 1440 ff.; Rottnauer NZG 2001, 1009 ff.

244. BFH Urt. v. 1.4.2003 – I R 78, 79/02 HFR 2004, 155.

245. Zur Behandlung sog. „windfall profits" vgl. insbesondere Hoffmann-Becking NZG 1999, 797 ff., der zutreffend empfiehlt, zur Vermeidung späterer Zweifel und Streitigkeiten im

Vorfeld eine Regelung über eine etwaige Beteiligung von Vorständen/Geschäftsführern an solchen außerordentlichen Gewinnen zu treffen, welche z. B. aus dem Verkauf wesentlicher Geschäftsbereiche resultieren.

246. BFH Urt. v. 30.1.1985 – I R 37/82 DB 1985, 1216: in dem Sachverhalt, welcher dem BFH-Urteil vom 30.1.1985 zugrunde lag, war für die Ermittlung der Tantieme bestimmt, dass zunächst ein Gewinn „vor Tantieme" ermittelt werde, der sodann nach Maßgabe eines sog. „Gewinnverwendungsvorschlages" in einen ausschüttungsfähigen Gewinn, die sich danach ergebende Tantieme unter einen ggf. verbleibenden, nicht ausschüttungsfähigen Gewinn, aufzuteilen war.

247. BFH Urt. v. 19.5.1993 – I R 83/92 GmbHR 1994, 265; Jaeger in MüKo-GmbHG Rz. 316 zu § 35 GmbHG; Paefgen in: Ulmer/Habersack/Löbbe Rz. 416 zu § 35 GmbHG. Nach BFH (a. a. O.) wir eine Umsatztantieme für den Personenkreis der Gesellschafter-Geschäftsführer nur in besonderen Ausnahme-Fälle anerkannt (z. B. Anlaufphase der Gesellschaft), wobei selbst in diesen Ausnahmefällen die Geltungsdauer der Umsatztantieme auf diesen Zeitraum (=Anlaufphase) beschränkt werden muss. Nach BFH Urt. v. 19.2.1999 – I R 105/97 BStBl 1999, II S. 321 ist auch bei einem minderheitlich beteiligten Gesellschafter-Geschäftsführer vom Vorliegen einer verdeckten Gewinnausschüttung auszugehen, wenn für die Umsatz-Tantieme weder eine zeitliche noch betragsmäßige Begrenzung festgelegt wurde. Nach BFH Urt. v. 19.2.1999 – I R 105–107/97 BStBl II 1999, 321 führt die Vereinbarung einer Umsatztantieme auch bei einem lediglich minderheitlich beteiligten Gesellschafter-Geschäftsführer zum Vorliegen einer verdeckten Gewinnausschüttung, wenn weder eine zeitliche noch betragsmäßige Begrenzung vereinbart wurde; vgl. hierzu Ditges/Graß BB 1996, 509 ff.

248. Riesenhuber/v. Steinau-Steinrück NZA 2005, 785 (789), die zutreffend darauf verweisen, dass der Gesellschaft bei der einseitigen Festlegung der Ziele ein – insoweit nicht justitiabler – Beurteilungsspielraum zukommt; vgl. auch Berwanger BB 2005, 551 (553); Bauer/Diller/Göpfert BB 2002, 882 (883).

249. Nach der BAG-Rechtsprechung (vgl. Urt. v. 12.12.2007 – 10 AZR 97/07 NZA 2008, 409 (412); Urt. v. 10.12.2008 – 10 AZR 889/07 NZA 2009, 256 (257/258) folgt der Tantieme-Anspruch bei einem – durch die Gesellschaft zu vertretenden – Nichtzustandekommen der Zielvereinbarung aus § 280 Abs. 1 BGB, wobei für die Bemessung des Schadens § 287 Abs. 1 ZPO anzuwenden ist – bei dieser Schätzung geht das BAG grundsätzlich von einer 100 %igen Zielerfüllung aus, sofern keine – von der Gesellschaft darzulegenden – Gründe vorliegen, wonach auch bei Abschluss einer Zielvereinbarung eine 100 %ige Zielerfüllung ausgeschlossen wäre. Nach der Rechtsprechung des BGH (Urt. v. 9.5.1994 – II ZR 128/93 NJW-RR 1994, 1055) ist demgegenüber bei unterbliebener Zielvereinbarung die Tantieme in entsprechender Anwendung von § 315 Abs. 3 BGB zu bemessen. Zu den (Rechtsfolge-)Problemen bei unterbliebener Zielvereinbarung vgl. Jaeger in: MüKo-GmbHG Rz. 319 zu § 35 GmbHG; Bros RdA 2010 178 (179); Lischka BB 2007, 552 (554).

250. Für den Fall, dass der Geschäftsführer von einer höheren Zielerreichung ausgeht, als sie durch die Gesellschaft festgestellt wurde und deshalb den hieraus folgenden Differenzbetrag der Tantieme geltend macht, obliegt ihm im Prozess die Darlegungs- und Beweislast für die höhere Ziel-Erreichung, vgl. hierzu Riesenhuber/v. Steinau-Steinrück NZA 2005, 785 (791); Behrens/Rinsdorf NZA 2003, 364 (366); Mauer NZA 2002, 540 (549). Deich Arbeitsvertragliche Gestaltung von Zielvereinbarungen 2006 S. 130 mit weiteren Nachweisen. Nach anderer Auffassung (Bauer/Diller/Göpfert BB 2002, 882 (884)) sollen die für Zeugnis-Prozesse geltenden Grundsätze der gestuften Darlegungs- und Beweislast gelten, wonach der Arbeitgeber für eine unterdurchschnittliche Beurteilung und der Angestellte für eine überdurchschnittliche Beurteilung die Darlegungs- und Beweislast tragen.

251. Riesenhuber/v. Steinau-Steinrück NZA 2005, 785 (790); Bauer/Diller/Göpfert BB 2002, 882 (885).

252. Nach einhelliger Komm.-Lit. (Jaeger in: MüKo-GmbHG Rz. 304 zu § 35 GmbHG; Schneider/Hohenstatt in: Scholz Rz. 351 zu § 35 GmbHG; Zöllner/Noack in: Baumbach/Hueck Rz. 183 zu § 35 GmbHG; Baeck/Götze/Arnold NZG 2009, 1121 (1122)) ist eine unmittelbare Geltung der Kriterien des § 87 Abs. 1 AktG für die Geschäftsführer-Ver-

gütung ausgeschlossen. Dies folgt insbesondere auch aus den Materialien zum Gesetzgebungsverfahrens des VorstAG (BT-Drs 16/3433, 16 (18)), welche belegen, dass die gesetzliche Neuregelung nicht für die Vergütung von Geschäftsführern vorgesehen wurde.

253. Der BGH hat in seinem Urt. v. 14.11.1983 – II ZR 33/83 NJW 1984, 733 (735) die Frage offengelassen, ob die Kriterien des § 87 Abs. 1 AktG bei der mitbestimmten GmbH zur Anwendung kommen (dies vertreten OLG Köln Beschl. v. 6.11.2007 – 18 U 131/07 NZG 2008, 637; Ulmer/Henssler/Habersack Rz. 40 zu § 31 MitbestG). Auch insoweit folgt jedoch aus den Gesetzesmaterialien (BT-Drs 16/13433), dass die durch das VorstAG aufgenommenen Kriterien für die variable Vergütung von Vorstandsmitgliedern nicht für die Geschäftsführer einer mitbestimmten GmbH gelten (so auch die überwiegende Komm.-Lit.: Jaeger in: MüKo-GmbHG Rz. 305 zu § 35 GmbHG; Lunk/Stolz NZA 2010, 121 (126); Döring/Grau DB 2009, 2139 (2140); Gaul/Janz GmHR 2009, 959 (961).

254. Schneider/Hohenstatt in: Scholz Rz. 352 zu § 35 GmbHG sehen in den Kriterien des § 87 Abs. 1 AktG auch einen Leitmaßstab für die Strukturierung und Festlegung der Geschäftsführer-Vergütung.

255. Mit der durch das VorstAG erfolgten Neuregelung des § 87 Abs. 1 AktG wurde insbesondere das Ziel verfolgt, dass die aufgeschobenen Bestandteile der variablen Vergütung in den Folgejahren – im Sinne einer Bonus- ./. Malus-Regelung – sowohl den Auswirkungen einer positiven wie auch negativen Entwicklung der Gesellschaft unterliegen; vgl. hierzu Koch in: Hüffer Rz. 4d zu § 87 AktG; Jaeger/Balke ZIP 2010, 1471 (1474); Bauer/Arnold AG 2009, 717 (723); Fleischer NZG 2009, 801 (803).

256. Preis in: Erf.Komm. Rz. 77 zu § 615 BGB; Henssler in: MüKo-BGB Rz. 35 zu § 615 BGB; Jaeger in: MüKo-GmbHG Rz. 329 zu § 35 GmbHG; Paefgen in: Ulmer/Habersack/Löbbe Rz. 391 zu § 35 GmbHG.

257. BAG Urt. v. 10.1.2007 – 5 AZR 84/06 NZA 2007, 384 (386); BAG Urt. v. 5.9.2002 – 8 AZR 702/01 NZA 2003, 973 (975); Preis in: Erf.Komm. Rz. 8 zu § 615 BGB; Henssler in: MüKo-BGB Rz. 10 zu § 615 BGB.

258. Nach Preis in: Erf. Komm. Rz. 8 zu § 615 BGB bestehen im Hinblick auf den hohen Gerechtigkeitsgehalt von § 615 BGB grundlegende Bedenken gegen eine formularmäßige Abbedingung dieser Vorschrift; durch eine von § 615 BGB abweichende Regelung dürfe insbesondere der kündigungsrechtliche Bestandsschutz nicht unterlaufen werden (so auch Richardi/Fischinger in: Staudinger Komm. Rz. 15 zu § 615 BGB).

259. Im Gegensatz zu einem GmbH-Geschäftsführer ist ein Vorstandsmitglied der AG gegenüber einer Abberufung rechtlich nicht schutzlos gestellt, da gemäss § 84 Abs. 3 AktG eine Abberufung nur bei Vorliegen eines „wichtigen Grundes" zulässig ist.

260. Zur Geltung von § 622 BGB für den Personenkreis der Fremd-Geschäftsführer und Minderheits-Geschäftsführer vgl. Fn. 328. Der Anwendungsbereich von § 622 Abs. 6 BGB wird von der Rechtsprechung weit über den Wortlaut der Vorschrift ausgedehnt, wonach hiervon all diejenigen Regelungen im Anstellungsvertrag erfasst werden, welche sich im Ergebnis als einseitige Kündigungserschwerung zu Lasten des Angestellten auswirken. Aus diesem Grund ist sowohl nach der Rspr. (BAG Urt. v. 27.4.1982 – 3 AZR 814/79 DB 1982, 2406) als der einhelligen Komm.-Lit. (Preis in: Erf. Komm. Rz. 503 zu § 611 BGB) eine vertragliche Regelung unwirksam, wonach der Anspruch auf Tantieme im Fall des Ausscheidens durch Eigenkündigung oder auf eigene Veranlassung ausgeschlossen ist.

261. Nach der Rspr. (vgl. insbes. BAG-Urt. v. 13.11.2013 – 10 AZR 848/12 NZA 2014, 368 (370/371) und der Komm.-Lit. (Preis in: Erf. Komm. Rz. 538 zu § 611 BGB) stellen Stichtagsklauseln, welche zum Verlust des Anspruchs auf anteilige Vergütung bei Ausscheiden vor Erreichen des Stichtags führen, eine unangemessene Benachteiligung i. S. v. § 307 Abs. 1 BGB dar, da sie die Vergütung für die bis zum Ausscheiden erbrachten Dienste entziehen und daher in Widerspruch zum Grundgedanken der gesetzlichen Regelung des § 611 BGB stehen.

262. Nach dem Urt. des OLG München v. 18.4.2012 – 7 U 3882/11 GmbHR 2012, 852 (855) liegt keine unangemessene Benachteiligung i. S. v. § 307 Abs. 1 BGB in einer Klausel, welche den Wegfall des Bonus-Anspruchs bei außerordentlicher Kündigung der Gesellschaft bestimmt, da mit Bonus-Zahlungen nicht nur die erbrachten Dienste, sondern

auch die „Gesellschaftstreue" eines Geschäftsführers honoriert werden solle, welche bei Pflichtverletzungen, die zu einer außerordentlichen Kündigung führen, hinfällig sei. Demgegenüber hat das LAG Düsseldorf mit Urt. v. 3.12.2012 – 6 Sa 1081/11 Beck RS 2012, 66503 den durch eine Verfallklausel in der vertraglichen Regelung vorgesehenen Verlust der Tantieme für den Fall einer außerordentlichen Kündigung als unangemessene Benachteiligung i. S. v. § 307 Abs. 1 BGB gewertet und daher die Tantieme in zeitanteiliger Höhe zuerkannt, da die Verfallklausel gegen den in § 611 BGB niedergelegten Grundsatz des Gesetzgebers verstoße, wonach die vereinbarte Vergütung für erbrachte Dienste zu leisten ist.

263. Jaeger in: MüKo-GmbHG Rz. 326 zu § 35 GmbHG; Paefgen in: Ulmer/Habersack/Löbbe Rz. 387 zu § 35 GmbHG; Zöllner/Noack in: Baumbach/Hueck Rz. 177 zu § 35 GmbHG.

264. Bei Fehlen einer vertraglichen Festlegung des Zeitraums, für welchen an den Geschäftsführer eine Vergütungsfortzahlung erfolgt, ist u. a. auf das Alter und die Dauer der Unternehmenszugehörigkeit des Geschäftsführers abzustellen, so dass unter Zugrundelegung dieser Faktoren ein Überschreiten der für Arbeitnehmer geltenden 6-Wochen-Frist geboten sein kann; demgegenüber wird in der Komm.-Lit. (Henssler in: MüKo-BGB Rz. 54 zu § 616 BGB; Oetker in: Staudinger Komm. Rz. 96 zu § 616 BGB) statt einem dienstzeitbezogenen Maßstab auf eine ereignisbezogene Prüfung abgestellt, wonach die Dauer der Vergütungsfortzahlung sich nach der Ursache des Leistungshindernisses bestimmen soll.

265. Paefgen in: Ulmer/Habersack/Löbbe Rz. 469 zu § 35 GmbHG.

266. Eine Ausnahme im Sinne der Erstattung der verhängten Geldbuße sowie der angefallenen Verfahrenskosten kommt nach Paefgen in: Ulmer/Habersack/Löbbe Rz. 467 zu § 35 GmbHG für die Fälle einer zweifelhaften Rechtslage in Betracht, bei welcher der Geschäftsführer in vertretbarer Weise von der Zulässigkeit seines Handelns ausgehen durfte.

267. Eine im Anstellungsvertrag dem Geschäftsführer im Voraus erteilte Zusage der Erstattung von Geldbußen ist unzulässig; vgl. Paefgen in: Ulmer/Habersack/Löbbe Rz. 470 zu § 35 GmbHG; Fleischer WM 2005, 909 (916). Dagegen wird es für zulässig gehalten, die wegen fahrlässiger Begehung von Ordnungswidrigkeiten verhängten Geldbußen zu erstatten (Paefgen a. a. O.; Zöllner/Noack in: Baumbach/Hueck Rz. 66 zu § 35 GmbHG, a. A. jedoch Fleischer WM 2005, 909 (916).

268. Paefgen in: Ulmer/Habersack/Löbbe Rz. 468 zu § 35 GmbHG; der zutreffend darauf verweist, dass der Geschäftsführer die Erstattung des von ihm gezahlten Schmiergeldes selbst dann nicht von der Gesellschaft verlangen kann, wenn das damit zum Abschluss geführte Geschäft für die Gesellschaft vorteilhaft war.

269. Zur Verfassungsmäßigkeit der pauschalierenden Regelung des in der Privatnutzung liegenden geldwerten Vorteils vgl. BFH Urt. v. 24.2.2000 – III R 59–98 StBl 2000, 273.

270. BGH Urt. v. 9.4.1990 – II ZR 1/89 DB 1990, 1126 (1127); aus der Komm.-Literatur vgl. u. a. Henssler in: Münchener-Komm. Rz. 58 zu § 615 BGB.

271. BAG Urt. v. 14.12.1995 – 8 AZR 875/94 NZA 1996, 415 (417); LAG Köln Beschl. v. 4.3.1994 – 3 Ta 38/94 BB 1994, 1719.

272. BAG Urt. v. 19.12.2006 – 9 AZR 294/06 NZA 2007, 809 (812/813); BAG Urt. v. 27.5.1999 – 8 AZR 415/98 NZA 1999, 1038/1039: das BAG hat im letztgenannten Urteil eine Anwendung der Tabelle Sanden/Danner/Küppersbusch, welche durch den BGH zur Berechnung des Nutzungsausfalls eines Pkw's bei Verkehrsunfällen zugrunde gelegt wird, unter Hinweis darauf abgelehnt, dass bei einem Dienstwagen der Anteil der dienstlichen Nutzung im Vordergrund steht, so dass die Entziehung der Privatnutzung nur einen geringeren Teil der vertraglich eingeräumten Gebrauchsmöglichkeit ausmacht. Der auf die Privatnutzung des Dienstwagens entfallende Anteil werde durch die 1 %-Regelung zutreffend erfasst, was auch aus Gründen der einheitlichen steuer-, sozialversiche- rungs- und zivilrechtlichen Behandlung dieses Sachbezugs geboten erscheint. Demgegenüber hat der BGH (noch in seinem Urteil vom 25.2.1991 – II ZR 76/90 NJW 1991, 1681 (1682/1683) eine Anknüpfung an den Tabellen des ADAC oder Sanden/Danner/Küppersbusch durch abstrakten Berechnung des Nutzungsausfallschadens für zulässig erachtet. Der Vorzug ist der BAG-Rechtsprechung zu geben, da diese der Besonderheit der Privatnutzung eines primär zur dienstlichen Nutzung überlassenen Pkw eher Rechnung trägt.

273. Nach BAG Urt. v. 19.12.2006 – 9 AZR 294/06 NZA 2007, 809 (811/812) ist jedoch eine solche formularmäßige Klausel nach § 307 i. V. m. § 308 Nr. 4 BGB unwirksam, wonach der Gesellschaft das Recht eingeräumt wird, jederzeit die Überlassung des auch zur Privatnutzung zur Verfügung gestellten Dienstwagens zu widerrufen. Das BAG (a. a. O.) sieht die unangemessene Benachteiligung des Angestellten darin, da das Widerrufsrecht an keinen Sachgrund gebunden ist. Im Hinblick hierauf dürften solche Klauseln zulässig sein, welche den Widerruf der Dienstwagenüberlassung an den Sachgrund einer Freistellung von den Dienstpflichten knüpfen, vgl. hierzu auch Nägele BB 1994, 2277 (2278).

274. Jaeger in: MüKo-GmbHG Rz. 327 zu § 35 GmbHG; Schneider/Hohenstatt in: Scholz Rz. 380 zu § 35 GmbHG; Paefgen in: Ulmer/Habersack/Löbbe Rz. 472 zu § 35 GmbHG; Forst GmbHG 2012, 821 (823), der darauf verweist, dass Geschäftsführer unter den Geltungsbereich der RL 2003, 88/EG fallen, so dass ihnen auch unionsrechtlich ein Urlaubsanspruch zusteht.

275. OLG Düsseldorf Urt. v. 23.12.1999 – 6 U 119/99 NJW-RR 2000, 768 (769); Jaeger in: MüKo-GmbHG Rz. 327 zu § 35 GmbHG; Paefgen in: Ulmer/Habersack/Löbbe Rz. 472 zu § 35 GmbHG; Lohr NZG 2001, 826 (835).

276. Bartenbach/Volz Komm. zum Gesetz über Arbeitnehmererfindungen; Schwab Komm. zum Arbeitnehmererfindungsrecht 2007; Reimer/Schade/Schippel Das Recht der Arbeitnehmererfindung 7. Aufl. 2000; Koch in: Arbeitsrechts-Hdb § 114 Arbeitnehmererfindung.

277. Bartenbach/Volz Komm. zu den Richtlinien für die Vergütung von Arbeitnehmererfindungen; Gaul GmbHR 1982, 101 ff.

278. Zöllner/Noack in: Baumbach/Hueck Rz. 40 zu § 35 GmbHG; nach Paefgen in: Ulmer/Habersack/Löbbe Rz. 149 zu § 43 GmbHG folgt die Verschwiegenheitspflicht des Geschäftsführers aus der Pflicht zur sorgfältigen Geschäftsführung gemäß § 43 Abs. 1 GmbHG.

279. Zur inhaltlichen Eingrenzung des Begriffs der „Geschäftsgeheimnisse" für welche der Gesellschaft ein Geheimhaltungsinteresse zusteht vgl. Paefgen in: Ulmer/Habersack/Löbbe Rz. 150 ff. zu § 43 GmbHG; Fleischer in: MüKo-GmbHG Rz. 202 zu § 43 GmbHG; Haas in: Baumbach/Hueck Rz. 7 ff. zu § 85 GmbHG; Kleindiek in: Lutter/Hommelhoff Rz. 3 ff. zu § 85 GmbHG.

280. BAG Urt. v. 24.6.1986 – 3 AZR 486/84 NZA 1986, 781/782.

281. Paefgen in: Ulmer/Habersack/Löbbe Rz. 107 zu § 43 GmbHG; Kleindiek in: Lutter/Hommelhoff Rz. 24 in Anh. zu § 6 GmbHG.

282. OLG Köln Urt. v. 4.2.2000 – 4 U 37/99 NZG 2000, 740 (741); OLG Frankfurt Urt. v. 13.5.1997 – 11 U 68/96 GmbHR 1998, 376 (377); Jaeger in: MüKo-GmbHG Rz. 360 zu § 35 GmbHG; Paefgen in: Ulmer/Habersack/Löbbe Rz. 482 zu § 35 GmbHG; Zöllner/Noack in: Baumbach/Hueck Rz. 38 ff. u. Rz. 195 zu § 35 GmbHG; Roth/Altmeppen Rz. 85 zu § 6 GmbHG; Bauer/Diller Wettbewerbsverbote § 24 Rz. 706.

283. BGH Urt. v. 23.9.1985 – II ZR 246/84 NJW 1986, 585/586: in diesem vom BGH entschiedenen Sachverhalt war an den Geschäftsführer ein außenstehender Dritter mit Konstruktionsplänen für ein günstiges Herstellungsverfahren herangetreten. Der Geschäftsführer hatte daraufhin seinen Anstellungsvertrag gekündigt und ein eigenes Unternehmen gegründet, welches nach diesem kostengünstigen Herstellungsverfahren produzierte. Der BGH sah hierin eine Verletzung des Wettbewerbsverbotes durch den Geschäftsführer und verurteilte ihn daher zum Schadensersatz. Der Einwand des Geschäftsführers, er habe von dem kostengünstigen Herstellungsverfahren außerhalb seiner dienstlichen Tätigkeit erfahren, ließ der BGH nicht gelten, da die dem Geschäftsführer obliegende Treuepflicht unteilbar sei und ihn zur Wahrnehmung solcher Geschäftschancen zum alleinigen Nutzen der Gesellschaft unabhängig davon verpflichte, ob er hiervon im geschäftlichen oder privaten Bereich Kenntnis erlangt hat.

284. Zur Abgrenzung zwischen verbotswidriger eigener Geschäftstätigkeit gegenüber privater Vermögensanlage des Geschäftsführers vgl. BGH Urt. v. 17.2.1997 – II ZR 278/95 NJW 1997, 2055 (2056): im dortigen Fall hatte der Geschäftsführer einer Wohnungsgesellschaft zwei Wohnhäuser auf eigene Rechnung erworben. Der BGH (a. a. O.) hat nochmals hervorgehoben, dass unter dem Begriff des „Geschäftemachens" jede, wenn auch nur spekulative, auf Gewinnerzielung gerichtete Teilnahme am geschäftlichen Verkehr

liegt. Dementsprechend hat der BGH dahingehend abgegrenzt, dass allein der Erwerb solcher Vermögenswerte, mit welchen auch die Gesellschaft handele, noch kein unzulässiges „Geschäftemachen" darstelle, wohingegen dann, wenn der Erwerb der Objekte mit der Absicht erfolgt sei, durch ihre anschließende Weiterveräußerung einen Gewinn zu erzielen, ein unzulässiges „Geschäftemachen" im Tätigkeitsbereich der Gesellschaft vorliege.

285. OLG Düsseldorf Urt. v. 24.2.2000 – 6 U 77/99 GmbHR 2000, 1050 (1054); OLG Brandenburg Urt. v. 13.7.1999 – 6 U 286/96 NZG 2000, 143 (145); Jaeger in: MüKo-GmbHG Rz. 365 zu § 35 GmbHG; Zöllner/Noack in: Baumbach/Hueck Rz. 220 zu § 35 GmbHG; Kleindiek in: Lutter/Hommelhoff Rz. 24 in Anh. zu § 6 GmbHG.

286. BGH Urt. v. 16.2.1981 – II ZR 168/79 NJW 1981, 1512 (1514), OLG Köln Urt. v. 10.1.2008 – 18 U 1/07 GmbHR 2008, 1103 (1104); Jaeger in: MüKo-GmbHG Rz. 364 zu § 35 GmbHG; Paefgen in: Ulmer/Habersack/Löbbe Rz. 107 zu § 43 GmbHG. Bei der Entscheidung, welche der beiden – alternativ – in Betracht kommenden Ansprüche geltend gemacht werden sollen, ist zu beachten, dass bei einer Geltendmachung des Schadensersatzanspruchs nicht die Herausgabe des Gewinns verlangt werden kann, welchen der Geschäftsführer bei dem wettbewerbswidrig wahrgenommenen Geschäft erzielt hat (Bauer/Diller § 21 Rz. 622a). Aus diesem Grund wird der Gesellschaft durch die Komm.-Lit. (Paefgen in: Ulmer/Habersack/Löbbe Rz. 107 zu § 43 GmbHG; Roth in: Baumbach/Hopt Rz. 5 zu § 113 HGB) gegenüber dem Geschäftsführer ein Anspruch auf Erteilung von Auskunft über den von ihm erzielten Gewinn zuerkannt, damit dann die Entscheidung über die Ausübung des Wahlrechts getroffen werden kann.

287. Bei der Befreiung des Geschäftsführers vom Wettbewerbsverbot ist zu differenzieren zwischen einer generellen Befreiung für Geschäfte innerhalb eines bestimmten Betätigungsbereichs der Gesellschaft oder der Freigabe für die Wahrnehmung eines einzelnen Geschäftes (sog. Dispens). Für die Erteilung eines Dispens genügt ein Gesellschafterbeschluss ohne Satzungsänderung, wobei in der Komm.-Lit. jedoch streitig ist, welche Mehrheitsanforderungen an einen solchen Gesellschafterbeschluss zu stellen sind (die einfache Mehrheit lassen genügen: Paefgen in: Ulmer/Habersack/Löbbe Rz. 104 zu § 43 GmbHG; Roth/Altmeppen Rz. 31 zu § 43 GmbHG; dagegen verlangen die Einstimmigkeit für den Gesellschafterbeschluss: Zöllner/Noack in: Baumbach/Hueck Rz. 43 zu § 43 GmbHG; Schneider in: Scholz Rz. 192 zu § 43 GmbHG). Soweit es nicht nur um die Erteilung eines Dispens, sondern die generelle Ermächtigung des Geschäftsführers zur Wahrnehmung von Geschäften in einem bestimmten Betätigungsbereich geht, ist ein satzungsändernder Beschluss erforderlich; soweit einem Gesellschafter-Geschäftsführer die Befreiung vom Wettbewerbsverbot erteilt werden soll, so unterliegt er bei der Beschlussfassung dem Stimmverbot des § 47 Abs. 4 S. 1 GmbHG (Jaeger in: MüKo-GmbHG Rz. 366 zu § 35 GmbHG; Zöllner/Noack in: Baumbach/Hueck Rz. 43 zu § 43 GmbHG; Roth/Altmeppen Rz. 31 zu § 43 GmbHG).

288. BFH Urt. v. 18.12.1996 – I R 26/95 GmbHR 1997, 362 (363/364). Zur Frage, welches Entgelt für die Befreiung von Wettbewerbsverbot vereinbart werden muss, um die Konsequenz einer verdeckten Gewinnausschüttung zu vermeiden, lassen sich keine festen Sätze angeben. In der Praxis werden 3 %–5 % des Umsatzes oder 20 %–25 % vom Gewinn als Entgelt vorgeschlagen, welches der Gesellschafter-Geschäftsführer aufgrund der ihm gestatteten Wettbewerbstätigkeit erzielt hat.

289. Ständige Rechtsprechung seit BGH Urt. v. 26.3.1984 – II ZR 229/83 NJW 1984, 2366/2367; vgl. zuletzt BGH Urt. v. 28.4.2008 – II ZR 11/07 NZG 2008, 664; BGH Urt. v. 7.7.2008 – II ZR 81/07 NZG 2008, 753. In der Komm.-Literatur ist die Anwendung der §§ 74 ff. HGB auf das nachvertragliche Wettbewerbsverbot eines Geschäftsführers umstritten: der BGH-Rechtsprechung folgend sprechen sich gegen eine Anwendung der §§ 74 ff. HGB aus: Zöllner/Noack in: Baumbach/Hueck Rz. 197 zu § 35 GmbHG; Paefgen in: Ulmer/Habersack/Löbbe Rz. 485 zu § 35 GmbHG. Dagegen sprechen sich für eine analoge Anwendung der §§ 74 ff. HGB zumindest für den Personenkreis der Fremd-Geschäftsführer aus: Kleindiek in: Lutter/Hommelhoff Rz. 25 in Anh. zu § 6 GmbHG; Bauer/Diller GmbHR 1999, 885 (890); Bauer/Diller Wettbewerbsverbote Rz. 1038.

290. BGH Urt. v. 26.3.1984 – II ZR 229/83 NJW 1984, 2366/2367; vgl. zuletzt BGH Urt. v. 7.7.2008 – II ZR 81/07 NZG 2008, 753; Jaeger in: MüKo-GmbHG Rz. 371 zu § 35

GmbHG; Paefgen in: Ulmer/Habersack/Löbbe Rz. 486 ff. zu § 35 GmbHG; Zöllner/Noack in: Baumbach/Hueck Rz. 198 zu § 35 GmbHG; Bauer/Diller Wettbewerbsverbote Rz. 1047; Thüsing NZG 2004, 9 (10); Kielkowski NZ 2015, 900 ff.

291. BGH Urt. v. 26.3.1984 – II ZR 229/83 NJW 1984, 2366 (2367); OLG Düsseldorf Urt. v. 10.3.2000 – 17 U 133/99 NZG 2000, 737 (738); OLG Hamm Urt. v. 11.1.1988 – 8 U 142/87, GmbHR 1988, 344; Jaeger in: MüKo-GmbHG Rz. 371 zu § 35 GmbHG; zur Kritik an dem zweistufigen Prüfungsmaßstab des BGH vgl. Bauer/Diller Wettbewerbsverbote Rz. 149; vgl. hierzu auch Paefgen in: Ulmer/Habersack/Löbbe Rz. 494 zu § 35 GmbHG, der zutreffend darauf verweist, dass der vom BGH zugrundegelegte Prüfungsmaßstab des § 138 BGB nicht damit vereinbar ist, für die Prüfung des Vorliegens eines berechtigten Interesses der Gesellschaft am Wettbewerbsverbot auf die Umstände bei Ausscheiden des Geschäftsführers abzustellen, da für die Prüfung nach § 138 BGB die Umstände bei Abschluss des Anstellungsvertrages maßgebend sind.

292. OLG Nürnberg Urt. v. 25.11.2009 – 12 U 681/09 GmbHR 2010, 141; Jaeger in: MüKo-GmbHG Rz. 372 zu § 35 GmbHG; Paefgen in: Ulmer/Habersack/Löbbe Rz. 250 zu § 35 GmbHG; Zöllner/Noack in: Baumbach/Hueck Rz. 198 zu § 35 GmbHG; Bauer/Diller GmbHR 1999, 885 (889).

293. OLG Düsseldorf Urt. v. 3.12.1998 – 6 U 151/98 GmbHR 1999, 120 (121); Jaeger in: MüKo-GmbHG Rz. 372 zu § 35 GmbHG; Bauer/Diller Wettbewerbsverbote § 34 Rz. 1049.

294. BGH Urt. v. 3.12.2015 – VIII ZR 100/15 BB 2016, 84; das BGH-Urteil ist zwar zu einer Kundenschutz-Klausel in einem Handelsvertretervertrag ergangen, die hierin aufgestellten Grundsätze im Hinblick auf das Transparenzgebot gelten jedoch in gleicher Weise für ein nachvertragliches Wettbewerbsverbot in Form einer Kundenschutzklausel bei einem Geschäftsführer. Zu den Anforderungen des BGH-Urt. v. 3.12.2015 im Hinblick auf das Transparenzgebot vgl. auch Bergmann DB 2016, 1306 (1307). Zu einem auf Kundenschutz beschränkten nachvertraglichen Wettbewerbsverbot vgl. auch Bauer/Diller Wettbewerbsverbote Rz. 265.

295. BGH Urt. v. 20.1.2015 – II ZR 369/13 NZG 2015, 354 (355).

296. BGH Urt. v. 26.3.1984 – II ZR 229/83 NJW 1984, 2366 (2367).

297. BGH Urt. v. 26.3.1984 – II ZR 229/83 NJW 1984, 2366 (2367); vgl. zuletzt BGH Urt. v. 30.4.2014 – II ZR 245/12 NJW 2014, 3442 (3445). Der Grundsatz einer zeitlichen Höchstgrenze von 2 Jahren ist auch in der Komm.-Lit. einhellig anerkannt; vgl. Jaeger in: MüKo-GmbHG Rz. 374 zu § 35 GmbHG; Paefgen in: Ulmer/Habersack/Löbbe Rz. 251 zu § 35 GmbHG; Kleindiek in: Lutter/Hommelhoff Rz. 25 in Anh. zu § 6 GmbHG; Bauer/Diller Wettbewerbsverbote Rz. 1058.

298. BGH Urt. v. 29.10.1990 – II ZR 241/89 GmbHR 1991, 15 (16); Jaeger in: MüKo-GmbHG Rz. 373 zu § 35 GmbHG; Paefgen in: Ulmer/Habersack/Löbbe Rz. 490 zu § 35 GmbHG.

299. Nach OLG Celle Urt. v. 13.9.2000 – 9 U 110/00 NZG 2001, 131 war ein 1-jähriges nachvertragliches Wettbewerbsverbot rechtlich zulässig, welches dem Geschäftsführer eines Unternehmens, das Lebensmittelkonserven herstellte und vertrieb, die Aufnahme einer Konkurrenztätigkeit in Deutschland und den Benelux-Staaten untersagte.

300. Auf dieses rechtliche Urteil, welches daraus folgt, dass nach der Rechtsprechung eine geltungserhaltende Reduktion bei Überschreitung der räumlichen Grenzen eines nachvertraglichen Wettbewerbsverbots ausgeschlossen ist, verweisen zutreffend: Bauer/Diller Wettbewerbsverbote Rz. 1060.

301. BGH Urt. v. 26.3.1984 – II ZR 229/83 NJW 1984, 2366 (2367); Jaeger in: MüKo-GmbHG Rz. 379 zu § 35 GmbHG; Zöllner/Noack in: Baumbach/Hueck Rz. 202 zu § 35 GmbHG; Bauer/Diller Wettbewerbsverbote Rz. 1074.

302. BAG Urt. v. 26.3.1984 – II ZR 229/83 NJW 1984, 2366 (2367); das Erfordernis einer angemessenen Karenzentschädigung als Voraussetzung für die Rechtswirksamkeit für das nachvertragliche Wettbewerbsverbot eines Geschäftsführers ist auch in der Komm.-Lit. allgemein anerkannt; vgl. Jaeger in: MüKo-GmbHG Rz. 379 zu § 35 GmbHG; Zöllner/Noack in: Baumbach/Hueck Rz. 202 zu § 35 GmbHG; Kleindiek in: Lutter/Hommelhoff Rz. 25 in Anh. zu § 6 GmbHG; Bauer/Diller Wettbewerbsverbote Rz. 1074; Müller GmbHR 2014, 964 (967).

303. BGH Urt. v. 26.3.1984 – II ZR 229/83 NJW 1984, 2366 (2367); das für ein nachvertragliches Wettbewerbsverbot bei einem Fremd-Geschäftsführer bestehende Erfordernis einer

Karenzentschädigung wird in der Rechtsprechung (OLG Karlsruhe Urt. v. 30.9.1986 – 8 U 127/86 BB 1986, 2365 (2366)) auch auf die lediglich minderheitlich an der Gesellschaft beteiligten Gesellschafter-Geschäftsführer angewandt (in dem vom OLG Karlsruhe a. a. O.) entschiedenen Fall hatte die Geschäftsführerin eine minderheitliche Beteiligung i. H. v. 10 % an der Gesellschaft gehalten – das ihr gegenüber auferlegte Wettbewerbsverbot war wegen Fehlens einer Karenzentschädigung unwirksam.

304. Jaeger in: MüKo-GmbHG Rz. 380 zu § 35 GmbHG; Bauer/Diller Wettbewerbsverbote Rz. 1076, die zutreffend darauf verweisen, dass ein nachvertragliches Wettbewerbsverbot, bei welcher die Karenzentschädigung weniger als 50 % der Gesamt-Bezüge des Geschäftsführers beträgt, das Risiko einer späteren Rechtsunwirksamkeit trägt, weshalb viele Unternehmen aus Gründen rechtlicher Vorsorge die Karenzentschädigung an den Anforderungen des § 74 Abs. 2 HGB ausrichten.

305. Jaeger in: MüKo-GmbHG Rz. 380 zu § 35 GmbHG; Hoffmann-Becking in: FS Quack 1991, 273 (278); einschränkend jedoch Bauer/Diller Wettbewerbsverbote Rz. 1077, wonach man bei einer Beschränkung der Karenzentschädigung nach Maßgabe der Festbezüge prüfen müsse, welchen Anteil die Festbezüge an der Gesamtvergütung des Geschäftsführers ausmachen, um unbillige Ergebnisse zu vermeiden.

306. Ebenso wie auch Bauer/Diller (vgl. vorstehend Fn. 305) so vertritt auch Thüsing NZG 2004, 9 (12) die Auffassung, das für eine Unterscheidung Festbezüge ./. variable Vergütung im Hinblick auf die Einbeziehung zur Berechnung der Karenzentschädigung keine sachliche Rechtfertigung gegeben sei.

307. OLG Düsseldorf Urt. v. 3.12.1998 – 6 U 151/98 GmbHR 1999, 120 (122); Jaeger in: MüKo-GmbHG Rz. 384 zu § 35 GmbHG; Paefgen in: Ulmer/Habersack/Löbbe Rz. 485 zu § 35 GmbHG; Bauer/Diller Wettbewerbsverbote Rz. 1047; Thüsing NZG 2004, 9 (10).

308. BGH Urt. v. 14.7.1997 – II ZR 238/96 NJW 1997, 3089 (3090); vgl. zuletzt: BGH Urt. v. 20.1.2015 – II ZR 389/13 NZG 2015, 354 (355); Jaeger in: MüKo-GmbHG Rz. 385 zu § 35 GmbHG; Kleindiek in: Lutter/Hommelhoff Rz. 25 in Anh. zu § 6 GmbHG; Roth/Altmeppen Rz. 87 zu § 6 GmbHG.

309. BGH Urt. v. 14.7.1997 – II ZR 238/96 NJW 1997, 3089 (3090); BGH Urt. v. 18.7.2005 – II ZR 159/03 DB 2005, 2129; OLG München Urt. v. 11.11.2010 – U (K) 2143/10 GmbHR 2011, 137 (138); Jaeger in: MüKo-GmbHG Rz. 385 zu § 35 GmbHG; Paefgen in: Ulmer/Habersack/Löbbe Rz. 507 zu § 35 GmbHG; Thüsing NZG 2004, 9 (13).

310. BGH Urt. v. 17.2.192 – II ZR 140/91 NJW 1992, 1892/1893: Der BGH hat in diesem Urteil die Anwendbarkeit von § 75a HGB zugunsten der Gesellschaft ausdrücklich bejaht. Mit diesem Urteil steht die spätere Rechtsprechung des BGH, insbes. das BGH-Urteil vom 28.4.2008 (= Fn. 313) in Widerspruch, in welchem de BGH eine generelle Unanwendbarkeit der §§ 74 ff. HGB vertritt, unabhängig davon, ob sie den Interessen der Gesellschaft oder des Angestellten dienen.

311. Nach BAG Urt. v. 19.5.1983 – 2 AZR 171/81 DB 1984, 298 (300) war deshalb ein auf 10 Jahre vereinbartes nachvertragliches Wettbewerbsverbot auf das zulässige Maß von 2 Jahren zurückzuführen. Aus dem Gesetzeswortlaut des § 74a Abs. 1 HGB folgt die Notwendigkeit einer geltungserhaltenden Reduktion, da ein Wettbewerbsverbot nur „insoweit" unverbindlich ist, als es unter Berücksichtigung von Ort, Zeit und Gegenstand eine unbillige Erschwerung des beruflichen Fortkommens enthält.

312. BGH Beschl. v. 7.7.2008 – II ZR 81/07 NZG 2008, 753

313. BGH Urt. v. 28.4.2008 – II ZR 11/07 NZG 2008, 664/665: zur Begründung seiner Entscheidung verweist der BGH neben der von ihm wiederholten Unanwendbarkeit der §§ 74 ff. HGB darauf, dass es keinen allgemeinen Rechtsgrundsatz des Inhalts gebe, wonach ein anderweitiger Erwerb auf eine vertraglich geschuldete Entschädigung anzurechnen sei. Das Unterbleiben einer Anrechnung der anderweitigen Einkünfte könne insbesondere auch deshalb gerechtfertigt sein, um dem Geschäftsführer die Früchte zusätzlicher Anstrengungen zu belassen, die er unternehmen musste, um in seinem bisherigen Tätigkeitsgebiet bei Einhaltung des Wettbewerbsverbots weiter erwerbstätig sein zu können oder sich ein neues Tätigkeitsfeld zu erschließen.

314. Nach der Rechtsprechung (BAG Urt. v. 30.10.1984 – 3 AZR 213/82 NZA 1985, 429) gilt ein nachvertragliches Wettbewerbsverbot grundsätzlich für alle Fälle des Ausscheidens, es sei denn, dass der Tatbestand der ruhestandsbedingten Beendigung des Anstel-

lungsverhältnisses ausdrücklich vom Geltungsbereich des Wettbewerbsverbots ausgenommen wurde.

315. Die Rechtsprechung des BAG (Urt. v. 26.2.1985 – 3 AZR 162/84 NZA 1985, 809 (810); Urt. v. 19.6.1993 – 9 AZR 558/91 NZA 1994, 503 (505)), die zutreffend darauf verweist, dass das Ruhegehalt einerseits und die Karenzentschädigung andererseits unterschiedliche Zwecke verfolgen, ist in gleicher Weise auch auf das Verhältnis von Karenzentschädigung ./. Ruhegehalt für den Personenkreis der Geschäftsführer anzuwenden.

316. BAG Urt. v. 3.4.1990 – 3 AZR 211/89 NZA 1990, 808/809; BAG Urt. v. 15.6.1993 – 9 AZR 558/91 NZA 1994, 502 (505): in dem Sachverhalt, welcher dem zuletzt zitierten BAG-Urteil zugrunde lag, waren die Versorgungsbezüge des leitenden Angestellten eines Unternehmens der chemischen Industrie aus Anlass der vorzeitigen Beendigung seines Anstellungsverhältnisses in erheblichem Umfang angehoben worden. Trotz dieses Umstandes hat das BAG (a.a.O.) aufgrund der unterschiedlichen Zweckbestimmung von Versorgungsbezügen und Karenzentschädigung auch für diesen Fall abgelehnt, die Versorgungsbezüge als Entschädigung für die Verpflichtung zur Unterlassung von Wettbewerb zu qualifizieren. Zur weiteren Begründung weist das BAG darauf hin, dass dies auch deshalb nicht möglich sei, da andernfalls ein Ruheständler aufgrund der ihm gewährten Pensionsleistungen einem lebenslänglichen Wettbewerbsverbot unterläge, was weder mit den Grundsätzen der §§ 74 ff. HGB noch mit Art. 12 GG vereinbar wäre.

317. Vgl. hierzu auch Bauer/Diller Wettbewerbsverbote Rz. 710, wonach insbesondere dann, wenn die Gesellschaft eine substantielle betriebliche Altersversorgung gewährt, eine Anrechnung der Versorgungsbezüge auf die Karenzentschädigung geregelt werden sollte.

318. BGH Urt. v. 17.2.1992 – II ZR 140/91 NJW 1992, 1892/1893; OLG Hamm Urt. v. 18.3.1991 – 8 U 227/90 DB 1991, 1066; LG Frankfurt Urt. v. 20.4.1994 – 3/8 O 150/93 GmbHR 1994, 803.

319. BGH Urt. v. 4.3.2002 – II ZR 77/00 NZG 2002, 475 (476).

320. Jaeger in: MüKo-GmbHG Rz. 388 zu § 35 GmbHG; Paefgen in: Ulmer/Habersack/Löbbe Rz. 503 zu § 35 GmbHG; Kleindiek in: Lutter/Hommelhoff Rz. 25a in Anh. zu § 6 GmbHG; Thüsing NZG 2004, 9 (11).

321. Nach der Rechtsprechung des BAG Urt. v. 4.6.1985 – 3 AZR 265/83 NZA 1986, 640 (641) sind sog. bedingte Wettbewerbsverbote unverbindlich, wonach sich der Arbeitnehmer entsprechend dem aus der Unverbindlichkeit eines Wettbewerbsverbots folgenden Wahlrecht entscheiden kann, ob er sich vom Wettbewerbsverbot lossagt oder an ihm festhält und für die Dauer des Wettbewerbsverbotes die vereinbarte Entschädigung verlangt. Dabei hat sich der Arbeitnehmer nach der Rechtsprechung (BAG Urt. v. 15.3.1986 – 3 AZR 85/85 NZA 1986, 828 (829)) zu Beginn des Verbotszeitraums zu entscheiden, ob er sich vom Wettbewerbsverbot löst oder es einhalten werde.

322. BGH Urt. v. 4.3.2002 – II ZR 77/00 NZG 2002, 475 (476).

323. Jaeger in: MüKo-GmbHG Rz. 390 zu § 35 GmbHG; Paefgen in: Ulmer/Habersack/Löbbe Rz. 510 zu § 35 GmbHG; Bauer/Diller Wettbewerbsverbote Rz. 1112 (Zulässigkeit einer Vertragsstrafe zur Absicherung des mit einem Geschäftsführer vereinbarten Wettbewerbsverbots); generell zur rechtlichen Zulässigkeit von Vertragsstrafen als Sanktion für Verstöße gegen ein Wettbewerbsverbot Rz. 921 ff.

324. BAG Urt. v. 4.3.2004 – 8 AZR 196/03 NZA 2004, 727 (734); danach kann sich eine unangemessene Benachteiligung i. S. v. § 307 Abs. 1 BGB bereits aus der Höhe der durch die Vertragsklausel festgesetzten Vertragsstrafe ergeben. Da im Fall einer solchen unangemessenen Benachteiligung das Verbot einer sog. geltungserhaltenen Reduktion greift (vgl. Einl. S. 2/3), kann die Vertragsstrafe daher nicht auf einen noch vertretbaren Betrag herabgesetzt und mit diesem Inhalt aufrechterhalten werden; vgl. hierzu auch Bauer/Diller Wettbewerbsverbote Rz. 938 u. 946, wonach eine Vertragsstrafen-Klausel, welche gegen die §§ 305 ff. BGB verstößt, „unrettbar nichtig" ist, so dass auch eine Rettung der Klausel durch Herabsetzung der Vertragsstrafe nach § 343 BGB ausscheidet.

325. Nach BAG Urt. v. 18.8.2005 – 8 AZR 65/05 NZA 2006, 34 (37) war eine Vertragsstrafe von bis zu 3 Monatsgehältern unangemessen hoch und daher unwirksam (wobei die Unwirksamkeit in diesem Fall auch daraus folgte, dass das aus § 305 BGB folgende Transparenzgebot verletzt wurde, da nicht hinreichend klar geregelt war, für welche Pflichtverstöße die angedrohte Vertragsstrafe gelten soll).

326. BAG Urt. v. 14.8.2007 – 8 AZR 973/06 NZA 2008, 170 (172): wird in der Vertragsstrafen-Regelung lediglich von einer „dauerhaften Verletzung" des Wettbewerbsverbots gesprochen, bei welcher die Vertragsstrafe für jeden angefangenen Monat neu verwirkt werde, so fehlt es nach Auffassung des BAG (aaO) an der erforderlichen Transparenz, wenn das Vorliegen einer „dauerhaften Verletzung" nicht hinreichend deutlich gegenüber Einzelverstößen abgegrenzt sei, bei denen grundsätzlich jeder erneute Verstoß die Vertragsstrafe auslöse. Als Beispiel hierfür nennt das BAG den Fall einer Beteiligung des ausgeschiedenen Angestellten an einem Konkurrenzunternehmen, in deren Rahmen mehrere neue Kunden angeworben werden; zur Kritik an diesem BAG-Urteil vgl. Bauer/Diller Rz. 962.

327. Der Grundsatz, wonach im Abschluss des Anstellungsvertrages auf bestimmte Dauer zugleich der Ausschluss der ordentlichen Kündigung für die vereinbarte Vertragsdauer liegt, entsprechend der gefestigten BGH-Rechtsprechung (vgl. Urt. v. 21.6.1999 – II ZR 27/98 NJW 1999, 3263 (3264)) als auch der BAG-Rechtsprechung (vgl. Urt. v. 19.6.1980 – II AZR 660/78 NJW 1981, 246 (247)) und auch der einhelligen Komm.-Lit. (vgl. Jaeger in: MüKo-GmbHG Rz. 399 zu § 35 GmbHG; Zöllner/Noack in: Baumbach/Hueck Rz. 242 zu § 35 GmbHG; Paefgen in: Ulmer/Habersack/Löbbe Rz. 73 zu § 38 GmbHG).

328. Die Trennung zwischen der Organstellung des Geschäftsführers und dem Anstellungsvertrag sowie die hieraus folgende Konsequenz, dass die Abberufung des Geschäftsführers seinen Anstellungsvertrag unberührt lässt, folgt unmittelbar aus der gesetzlichen Regelung des § 38 Abs. 1 GmbHG und entspricht der ständigen Rechtsprechung (vgl. zuletzt BGH Urt. v. 10.5.2010 – II ZR 70/90 NzG 2010, 827 (828)) und der einhelligen Komm.-Lit. (vgl. Jaeger in: MüKo-GmbHG Rz. 248 zu § 35 GmbHG; Schneider/Hohenstatt in: Scholz Rz. 251 zu § 35 GmbHG; Paefgen in: Ulmer/Habersack/Löbe Rz. 32 zu § 38 GmbHG; Roth/Altmeppen Rz. 44 zu § 6 GmbHG; Kleindiek in: Lutter/Hommelhoff Rz. 2 in Anh. zu § 6 GmbHG).

329. BGH Urt. v. 19.9.2005 – II ZR 173/04 NZG 2005, 968 (970); BGH Urt. v. 9.3.1987 – II ZR 132/86 NJW 1987, 2073 (2074); BGH Urt. v. 29.1.1981 – II ZR 92/80 NJW 1981, 1270 (1271); OLG Düsseldorf Urt. v. 10.10.2003 – 17 U 35/03 NZG 2004, 478 (481); Müller-Glöge in: Erf.Komm. zum ArbR Rz. 7 zu § 622 BGB; Hesse in: MüKo-BGB Rz. 10 zu § 622 BGB; Jaeger in: MüKo-GmbHG Rz. 410 zu § 35 GmbHG; Paefgen in: Ulmer/Habersack/Löbbe Rz. 81 zu § 38 GmbHG; Lohr NZG 2001, 826 (832).

330. OLG Köln Urt. v. 2.6.1993 – 1 U 71/92 GmbHR 1993, 734 (736); Jaeger in: MüKo-GmbHG Rz. 415 zu § 35 GmbHG; Schneider/Hohenstatt in: Scholz Rz. 427 zu § 35 GmbHG.

331. BGH Urt. v. 4.11.1968 – II ZR 63/67 WM 1968, 1350 (1351); OLG Karlsruhe Urt. v. 21.2.1990 – 17 U 62/03 NZA 2005, 300 (301/302); OLG Köln Urt. v. 21.2.1990 – 13 U 195/89 GmbHR 1991, 156 (158).

332. Müller-Glöge in: Erf.Komm. zum ArbR Rz. 2 zu § 623 BGB; Henssler in: MüKo-BGB Rz. 8 zu § 623 BGB; Jaeger in: MüKo-GmbHG Rz. 414 zu § 35 GmbHG; Bauer/Krieger ZIP 2004, 1247 (1250).

333. BGH Urt. v. 17.3.2008 – II ZR 239/06 NJW-RR 2008, 1488 (1490); BGH Urt. v. 3.7.2000 – II ZR 282/98 NJW 2000, 2983 (2984).

334. BAG Urt. v. 10.6.2010 – II AZR 541/09 NZA 2010, 1227 (1229); BAG Urt. v. 27.4.2006 – II AZR 386/05 NZA 2006, 977 (978); BAG Urt. v. 2.3.1989 – II AZR 280/99 NZA 1989, 755 (756); aus der Komm.-Lit. vgl. Müller-Glöge in: Erf.Komm. zum ArbR Rz. 15 zu § 626 BGB; Henssler in: MüKo-BGB Rz. 75 zu § 626 BGB.

335. OLG Karlsruhe Urt. v. 8.7.1988 – 10 U 157/87 NJW-RR 1988, 1497; OLG Brandenburg Urt. v. 13.7.1999 – 6 U 286/96 NZG 2000, 143 (145).

336. KG Urt. v. 6.1.1999 – 23 U 8694/96 NZG 1999, 764 (765).

337. OLG Bremen Urt. v. 20.3.1997 – 2 U 110/96 NJW 1988, 468 (469).

338. OLG Celle Urt. v. 27.1.2010 – 9 U 38/09 Beck RS 2010, 04678, wonach aufgrund der Stellung des Geschäftsführers und des hierfür erforderlichen Vertrauens ein „wichtiger Grund" i. S. v. § 626 BGB auch dann vorliegt, wenn die vorsätzlich falsche Abrechnung des Geschäftsführers einen vergleichsweise geringfügigen Betrag betrifft. Nach BGH Urt. v. 28.10.2002 – II ZR 353/00 NZG 2003, 86 (87/88), liegt kein kündigungsrelevanter

Spesenbetrug vor, wenn die Inanspruchnahme der Leistungen, welche der Geschäftsführer abgerechnet hat, streitig sind und in der Abrechnung offen ausgewiesen wurden; vgl. hierzu auch Diller GmbHR 2006, 333 ff.

339. BGH Beschl. v. 3.7.1995 – II ZR 187/94 DStR 1995, 1120; OLG Hamm Urt. v. 24.6. 1994 – 25 U 149/90 GmbHR 1995, 732.

340. BGH Urt. v. 2.6.1997 – II ZR 101/96 GmbHR 1997, 998 (999).

341. BGH Beschl. v. 12.1.2009 – II ZR 27/08 NZG 2009, 386 (388); BGH Urt. v. 24.2.1992 – II ZR 79/91 NJW-RR 1992, 993 (994): nach der Rechtsprechung des BGH liegt ein „wichtiger Grund" gegenüber jedem am Zerwürfnis beteiligten Geschäftsführer vor, wenn ein Schuldiger für das Zerwürfnis nicht ermittelt werden kann. In einem solchen Fall steht es der Gesellschaft frei, denjenigen Geschäftsführer abzuberufen und zu kündigen, auf dessen weitere Tätigkeit sie weniger Wert legt, wobei jedoch erforderlich ist, dass der betreffende Geschäftsführer durch sein Verhalten zumindest zum Zerwürfnis beigetragen hat (vgl. hierzu auch OLG Hamm Urt. v. 2.11.1988 – 8 U 292/87 GmbHR 1989, 257 (259)). Erst recht begründen Tätlichkeiten eines Geschäftsführers gegen Mit-Geschäftsführer oder Gesellschafter einen „wichtigen Grund" für eine außerordentliche Kündigung (vgl. OLG Stuttgart Urt. v. 30.3.1994 – 3 U 154/94 NJW-RR 1995, 295 (296)).

342. BGH Urt. v. 15.6.1998 – II ZR 318/96 GmbHR 1998, 827 (829/830); BGH Beschl. v. 24.10.1994 – II ZR 91/94 DStR 1994, 1746 (1748).

343. Nach BGH Urt. v. 22.4.1982 – VII ZR 160/81 WM 1982, 797 (798) liegt ein „wichtiger Grund" für eine leistungsbedingte außerordentliche Kündigung nur dann vor, wenn der Dienstverpflichtete seine Arbeitskraft vorsätzlich zurückhält oder falsch einsetzt oder wenn sich zeigt, dass er nicht über das zur Ausübung seiner Tätigkeit selbstverständlich erforderliche Mindestmaß an Grundkenntnissen verfügt. Nach BGH Urt. v. 18.6.1984 – II ZR 221/83 WM 1984, 1120 (1121) ist bei fachlichem Versagen des Geschäftsführers vor einer hierauf gestützten außerordentlichen Kündigung zu prüfen, ob eine Weiterbeschäftigung des Geschäftsführers mit eingeschränktem Aufgabenbereich zumutbar ist, wobei gegen die Zumutbarkeit die Unverhältnismäßigkeit der Gehaltskosten im Hinblick auf den eingeschränkten Aufgabenbereich sprechen kann.

344. BGH Beschl. v. 15.10.2007 – II ZR 236/06 GmbHR 2008, 256 (257); BGH Urt. v. 20.6.2005 – II ZR 18/03 GmbHR 2005, 1049 (1051).

345. BGH Urt. v. 14.2.2000 – II ZR 21/98 NJW 2000, 1638 (1639); BGH Urt. v. 9.2.1978 – II ZR 189/76 NJW 1978, 1435 (1436).

346. OLG Zweibrücken Urt. v. 5.6.2003 – 4 U 117/02 GmbHR 2003, 1206 (1207).

347. OLG Stuttgart Urt. v. 18.9.1981 – 2 U 27/81 ZIP 1981, 1336 (1337); in den Fällen einer vom Geschäftsführer nicht zu verantwortenden Stilllegung des Betriebes der Gesellschaft kann ausnahmsweise ein „wichtiger Grund" gegeben sein, wenn die ordentliche Kündigung vertraglich ausgeschlossen ist, da es ansonsten zu einer unzumutbaren Belastung der Gesellschaft käme, wenn diese einerseits die Dienste des Geschäftsführers nicht mehr in Anspruch nehmen könnte, andererseits jedoch über Jahre hinweg zur Zahlung der vereinbarten Vergütung aus Annahmeverzug verpflichtet bliebe. In einem solchen Fall ist die Gesellschaft jedoch nicht zur außerordentlichen Kündigung mit fristloser Wirkung berechtigt, sondern hat die Kündigung unter eine die Interessen des Geschäftsführers angemessen berücksichtigende Auslauffrist zu stellen (vgl. hierzu auch die Rechtsprechung des BAG Urt. v. 28.3.1985 – 2 AZR 113/84 NJW 1985, 2606 (2607), wonach bei einer außerordentlichen Kündigung von tariflich unkündbaren Arbeitnehmern die außerordentliche Kündigung unter eine der ordentlichen Kündigungsfrist entsprechenden Auslauffrist zu stellen ist).

348. BGH Urt. v. 20.6.2005 – II ZR 18/03 GmbHR 2005, 1049 (1051); Urt. v. 25.6.1979 – II ZR 219/78, NJW 1980, 595 (969).

349. BGH Urt. v. 10.9.2001 – II ZR 14/00 NJW RR 2002, 173 (174); BGH Urt. v. 14.2.2000 – II ZR 218/98 NJW 2000, 1638 (1639).

350. BGH Beschl. v. 2.7.2007 – II ZR 71/06 NZG 2007, 674; zu diesem Urteil vgl. Döge/Jobst GmbHR 2008, 527 ff. Der BGH hat in diesem Urteil den nach Inkrafttreten der Schuldrechtsnovelle z. T. in der Lit. (Winzer GmbHR 2007, 1190 (1192); Horstmeier GmbHR 2006, 400 (403); Grundmann/Gillmann DB 2003, 770 (774)) unter Hinweis auf § 314 Abs. 2 BGB vertretenen Auffassung eine Absage erteilt, wonach auch gegenüber Ge-

schäftsführern vor Ausspruch einer Kündigung aus wichtigem Grund eine vorherige Abmahnung erforderlich sei.

351. BGH Urt. v. 28.10.2002 – II ZR 146/02 NJW 2003, 351; BAG Urt. v. 8.8.2002 – 8 AZR 574/01 GmbHR 2003, 105 (108); OLG Karlsruhe, Urt. v. 22.3.2003 – 14 U 46/01 GmbHR 2003, 771 (772); Jaeger in: MüKo-GmbHG Rz. 421 zu § 35 GmbHG; Röder/Lingemann DB 1993, 1341 (1346); a. a. O. Röhrborn BB 214, 1978 (1979).

352. OLG Karlsruhe, Urt. v. 23.3.2011 – 7 U 81/10 NZG 2011, 987 (988).

353. BGH Urt. v. 9.3.1993 – II ZR 102/91 GmbHR 1992, 301 (302).

354. BGH Urt. v. 14.7.1980 – II ZR 161/79 NJW 1980, 2415 (2416); BGH Urt. v. 9.2.1978 – II ZR 189/76 NJW 1978, 1435/1436.

355. BGH Urt. v. 19.5.1980 – II ZR 169/79 NJW 1981, 166, wonach es allein auf die ordnungsgemäße Einberufung der Sitzung des für die Beschlussfassung über die Kündigung zuständigen Organs ankommt, welche nicht durch das Fernbleiben einzelner Mitglieder berührt wird, sofern diese ordnungsgemäß geladen wurden.

356. BGH Urt. v. 10.9.2001 – II ZR 14/00 NZG 2002, 46 (48); Jaeger in: MüKo-GmbHG Rz. 432 zu § 35 GmbHG; Zöllner/Noack in: Baumbach/Hueck Rz. 230 zu § 35 GmbHG.

357. BGH Urt. v. 15.6.1998 – II ZR 318/96 NJW 1998, 3274 (3275) unter ausdrücklicher Aufgabe der früheren Rechtsprechung (BGH Urt. v. 17.2.1980 – II ZR 196/79 NJW 1980, 2411 (2412)).

358. BGH Urt. v. 15.6.1998 – II ZR 318/96 NJW 1998, 3274 (3275).

359. BGH v. 15.6.1998 – II ZR 318/96 NJW 1998, 3274 (3275) unter Hinweis auf BGH Urt. v. 7.2.1983 – II ZR 14/82 NJW 1983, 1677.

360. Die Zulässigkeit einer sog. Verdachtskündigung ist in der Rechtsprechung des BAG (vgl. Urt. v. 14.9.1995 – II AZR 164/94 NZA 1995, 269 (271) und der arbeitsrechtlichen Komm.-Lit. (vgl. Müller-Glöge in: Erf.Komm. Rz. 178 zu § 626 BGB; Henssler in: MüKo-BGB Rz.249 zu § 626 BGB) anerkannt, eine ausdrückliche Bestätigung der Zulässigkeit einer Verdachtskündigung ist durch den BGH bisher jedoch noch nicht erfolgt (zustimmend in: Jaeger in: MüKo-GmbHG Rz. 426 zu § 35 GmbHG; Paefgen in: Ulmer/Habersack/Löbbe Rz. 94 zu § 38 GmbHG; Lohr NZG 2001, 826 (827); Lunk ZIP 1999, 1777 (1781).

361. Das Erfordernis einer vorherigen Anhörung des Betroffenen als zusätzliche Voraussetzung für die Wirksamkeit der außerordentlichen Kündigung entspricht der ständigen Rechtsprechung des BAG (Fn. 360) und ist auch in der arbeitsrechtlichen Komm.-Lit. (vgl. die Nachw. unter Fn. 360) anerkannt.

362. BAG Urt. v. 27.11.2011 – 2 AZR 825/09 NZA 2011, 798 (799).

363. BAG Urt. v. 2.3.2006 – II AZR 46/05 NZA 2006, 1211 (1214); OLG Celle Urt. v. 5.3.2003 – 9 U 111/02 GmbHR 2003, 773 (774).

364. BGH Urt. v. 18.6.1984 – II ZR 221/83 NJW 1984, 2689 (2690): diese Entscheidung ist zur außerordentlichen Kündigung gegenüber dem Vorstandsmitglied einer Genossenschaft ergangen, wobei die dort enthaltenen Grundsätze generell zu § 626 BGB und daher auch für die außerordentliche Kündigung gegenüber einem Geschäftsführer gelten.

365. BGH Urt. v. 9.3.1992 – II ZR 102/91 NJW-RR 1992, 992.

366. BGH Urt. v. 24.10.1994 – II ZR 91/94 DStR 1994, 1746 für den Fall wiederholter beleidigender Äußerungen gegenüber Mit-Geschäftsführern und Mitarbeitern.

367. BGH Urt. v. 1.12.2003 – II ZR 161/02 NJW 2004, 1528 (1529).

368. BGH Urt. v. 1.12.2003 – II ZR 161/02 NJW 2004, 1528 (1529); vgl. hierzu auch: Jaeger in: MüKo-GmbHG Rz. 442 zu § 35 GmbHG, wonach es eines erneuten Beschlusses der Gesellschafterversammlung bedarf, soweit es sich bei dem nachgeschobenen Sachverhalt nicht lediglich um eine Ergänzung des ursprünglichen Kündigungsgrundes handelt.

369. BGH Urt. v. 2.6.1997 – II ZR 101/96 DStR 1997, 1338 f.; Jaeger in: MüKo-GmbHG Rz. 442 zu § 35 GmbHG.

370. BGH Urt. v. 14.2.2000 – II ZR 285/97 GmbHR 2000, 376; BGH Urt. v. 8.9.1997 – II ZR 165/96 NJW 1998, 76; Jaeger in: MüKo-GmbHG Rz. 408 zu § 35 GmbHG; Zöllner/Noack in: Baumbach/Hueck Rz. 242 zu § 35 GmbHG.

371. BGH Urt. v. 14.2.2000 – II ZR 285/97 GmbHR 2000, 376; OLG Düsseldorf Urt. v. 14.4.2000 – 16 U 109/99 NZG 2000, 1044 (1045).

372. BGH Urt. v. 21.6.1999 – II ZR 27/98 NJW 1999, 3263 (3264): Zu Koppelungsklauseln in Geschäftsführerverträgen vgl. Werner NZA 2015, 1234 ff.; v. Westphalen BB 2015, 834 ff. Zu dem vergleichbaren Risiko einer Koppelungsklausel für das Vorstandsmitglied einer AG weist Hoffmann-Becking ZIP 2007, 2101 (2103) zutreffend darauf hin, dass ein gut beratenes Vorstandsmitglied eine Koppelungsklausel nur akzeptieren wird, wenn bereits im Anstellungsvertrag eine Abfindung für diesen Fall festgelegt wurde, da eine „nackte Koppelungsklausel" ohne Kombination mit einer Abfindungsregelung kaum zumutbar ist.

373. BGH Urt. v. 29.5.1989 – II ZR 220/88 NJW 1989, 2683 (2684).

374. BGH Urt. v. 1.12.1997 – II ZR 232/96 NJW 1998, 1480.

375. BGH Urt. v. 21.6.1999 – II ZR 27/98 NJW 1999, 3263 (3264); Das BGH-Urteil v. 21.6.1999 ist noch vor der Schuldrechtsnovelle sowie der hierbei in das BGB eingefügten AGB-Kontrolle gem. §§ 305 ff. BGB ergangen. Nach heutiger Gesetzeslage wäre eine Koppelungsklausel, wie sie dem Urteil des BGH zugrunde lag, auch wegen Verstoß gegen das Transparenzgebot nach § 307 Abs. 1 S. 2 BGB rechtsunwirksam: hierauf verweisen: Jaeger in: MüKo-GmbHG Rz. 394d zu § 35 GmbHG; Bauer/Krieger/Arnold Arbeitsrechtliche Aufhebungsverträge Abschn. D Rz. 81 ff.

376. BGH Urt. v. 17.3.2008 – II ZR 239/06 NJW-RR 2008, 1488 (1490) unter Bestätigung von BGH Urt. v. 3.7.2000 – II ZR 282/98 NJW 2000, 2983 (2984): in diesem vom BGH entschiedenen Sachverhalt war im Anstellungsvertrag des Geschäftsführers ohne jede Einschränkung bestimmt worden, dass im Fall einer Kündigung vor Ablauf der Vertragsdauer dem Geschäftsführer eine Abfindung von 2 Bruttojahresgehältern zu zahlen ist. Von Seiten der Gesellschaft war eine fristlose Kündigung ausgesprochen worden, worauf der Geschäftsführer die ihm gemäss dem Anstellungsvertrag zugesagte Abfindung geltend machte. Der BGH hat in dem zitierten Urteil (a. a. O.) die Abfindungszusage im Hinblick auf die fristlose Kündigung für nichtig erklärt, da sie eine unzulässige Einschränkung des Rechts auf außerordentliche Kündigung bedeute. In diesem Urteil wurde jedoch nicht darüber entschieden, ob der Verstoß gegen § 626 BGB zur Nichtigkeit der gesamten Abfindungsregelung führt oder bei einer ordentlichen Kündigung, welche vom Geschäftsführer nicht verschuldet wurde, der Abfindungsanspruch besteht, da in diesem Fall der Schutz des § 626 BGB nicht tangiert ist.

377. BGH Urt. v. 25.11.1996 – II ZR 118/95 AG 1997, 265 (267): der BGH räumt zwar ein, dass das Organmitglied bei einer Entlassung vor Erreichen der Altersgrenze nicht in gleichem Maße auf die Übergangsleistung angewiesen ist wie bei einem echten Altersruhegeld. Hinsichtlich der Anforderungen an die Schwere der Pflichtverletzungen dürfe deshalb nicht der gleiche Maßstab angelegt werden wie bei dem Widerruf von Altersruhegeld. Gleichwohl komme die Versagung der Leistung durch die Gesellschaft nur dann in Betracht, wenn es sich um so schwere Pflichtverletzungen handele, dass die Geltendmachung der Überbrückungsleistung als rechtsmissbräuchlich erscheinen müsse.

378. In der Rechtsprechung (BGH Urt. v. 25.1.1993 – II ZR 45/92 NJW-RR 1993, 608 (609)) ist anerkannt, dass die Erteilung der Versorgungszusage von der Erfüllung einer zunächst zurückzulegenden Wartefrist abhängig gemacht werden kann. Die Zulässigkeit einer solchen Wartefrist folgt daraus, dass es dem Unternehmen ohnehin freisteht, ob und wenn ja in welcher Höhe eine Versorgungszusage erteilt wird.
Aufgrund der unterschiedlichen Zweckbestimmung von Wartefrist einerseits und Unverfallbarkeitsfrist andererseits folgt nach der Rechtsprechung (BGH Urt. v. 25.1.1993 – II ZR 45/92 NJW-RR 1993, 608 (609)), dass ein Geschäftsführer, der z.Z. seines Ausscheidens zwar die vertraglich vereinbarte Wartefrist, nicht jedoch die sich hieran anschließende Unverfallbarkeitsfrist erfüllt hat, seinen Versorgungsanspruch bei vorzeitigem Ausscheiden verliert. Demgegenüber ist nach der Rechtsprechung (BGH Urt. v. 3.7.2000 – II ZR 381/98 NJW-RR 2000, 1277 (1278)) eine solche Klausel nach § 134 BGB i. V. m. § 17 BetrAVG nichtig, wonach der Geschäftsführer auch nach Erfüllung der Unverfallbarkeitsfrist seine Versorgungsansprüche für den Fall verlieren soll, dass er eine Verlängerung von Bestellung und Anstellungsvertrag ablehnt. Dies verdeutlicht den grundlegenden Unterschied in der rechtlichen Qualität von Wartezeit einerseits und Unverfallbarkeitsfrist andererseits; letztere ist eine gesetzliche Schutzfrist, welche durch die vertraglichen Regelungen in der Versorgungszusage nicht umgangen werden kann.

379. BAG Urt. v. 15.4.2014 – 3 AZR 114/12 NZG 2014, (869/872); BGH Urt. v. 29.5.2000 – II ZR 380/98 NZA 2001, 266 (267); die Geltung des BetrAVG für den Personenkreis der Fremd-Geschäftsführer entspricht der einhelligen Komm.-Lit. vgl. Blomeyer/Rolfs/Otto Rz. 90 zu § 17 BetrAVG; Jaeger in: MüKo-GmbHG Rz. 343 zu § 35 GmbHG; Paefgen in: Ulmer/Habersack/Löbbe Rz. 147 zu § 35 GmbHG; Kleindiek in: Lutter/Hommelhoff Rz. 37 in Anh. zu § 6 GmbHG.
380. Grundlegend vgl. BGH Urt. v. 28.4.1980 – II ZR 254/78 NJW 1980, 2254 (2255); zum Allein-Gesellschafter-Geschäftsführer vgl. BGH Beschl. v. 15.10.2007 – II ZR 236/06 GmbHR 2008, 256; Blomeyer/Rolfs/Otto Rz. 102 zu § 17 BetrAVG; Jaeger in: MüKo-GmbHG Rz. 341 zu § 35 GmbHG; Paefgen in: Ulmer/Habersack/Löbbe Rz. 272 zu § 35 GmbHG; Kleindiek in: Lutter/Hommelhoff Rz. 37 in Anh. zu § 6 GmbHG; Thüsing/Granetzny NZG 2010, 449 (450).
381. BGH Urt. v. 28.4.1980 – II ZR 258/78 NJW 1980, 2254 (2255); BAG Urt. v. 16.4.1997 – 3 AZR 869/95 NZA 1998, 101 (103); Blomeyer/Rolfs/Otto Rz. 106 zu § 17 BetrAVG; Steinmeyer in: Erf.Komm. zum ArbR Rz. 11 zu § 17 BetrAVG; Jaeger in: MüKo-GmbHG Rz. 342 zu § 35 GmbHG.
382. BGH Urt. v. 9.6.1980 – II ZR 180/79 NJW 1980, 2257 (2258/2259).
383. BGH Urt. v. 2.4.1990 – II ZR 156/89 NJW-RR 1990, 800/801; nach dem BGH-Urteil v. 9.6.1980 (vgl. Fn. 382) soll eine Beteiligung von 11,86 % als eine „nicht unbedeutende" Beteiligung eingestuft werden.
384. Das BAG hält im Urteil v. 16.4.1997 – III AZR 869/95 NZA 1998, 100 (103) dem BGH entgegen, dass allein die Möglichkeit, dass sich mehrere minderheitlich beteiligte Gesellschafter zusammenschließen, um die Gesellschaft zu beherrschen, keine gesicherten Anhaltspunkte dafür gebe, dass sie tatsächlich eine Leitungsmacht innerhalb der Gesellschaft ausüben. Der BGH hat im Urt. v. 2.6.1997 – II ZR 181/96 NZA 1997, 1055 (1056) bereits zu erkennen gegeben, dass Bedenken bestehen, ob an der Rechtsprechung festzuhalten ist, welche den Anwendungsbereich von § 17 Abs. 1 S. 2 BetrAVG für minderheitlich-beteiligte Gesellschafter-Geschäftsführer erheblich einschränkt.
385. BFH Urt. v. 24.1.1996 – I R 41/95 GmbHR 1996, 701; BFH Urt. v. 18.8.1999 – I R 10/99 NJW 2000, 1671 (1672); Arteaga GmbHR 1998, 265 ff.
386. BFH Urt. v. 24.1.1996 – I R 41/96 GmbHR 1996, 701; BFH Urt. v. 15.3.2000 – I R 40/99 NJW-RR 2000, 1345.
387. BFH Urt. v. 16.12.1998 – I R 96/95 NJW 1999, 3070 (3071).
388. BFH Urt. v. 16.12.1992 – I R 2/92 NJW-RR 1994, 33.
389. BFH Urt. v. 18.8.1999 – I R 10/99 NJW 2000, 1671 (1672): der BFH hat in diesem Urteil auf das Erfordernis einer Probezeit insbesondere für den Fall einer Betriebsaufspaltung verzichtet, bei der ein erprobter bisheriger Geschäftsführer oder Arbeitnehmer des Unternehmens zum Geschäftsführer der abgespaltenen Gesellschaft bestellt wird. Zum Kriterium der Probezeit für die steuerliche Anerkennung von Versorgungszusagen gegenüber Gesellschafter-Geschäftsführern vgl. auch BMF-Schreiben v. 14.12.2012 – IV C 2. = NZA 2013, 722.
390. BFH Urt. v. 17.5.1995 – I R 16/84 BStBl II 1996, 420; nach dem BMF-Rundschreiben v. 3.11.2004 (BStBl I S. 1046) folgt aus einer Überschreitung der 75 %-Grenze jedoch nur ein Indiz für die steuerliche Unangemessenheit der Versorgungszusage.
391. BFH Urt. v. 18.2.1999 – I R 51/98 GmbHR 1999, 990 (992).
392. Zum Nachzahlungsverbot bei Pensionszusagen an beherrschende Gesellschafter-Geschäftsführer vgl. Priese DB 2015, 2408 ff.
393. BGH Urt. v. 3.7.2000 – II ZR 381/98 NZA 2001, 612 (613); vgl. zuletzt BGH Urt. v. 16.3.2009 – II ZR 68/08 NZA 2009, 613 (614).
394. BAG Urt. v. 21.4.2009 – 3 AZR 285/07 NJOZ 2010, 290.
395. Der Auffassung des BAG stimmen zu: Jaeger in: MüKo-GmbHG Rz. 344 zu § 35 GmbHG; Schneider/Hohenstatt Rz. 391 zu § 35 GmbHG; Blomeyer/Rolfs/Otto Rz 164 zu § 17 BetrAVG; Diller/Arnold/Kern GmbHR 2010, 281 (282); Thüsing/Granetzny NZG 2010, 449 (450); Cisch/Bleeck BB 2010, 1215 (1216).
396. Thüsing/Granetzny NZG 2010, 449 (451); nach Auffassung von Diller/Arnold/Kern GmbHR 2010, 281 (283) ist grundsätzlich von einer Mindestgrenze von 50 % desjenigen

Wertes auszugehen, welcher sich für die Berechnung der Versorgungsanwartschaft unter Zugrundelegung der gesetzlichen Berechnungsformeln des § 2 BetrAVG ergäbe.

397. OLG Hamburg Urt. v. 13.3.1992 – 11 U 184/91 DB 1992, 899 (900); OLG Düsseldorf Urt. v. 15.11.1990 – 6 U 54/90 GmbHR 1991, 365 (366).

398. BAG Urt. v. 9.7.1991 – 3 AZR 337/90 NZA 1992, 65 (66); BGH Urt. v. 16.3.1998 – II ZR 222/79 NJW 1981, 2410 (2412); Blomeyer/Rolfs/Otto Rz. 151 zu § 5 BetrAVG; Jaeger in: MüKo-GmbHG Rz. 352 zu § 35 GmbHG.

399. Dass im Anwartschaftsstadium noch keine Anpassungspflicht besteht, ist sowohl in der Rechtsprechung (BAG Urt. v. 15.9.1997 – 3 AZR 654/76 DB 1977, 1804 wie auch der Komm.-Literatur (vgl. statt aller Steinmeyer in: Erfurter Komm. Rz. 4 zu § 16 BetrAVG) anerkannt.

400. BAG Urt. v. 23.1.2001 – 3 AZR 287/00 NZA 2002, 560; BAG Urt. v. 28.5.2000 – 3 AZR 146/99 NZA 2001, 1251; zu den einzelnen Kriterien, welche für die Prüfung der wirtschaftlichen Lage des Unternehmens anzuwenden sind vgl. grundlegend BAG Urt. v. 17.4.1996 – 3 AZR 56/95 NZA 1997, 155 ff.; Neef NZA 2003, 993 ff.

401. BAG Urt. v. 18.11.2008 – 3 AZR 417/07 NZA 2009, 1112; ebenso auch BGH Urt. v. 13.7.2006 – IX ZR 90/05 NJW 2006, 3638 (3639); Steinmeyer in: Erf.Komm. zum ArbR Rz. 31 vor § 7 BetrAVG; Jaeger in: MüKo-GmbHG Rz. 355 zu § 35 GmbHG; Paefgen in: Ulmer/Habersack/Löbbe Rz. 461 zu § 35 GmbHG; a.A. jedoch: Boemke NJW 2009, 2491 (2492 f.), wonach in diesen Fällen die Grundsätze über die Störung bzw. den Wegfall der Geschäftsgrundlage (§ 313 BGB) eingreifen sollen.

402. BAG Urt. v. 17.6.2014 – 3 AZR 412/13 DB 2014, 2534 (2536/2537); BGH Urt. v. 17.12.2001 – II ZR 222/99 NZA 2002, 511 (512); Blomeyer/Rolfs/Otto Rz. 535 in Anh. zu § 1 BetrAVG; Jaeger in: MüKo-GmbHG Rz. 357 zu § 35 GmbHG; Schneider/Hohenstatt in: Scholz Rz. 403 zu § 35 GmbHG; Paefgen in: Ulmer/Habersack/Löbbe Rz. 452 zu § 35 GmbHG.

403. BGH Urt. v. 18.6.2007 – II ZR 89/06 NJW RR 2007, 1563 (1565); BGH Urt. v. 17.12.2001 – II ZR 222/99 NZA 2002, 511 (512); Kleindiek in: Lutter/Hommelhoff Rz. 38 in Anh. zu § 6 GmbHG; Roth/Altmeppen Rz. 101 zu § 6 GmbHG.

404. Zu welch grotesken Ergebnissen die 2. Voraussetzung für eine Kürzung/Widerruf der Versorgungsleistungen führt, wonach eine existenzbedrohende Gefährdung für die Gesellschaft eingetreten sein muss, zeigt das Urteil des OLG München v. 25.1.2005 – 18 U 3299/03 DB 2005, 2198/2199: in dem dort zu entscheidenden Fall hatte der Vorstandsvorsitzende eines Lebensversicherungsunternehmens Schmiergelder in Millionenhöhe in Anspruch genommen und war zu einer Freiheitsstrafe von 6 Jahren verurteilt worden. Aufgrund des Bekanntwerdens der Verhaftung des Vorstandsvorsitzenden war die Kreditwürdigkeit der Gesellschaft schwer angeschlagen, so dass die Kreditinstitute unstreitig weitere Sicherheiten über 350 Mio DM von der Gesellschaft verlangten. Da jedoch von der Gesellschaft eine Existenzgefährdung nicht dargelegt werden konnte, wurde sie zur Fortzahlung der monatlichen Pension in Höhe von 75 % des letzten Gehalts (20.758,32 Euro) verurteilt. Die gegen dieses Urteil eingelegte Revision wurde durch den BGH nicht zugelassen. Zur Kritik an diesem Urteil vgl. Greth DB 2005, 2199 und Schumann DB 2005, 2200.

405. BGH Urt. v. 15.10.2007 – II ZR 236/06 GmbHR 2008, 256.

406. BAG Urt. v. 19.2.2014 – 5 AZR 700/12 NZA 2014, 1097 (1099/1111); Preis in: Erf.Komm. zum ArbR Rz. 55 vor §§ 194 – 218 BGB; Linck in: Schaub ArbeitR-Hdb. § 35 Rz. 61.

407. BAG Urt. v. 28.9.2005 – 5 AZR 52/05 NZA 2006, 149 (152/153); vgl. zuletzt BAG Urt. v. 13.3.2013 – 5 AZR 954/11 NZA 2013, 680 (685); Preis in: Erf.Komm. zum ArbR Rz. 46 vor §§ 194 – 218 BGB; Klumpp in: Clemenz/Kreft/Krause AGB-ArbR Rz. 116 zu § 307 BGB; Henssler RdA 2002, 129 (138).

408. BAG Urt. v. 31.8.2005 – 5 AZR 545/04 NZA 2006, 324 (326); Preis in: Erf.Komm. zum ArbR Rz. 47 vor §§ 194 – 218 BGB; Klumpp in: Clemenz/Kreft/Krause AGB-ArbR Rz. 122 zu § 307 BGB; Preis/Roloff RdA 2005, 144 (154).

409. BAG Urt. v. 20.6.2013 – 8 AZR 280/12 NZA 2013, 1265 (1266); Linck in: Schaub ArbR-Hdb. § 35 Rz. 61.

410. BGH Urt. v. 26.2.2009 – X a ZR 141/07 NJW 2009, 1486 (1487), wonach eine Ausschlussfrist, welche nicht die in den Klauselverboten des § 309 Nr. 7 lit. a) und b) BGB

bezeichneten Schadensersatzansprüche von der Ausschlusswirkung ausnimmt, insgesamt unwirksam ist.

411. BGH Beschl. v. 18.2.2008 – II ZR 62/07 NZG 2008, 314 (315/316).
412. BAG Urt. v. 19.5.2010 – 5 AZR 253/09 NZA 2010, 939 (941/942): Dem vom BAG entschiedenen Fall lag eine 2-stufige Ausschlussfrist eines Geschäftsführer-Anstellungsvertrages vor: Das BAG hat in diesem Urteil entschieden, dass seine Rspr. (vgl. Urt. v. 19.3.2008 – 5 AZR 429/07 NZA 2008, 757 (759/760)), wonach mit der Erhebung einer Kündigungsschutzklage zugleich auch die vom Ausgang des Kündigungsrechtsstreit abhängigen Vergütungsansprüche gerichtlich geltend gemacht werden, in gleicher Weise für eine 2-stufige Ausschlussfrist im Anstellungsvertrag eines Fremd-Geschäftsführers gilt, so dass mit der gerichtlich angegriffenen Kündigung zugleich auch für die hiervon abhängigen Vergütungsansprüche die 2. Stufe i.S. der gerichtlichen Geltendmachung erfüllt ist.
413. BSG Urt. v. 24.9.2008 B 12 KR 22/07 NZA-RR 2009, 272; vgl. hierzu auch Kock/Fandel DB 2009, 2321 ff.
414. BSG Urt. v. 21.2.1990 – 12 RK 20/88 NZA 1990, 751/752.
415. BSG Urt. v. 21.2.1990 – 12 RK 65/87 BB 1990, 1704 (1705).
416. BGH Urt. v. 21.12.2005 – 3 StR 470/04 NJW 2006, 522 ff., wonach die Gewährung von sog. „kompensationslosen Anerkennungsprämien", aus welchen kein zukunftsbezogener Nutzen für die Gesellschaft folgt und zu deren Gewährung sie auch vertraglich nicht verpflichtet war, eine Verletzung der Vermögensbetreuungspflicht i.S. v. § 266 Abs. 1 StGB begründen kann.
417. Hoffmann-Becking ZIP 2007, 2101 (2103) weist in diesem Zusammenhang zutreffend darauf hin, dass aus Sicht der Gesellschaft ein „Overkill-Effekt" vermieden werden muss, so dass entweder bei der Ausgestaltung des Sonderkündigungsrechts oder den für diesen Fall zu kapitalisierenden Leistungen restriktiv vorgegangen werden muss, um eine missbräuchliche Ausnutzung der Change-of-Control-Regelung zu vermeiden.

E. Sachregister

(Die Zahlen verweisen auf die Seiten)